집 읽은 개

1

리링 저작선 02

집 잃은 개

1

『논어』 읽기, 새로운 시선의 출현

리링李零 지음 | 김갑수 옮김

글항아리

일러두기

• 이 책은 리링의 『喪家狗: 我讀論語』(山西出版集團·山西人民出版社, 2007)를 완역한 것이다.

• 원서는 한 권으로 되어 있으나 우리말 번역본은 분량이 늘어나 두 권으로 나누었고, 원서에서 『논어』 원문에 대한 풀이 앞에 있던 "길잡이導讀"는 원문 풀이의 뒤에 배치하였다.

• 자연스러운 우리말로 원서의 내용을 최대한 살리자는 데 번역의 원칙을 두었고, 이 원칙에 따라 같은 글자라도 굳이 한 가지로만 번역하지 않고 상황에 맞게 번역하되 전체적인 통일성을 유지하였다. 예를 들어 仁은 '인'과 '어질다' 등 두 가지로 쓰임에 따라 달리 번역하였다.

• 현대 중국의 인명과 지명 표기는 우리나라 외래어 표기법을 따랐다.

• 원서의 각주나 역자가 붙인 주석 등은 독서의 편의를 위해 뒤로 넘겼다.

『논어』에 나오는 공자의 제자

3기 4그룹으로 나누고 각 그룹은 연령에 따라 순서를 정함.

제1기

(1) 안무요顔無繇(계로季路) : 안회의 아버지. 노나라 사람. 공자보다 6세 어림.

(2) 염경冉耕(백우伯牛) : 노나라 사람. 덕행으로 이름났고 공자보다 7세 어림. 나병에 걸려 죽음.

(3) 중유仲由(자로子路·계로季路) : 노나라 변읍卞邑 사람. 공자보다 9세 아래. 성격이 급하고 읍재를 지냈으며 정사政事에 능함.

(4) 칠조계漆雕啓(자개子開) : 노나라(혹은 채나라) 사람으로 공자보다 11세 아래. 형벌을 받은 불구자.

(5) 민손閔損(자건子騫) : 노나라 사람으로 공자보다 15세 아래. 유명한 효자.

제2기

(1) 염옹冉雍(중궁仲弓) : 노나라 사람. 공자보다 29세 아래. 덕행으로

이름났고 정사에 재능이 있었음.

(2) 염구冉求(자유子有) : 노나라 사람. 공자보다 29세 아래. 정사로 이름이 남.

(3) 재여宰予(자아子我) : 노나라 사람. 언어로 이름이 남.

(4) 안회顔回(자연子淵) : 노나라 사람. 공자보다 30세 아래. 공자로부터 가장 인정받은 제자.

(5) 무마시巫馬施(자기子旗) : 노나라(혹은 진陳나라) 사람. 공자보다 30세 아래. 단보單父의 읍재를 지냄.

(6) 고시高柴(자고子羔 혹은 계고季羔) : 제나라 사람. 공자보다 30세(혹은 40세) 아래. 키가 작고 못생겼으며 정사에 재능이 있었음.

(7) 복부제宓不齊(자천子賤) : 노나라 사람. 공자보다 30세(혹은 49세) 아래. 단보의 읍재를 지냄.

(8) 단목사端沐賜(자공子貢) : 위나라 사람. 공자보다 31세 아래. 언어로 이름이 났으며 위나라와 노나라에서 벼슬을 함.

제3기
|

(1) 원헌原憲(자사子思) : 노나라(혹은 송나라) 사람. 공자보다 36세 아래.

(2) 번수樊須(자지子遲) : 제나라(혹은 노나라) 사람. 공자보다 36세 아래. 농사짓는 것을 좋아한 중농파重農派.

(3) 담대멸명澹臺滅明(자우子羽) : 노나라 사람. 공자보다 39세(혹은 49세) 아래. 초나라에서 300명의 제자를 거느림. 용모가 못생겼음.

(4) 진항陳亢(자항子亢 혹은 자금子禽) : 진나라 사람. 공자보다 40세 아래. 자공의 제자로서 공자의 재전再傳제자일 것으로 추정.

(5) 공서적公西赤(자화子華) : 노나라 사람. 공자보다 42세 아래. 예를 좋아했으며 외교적 재능이 있었음.

(6) 유약有若(자유子有) : 노나라 사람. 공자보다 43세(혹은 33세) 아래. 생김새가 공자와 매우 닮아서 공자가 죽은 뒤에 공자를 대신하도록 추대됨.

(7) 복상卜商(자하子夏) : 위衛나라 온현溫縣 사람. 공자보다 44세 아래. 문학으로 이름이 났고, 거보莒父의 읍재를 지냈음.

(8) 언언言偃(자유子游) : 항상 자하와 함께 거론되는 인물로서 오나라(혹은 노나라) 사람. 공자보다 45세(혹은 35세) 아래. 문학으로 이름이 났고 무성의 읍재를 지냈음.

(9) 증삼曾參(자여子輿) : 노나라 남무성南武城 사람. 공자보다 56세 아래. 송대 사람들이 도통을 중시할 때 자사와 맹자부터 위로 증삼까지 소급하는데, 후대에 증자曾子로 불림.

(10) 전손사顓孫師(자장子張) : 진나라 사람. 노나라 사람이라고도 함. 공자보다 48세 아래. 공자를 따라 진陳나라와 채蔡나라 여행.

(11) 사마경司馬耕(자우子牛) : 송나라의 귀족. 사마환퇴(공자를 살해하려 한 사람)의 동생. 말이 많고 성격이 조급함.

연대를 알 수 없는 제자

|

　(1) 공야장公治長(자장子長) : 제나라(혹은 노나라) 사람. 감옥생활을 한 적 있었지만 공자는 무고하다고 생각하여 자신의 딸을 시집보냄.

　(2) 남궁괄南宮适(자용子容) : 노나라 사람. 사소한 것에까지 신경을 쓰고 신중하여 자기 자신을 잘 보호함. 공자가 형(맹피孟皮)의 딸을 그에게 시집보냄.

　(3) 증점曾点(자석子皙) : 증삼의 아버지. 노나라 사람. 공자의 눈에 "광사狂士"로 비침.

　(4) 공백료公伯寮(자주子周) : 노나라 사람. 계손씨 쪽에 가서 이간질 했고, 자로를 비방하고 공자를 팔았음.

　(5) 금뢰琴牢(자개子開 혹은 자장子張) : 위나라 사람.

본문에 나오는 『논어』 주석서 <small>(괄호 속은 약칭)</small>

1. 양한·위진남북조의 구주舊注

|

- 정현鄭玄, 『논어정씨주論語鄭氏注』(『정주』)

- 하안何晏, 『논어집해論語集解』(『집해』)

- 황간皇侃, 『논어집해의소論語集解義疏』(『황소』)

2. 당대의 주석

|

- 왕발王勃·대선戴詵·가공언賈公彦·한유韓愈·장적張籍의 주석

(모두 유실됨)

3. 송 이후의 주석

|

- 형병邢昺, 『논어주소論語注疏』(『형소』)

- 주희朱熹, 『논어집주論語集注』(『집주』 혹은 주주朱注)

- 유보남劉寶楠, 『논어정의論語正義』(『정의』)

4. 현대의 주석

|

- 청수더程樹德, 『논어집해論語集釋』(『집석』)

- 양수다楊樹達, 『논어소증論語疏證』(『소증』)

- 자오지빈趙紀彬, 『논어신탐論語新探』(『신탐』)

- 난화이진南懷瑾, 『논어별재論語別裁』

- 양보쥔楊伯峻, 『논어역주論語譯注』(『역주』)

- 첸무錢穆, 『논어신해論語新解』

- 쑨친산孫欽善, 『논어주역論語注譯』

- 진량녠金良年, 『논어역주論語譯注』

- 뉴쩌췬牛澤群, 『논어찰기論語札記』

- 리쩌허우李澤厚, 『논어금독論語今讀』

요즘 『논어』의 인기는 활활 불타오르고 있고 공자의 열기는 무척 뜨겁다. 베이징대 중문과에서도 『논어』 과목을 개설했다. 이 과목은 3개 반으로 나뉘어 있고, 나는 그 가운데 한 반을 맡아 가르쳤다. 2004년 하반기와 2005년 상반기 두 학기 동안, 한 학기에 절반씩 『논어』를 처음부터 끝까지 한 번 강의했다. 이 책은 바로 그때의 강의록을 정리하여 이루어진 것이다. 이 기회에 나는 『논어』를 체계적으로 한 번 읽었다. 교육을 받은 사람은 먼저 나 자신인 셈이다. 책 제목에 강의라고 했지만, 실은 독서노트다.[1]

1.

내 강의의 정식 제목은 '상가구喪家狗(집 잃은 개)'이고, 부제는 '내가 읽은 『논어』'다. 먼저 이 제목에 대해 해명을 좀 하려 한다.

'집 잃은 개'란 무엇일까? 그것은 돌아갈 집이 없는 개를 뜻한다. 요즘 말로는 떠돌이 개에 해당된다.[2] 돌아갈 집이 없는 것은 비단 개에게만 해당되는 것이 아니라 사람에게도 해당되는데, 영어로는 홈리스 homeless라고 부른다.

『논어』를 읽고 난 뒤 나에게 남은 느낌은 두 글자, 즉 고독이다. 공자는 매우 고독했다. 현재 어떤 사람은 공자를 정신과 의사로 모시기도 하는데, 사실 공자 자신의 마음이 지닌 병을 고쳐줄 의사는 없었다.

이 책에서 나는 독자들에게 공자는 결코 성인이 아니라고 말하고 싶다. 역대 제왕들이 기려온 공자는 진정한 공자가 아니라 '인조한 공자'였을 뿐이다. 진정한 공자는 살아 있는 공자이고, 성인도 아니고 또 왕도 아니었으며,[3] 근본적으로 '내성외왕內聖外王'이라고 할 만한 무슨 건더기가 없었다. "성스러움이나 인仁과 같은 것을 내가 어찌 감당하겠느냐?" 이것은 분명히 『논어』에 쓰인 말이다.[4] 자공은 공자가 "하늘이 내리신 위대한 성인"이라고 말했지만, 그 말은 공자에 의해 즉시 부정되었다.[5] 이 책을 읽으면, 공자가 왜 그러한 영예를 받아들이려 하지 않았고 그의 제자들은 왜 공자에게 꼭 그와 같은 칭호를 부여하려고 했는지 분명히 알 수 있을 것이다.

나는 차라리 공자 자신의 생각을 존중하고 싶다.

공자는 성자가 아니라 사람이었을 뿐이며, 출신은 비천했지만, 고대의 귀족(진정한 군자)으로서 입신의 표본이 된 사람이었다. 그는 옛것을 좋아하고 부지런히 찾으러 다녔고, 배우는 데 싫증을 내지 않았고, 남을 가르치는 데 게으르지 않았으며, 고대 문화를 전달하고 사람에게 경전을 읽도록 가르친 사람이었다. 그는 도덕과 학식을 겸비한 사람으로서 권력도 힘도 없었지만, 용감하게 당대의 권력자들을 비판한 사람이었다. 그는 온 사방으로 유세하러 다니면서 통치자를 대신하여 고민했고, 잘못을 고쳐 바른길로 가도록 목숨을 걸고 그들을 설득한 사람이었다. 그는 '옛날의 도古道'에 대한 열정으로 주공周公의 정치를 회복해 천하의 백성을 안정시키려고 꿈꾸던 사람이었다. 그는 대단히 불안했고 또 정말로 어찌할 도리가 없어 입술이 타고 입이 마르도록 초조했으며, 실패와 좌절 속에서 유랑하는 신세가 되어 마치 돌아갈 집이 없는 떠돌이 개와 같았다.

이것이야말로 (공자의) 진정한 모습이다.

기원전 492년 그해, 60세의 공자는 이쪽저쪽으로 흔들리는 마차를 타고 정나라로 가는 길에 자신의 제자들을 놓쳐 혼자 떨어졌다. 그는 홀로 외성外城의 동문 밖에 서서 기다리고 있었다. 정나라의 어떤 사람이 자공에게 말했다. 동문 밖에 서 있는 사람은 머리는 요임금을 닮았고 목덜미는 고요皋陶를 닮았고, 어깨는 자산子産을 닮았고, 허리 아래는 우임금보다 3촌이 짧으며, 상반신은 그런대로 성인의 기상이 조금 느껴지지만, 하반신은 집 잃은 개처럼 풀죽은 듯 기가 꺾여 있었다는 것이다. 자공은 그가 한 말을 낱낱이 공자에게 말했고, 공자는 부정하지 않고 오히려 겉모습은 결코 중요하지 않지만, 내가 집 잃은 개 같다는 말은 매우 정확하다고 담담하게 말했다.[6]

이 이야기에서 그는 자기가 집 잃은 개라는 점을 인정했다.

공자는 자신의 조국에 대하여 절망한 나머지 그저 바다를 건너 이족夷族의 나라에 가서 살까 하고 한숨을 쉬었다. 그는 여러 제후에게 써주기를 요구해보았지만 아무것도 얻은 것이 없었으며, 마지막에는 자신이 출생한 곳으로 돌아갔다. 만년에는 해마다 상심했다. 자식을 잃었고, 사냥에서 잡힌 기린을 보고 슬퍼했고, 안회가 죽고 자로가 죽자 통곡하며 눈물을 흘렸다. 그는 자기 집 안에서 죽었지만, 그러나 오히려 집이 없었다. 그의 생각이 옳았든 틀렸든 상관없이 그에게서 나는 지식인의 숙명을 보았다.[7] 가슴속에 어떤 이상을 품고 있든, 현실 세계에서 정신적 가정을 찾지 못한 사람은 모두 집 잃은 개이다.

책의 부제는 지극히 단순한 이유에서 지었다. 이 책은 나의 시각에서 쓰인 것이다. 남들이 이야기한 것을 따라서 말하고 있는 것이 아니다. 나는 2대 성인이라거나 혹은 3대 성인이라거나 어떻게 얘기하든 상관 않고, 또 큰 스승이라거나 작은 스승이라거나 어떻게 얘기하든 역시 상관하지 않으며, 오직 원서에 부합하지 않으면, 미안하지만 일체 받아들이지 않는다. 나의 『논어』 읽기는 원전에 대한 읽기이다. 공자의 생각은 무엇인가? 원서를 보아야 한다. 나의 모든 결론은 공자 그 자신의 말을 가지고 설명하는 것이지 지식인들끼리 모여 담론하는 것도 아니고, 일반 독자들에게 아첨하는 것도 아니다.

공자의 책을 읽는 것은 그를 치켜세우기 위한 것도 아니고 그를 넘어뜨리기 위한 것도 아니다. 그것을 나눠 말한다면 그는 마치 돈키호테처럼 되어버릴 것이다.[8]

2.

다음으로 이렇게 생각해본다. 나는 왜 과거에는 『논어』를 즐겨 읽지 않다가 지금은 오히려 『논어』를 읽는 데 전력을 기울이고 있으며, 가장 중요한 경전의 하나로 생각하는 것일까?

먼저 무슨 일로 『논어』 읽기를 좋아하지 않았는지에 대하여 이야기해보기로 하겠다.

솔직히 말하면, 나의 『논어』 읽기는 다시 보충수업을 하는 것이다. 이 책은 내가 예전에 읽었다. 중고등학교 때 읽었지만, 즐겨 읽지는 않았다. 줄곧 애쓰지 않았고, 한 글자 한 글자 자세하게 읽지 않았다.

그 당시 『논어』를 읽으면서 내가 느낀 것은 어수선하고 질서가 없으며, 맹탕으로 아무 맛을 느낄 수 없다는 것이었다. 나는 뒷부분을 볼 때는 앞부분의 내용을 잊어버렸고, 또 많은 부분이 밑도 끝도 없어 무슨 말을 하고 있는지 알지 못했으며, 도덕적 교훈에 또 다른 도덕적 교훈이 이어지고 있을 뿐, 철학적 이치에 관한 것이나 문학적 아름다움에 관한 것, 혹은 유머에 대한 것이나 기지에 대한 것 등은 보통 사람보다 나은 점이 하나도 없었다. 이것이 첫 번째 이유이다.

둘째, 내가 『논어』 읽기를 좋아하지 않았던 것에는 다른 원인들도 있다. 그에 대하여 천천히 이야기해보도록 하자.

나 역시 한 시대의 끝물에 태어났다. 구사회에 태어나(겨우 1년 살았기 때문에 아무런 인상도 없다) 홍기紅旗 아래서 자랐다. 즉 추이젠崔健이 노래한 '붉은 깃발 아래서 자란 놈紅旗下的蛋'이었다. 나에겐 나름의 독서 배경이 있었다. 마르크스, 엥겔스, 레닌, 스탈린, 마오쩌둥, 루쉰 등에 대하여 일찍이 통독했지만, 그런 것들은 현재는 좀 시대에 뒤진 것들이다. 회색 표지, 황색 표지 등의 책들이 범람했으나, 현재는 찾아볼 수 없다. 농촌으로 내려가는 대열에 끼어 베이징의 아이들은 외지인과는 달리 여전히 책을 읽으며 가는 사람이 있었다. 나의 계몽은

'문혁'(문화대혁명) 속에서 고서, 잡서 등을 한 무더기 읽었던 일에서 비롯되었다. 신해혁명 이후로 캉유웨이康有爲, 천환장陳煥章의 공교회孔教會(1912) 등과 같은 일은 미처 보지 못했고, 장제스蔣介石, 쑹메이링宋美齡의 신생활운동(1934)[9]은 내가 간여할 수 없었으며, 신유가의 책은 거의 읽은 것이 없고,[10] 공자를 존경하라는 교육은 조금도 받아본 적이 없다.

내가 『논어』 읽기를 좋아하지 않은 것은 공자에 대한 비판만 보고 공자를 존경하는 것을 보지 못했기 때문이 아니다. 근 100년 동안 공자에 대한 존경과 비판은 서로 원인과 결과가 되고, 서로 겉과 속이 되어 전을 부치듯이 항상 이쪽저쪽으로 뒤집혔다. 그것은 중국이 철저하게 무시당했던 좌절감 및 울분의 심정 속에서 꿈꾸었던 강대국의 꿈과 끊을 수 없는 인연을 맺고 있고, 정치 투쟁과 관련이 있을 뿐만 아니라 이데올로기와도 관련이 있고, 갑자기 자존감에 빠졌다가 느닷없이 열등감에 빠지는 민족 심리의 문제와도 관련이 있다. 내가 볼 때 이러한 것은 모두 공자에게 덮어씌워져 그럴싸하게 꾸며 말해지곤 했다. '비린비공批林批孔'(중국에서 1973년 말부터 전 국방장관이자 당 부주석이었던 린뱌오林彪와 그가 즐겨 인용한 공자를 아울러 비판한 운동. 린뱌오가 귀족을 옹호한 공자의 사상을 당 노선에 도입하여 자본주의의 부활을 꾀했다는 내용이다—옮긴이) 전에 나는 『논어』를 즐겨 읽지 않았다.

어떤 사람은 말한다. 사람은 자기가 좋아하지 않는 것에 대하여 종종 가장 잘 이해하지 못하고, 가장 잘 이해하지 못하기 때문에 가장 발언권이 없다고. 이 말은 일리가 있지만, 또 다 그런 것만은 아니다. 나는 배를 먹어본 적이 없지만 배가 단 맛이 난다는 것을 알고 있으며, 개똥을 먹어본 적은 없지만 개똥이 더럽다는 것을 안다. 특히 존중을 하든 비판을 하든 그것은 전제가 아니라 결론인 것이다. 무엇이 옳고 무엇이 틀렸는지에 대해서는 모두 원전을 읽어야만 한다. 원전을 읽지 않고 하는 허튼소리야말로 발언권을 지닐 수 없다.

20세기를 둘로 나눈다면 나는 후반부에 속하는 사람으로서 세대 차이가 분명히 존재했지만, 그다지 대단한 것은 아니었고, 어렸을 때는 나는 어른들과 함께 경극 및 대고大鼓(큰북)와 상성相聲(중국식 만담) 등을 들었는데, 상성을 제외하고는 거의 계속해서 들을 수가 없었다. 쿵딱딱쿵딱딱 꺽꺽꽥꽥거리면서 이어지는 길고 느린 곡조는 사람을 매료시키는 힘이 영화에 비해 크게 떨어졌다. 조금 흥미를 갖게 된 것은 나중의 일이었다. 나의 태도를 회상해보면 오늘날의 '1980년대 이후 세대'와 어느 정도 차이는 있지만 본질적으로 다른 점은 없다. 내가 그들을 볼 때 눈에 거슬리는 것처럼 나의 아버지가 나를 볼 때도 눈에 거슬렸을 것이다. 이런 일은 대륙인가 대륙이 아닌가, 혹은 타이완인가 타이완이 아닌가의 문제가 아니라 현대화 속에서 나타나는 매우 보편적인 문제이다. 설령 유럽이나 미국에서도 일찍부터 고전 교육을 한쪽으로 밀쳐버렸다가 제2차 세계대전 이후에 철저하게 몰락했다. 누구든 자기는 다른 사람보다 더욱 전통적이라고 과장한다. 전통은 고귀한 것이고 어떤 것은 빈사 상태에 처해 있어 보호가 필요하다는 주장에 대해서 나는 찬성한다. 그러나 전통을 선양하여 공자의 깃발을 기필코 온 세계에 꽂아야 한다는 것에 대해서 나는 흥미가 없다.

누군가는 『논어』를 읽지 않으면 사람이라고 할 수 없고, 현재 세상의 이치와 인간의 마음이 이처럼 파괴(예를 들어 독직과 부패, 가짜 약의 제조판매, 노른자위가 붉은 오리 알을 파는 등의 무리)된 것은 모두 『논어』를 읽지 않고, 공자를 존경하지 않기 때문이라고 말할지도 모른다. 사실 공자를 존경하거나 하지 않는 문제는 개인의 기호다. 존경하지 않으면 또 어떤가? 나보다 나이가 좀 더 어린 왕쉬王朔와 왕샤오보王小波는 이 노인 얘기를 꺼내기만 하면 한마디도 좋은 말을 하지 않는다.

5·4 시기에 공가점孔家店[11]을 타도하여 공가점이 골동품상점으로 변해버린 데 대하여 어떤 사람은 안타까워하는데, 나는 그것이 이해가 간다. 그러나 난화이진南懷瑾과 같은 늙은 선배들은 공가점은 식료품점(그는 도교는 약국이고, 불교는 백화점이라고 말한다)[12]이기 때문에 이 상점의 문을 닫으면 우리는 먹을 것이 없어진다고 말하는데, 그런 주장에는 맞장구칠 수 없다.

3.

예전에 내가 『논어』를 즐겨 읽지 않았던 데는 또 다른 이유가 있었다. 그것은 다른 사람의 설교를 좋아하지 않았기 때문이다. 사람이 나이를 좀 먹으면 경험이 많아지고 세상일에 밝아져 도덕 선생이 될 수 있다고 생각하는데, 나는 늙으면 자신을 존중할 줄 모른다고 생각한다. 나는 누군가 이런 식의 말을 하거나 무슨 인생철학이라고 쓴 것들을 보면 머리끝이 쭈뼛쭈뼛 선다.

사회 상황이 좋든 나쁘든 말을 꺼냈다 하면 '좋은 사람이 많다'는, 기준도 없을 뿐만 아니라 통계도 없는 이런 식의 주장은 전혀 믿을 수 없다. 사람이 살아서 좋은 일을 하면 반드시 좋은 결과가 주어진다는 것 역시 진부하고 상투적인 논조라고 생각한다.[13] 세상사가 어디 그렇게 딱딱 맞아떨어지던가? 그와 같은 좋은 말은 이미 오래전 사람이 다 해버렸다. 비단 중국만이 아니라 전 세계적으로 논조가 비슷비슷하다.

나는 도덕과 질서 중에서 질서가 더욱 중요하다고 본다. 예를 들어 '문혁'을 보면 도덕이 없었기 때문에 질서가 없었던 것이 아니라 질서가 없었기 때문에 도덕이 없었던 것이다. 도덕은 매우 취약하고 또 무척 실제적이다.

도덕은 말로 하는 것이 아니다. 역사적으로 국가는 질서와 혼란을 거듭해왔고, 도덕은 때로는 좋은 것이었고 때로는 나쁜 것이었다. 그것은 지극히 정상적이다. 오래된 일이라 말은 안 하겠지만, 명조 말년은 어땠으며, 청조 말년은 어떠했는가? 야사의 기록과 구소설이 아직도 존재한다. 그 당시 사람들은 오늘날과 같이 나빴거나 심지어는 더 나빴다. 그 당시 도덕을 누가 관장했는지 잊지 말아야 한다. 바로 공부자孔夫子이다.

오늘날의 '공자열'에서 뜨거운 것은 공자가 아니다. 공자는 그저 기호일 뿐이다.

사회가 규범을 잃고 도덕이 영혼을 잃으면 시급히 대용품이 필요하다. 마치 담배를 끊을 때 보조제를 피움으로써 잠시 중독을 잊는 것과 같다. 사람이 부르짖는 향약의 규약이나 종교적 도덕 등도 모두 담배와 같다. 대용품은 그저 대체되기만 하면 그만이고, 꼭 어떤 종류의 것이어야 할 필요는 없다. 예를 들면 러시아에서 즐겨 쓰는 대용품은 쌍두독수리, 삼색기, 표트르 대제, 러시아정교 등이다.

도덕을 중시하지 않는 것이냐고 누군가 큰 소리로 물어볼지도 모른다. 나는 중시하지 않는다. 어떤 때는 모두 도덕을 부르짖고, 특히 도덕이 결여된 혼란한 세상에서는 더욱 그러하다.

내 기억으로 문화대혁명(이하 문혁) 이전에는 아무도 애써서 공자를 받들지 않았고 또 애써서 공자를 비판하지도 않았다. 공자가 존재하지 않으면 아무도 도덕을 중시하지 않을 것이라든가, 도덕은 공자의 전매특허라고 생각해서는 안 된다. 도덕이라는 이 한마디는 사람을 관리하는 이라면 모두 좋아하고, 정치가들은 사랑하고, 신학자들은 더욱 사랑한다. 공자가 없더라도 누군가는 여전히 도덕을 중시할 것이다.

예를 들어 문혁 이전에 내가 다니던 중학교에서는 도덕 교육을 특히 중시했다. 혁명을 위한 학습에서 사상적으로도 건전하고 기술적으로도 뛰어나도록 학습했다. 충성심에 불타는 한마음으로 두 가지를 준비했지만, 도덕 교육은 항상 첫 번째 자리에 놓였다. 중앙 청년단 소속의 어떤 사람이 다 해진 솜저고리를 입고 자주 우리 학교에 와서 강연하던 것이 아직도 기억에 남는다. 그는 강연을 참 잘했다. 강연 내용은 몸과 마음을 전율케 했다. 그는 사람이 만년에 이르면 가슴에 손을 얹고 나의 이 일생 동안 도대체 어떤 오점이 있었는가를 스스로에게 물어보아야 한다고 말했다. 우리는 우리 자신에게 물어보아야 한다. 이들 오점이 마음에 남아 있으면 영원히 떨쳐버릴 수 없다. 그는 또 오스트롭스키Alexandr Ostrovsky(1823~1886, 러시아의 극작가)의 유명한 명언을 인용했는데, 모두 항상 하는 말이지만 나는 외우지 못했다. 나는 마음속으로 생각해보았다. 나에게는 오점이 이렇게 많은데 어떻게 하지? 마음이 무척 편치 않았다.

문혁 이전에 입단은 중대한 문제였다. 그것은 매력이었을 뿐만 아니라 스트레스이기도 했다. 그때 모두 청년단 조직을 찾아가서 자신의 문제와 죄악을 고백했다. 어떤 학우는 청년단 지부 서기와 흉금을 털어놓고 자신의 비밀을 말해 청년단 지부 서기를 놀라 자빠지게 했으며, 그는 다른 사람에게 그 비밀을 누설했다. 그 비밀은 너무나 무서운 것이었다. 문혁이 막 시작될 무렵 많은 사람이 모임에 가담한 사람을 미워했고, 단체에 들어가지 못한 사람과 우리 반의 간부 자제는 청년단 지부 서기를 에워싸고 공격하면서 그가 나쁜 사람을 비호한다고 비난했다. 어찌할 수 없는 상황이었기에 그는 그 비밀을 공포해버렸고 대자보로 내걸렸다. 그 결과 그 학우는 거의 맞아죽을 뻔했다. 우리 학교는 졸개들이 운집하는 곳이었다.

문혁 이전에 단체에서 파견한 사람이 나를 찾아와 반드시 정기적으로 사상을 토론해야 한다고 말했는데, 몇 번이나 쫓아내려고 했으나 몰아내지 못했던 기억이 있다. 나는 너희는 어차피 나를 발전시키려는 생각도 없으면서 왜 쓸데없이 시간을 낭비하느냐고 말했다. 그들은 너는 조직을 버렸지만 조직은 너를 버리지 못하며, 너는 류사오치劉少奇의 『공산당원의 수양에 대하여 논함』을 잘 읽어보고 자기의 인식을 바로잡아야 한다고 말했다. 나는 속으로 나 같은 사람은 단체에도 들어가지 못하는데 남의 당 당원의 수양을 읽어서 뭣 한단 말인가라고 생각하고 읽지 않았다.

당시 나는 자유롭고 제멋대로인 사람이었고 지금도 역시 그렇다. 첫째, 나는 어떤 형태의 조직이든 조직적인 생활을 가장 좋아하지 않고, 둘째, 무슨 내용의 설교든 상관없이 다른 사람의 설교를 가장 듣기 싫어한다.

문혁 이전에 나는 『수양』을 읽지 않았다. 그것을 읽은 것은 문혁 시기였다. 아무도 비판하지 않았다면 여전히 읽을 생각을 못했을 것이다. 그 책을 펼쳐보는 순간 비로소 그 속에 공자와 맹자의 말이 있다는 것을 알았다. 마오쩌둥 자신은 천마가 하늘을 날 듯 문학적 재능이 뛰어났고 호방했다. 엄청나게 많은 당원의 수양 교육은 류사오치에게 맡겼다. 지금은 류사오치의 책마저 읽는 사람이 아예 없다.

내가 도덕적 설교를 싫어한 것은 문혁 이전의 일로서 공자 비판과는 아무 상관이 없다. 그러나 도덕에 대한 이야기를 듣기 싫어하는 것은 예나 지금이나 같다.

『논어』로 『수양』을 대체하는 것이 어떤 사람의 욕구를 만족시켜줄 수는 있겠지만, 나는 그러한 대체가 필요 없다.

4.

고서 읽기에 대한 이야기를 꺼내면 홍콩이나 타이완 사람들은 항상 대륙인들은 고서를 읽지 않고 전통을 중시하지 않으며, 고고학을 제외하고는 맞는 것이 하나도 없다고 하면서[14] 그것은 5·4와 문혁이라는 독에 중독되었기 때문이라고 말한다.[15] 대륙 사람들이 그런 말을 듣고서는 역시 맞장구를 치면서 '맞아, 맞아, 절대로 그래서는 안 돼, 우리는 그런 점에서 손해를 봤어'라고 말한다. 나는 타이완과 홍콩에 가본 적이 있다. 그들의 전통문화는 어떠한가? 연구 수준은 어떠한가? 내 마음속에서는 매우 분명하다. 그렇게까지 허풍을 떨 필요가 없다. 더군다나 그것들은 특히 우리에게 적합하지 않다. 고서는 내가 줄곧 읽고 있다. 지금도 '삼고三古'(고고, 고문자, 고문헌)로 먹고살고 있다.

오늘날 5·4에 대해 이야기하면 나는 여전히 존경심이 넘친다.

5·4운동은 계몽운동이다. 계몽은 어리석음을 깨우치는 것이다. 무슨 어리석음을 깨우친다는 것인가? 관건은 서학 혹은 신학新學의 주도적 지위를 확립하는 것이다. 당시 공자에 대해서 얼마나 지나친 말을 했든 모두 당시의 환경에서 이해해야 한다. 중국의 현대화는 얻어맞으면서 이룩된 현대화로서 저항의 기술만 있고 되받아치는 힘은 없었으며, 화하華夏 전통의 정교한(약삭빠른) 장난감을 한쪽으로 밀쳐놓지 않고서는 수동적인 국면에서 벗어날 방법이 없었다. 이 한 걸음은 걸어가지 않으면 안 되었다. 가지 않았다면 새로운 것을 받아들일 수 없었을 것이며, 가지 않았다면 옛것을 보호할 수 없었을 것이다. 그런데 하물며 공자가 성인이었을 때 그가 의탁했던 과거제라는 가죽이 완전히 사라져버렸는데 털이 어디에 붙어 있을 수 있겠는가? 모두 공자를 성인의 지위에서 내려오게 하여 그로 하여금 제자백가와 나란히 서게 했는데, 그게 뭐가 좋지 않단 말인가? 이것은 우리도 모르는 사이에 공자의 본래 모습을 회복시켜준 것과 같은 것이다.

5·4는 공부자를 구해냈고 전통문화를 구해냈다. 나는 줄곧 그렇게 생각해왔고 그 생각은 지금도 변함없다. 현재 사람들은 모두 거장巨匠을 원하는데 그들은 모두 어떻게 해서 생겨난 것일까? 한번 조사해보아도 괜찮을 것이다. 그들 중 몇 명이나 순수하게 제대로 만들어졌고, 원래의 맛을 그대로 지니고 있을까? 그리고 해협 저쪽의 사어소史語所

(역사언어연구소)**16**는 어떻게 만들어진 것인가? 타이베이대학臺北大學은 어떻게 해서 성립된 것인가? 후스胡適, 푸쓰녠傅斯年은 어떤 사람인가? 장제스는 5·4를 욕했는데 후스는 왜 반대했는가? 신학과 구학은 어떤 것이 더 우수하고 어떤 것이 더 열등한가? 모든 것은 매우 분명하다.

전통의 중단, 그것은 일부러 사람을 놀라게 하기 위해 쏟아내는 말이다.

어떤 회의석상에서 나온, 도가를 몹시 좋아하는 천구잉陳鼓應 선생의 발언이 기억난다. 그는 이렇게 말했다. "어떤 사람이 내가 도가를 좋아하는 것은 감정에 따른 것이라고 말했다. 그렇다. 나는 바로 감정에 따랐다. 왜냐하면 당신들은 내가 타이완에 있을 때 국민당이 매일 우리에게 인의와 도덕을 설교하면서 한편으로는 내 친구를 감금했고, 작은 솥을 가지고 그의 생식기를 고문했다.(형벌의 일종) 나는 유가의 책을 보기만 하면 그 작은 솥이 생각난다." 그의 마음을 나는 이해한다. 그러나 그가 미워한 것은 국민당이지 공부자가 아니라고 생각한다.

공자는 그저 기호일 뿐이다.

대륙은 전통문화를 갈고 있지 않고 타이완과 홍콩 역시 아니다. 양안 세 곳 모두 피차일반이다. 이른바 전통문화라는 것은 현대화를 전제로 한 것이고, 현대화라는 측면에서 고려한 것으로 오직 현대화의 압력에서 벗어나야만 비로소 홀가분한 마음으로 그것을 보존할 수 있는 것이다. 바로 공자가 "이런 것들을 실천하고서도 여력이 있으면 곧 글을 배운다"**17**고 말했던 것처럼. 과거에 중국 대륙의 현대화는 고립무원 상태였다. 기초는 박약했고 태도는 몹시 급진적이었으며 수준은 지극히 낮았고 서구화는 강력하지 못했기 때문에 옛것을 보호하는 데 힘쓰지 않았는데, 당시의 환경이 그렇게 만든 것이다. 현재는 일단 한 숨 돌렸지만 그렇다고 거기에 만족하여 모든 것을 잊어서는 안 된다.

자본주의는 전 지구적인 체계로 하늘은 파오(몽골인의 이동식 주택) 같이 온 사방을 덮고 있다. 이 세계에는 오직 '주류 국가'와 '비주류 국가'만이 있고, 무슨 이름으로 부르든, 좋아하든 좋아하지 않든 그런 것은 결코 중요하지 않다. '전통'(과거에는 '봉건'이라 불렀음)의 꼬리는 잘라 내버리려고 해도 잘라지지 않지만 그렇다고 일찍부터 '사회'가 되지도 못했다.

1980년대에는 모두 중국은 너무 전통적이다('너무 봉건적이다' 또는 '너무 전제적이다')라고 욕했고, 오늘날에는 또 중국은 너무 전통적이지 않다('너무 민족적이지 않다' 또는 '너무 세계적이지 않다')고 욕하는데, 도대체 어떤 말이 맞을까? 자기가 자기 뺨을 잡아당기고 있는데 도대체 몇 번이나 잡아당겨야 하는 것일까? 일부러 사람을 놀라게 하기 위해 만들어낸 두 말은 모두 전통문화를 과대평가했다.

전통은 과거일 뿐 시조로 모시고 받들 필요가 없다. 만약 좋든 나쁘든 가릴 것 없이 듣기만 한다면, 무조건 절하고 누구도 감히 아니라는 말을 꺼내지 못한다면 과거 시절의 '반혁명'과 같은 것이다.

5.

나는 문혁의 공자 비판(1974)을 목격했지만 참가하지는 않았다. 당시 '비린비공'의 주축이 된 세력은 대학 교수와 공농병학원工農兵學員[18]이었다. 일개 농부였을 뿐이니 내가 무슨 자격이 있었겠는가? 어느 때인가 나는 아버지를 모시고 베이징대 도서관에 책을 열람하러 갔는데, 현재는 교사열람실이 된 그곳의 책들이 유가와 법가 등 두 학파를 기준으로 하여 온통 두 가지로만 분류되어 있었고, 수업은 유법투쟁儒法鬪爭을 중심으로 진행되었던 것을 기억한다. 베이징대 중문과와 역사학과 및 철학과는 각기 기능이 나뉘어 있었고, 학과별로 한 권의 책을 비판했는데 그 열기가 뜨거웠다.

비린비공, 공자는 하나의 기호에 불과했다. 당시의 사학은 모두 영사사학影射史學(그림자를 통해 활을 쏜다는 의미―옮긴이)이었다. 말하는 방식은 이상했고 독서 심리도 이상했다. 모두 아무런 실체가 없는 바람이나 그림자 같은 것을 붙잡는 데 열중했다. 그 시절에는 단정하게 놓여 있는 비닐 슬리퍼 한 켤레라도 그 신발 밑에서 "장제스가 바다를 건너갔다"라는 말을 읽을 수 있었다. 공자는 공자가 아니라 국가의 영도자였다. 그것은 첫째는 이미 완전히 죽은 류사오치(1969년 사망)였고, 둘째는 막 쓰러진 린뱌오林彪(1971년 사망)였으며, 셋째는 아직 자리에 앉아 있는 저우언라이周恩來(1976년 사망)였다. 그것은 당시의 희극적 언어였다.

그 당시 나는 이미 20여 세로 적지 않은 고서를 읽었다. 그러나 『논어』에 대해서는 전혀 아무런 흥미가 없었고, 내가 흥미 있었던 것은 바로 린뱌오를 비판하고 공자를 비판하는 사람들이었다. 그들이 어떻게 비판했는지 나는 오히려 그 기억이 새롭다. 모두 문혁은 책을 읽지 않은 것이었다고 생각해서는 안 되며, 특히 고서를 읽지 않았다고 생각해서는 안 된다. 사실 거국적으로 마치 미친 듯이 고서를 읽었고 특히 『논어』를 읽었다. 그것은 마치 한바탕 휩쓸고 간 바람 같았다. 우리나라의 지식인들, 특히 문과 지식인들과 현재 대가라고 떠받들어지는 지식인들까지 거의 모두가 그 분위기에 말려들어갔으며, 모든 고서가 남김없이 번역되었다. 『은작산한간銀雀山漢簡』과 『마왕퇴백서馬王堆帛書』 등도 그때 불던 바람을 타서 정리되고 출판되었다.

나의 계몽은 문혁 시기에 있었다. 이른바 계몽은 바로 더 이상 흐리멍덩할 수 없는 것이며 속으로는 다 알고 있으면서 흐리멍덩한 것처럼 할 수 있는 것은 더더욱 아니다.

나는 지식을 숭배하지만 지식인을 숭배하지 않는다. 내가 보았던 지식인은 좋은 사람도 있기는 했지만 돼먹지 않은 이가 너무 많았다. 문혁은 곧 지식인을 괴롭힌 것이라거나 혹은 지식인들이 모두 박해를 받았다고 생각해서는 안 된다. 사실 문혁에서 진정으로 지식인을 괴롭힌 사람은 누구였을까? 대개는 지식인이었다.[19] 권력의 정상에 오른 사람 가운데서도 지식인이 매우 많았다. 일반 백성들이 흐리멍덩한 것은 본래부터 흐리멍덩한 것이지만, 지식인이 흐리멍덩한 것은 속으로는 뻔히 알고 있으면서 겉으로만 흐리멍덩한 것처럼 가장한 것이다.

세월이 흐르고 세상이 바뀌었는데 문혁에 대한 나의 인상 가운데 가장 깊이 남는 것은 정치가 이리저리 쉽게 바뀐다는 것이 아니라 사람의 마음이 이쪽저쪽으로 쉽게 바뀐다는 것이다. 멀쩡하던 사람이 하루아침에 돌변하면서도 너무도 부끄러움을 모른다. 땅속에 깊이 박힌 병의 뿌리 혹은 후유증이라는 것은 오늘날에도 뿌리가 뽑히지 않았다. 내가 알기로는 당시 공자 비판의 선봉에 섰던 사람은 지금도 선구자로 있다. 다만 공자 숭배로 바뀌었을 따름이다. 그들은 나보다 나이가 많고 원래부터 공자 숭배의 교육을 받았었다.

공자 숭배에서 공자 비판으로, 공자 비판에서 다시 공자 숭배로, 그들은 가볍고 빠른 수레를 타고 익숙한 길을 달려갔다.

6.

문혁의 공자 비판은 당연히 마오쩌둥과 직접적으로 관련이 있다.[20] 마오쩌둥은 『논어』를 매우 능숙하게 외우고 있었으며, 연설할 때 인용하곤 했다. 그는 자신이 6년 동안 공부자의 책을 읽었다고 말했다. 1917년 11월 그는 후난제일사범학교 노동자 야학의 교사와 학생 그리고 직원들을 이끌고 국기와 공성孔聖을 향하여 세 번의 국궁례鞠躬禮를 행했다. 다음 해 8월 베이징에 이르러 훙러우紅樓에서 일하면서 신문화운동의 영향을 받고 나서야 비로소 공자 비판으로 돌아섰다. 그는 공자를 숭배했고 또 비판했다.

공자는 교육을 했고 학문을 탐구했다. 마오는 이런 분야를 좋아했다. 그러나 그는 성격이 강해서 "온화溫和·선량善良·공경恭敬·절검節儉·겸양謙讓"은 좋아하지 않았다. 투쟁적인 환경에서 투쟁에 관한 것을 이야기하기 좋아했고, 그러한 이야기를 듣고 싶어했으며, 공자에 대해서는 지극히 적었다. 그리고 마오는 농촌 출신이다. 공자는 채소를 기르고 농사짓는 것을 반대했으며, "사지를 부지런히 놀리지 않았고 오곡을 구분하지 못했다." 따라서 마오쩌둥 역시 공자를 무시했다. 문혁 이전에 그는 공자에 대해 찬양하기도 하고 비난하기도 했다. 좋게 말할 때도 있었고 나쁘게 말할 때도 있었으며, 어떤 때는 모순되기도 했다. 그는 공자는 민주적이지 않다고 주장했는가 하면 또 공자는 매우 민주적이라고도 말했다. 전반적으로 볼 때 원래의 인상은 결코 나쁘지 않았다. 그렇지 않았다면 그는 『논어』의 이야기를 가져다가 딸의 이름(리민李敏과 리너李訥─마오쩌둥은 뒤의 두 딸 이름에 자신의 성 마오毛 대신 리李라는 성을 붙였는데, 이는 적군으로부터 보호하기 위해서였다고 알려져 있다─옮긴이)을 짓지는 않았을 것이다.

공자에 대한 마오쩌둥의 태도는 갑작스럽게 변하여 바닥으로 추락했는데, 그것은 전적으로 정치적인 데서 비롯되었다. 그는 정치가였다. 정치투쟁은 바로 정치투쟁으로써 모든 상대를 바꾸어놓는다. 문제는 바로 여기에 있다. 현대의 공자 숭배와 공자 비판은 사실 미워하면서도 사랑하는 부부 같다. 낮에는 다투다가도 밤에는 한 이불 속에서 잠을 잔다.

1942년 쾅야밍匡亞明(1906~1996, 공산혁명에 참가했고 나중에는 교육자로 활동. 난징대 총장을 지냄─옮긴이)은 마오쩌둥에게 공자에 대한 공정한 평가의 말을 한마디 부탁했다. 마오쩌둥은 충칭重慶에서는 한창 공자를 숭배하면서 경전을 읽고 있지만 비판할 필요도 없을 뿐만 아니라 떠받들 필요도 없다며, 그에 대해서는 말하지 말라고 했다.

마오쩌둥은 수많은 사학자 중에서 오로지 판원란范文瀾과 궈모뤄郭沫若만을 높이 평가했다. 그 둘 가운데 궈모뤄를 더 중시했다. 궈모뤄는 『중국 고대사회 연구』(1929)를 써서 상주商周는 노예제 사회라고 주장했고, 『십비판서』와 『청동사회』(1945)를 써서 공자는 혁명당(진한 교체기에 많은 유자가 혁명에 투신했다)이라고 말했다. 혁명이 노예제 사회로 돌아가려고 하는 것이란 말인가? 그 두 측면은 서로 모순된다. 궈모뤄는 공자를 공산당에 비유했고 진시황을 장제스에 비유했는데, 그것은 그의 역사학 저작과 역사극 곳곳에 가득 암시되어 있다.

1954년에 마오쩌둥은 "공부자는 혁명당이다"라고 말했는데, 이는 바로 궈모뤄에 근거한 것이다. 그러나 1958년에 어떤 사람이 그를 진시황이라고 하자 그는 곧 돌아섰다. 뒤로 갈수록 더욱더 공부자를 싫어했고, 갈수록 진시황과 동일시했다. 특히 류사오치와 린뱌오가 모두 유가를 좋아했는데 그것은 그를 몹시 화나게 했다. 장칭江靑은 또 저우언라이를 비판했다. 궈모뤄와 판원란을 그는 원래부터 대단히 좋아했다. 그러나 그들은 모두 존공파尊孔派였지만, 그는 마음을 돌려 비공파批孔派인 양룽궈楊榮國와 자오지빈趙紀彬을 지지했다. 양룽궈는 문장이 깔끔하고 잘 통했으며 간결하고 분명했다. 자오지빈은 『논어』를 수십 년 동안 공부했는데 고증이 세밀하고 관점이 날카로웠으며, 특히 마오의 구미에 맞았다. 마오는 신민학회新民學會에서 자기는 "사람만 보고서 말을 물리치는以人廢言" 병폐가 있다고 반성했는데 만년에는 특히나 심했다. 정치가 그러한 병폐를 더 키웠던 것이다.

우리는 공자 비판은 정치이지 학술이 아니라는 점을 잊어서는 안 된다. 대결 국면에서의 사유는 영원히 호떡 뒤집기와 같다. 호떡 뒤집기는 학술이 아니다. 학술은 정치를 따라 뛰어갈 수 없고, 그저 정치적 라이벌을 따라 뛰어간다.[21] 정치는 호오가 심하고 편견이 일어난다. 학자는 초연히 독립된 학술적 입장을 지녀야만 한다.

공자 숭배와 공자 비판은 본래 모두 학술로서 말할 수 있지만, 정치로 변질되면 곧 난장판이 되어버린다. 해방 후에 공자 숭배는 펑유란馮友蘭과 량수밍梁漱溟 두 사람으로 대표된다. 그들이 보여준 문혁 때의 행동은 선명한 대비를 이룬다. 펑유란은 세상의 변화를 따라

가면서 더욱더 부채질했다. 공자 비판은 누구보다 더 심했고 교육하고 학문하는 것마저 비판했다. 량수밍의 행동은 "삼군三軍에게서 장수를 빼앗을 수는 있지만, 필부匹夫에게서 그 뜻을 빼앗을 수 없다"고 한 바로 그것이었다. 그는 마오쩌둥과 다투다가 마오에게 욕을 먹었고 저우언라이에게서도 욕을 먹었지만, 의연하게 마음에 조금도 담아두지 않았다. 만년에는 마오를 추앙했고, 일생에서 가장 존경하는 사람은 바로 이 사람이라고 평가했으며, 저우언라이 역시 보기 드문 완벽한 사람이라고 평가하여[22] 정말 모든 사람을 놀라고 어리둥절하게 만들었다. 그 당시에 그는 감히 비린비공은 정치이며, 린뱌오를 비판하는 것은 괜찮지만, 공자를 비판하는 것에 대해서는 동의하지 않는다고 말했다. 관점이 옳은가 그른가에 대해서는 따지지 않더라도 그 어르신은 앞뒤가 한결같았고 겉과 속이 한결같았으며 인격이 대단히 고상했다.

내가 존경하는 사람은 이와 같은 사람이다. 비판을 하든 숭배를 하든 바람에 따라 이리저리 쓰러져서는 안 된다.

7.

마지막으로 나는 왜 『논어』를 읽으려 했는지, 나는 어떻게 『논어』를 읽었는지에 대하여 얘기해보자.

최근 몇 년 사이에 세 가지 자극이 내가 다시 『논어』를 읽도록 압박했다.

첫 번째는 '죽간 열풍竹簡熱'이다. 1990년대에 발굴된 『곽점郭店 초죽간楚竹簡』『상박초간上博楚簡』**23** 등은 모두 유가 서적 위주이고, 내용은 공자와 그의 주요 제자와 관련이 있다. 『논어』와 관련이 있을 뿐만 아니라 『대대기』『소대기』와도 관련이 있고, 고대 유가 연구에 적지 않은 새로운 단서를 제공하고 있다. 과거의 유가에 대한 연구에서는 주로 공자, 맹자, 순자 등의 저작을 읽었으며, 공자와 맹자 사이의 70 제자에 대해서는 오히려 언급이 없어 그 틈새가 너무 컸다. 나는 유가를 중국문화의 대명사로 부르는 데는 동의하지 않지만, 유가의 출현이 일렀고, 지위가 높았으며, 영향이 컸다는 점에 대해서는 의심의 여지가 없다고 생각한다. 우리는 이들 새로운 자료를 철저하게 이해하고 나서 다시 돌아와 『논어』를 읽어야 한다. 이 부분이 보충되지 않으면 아무런 발언권을 가질 수 없다. 예를 들어 송유가 도통을 말한 것에 대하여 어떤 사람은 "출토 문헌을 통해 이 도통이 증명되었다는 것은 허튼소리가 아닌가"라고 말한다. 공자와 맹자 사이에는 자사와 증자뿐만 아니라 매우 많은 사람이 있었다는 점이 아주 분명한데, 송명에서 말한 도통을 어떻게 증명할 것인가? 고서를 진지하게 읽기만 하면 곧 고서와 이들 발견은 결코 모순되지 않는다는 점, 진정한 모순은 오히려 "성인화"된 해석, 왜곡된 해석에 있다는 점을 발견하게 될 것이다.

두 번째는 '공자 열풍孔子熱'이다. 지금은 1980년대와는 다르다. 1980년대를 뭐라고 부르는가? 지금은 이미 늙어버린 궁녀가 개원開元(712-741)·천보天寶(742-756) 때의 일을 지껄이리라고는 생각도 못했음을 나는 아주 생생하게 기억하고 있다. 1980년대는 주로 전통에 대하여 통렬하게 비판하고, 하늘을 원망하고 남을 탓하며 조상을 욕하는 그런 분위기였다. 오늘날에는 사회적 분위기가 급변하여 전통은 다시 대중의 인기를 한 몸에 받고 있다. 왼쪽으로 돌았다가 오른쪽으로 되돌아 누구든지 공자를 그럴싸하게 꾸며낸다.(심지어는 감옥에서도 『논어』를 읽는다.) 공자는 진정으로 손쉽게 얻을 수 있는 수양의 도구이다. 조상을 욕하는 데서 조상을 팔아먹는 데로 이르는 이 거대한 모퉁이를 어떻게 돌아온 것일까? 그 앞뒤의 인과관계는 깊이 생각해볼 만한 가치가 있다. 미국 학자 스카버그David Schaberg는 서양에 『논어』 번역본을 소개하는 서평을 발표했는데, 그가 쓴 글의 제목은 '팔아야지, 팔아야지'[24]였다. 이 말을 중국에 갖다 써도 역시 잘 어울린다. 전통과 공자는 모두 베스트셀러에 속한다. 현재 세계는 혁명에 대한 상처와 공포를 극복하기 위해 모두 오른쪽으로 정렬해 있고, 보수주의의 파도와 복고풍이 전 지구를 석권했다. 문화 현상으로서 공자 열풍의 함의가 무엇인지를 분명히 밝히고 싶다면, 역시 『논어』(그것 자체가 바로 복고적 경전이다)를 다시 읽어야 한다.

세 번째는 '고전읽기 열풍讀經熱'이다. 오늘날은 "어린이 고전 읽기"를 부추기고 있다. 오경을 읽는 것이 아니라 서당의 교재를 읽는 문제를 두고 의견이 분분한데, 나는 그래서는 안 된다고 생각한다. 그러나 고서를 어떻게 읽을 것인가 하는 것은 확실히 문제다. 현재 나는 베이징대에서 "사대경전"을 강의하고 있는데 『논어』는 그 가운데 하나다. 나는 고서의 경전화에 대하여 그리고 현재 어떻게 경전을 선별하고 어떻게 읽고 있는가 하는 문제에 대하여 진지하게 생각해보고 싶다.

사실상 나는 『논어』를 읽을 때 주로 그것을 사상사의 일부로 간주한다. 고대 사상사에는 많은 논쟁이 있는데, 나는 연극을 보는 것처럼 무대 아래서 보면서 절대로 그 어떤 쪽에도 가담하려고 하지 않는다.

마르크스는 청년 헤겔파를 "독일의 의지와 이데올로기"라고 말했다. 『논어』 역시 중국의 이데올로기이다.

역사적으로 공자 받들기에는 세 가지 방식이 있었다. 첫 번째는 정치(통치)를 중심으로 한 것으로서 한대 유가가 그러했다. 두 번째는 도덕(도통)을 중심으로 한 것으로서 송대 유가가 그러했다. 세 번째는 유학을 가져다가 종교(혹은 준종교)로 삼은 것으로서 근대에 서양 종교의 자극을 받은 구세설救世說이 그러했다. 이 세 가지는 모두 이데올로기이다. 내가 『논어』를 읽는 것은 이들 악담에 도전하기 위한 것이다.

내가 읽는 방법은 다음과 같다.

(1) 어구를 조사하고 고찰하면서 전편을 통독했다. 원서의 순서에 따라 한 글자씩 한 구절씩, 한 장씩 한 절씩 그리고 한 편 한 편씩 자세하게 『논어』를 읽었다. 먼저 구주舊注(청수더의 『논어집해』를 위주로 함)를 참조하여 문장의 의미가 소통되게 했고, 그런 다음 다시 해결이 곤란한 부분을 고증해가면서 책 전체의 작은 절을 한번 훑어보았다.

(2) 인물을 중심으로 원서의 순서를 무너뜨리고, 멋대로 『논어』를 읽었다. 첫 번째는 공자이고, 두 번째는 공문의 제자이며, 세 번째는 『논어』 속의 기타 인물이다. 이와 같은 고찰 방식을 빌려 각 장의 연대를 확정했는데, 확정할 수 있는 것은 확정하고, 확정할 수 없는 것은 그냥 두었으며, 『논어』를 공자의 전기로 여기면서 읽었다.

(3) 개념을 중심으로 원서의 순서를 파괴하고 『논어』를 횡적으로 읽었다. 책 전체를 몇 개의 주제로 귀납시키고, 각각의 주제 아래 몇몇 세부 항목으로 나누고, 주제에 따라 발췌하여 이 책에 드러난 공자의

사상이 어떠한지, 그리고 『묵자』나 『노자』 등과는 어떻게 구별되는지 살펴보았다.

(4) 마지막은 나의 총정리이다. 내가 생각해보고 싶었던 것은 지식인의 운명으로서 한 지식인의 마음을 통해 다른 지식인의 마음을 이해하고, 유림 밖의 일을 통해 유림 내부의 일을 읽어내는 것이다.

공자의 이 책은 도덕적인 격언이 적지 않고, 비교적 정채한 부분도 있고 일반적인 부분도 있다. 맹자는 다음과 같이 말했다. "『서경』을 다 믿는 것은 『서경』을 무시하는 것만 못하다. 나는 「무성」 편에서 두세 가지 대책만 취했을 뿐이다."[25]

『논어』에 대해서도 역시 이와 같다.

『논어』를 읽으면서 마음이 평안하고 기분이 좋아지기를 바랐으며, 정치화한 것을 없앴고, 도덕화한 것을 없앴고, 종교화한 것을 없앴다.

목적은 다른 데 있는 것이 아니다. 우리에게 필요한 것은, 특히 이 예가 파괴되고 음악이 붕괴되는 세계에서는 하나의 진실된 공자이다.

2006년 10월 15일
베이징 란치잉藍旗營의 우거에서

제1부

제1부

제1편

학이 學而

『논어』 각 편은 첫 문장에 나오는 첫 두 글자로 제목을 삼았기 때문에 아무런 의미가 없을 뿐만 아니라 내용을 반영하고 있지도 않다. 이 편의 내용은 비교적 복잡하다. 배움에 대하여 논하고 있는 것은 여섯 개의 장(1.1, 1.4, 1.6, 1.7, 1.8, 1.14)뿐이고, 그 밖에는 공통된 주제가 없다. 대부분의 장과 절은 모두 평이하고 특이한 점이 없다. 그러나 1.8의 "자기만 못한 사람을 친구로 삼지 말라"는 말은 매우 재미있다. 역대로 이 구절에 대해서는 논쟁이 있었다. 논쟁의 내용은 원래 것보다 더 재미있다. 모두 항상 공부자孔夫子(공자에 대한 높임말)를 변호하려고 했지만, 어떻게 해봐도 제대로 변호할 수 없었다. 이 단락을 읽으면 유명인의 고뇌가 어디에 있었는지 알 수 있을 것이다.

아래의 각 장에서 나는 그 장을 끝맺는 부분에서 모두 메모 성격의 소제목을 붙여두었다.[1]

스승님께서 말씀하셨다.

"배우면서 때로 그것을 익히는 것도 기쁘지 않은가?

친구가 먼 곳에서 찾아오는 것도 즐겁지 않은가?

사람이 알아주지 않아도 성내지 않는 것 역시 군자답지 않은가?"

子曰, 學而時習之, 不亦說乎. 有朋自遠方來, 不亦樂乎. 人不知而不慍, 不亦君子乎.

"스승님께서 말씀하셨다"에 해당되는 "자왈子曰"은 공자가 말하는 것이다. 『논어』에 나오는 "자왈"은 모두 공자가 말한 것이다. 고대의 제자서에서는 "자子"를 스승에 대한 호칭으로 삼았다. 예를 들어 『손자』 13편에서는 각 편의 시작 부분에 대부분 "손자왈孫子曰"이라고 했고, 『묵자』의 「상현」 등 10편에서는 각 편의 시작 부분에서 역시 "자묵자왈子墨子曰"이라고 했다. 이와 같이 "자"는 스승에 대한 존칭이었다. 『논어』를 연구할 때는 중국 최초의 스승은 어떻게 불렸으며, 제자들이 공자를 "자"라 불렀는데, 이 "자"는 무슨 의미인지에 대하여 알아야 한다.

"자"는 본래 귀족 자제에 대한 칭호였다. 서주 시기에는 귀족의 자제를 대부분 "소자小子"라 불렀는데, 왕까지도 조상신 앞에서는 자신을 "소자"라 불렀다. 춘추 시대에 사람들은 "부자夫子" 혹은 "자"라는 칭호로 경대부, 즉 당시의 귀족 관료를 불렀다. "부자"는 3인칭이고, 그 어르신이라는 말에 해당된다. "자"는 제2인칭으로 어르신이라는 말에 해당된다. "부자"는 또 "자"라고 생략하여 부르기도 한다. 부자와 자는 모두 존칭이다. 공자는 매우 짧게, 겨우 3년 동안 노나라 대부를 지냈다. 그러나 그의 제자는 자신들의 스승을 이 직함으로 불렀다. 여기의 "자"는 "부자"를 생략한 것이다. 고대의 맨 처음에는 오직 한 가지 학문, 즉 관리가 되는 학문만 있었는데, 높은 관리가 바로 스승이었기 때문에 그것을 관사官師의 학문이라 불렀다. 공자는 책을 읽어 관리가 될 것을 강조했는데, 그것은 그가 생각해낸 것이 아니라 관사의 학문적 전통이었다. "제자諸子"의 "자"는 관사에서 기원했고, 스승이라는 칭호와 수장首長이라는 칭호는 같은 것이었다.

"때로 그것을 익히는 것"에 해당되는 "시습時習"은 "학자는 때에 따라 배운 것을 소리내서 읽는다"(『집해』에서 왕숙의 설을 인용), 즉 정해진 때에 맞추어 복습한다는 설이 있고, "배우고 나서 그것을 때때로 익힌다"(『집주』), 즉 때때로 복습한다는 설이 있다. 양보쥔楊伯峻은 앞의 설이 진정으로 주진周秦 고서의 용법이고, 뒤의 설은 후대의 글자 뜻에 따라 고서를 해석한 것이기 때문에 취할 수 없다고 말했다.[2] 『국어』「노어하魯語下」에서는 "선비는 아침에 수업을 받고 낮에 강습하고, 밤에 복습한다"[3]라고 했는데, 복습은 밤에 하는 것이다.

"붕朋", 옛날 사람은 학우, 동업자, 동료 등 같은 연배의 사람을 "붕" "우" 혹은 "붕우"라 불렀다. 여기서는 학우를 가리킨다. 동주의 편종 명문銘文에서는 항상 "부형"(혹은 "형제"), "혼구婚媾" "붕우" 등을 함께 말했는데, 부형(혹은 형제)은 혈연관계이고, 혼구는 혼인관계이고, 붕우는 사회적 관계 혹은 정치적 관계이다.

이 1장은 대학원생이 입학하면 지도교수가 그들에게 훈화를 하는 것같이 주로 학습의 즐거움에 대하여 말하고 있다. 첫 번째 즐거움은 개인적인 쾌락으로, 너희가 나의 문하에 들어와 나의 도를 전해 듣고 시간에 따라 복습하면 즐거움은 그 속에 있다는 것이다.

두 번째 즐거움은 학우들과 함께하는 것이다. 너희가 홀로 배울 뿐만 아니라 누군가 너희의 이름을 흠모하여 찾아와 너희의 학우가 되는 것을 막지 않고 어울려 한바탕 거문고를 켜고 노래를 부르면 어찌 즐겁지 않겠는가 하는 것이다.

세 번째 즐거움은 사문師門 외의 것이다. 다른 사람이 알아주지 않더라도 절대로 화내지 말아야 한다. 왜냐하면 너희의 학습 목표는 군자가 되는 것이고, 학습은 자기를 위해 배우는 것이기 때문에 다른 사람이 알지 못해도 너는 여전히 군자이다. 너는 군자의 즐거움이 있으니 내심의 즐거움은 역시 매우 좋지 않은가 하는 것이다.

공자는 배우기를 좋아하여 학습하는 것을 즐거움으로 여겼다. 그는 지식을 추구하는 즐거움은 지식 자체를 추구하는 것보다 더 중요하다고 생각했다.[4] 이 말들의 공통점은 즐거움이다. "열說"은 열悅, 즉 기쁘다는 것이다. "낙樂"은 즐거움이고, "불온不慍" 역시 기쁨 혹은 즐거움이다.

『논어』가 이것을 제1장으로 삼은 것은 참 좋다.

이 1장에서 "군자"를 언급했다. 군자는 공자에게 중요한 개념이다. 군자란 무엇일까? 나중에 되풀이하여 언급된다. 공자가 말한 군자와 소인은 두 가지 의미가 있다. 하나는 신분으로서 귀족과 지위가 있는 사람이 군자이고, 노예와 지위가 없는 사람이 소인이다. 다른 하나는 도덕이다. 도덕이 고상한 사람은 군자이고 도덕이 낮은 사람은 소인이다.

　군자와 소인에 대한 구분은 본래 혈통론의 개념이다. 귀족 사회의 특징은 혈통론을 강조하는 데 있다.

　문혁 초기에 나는 대구對句 토론회에 참가한 적이 있었는데, 거기서 뼈에 사무칠 정도로 아픈 체험을 했다. 이른바 대구는 간부의 자제가 생각해낸 것으로 "영웅적 아버지 밑에는 대장부, 반동적 아버지 밑에는 머저리"였다. 그 대구가 바로 혈통론이다. 중학생들은 떠들어댔고 위에서는 아무도 통제하지 않았으며, 탄리푸譚立夫는 대학생으로서 역시 그들과 함께 헛소리를 늘어놓으면서 의연히 그 대구를 변호했다. "머저리"란 뭔가? 그저 "멍청한 놈"을 가리키는 말이다. 나는 하나의 전단을 써서 혈통론을 반대했다. 비록 철저하지는 못했지만, "성분론이든 능력제일주의든 중요한 것은 행동에 있다"라고 말했다. 불쌍한 위뤄커遇羅克는 바로 자신의 「출신론」이라는 글 때문에 죽었다.[5] 계급이라는 원수는 유전될 수 있고, 그 영향은 우리가 상상하는 것보다 훨씬 크다. 설령 오늘날이라 하더라도 그로부터 완전히 벗어난 것은 아니다. 문혁 이후에 간부의 자식들은 여전히 간부가 되었고, 연기자의 자식들은 여전히 연기자가 되었으며, 지식인의 자식들은 출국이라는 새로운 조류를 이끌어갔다. 최근에는 시간이 거꾸로 흘러 "귀족열"이라는 것이 나타나 누가 더 부유한지 서로 비교하고 있다. 나는 누구인가? 도련님이다. 유형의 자산이 없더라도 무형의 자산을 통해 누가 먹을 수 있고 마실 수 있는지를 보고 미식에 정통해진다. 무엇이든, 가령 부잣집 요리사까지도 귀족에게 끌어다 바친다. "지주, 부농, 반혁

명분자, 부패한 자, 우파" 가운데서 "부패한 자"를 제외하고는 누구든 자기 얼굴에 버젓이 써 붙이고 다닌다. 관직이 높으면 높을수록 더 좋다. 북양北洋(청말에 심양瀋陽·직례直隷[하북]·산동山東 3성을 총칭한 호칭)이든, 국민당國民黨이든, 위만僞滿이든 모두 다 괜찮고 황족이거나 왕족이면 더할 나위 없이 좋다.

공자는 조상이 영광스러웠다. 그러나 그 자신은 이미 평민화되었으며 민간의 고통을 맛보았고 귀족으로부터 무시를 당했다. 그것은 좋은 교육이 되었다. 그는 귀족의 교만과 사치 방탕과 안일에 대하여 대단히 마음에 들어 하지 않았다.

공자는 혈통론을 반대했는데 물론 충분히 철저하지는 않았다. 당시에는 철저하기가 쉽지 않았다. 그의 태도 역시 "성분론이든 능력제일주의든 중요한 것은 행동에 있다"는 것이었다. 그는 전통적 귀족을 좋아했고 귀감으로 받들었다. 그러나 그가 보다 중점을 둔 것은 '그 당시에 어떠한가'였으며, 따라서 그는 누가 더 도덕적이고 누가 더 학식이 있는가를 살폈다. 이것은 특히 그가 사용한 "군자"라는 말에 반영되어 있다.

공자가 말한 군자는 이전의 명사에 새로운 개념을 입힌 것이다. 그가 볼 때 과거의 귀족은 혈통이 고귀할 뿐만 아니라 신분상의 지위가 있었고, 또 도덕과 학식이 있었으며 군자의 풍도를 지녔다. 그러나 당시의 귀족은 그렇지 않았다. 그들은 신분상의 지위만 있고 도덕이나 학식 그리고 군자의 풍도를 갖추지 못한 때가 자주 있었다. 이 때문에 그는 군자에 대하여 새로운 의미, 즉 도덕과 학식이라는 의미를 부여했는데, 오히려 꼭 신분상의 지위가 있어야 하는 것은 아니었다. 이러한 사람은 일본의 낭인과 같이 유리된 사람이다. 그들 중 일부는 공자처럼 출신은 고귀하지만, 중간에 가세가 기울고, 집에서 둘째나 셋째이거나 서자庶子 혹은 여자餘子에 속하여 계승의 자격이 없었고, 일부는 학습을 통하여 지식과 도덕을 갖춘 촌뜨기로서 자로나 안연 같은 사람이다. 이처럼 유리된 사람이 바로 공문의 교육 대상이었고, 나중에 "사문화士文化"의 주체가 되었다.

중국의 귀족제도는 특히 일찍 붕괴되었고, 황족과 왕족을 제외하고는 유럽과 같은 그런 귀족이 없었다. 과거제도 아래서 큰 부자와 높은 관직에 있던 사람은 대부분 두메산골 출신이었다. 그러나 시대마다 신분과 지위는 있지만 도덕이나 학식이 없거나 도덕과 학식은 있지만 신분과 지위가 없는 사람이 항상 있었다. 누가 군자일까? 누가 소인일까? 여전히 문제이다.

글을 읽어 관리가 되는 것은 공부자의 이상 및 유산으로서 나는 좋아하지 않는다. 나는 어떤 관직도 지내지 않은 공부자를 더욱 좋아한다.

오경재吳敬梓[6]는 글 읽는 사람을 풍자했는데, 관직을 얻기 위해 글 읽는 사람을 풍자했다. 그는 그런 종류의 사람에 대해 다 쓰고 나서 소설 끝머리에 이상적인 인물을 제시했는데, 그는 특별히 네 가지 기인, 즉 "거문고琴" "바둑棋" "책書" "그림畫" 등과 관련된 각 한 사람씩에 대하여 썼다. 그중 한 사람도 큰 부자이거나 지위가 크게 높은 사람은 없고, 모두 서민들 속에 숨어 사는 평민이다. 그는 이렇게 말했다. "관리를 보라! 아마도 오늘 이후로 『유림외사』 같은 데 들어갈 수 있는 현인이나 군자는 한 사람도 없을 것이다…" 형원荊元이라고 부르

는 마지막 한 사람이 「고산유수高山流水」라는 곡조를 연주하여 늙은이
로 하여금 처량하게 눈물을 흘러내리게 했고, 그 말은 그의 마음을
크게 아프게 했다.

이것이 오경재가 묘사한 "군자"이다.

학습의 즐거움

1.2

유자有子가 말했다.

"사람됨이 효성스럽고 우애가 있으면서 윗사람을 침범하는 자는
드물다. 윗사람을 침범하기를 좋아하지 않으면서 난을 일으키는 자는
없었다. 군자는 근본에 힘쓰는데, 근본이 서 있으면
도가 생겨난다. 효도와 우애야말로 인의 근본일 것이다!"

有子曰, 其爲人也孝弟, 而好犯上者, 鮮矣. 不好犯上, 而好作亂者, 未之有也.
君子務本, 本立而道生. 孝弟也者, 其爲仁之本與.

이 장은 효제孝弟가 입신立身의 근본이라는 점을 말하고 있다. 사실
어찌 입신의 근본에서 그치겠는가. 공자는 입국의 근본이라고도 생각
했다. 집에서 효자가 되는 것과 조정에서 충신이 되는 것은 하나의 이
치이다. 아버지에게 효성으로 따르면 곧 지도자에게 복종할 것이고,
지도자에게 복종하면 곧 윗사람을 침범하지 않을 것이고, 윗사람을
침범하지 않으면 곧 난을 일으키지 않을 것이고, 난을 일으키지 않으
면 천하는 곧 태평해질 것이다. 이것이 공자의 논리이다.

"유자有子"는 공문의 재전제자가 유약有若을 높여 부른 것이다. 유
자의 이름은 약若이고 자는 유有이며, 그는 복상卜商·언언言偃·전손사
顓孫師·증삼曾參 등과 같은 연배로서 모두 공문의 3기 제자이다. 유약
은 성실할 뿐만 아니라 도덕적으로도 훌륭해서 스승이 좋아했고, 또

생긴 것도 공자처럼 멋졌기 때문에 공자가 죽은 뒤에 우상偶像이 없자 복상·언언·전손사 등이 유약을 시동尸童[7]으로 삼았다. 모두 그를 공자 대신 추대했고 그는 제자들의 참배를 받았다. 이 일에 대해 증삼은 따르지 않으면서 그가 공자를 대표할 무슨 자격이 있느냐고 따졌다. 단목사端沐賜(자공)는 공자를 성인으로 세우는 데 앞장섰고 유약은 그 일에 참여했다.

"효제", 즉 "효도와 우애"는 고대 가정윤리의 핵심 개념이다. "효孝"는 아들이 아버지를 섬기는 것이고, "제弟"(悌와 같음)는 아우가 형을 섬기는 것으로서 완전히 남성 본위였다. 효孝자는 노老자의 생략형 글자와 자子자로 이루어졌고, 고考·노老 등의 글자와 관련이 있다. 노老자는 허리가 굽고 등이 곱사등이처럼 굽은 노인을 형상화한 글자이고, 거기에 지팡이를 더한 것이 바로 고考자이다. 옛사람들은 아버지를 고라 불렀고, 아들은 아버지에게 효도해야만 했다. 노인을 사랑하고 공경하고 부양하는 것을 효라고 부른다. 공자의 노인 공경은 늙은 이와 늙은 할머니만을 공경하는 것이 아니다. 그는 모든 오래된 것에 대하여 마음속으로 경의를 품고 있었다. 형兄은 "형 혹은 오빠哥哥"이고, 형 중에서도 큰형은 아버지의 합법적인 계승자이며 미래의 대가장大家長으로서 역시 대단히 중요했다. 동생은 집에서는 형, 특히 큰형을 존중하고 형을 받들어야 했는데, 그것을 제弟라고 부른다.

"효도와 우애야말로 인의 근본일 것이다!"에 대하여 양보쥔은 『관자』「계戒」의 "효제라는 것은 인의 뿌리이다"라는 구절은 『논어』의 이 구절과 같은 의미라고 지적했다.[8] "인"은 공자의 사상에서 가장 핵심적인 개념이다. 그것의 기본적인 의미에 대하여 공자는 "사람을 사랑하는 것"⁹이라고 말했다. 청대의 학자 완원阮元은 『논어』의 "인"자에 대하여 전문적으로 탐구했다.¹⁰ 『논어』에는 도대체 "인"자가 몇 번이나 나올까? 그는 105번이라고 말했는데, 사실 109번이다. "인"은 무슨 뜻일까? 가장 간단하게 말하면 바로 사람을 사람으로 대하는 것이다. 먼저 자기를 사람으로 대하는 것이고, 그다음은 다른 사람을 사람으로 대하는 것이다. 사람을 사람으로 대하지 않는 것은 인이 아니다.¹¹

사람을 사람으로 대하는 것은 쉽지 않다. 사람은 도구적 성격이 있다. 출근해서는 도구로 대하고, 퇴근해서는 사람으로 대한다. 반반이면 괜찮다. 완전히 사람으로 대하지 않는 것 역시 흔히 있는 일이다.¹²

중국의 초기 국가는 종법제의 작은 나라였고, "국가"¹³는 합성어로서 국은 가를 기초로 하고 가는 남성과 남성의 계승자가 근간이 되었는데, 바로 아버지와 큰형이었다. 당시의 이치로는 오직 아버지에게 효도와 공경을 다하고, 큰형을 도와주면 집은 곧 화합했고 만사가 번창했다. 집을 통해 나라를 다스리는 것은 공자의 핵심 사상으로서 일종의 복고적 색채를 띤 보수 사상이다. 당시에 국가는 친척·인척 및 의부모의 관계로 연결되어 있었고, 그것으로부터 나뉘고 연결되고 뒤엉킨 것들이 뼈대를 이루고 있었다. 국은 천자의 가 속에 자리 잡았다. 제후들은 모두 친척이었다. 진한 이후로 종법제도는 파괴되었지만, 가는 여전히 존재했다. 그러나 단지 국가 아래 세포와 같은 존재로서의 가는 소가든 대가든 국이 그 가 속에 자리 잡을 수 없었다. 한대 이후로 효제를 강조했지만 그것은 선진과는 달랐다.¹⁴

효제는 인의 근본이다

선생님께서 말씀하셨다.
"교묘한 말과 아부하는 표정에는 인仁이 드물다."

子曰, 巧言令色, 鮮矣仁.

"교묘한 말과 아부하는 표정"은 공자가 가장 싫어했다. 공자는 그런 사람이 가장 "인"이 결핍된 사람이라고 생각했다. "교묘한 말"의 원문 "교언巧言"에서 언言은 말이다. 교묘하게 혀를 놀려 그럴듯하게 꾸며대거나, 능수능란하게 말을 둘러대거나, 말을 이용하여 다른 사람의 환심을 사는 것 등을 공자는 "영佞"이라 불렀다. 공자는 영에 대하여 끝없이 욕을 퍼부었다.(나중에 자주 언급될 것이다.) "영색令色"의 "색色"은 낯빛(옛사람들은 안색이라 불렀다)으로 겉으로 드러난 모양이다. 우리는 여자만 낯빛으로 사람을 유혹하는 것이라고 생각해서는 안 된다. 남자 역시 이 방법에 대하여 아주 잘 알고 있다. 그들은 눈빛으로 추파를 보내고, 허리를 굽혀 읍揖하면서 공손함을 표시하고, 자신의 얼굴 표정과 육체 언어를 매우 능숙하게 구사한다. 교묘하게 말을 꾸며대고 아부하는 얼굴 표정을 짓는 사람은 제멋대로 아첨하고 남의 비위를 맞추는 사람이다.

"교활한 말과 아부하는 표정"은 거짓이고, 공자는 그런 사람을 극도로 증오했다. 그러나 그를 기쁘게 하는 것에 대해서는 정말로 꼭 그렇지는 않았다. 입을 닫을 줄 모르는 사람, 감정이 격한 사람, 중유仲由와 같이 마음이 강직하고 입이 싼 사람 등은 "교활한 말과 아부하는 표정"과 구별되지만, 공자는 역시 좋아하지 않았다. 그가 특히 좋아한 것은 말을 하지 않거나 혹은 말을 적게 하는 사람—말이 없어 속을 알 수 없는 것과 같은 사람이었다. "교활한 말"의 반대 측면은 "눌訥"이다. 눌은 말하는 것이 둔하고 도통 시원시원하지 않은 것이다. "아부하는 표정"의 반대 측면은 "목木"이다. 목은 얼굴에 표정이 없는 것으로 나무토막 같은 것이다. 그가 좋아한 사람은 무표정하고 말을 어눌하게 하는 사람이었다. 그는 무표정하고 말을 어눌하게 하는 사람이야말로 인에 가깝다고 생각했다.[15]

교활한 말과 아부하는 표정은 공자가 가장 싫어했다

1.4

증자가 말했다.
"나는 하루에 세 번 내 자신을 반성한다. 다른 사람을 위해
도모하는 데 성실하지 않았는가? 친구들과의 교유에서 믿음이
없었는가? 배운 것을 익히지 않았는가?"

曾子曰, 吾日三省吾身. 爲人謀而不忠乎. 與朋友交而不信乎. 傳不習乎.

"증자"는 공문의 재전제자들이 증삼曾參을 높여 부른 것이다. 증삼의 자는 자여子輿이고, 유명한 도덕샌님이었다. 공자 사후 복상 등이 유약을 공자 대신 추대하여 제자들의 참배를 받도록 했는데, 그는 따르지 않았다. 공문십철孔門十哲에는 증자가 없지만, 송유宋儒가 도통을 세울 때 그를 극히 높이 받들었고, 명대에는 증자를 "복성復聖"으로 봉하여 증자의 이름은 오히려 유약보다 높아졌으며, 심지어는 안회를 능가했다. 그것은 송유의 창작품이었다.

"내 자신을"에 해당되는 "신身"은 육체가 아니라 자기이다. 여기서 말한 세 항목은 모두 자율에 속하고 아주 높은 것을 요구하는 것이 아니다. 도덕에는 고상한 도덕이 있고, 일반적인 도덕이 있으며, 또 도덕의 하한선에 해당되는 최소한의 것만을 요구하는 것이 있다. 고상한 도덕은 일반 사람은 실천할 수 없거나 혹은 실천하기 매우 어렵기 때

문에 실천할 수 있다면 사람으로부터 찬탄을 받지만, 실천하지 못해도 질책을 받지 않을 수 있다. 도덕 문제에서 "높고 크고 완전함"[16]을 사방으로 돌아다니면서 연설하고, 온 나라에 광풍을 일으키는 것보다 모든 사람이 맡은 직책을 다하고 나쁜 일을 줄이도록 권하는 것이 더 낫다. 인위적으로 추켜세우면 그 결과는 오히려 정반대가 되는데, 그런 것을 베이징 말로 "티 내기矯情"라고 부른다. 예를 들어 정의를 위해 용감하게 뛰어드는 것, 말하기는 얼마나 쉬운가? 총과 칼을 든 악당들에게 포위되어 있을 때 내 손에는 아무런 무기 하나 들고 있지 않고 얼굴은 누렇게 뜨고 몸은 비쩍 말라 힘도 없고 용기도 없다면, 어떻게 과감하게 그들 앞으로 돌진하여 그곳을 빠져나올 수 있을 것인가? 경찰의 책임은 보통 사람에게 책임지도록 하는 데서 끝난다. 내가 보기에 일반적인 도덕과 최소한의 도덕은 이런 것보다 더욱 중요하다.

"충忠"은 "중中" "충沖" 등의 글자와 관련이 있다. "충"이란 무엇인가? 옛날 사람이 글자를 쪼개서 해석한 것 가운데 "중심中心이 충忠이다"라는 풀이가 있다.[17] 간단하게 말하면 다른 사람을 대신하여 어떤 일을 꾀함에 있어서 진실된 마음과 성심성의로 임해야 하며 절대로 속여서는 안 된다는 것이다. 현재 많은 동포가 말은 모두 번드르르하고 달콤하게 하면서 마음과 노력을 다하지 않고, 돈은 다 챙겨가면서도 일을 하나도 하지 않다가 결국에는 사람마저 도망가버리는데, 이런 것이 바로 "다른 사람을 위해 도모하는 데 성실하지 않은 것"이다.

"신信"자는 말言로 이루어져 있고, 말하는 것과 관련이 있다. 옛날 사람이 글자를 쪼개서 해석한 것 가운데 "사람의 말은 속이지 않는다"는 풀이가 있다.[18] 간단하게 말하면 그것은 곧 말한 것에 대해서는 책임을 지고, 약속한 것을 성실하게 지키고, 신용을 중시하는 것이다. 현대인은 말한 것을 지키지 않고, 약속을 어기거나 미루며, 마치 장난 하듯 하는데, 사전에 함부로 약속하고 나서 나중에 제멋대로 사과하 며(심지어는 사과도 안 한다) 조금도 얼굴을 붉힐 줄 모른다. 이런 것이 바로 "친구들과의 교유에서 믿음이 없는 것"이다.[19]

또 "배운 것을 익히지 않다"라는 구절이 있는데, 이 구절은 더욱 간 단하다. 즉 스승이 말한 것을 돌아가서 복습하지 않는 것은 학생으로 서 스승을 속이는 것이다.

3대 병폐의 하나는 지도자·동료·친구·스승 등 누구든 가리지 않 고 속이는 것으로 이와 같은 것은 모두 대단히 부도덕한 일이다.

중국인은 속이는 것을 무척 좋아한다. 귀신마저 속이려드니 사람을 속이는 것쯤이야 대수롭게 생각하겠는가? 잔꾀 부리는 짓, 약삭빠른 행동, 어수룩한 사람에게 사기치는 짓, 간사하고 교활한 짓에서 중국 사람들을 따라올 자가 없을 것이다.[20]

도덕의 수요공급 법칙은 생활 속에서 결핍되면 결핍될수록 더욱더 큰 소리로 명령하는 것이다. 춘추전국 때 충신忠信을 크게 강조한 것 은 바로 충신이 없었기 때문이다.(전국 시대의 도장 중 "충신"이라고 새긴 것이 가장 많다.) 그러므로 『노자』 제38장에서는 "예라는 것은 충신이 경시됨을 의미하고 혼란의 시작을 의미한다"라고 했다.[21] 송대 이후로 관공關公(관우에 대한 존칭)과 악비岳飛를 크게 강조한 것 역시 간신이 너무 많았기 때문이다.

여기서 세 번 반성한다는 것을 의미하는 "삼성三省"이라는 말은 매 우 유명하다. 예를 들어 천성선陳省身(중국계 미국 수학자), 위성우于省吾

(중국 현대의 저명한 고고학자) 등은 모두 이 구절에서 딴 이름이다.

우리는 『논어』를 배울 때 어떤 부분에서 시작하든 "세 번 내 자신을 반성"해야 한다[22]는 점에 주의해야 하는데, 성省은 반성하는 것이고 신身은 자기 자신이다. 본질을 벗어나 엉뚱한 것만 이야기하면서 남을 가르치는 선생이 되는 것보다 먼저 자기 자신을 한번 반성하는 것이 더 낫다.

동쪽을 가리키면서 서쪽 이야기를 하는 것은
자기 자신을 반성하는 것만 못하다

스승님께서 말씀하셨다.
"천 대의 전차를 보유한 나라를 이끌어가는 방법은 일을 경건하게
처리하고 신용이 있으며, 절약하여 사용하고 사람을 사랑하며,
백성을 때에 맞게 사용하는 것이다."

子曰, 道千乘之國, 敬事而信, 節用而愛人, 使民以時.

"도道"는 이끌고 나가는 것이다.

"천 대의 전차를 보유한 나라"는 대국이다. 춘추 시대의 대국은 일
반적으로 천 대 이상의 전차를 보유하고 있었다. 노나라는 그다지 크
지 않았지만, 역시 "천 대의 전차를 보유한 나라"였다. "국國"은 한나라
고조를 피휘하여 글자를 고친 것으로 본래는 "방邦"으로 썼어야 한다.

"일을 경건하게 처리하다"에 해당되는 "경사敬事"는 오늘날의 경업敬
業과 같은 말로 자기가 맡은 일에 충실하고 최선을 다한다는 의미이
다. 저우언라이 이후로 모두 이 두 글자를 특히 좋아하는데, "사언思
言" "경사敬事" "충신忠信" 등은 모두 전국 시대의 잠언으로 도장에 자
주 보인다. 고서 속의 "인人"과 "민民"은 의미가 비슷하지만 구별이 있
다. 양보쥔과 자오지빈은 고서 속의 "인"은 넓은 의미와 좁은 의미 등
두 가지가 있다고 보고, 넓은 의미의 인은 모든 사람을 가리키고, 좁

은 의미의 인은 사대부 이상의 각 계층에 속하는 사람을 가리키며, "민"은 하층 대중을 가리키는데, 하층 대중은 "백성"이라고 부르기도 했다고 설명했다. 마지막의 두 구절 "사람을 사랑한다愛人"와 "백성을 부린다使民"는 상대되며, "사람을 사랑한다"의 "사람人"은 좁은 의미로 쓰였다.²³ 내가 보기에 공자는 절약을 강조했고, 돈 많고 권력 있고 신분이 높은 사람을 안타깝게 생각했다. 신분이 낮은 사람은 나랏일로 동원될 때 그저 좋은 계절과 좋은 절기를 자기들이 차지할 수 있기만 바랄 뿐이다.

대국을 어떻게 다스릴 것인가

1.6

스승님께서 말씀하셨다.

"젊은이는 집에 들어오면 효도하고 집을 나가면 우애로우며,
신중하고 미덥게 행동하고 널리 백성을 사랑하고 사람을 사랑해야
한다. 이런 것들을 실천하고서도 여력이 있으면 곧 글을 배운다."

子曰, 弟子入則孝, 出則悌, 謹而信, 汎愛衆而親仁. 行有餘力, 則以學文.

"제자弟子"는 마을의 젊은이 혹은 학생을 가리킨다. 고대의 사제 관계는 아버지와 자식의 관계를 모방하여, 제자는 스승을 아버지로 여기고 스승은 제자를 아들로 여겨 "하루의 스승은 일생의 아버지"였다. 그러므로 "사부師父"라는 말이 생긴 것이다. 사부의 사부는 "조사부祖師父"이다. 후세에 사도師道가 존엄해져 이러한 전통이 유지되었다. 스승은 제자에게 직업을 찾아주고 학생들이 뜻을 이루게 하며, 아내까지 도맡아 얻어주었다. 학생 역시 제자로서의 노력을 다하여 스승의 가르침을 널리 알리고 스승의 학설을 지켜 사문師門을 빛내는 것 등을 도의상 그만둘 수 없었다. 그것은 마치 내가 살았던 농촌에서의 삶과 같았다. 아버지는 자식에게 집을 지어주고 장가를 보내주며, 아들은 노인을 위해 물을 긷고, 땔감을 주워오고 관을 준비했다. 오늘날과 같은 학교에서는 청년병사를 기른다는 말이 있다. 전문용어로

"학술제대學術梯隊의 편성"이라고 부르는데, 그 속에는 그와 같은 부모의 자애로움과 자식의 효성이 들어 있다. 베이징대의 문은 깊숙한 곳에 자리 잡고 있고 선생은 큰 나무이다. 나는 사회과학원에서 베이징대에 이르는 길에서 이점을 깊이 체득했다. 사도에서는 존엄을 강조하지만 이러한 관계는 좋지 않다. 스승은 아버지가 아니고 학생은 아들이 아니다.

"신중한 것"은 말을 적게 하는 것이다.

"널리 백성을 사랑하고 사람을 사랑해야 한다"에 해당되는 원문에서 "중衆"은 민民을 가리키고 "인仁"은 인人으로 읽는다.

"이런 것들을 실천하고서도 여력이 있으면 곧 글을 배운다"에서 "행行"은 동사이다. 여기서는 다른 사람을 위해 일을 하는 것으로 그것은 도덕을 실천하는 것이지 도덕 자체는 아니다. "실천하는 것行"은 "배움學"에 상대되는 말이다. 도덕을 실천하고 나서 그래도 힘이 남으면 무엇을 할 것인가? 공자는 "글을 배운다"고 말한다. "글文"은 무엇일까? 문화이다. 특히 예악과 관련이 있는 인문 학술로 옛사람들은 그것을 "문학文學"이라 불렀다. 도덕은 질이고 예악은 문이다. 문과 질은 상보적인 것이다. 공문에서 독서는 예악을 배우는 것이다. 예악은 문화이지 공문서도 아니고, 과거시험의 답안지도 아니고, 특히 바람이나 꽃이나 눈이나 달 등과 같은 시문의 대상도 아니며, 자신의 감정을 표현한 시문은 더더욱 아니다.[24] 옛날 사람들은 후대인과는 달리 문장에 의지하여 세상에 이름을 알렸고, 문장에 의지하여 세상에 생각을 전달했기 때문에 쓰는 것을 중시했다. 공자는 도덕적 수양을 강조하고 나서 또 문화적 수양을 강조했다. 첫째, 나쁜 사람이 되지 말 것, 둘째, 바보가 되지 말 것을 강조했다. 즉 먼저 좋은 사람이 되고 다음으로 교양 있는 지식인이 되어야 한다는 것이다.

실천하고서도 여력이 있으면 곧 글을 배운다

자하가 말했다.

"현인을 현인으로 여기는 것으로 여색 좋아하는 것을 대체하고,

부모를 섬길 때는 온 힘을 다하고,

군주를 모실 때는 제 몸을 다 바치고,

친구와 사귈 때는 말에 믿음이 있으면, 비록 못 배웠다고 해도

나는 그런 사람에 대하여 반드시 배웠다고 하리라."

子夏曰, 賢賢易色. 事父母能竭其力. 事君能致其身. 與朋友交言而有信.

雖曰未學, 吾必謂之學矣.

"자하"는 복상의 자이다. 그는 공문 제3기의 제자로 공문십철의 한 사람이고, 문학에 뛰어났다.

"현인을 현인으로 여기는 것으로 여색 좋아하는 것을 대체하고"에 해당되는 원문 "현현역색賢賢易色"에서 앞의 "현"자는 동사이다. 즉 현인을 현인으로 여기고, 현인을 존중하며, 현인을 추앙하는 것이다. 예전에는 "역易"자에 대하여 대체하다, 바꾸다, 경시하다 등 세 가지 방식으로 이해했다. 나는 첫 번째 이해 방식이 가장 좋고, 세 번째 설이 가장 나쁘다고 생각한다. "현인을 현인으로 여기는 것으로 여색 좋아하는 것을 대체하는 것"은 바로 공자가 두 번에 걸쳐 언급한 "여색을 좋아하듯이 유덕한 사람을 좋아하는 것"[25]이다. 그 의미는 여색을 좋

아하는 것과 마찬가지로 덕을 좋아해야 한다는 것이다. 여기서 "색色"은 좋아해도 좋은 괜찮은 것이었음을 알 수 있다.

색色은 성적인 매력을 가진 외모로서 주로 여자가 남자의 눈에 성적인 매력을 가진 외모로 비치는 것, 즉 여색女色을 가리킨다. 남색男色은 별로 언급되지 않았다. 예쁜 여자를 좋아하는 것은 그다지 잘못된 것이 아니다. 잘못된 것은 속으로는 좋아하면서도 입으로는 천박하다고 말하는 것이다. 예를 들어 "형제는 수족과 같고, 아내는 의복과 같다"고 말하면서 아내를 의복으로 여기지 않고, 여색을 중시하고 친구를 가볍게 보는 것이다.

"덕 있는 사람을 좋아하는 것"으로 "여자를 좋아하는 것"을 대체한다는 것은 여색을 멀리하라는 것이 아니다. 남자가 여자를 좋아하듯이 생기 넘치고 내적인 충동이 일어 감정을 억제할 수 없을 만큼 그렇게 (덕 있는 사람을 좋아)해야 한다는 것이다. 여자는 나쁜 그 무엇이 아니고, 경계하지 않으면 안 되는 그런 것이 아니다. 자하는 여색을 좋아하는 마음을 현인을 좋아하는 마음으로 바꾸어 완전히 스승의 가르침과 부합했다.

덕으로 색을 대체하다

스승님께서 말씀하셨다.

"군자가 신중하지 않으면 위엄이 서지 않고, 배워도 견고하지 못하다. 충忠과 신信을 위주로 하되 자기만 못한 사람을 친구로 삼지 말며, 잘못이 있으면 고치는 것을 꺼리지 말아야 한다."

子曰, 君子不重則不威. 學則不固. 主忠信. 無友不如己者. 過則勿憚改.

"중重"은 노련하고 신중하다고 할 때의 신중함을 말하며, 베이징어로 말하면 "무게 잡다端着点"이다. 사람이 무게를 잡지 않으면 곧 "위엄이 서지 않고" 보기에 위풍당당한 그런 힘이 느껴지지 않는다.

그것이 공부와 무슨 관계가 있을까? 내 생각에는 공자가 말한 "배움學"은 그저 책을 읽는 것만이 아니었다. 더 중요한 것은 예를 익히고 수행하며 도덕을 배우는 것이었다. 예를 익히고 수행하며 도덕을 배우는 목표는 하나다. 즉 그것은 군자의 풍도를 지니기 위함이다. 만약 군자의 풍도가 없다면 충분히 장중하지 못하고 지나치게 경박하다. 그것은 당연히 그가 제대로 하지 못했음을 설명하는 것이며, 그러한 자의 "배움"은 자연히 "견고하지 못"하다.

이 장의 뒤쪽 세 구절은 「자한」 9.25에도 보이는데, "무無"자가 "무毋"자로 되어 있고, "과즉過則"은 "과자過者"로 되어 있다.

"충신을 위주로 한다"는 것은 바로 일을 도모할 때는 반드시 충실해야 한다는 것, 즉 말을 뱉었으면 반드시 지켜야 한다는 것으로 위에서 이미 설명했다.

"무우불여기자無友不如己者"는 자기보다 못한 사람과 친구로 사귀지 말라는 것이고, "과즉물탄개過則勿憚改"는 잘못이 있으면 고치는 것을 두려워하지 말라는 것이다.

"자기만 못한 사람을 친구로 삼지 말라"는 것은 이 편 전체에서 중요한 문제이다. 글자 그대로 이해하면 원문은 자기보다 못한 사람과는 절대로 친구해서는 안 된다는 것을 말하고 있기 때문이다. 루쉰은 이런 사람은 권세나 재물에 따라 이리 붙었다 저리 붙었다 하는 소인배라고 말했다.[26] 공자는 왜 그렇게 말했을까? 설마 그랬을까? 대부분의 사람은 이것이 공자의 이미지를 손상하는 것이라고 생각했고, 따라서 왜곡된 주장이 매우 많이 나왔다. 그들은 이 말의 본래 의미는 그런 뜻이 아니라, 오히려 그것과는 완전히 상반된다고 말한다. 즉 "자기만 못한 사람을 친구로 삼지 말아라"는 말은 사실 '어떤 친구도 너만 못한 사람은 없고, 각각의 사람은 모두 장점을 가지고 있으며, 그들 모두에게는 네가 배울 점이 있으니, 조금도 교만함을 갖지 말아야 할 뿐만 아니라 뼛속 깊이 겸손함을 가지라'는 것을 말한다고 주장한다. 예를 들어 난화이진南懷瑾과 리쩌허우李澤厚 같은 이들은 이렇게 해석한다.[27]

그와 같은 해석은 공자의 이미지를 보호하는 데는 대단히 유리하다. 그러나 안타깝게도 그것은 옳지 않다. 유보남劉寶楠·청수더程樹德 등은 고서에서 몇 가지 구절을 찾아내서 공자의 말이 사실은 대단히 근거가 있다는 것과 그 구절의 원래 의미는 자기보다 못한 사람과 친구로 사귀는 것을 두려워하는 것이라는 점을 완벽하게 증명했다.

그러므로 주공 단이 말했다. "나보다 못한 사람이라면 나는 그와 함께하지 않겠다. 그런 자는 나에게 피해를 끼치는 자이다. 나와 비슷한 사람이라면, 나는 그와 함께하지 않겠다. 그런 자는 나에게 도움이 되지 않는 사람이다." 오직 현자만이 반드시 자기보다 현명한 사람과 어울린다. 현자가 그런 사람과 어울릴 수 있는 것이 예이다.[28]

그러므로 군자는 자기보다 못한 사람을 친구로 삼지 않는데, 그런 자를 부끄럽게 여기고 나를 대단하게 여기기 때문이 아니다. 나보다 못한 사람은 나를 멈추어 서게 한다. 그렇다면 남을 붙들어줄 틈이 없어지는데 누가 나를 돕겠는가? 나 역시 언제 쓰러질지 모른다.[29]

가자假子가 말했다. "고상한 인격을 가진 사람과 어울리는 것은 덕을 넓히는 방법이고, 질 낮은 사람과 어울리는 것은 행실을 편협하게 하는 지름길이다. 선한 사람과 어울리는 것은 그 자체로 계단을 오르는 것이고, 악한 사람과 어울리는 것은 그 자체로 평지로 물러서는 것이다. 또 『시』에서 말하지 않았는가?"[30]

『설원說苑』「잡언雜言」에도 비슷한 말이 있는데, "가자假子"를 "남하자南瑕子"로 쓰고 있다.[31]

친구를 사귈 때 어떻게 해야 타산이 맞을까? 한대부터 내려오는 전설이 하나 있다. "공자가 죽은 뒤 상商(자하)은 날로 늘어났고 사賜(자공)는 나날이 줄어들었다. 상은 자기보다 현명한 사람과 어울리는 것을 좋아했고, 사는 자기보다 못한 사람을 좋아했기 때문이다."[32] 자하는 자기보다 강한 사람과 친구로 사귀는 것을 좋아했기 때문에 매일 크게 발전했고, 자공은 자기보다 못한 사람과 어울리는 것을 좋아하여 나날이 퇴보했다. 자하야말로 스승이 가르쳐준 진수를 깊이 터득하여 가장 주도면밀하게 실천했고, 자공은 스승의 가르침에서 벗어나 손해를 본 것 같다.

공자는 빙빙 돌려서 말하지 않았기 때문에 그의 생각은 사실 매우 분명하다. 그 어르신은 도덕이 높고 능력이 뛰어난 사람에게서 배워야 한다고 말한 것이다. "현명한 자를 보면 그와 같아지고 싶어하고, 현명하지 못한 사람을 보면 속으로 나 자신을 반성한다"[33]라고 했는데, 여기에 무슨 잘못은 없다. "친구"는 대등한 개념의 일종이고 사람이 잘나고 못난 정도는 천차만별이지만, 적어도 자기보다 나은 사람, 자기와 같은 사람, 자기보다 못한 사람 등 세 종류로 크게 나눌 때 만약 자기보다 못한 사람이 친구로 사귀기에 어울리지 않는다면 자기보다 나은 사람 역시 그 사람과 친구로 사귀지 말아야 하는데, 문제는 자기 쪽에서는 되지만 그 반대는 안 된다는 데 있다.

공자는 자기보다 못한 사람과는 친구로 사귀지 않았다. 이는 고대의 총명한 사람이 일찍부터 생각할 수 있었던 것이고, 현재의 총명한 사람도 마찬가지로 그런 생각을 할 수 있다. 우리는 입장을 바꿔서 그 대신 한번 생각해보자. 그의 생각은 오히려 간단하다. 주된 요인은 손해보거나 피해받는 것을 염려한 데 있다. 현재의 인기스타나 명망가

들은 특히 숭배자를 필요로 한다. 추종자가 많으면 많을수록 좋은데, 그것은 홍콩이나 타이완 식으로 표현하면 "인기가 넘치는 것人氣旺"이다. 그러나 손마다 다 잡아주어야 하고, 다른 사람의 생활에 세세하게 신경 써야 하고, 편지마다 답장을 보내줘야 하고, 인내심을 가지고 해명해줘야 하는데 피곤하지 않을까? 유명한 사람은 유명한 사람으로서의 고뇌가 있다. 공자의 시대에는 오히려 그런 피곤함이 없었을 것이다. 그러나 손해를 보는 것은 분명했을 것이다. 자기보다 못한 사람과 친구로 사귀면서 오직 다른 사람에게만 배우게 한다면, 자기는 아무것도 배우지 못할 것이며 시간이 오래 지나면 퇴보할 것이 분명하다. 이것은 마치 프로 기사가 아마추어 기사와 함께 바둑을 두는 것과 같다. 두면 둘수록 자기는 아마추어가 되어가는 것이다. 내 경험에 비추어 말하자면 자기를 유명 인사로 간주해서는 절대 안 된다는 것이다. 군중이 편지를 보내오면 일률적으로 회신하지 말아야 한다.(회신을 보내는 것은 예외이다.)

그러나 이 말을 내가 하는 것은 괜찮지만, 공자가 말해서는 안 된다. 공자의 잘못은 이 같은 말을 그가 다 해버렸다는 데 있다. 왜냐하면 당신이 이렇게 이야기한다면, 사람은 곧바로 만약 대학 총장은 오직 교육부장관만을 친구로 사귀고, 교육부장관 역시 그렇게 생각한다면 당신 역시 친구를 사귈 수 없는 것 아닌가 하고 질문을 던질 것이다. 예를 들어 난화이진이 바로 이렇게 비유를 들었다. 당연히 그는 공자가 그렇게 나쁜 생각을 가지고 있었을 것이라고는 결코 믿지 않는다. 그는 그러한 이해는 왜곡이라고 생각한다.

사실 공자의 이 말에 대하여 소동파가 바로 그렇게 문제를 제기했다. 그는 "만약 자기보다 나은 사람과 친구로 사귄다면 자기보다 나은 사람 역시 나와 친구로 사귀려고 하지 않을 것이다"라고 말했다. 이러한 문제제기는 매우 교묘하다. 그러나 합리성이 있다. 나는 어떤 잡문에서 이렇게 쓴 적이 있다. "'자기보다 못한 사람'과 친구로 사귀는 것은 나쁜 점이 많다. 첫째는 손해를 본다. 주희는 '자기보다 못하면 이익은 없고 손해는 있다'고 말했다. 둘째는 체면을 잃는다. 옛사람은 '예禮를 와서 배운다는 말은 들어보았어도 가서 가르친다는 말은 들어보지 못했다'라고 말했다. 양보쥔 선생은 공자가 그처럼 완고하지는 않았을 것이라고 생각했다. 그래서 이 구절을 '(적극적으로 나서서) 자기보다 못한 사람과 친구로 사귀지 말아라'고 해석했다.³⁴ 사귀지 않아도 좋다. 그러나 오직 자기보다 강한 사람만을 친구로 사귄다면 아마도 문제가 있을 것이다. 왜냐하면 만약 그 강한 자 역시 그 사람처럼 잘난 체한다면 그 역시 '친구'를 사귀지 못할 것이 분명하기 때문이다. 더군다나 성인은 '총명의 절정에 있는 사람'으로서 그 위에는 이미 아무도 없다."³⁵ 나의 농담은 소동파의 의문에 근거한 것이다.

여기서 잠깐 양보쥔 선생의 번역문을 살펴보자. 그의 번역은 『논어역주』구판³⁶에 보인다. 이 판에서 그는 일부러 구설을 조정해 다음과 같이 말했다. "고금의 사람은 이 구절에 대하여 적지 않은 의문을 품었다. 따라서 해명이 조금 필요하다. 번역문에 '적극적으로 나서서主動地'라는 세 글자를 더하여 그것을 설명했다." 내 추측으로는 양보쥔 선생은 옛사람들은 특별히 스스로를 존중했고, 체면을 좋아했기 때문에 자기보다 못한 사람이 집으로 찾아오면 친구로 사귈 수 있지만, 그러나 결코 적극적으로 찾아가서 친구로 사귈 수는 없다는 것을 의미하는 것 같다(6쪽)고 생각한 것 같다. 그러나 나중에 나온 책(1980년 12월 제2판)에서는 고쳤다. 그 책에서는 "자기보다 못한 사람과 친구로 사귀지 마라"라고 번역했다.(6쪽) 양보쥔 선생은 "번역문은 오직 글자를 그대로 따라 번역한 것"으로 "적극적으로 나서서主動地"라는 세 글자는 없어졌다. 그 역시 글자를 더하는 것은 합당하지 않다고 생각했던 것이다.

원대의 진천상은 다른 해석을 내놓았다. 그는 다음과 같이 설명했다. "여如"는 "승勝(낫다)"이 아니라 "사似(같다)"의 뜻이며, "불여기不如己"는 상대방과 내가 대등하지 않은 것을 말한다. 사람은 나와 같지 않은 사람, 나와 같은 사람, 나보다 나은 사람 등 세 등급으로 나뉘는데, 나보다 나은 사람은 스승으로 삼고, 나와 같은 사람은 친구로 삼고, 나와 같지 않은 사람은 스승도 아니고 친구도 아니다. 따라서 친구로 사귈 수 없다.(『사서변의』)[37] 이것 역시 공자 어르신을 보호하려는 것이다. 그는 공자는 스승 및 친구와 친구로 사귈 수 없는 자를 분명하게 구분하지 않았기 때문에 그 자신이 공자를 대신하여 나눈다고 설명했다. 이 구절은 매우 간단하다. 그러나 설명하려고 들면 오히려 한 구절 한 구절이 정말로 무궁무진한 흥미를 제공한다.

친구를 사귈 때도 경제학이 필요하다

증자가 말했다.

"죽은 자를 신중하게 모시고 먼 조상까지 추모하면
백성의 덕이 두터워질 것이다."

曾子曰, 愼終追遠, 民德歸厚矣.

"신종愼終"은 죽은 자를 대우함에 있어서 신중한 것이다.

"먼 조상까지 추모하면"에 해당되는 "추원追遠"은 공주孔注에 "제사에 공경을 다한다"라는 해석이 있다. "추追"는 제사와 관련이 있지만, "추"자 자체는 오히려 제사의 의미가 아니다. 그것은 추종하다, 추억하다 등의 의미이다. 서주의 금문에는 "앞의 문인을 추억하며 효도한다追孝於前文人" 등과 같은 말이 자주 나온다. "앞의 문인前文人"은 자기 집안의 죽은 사람이다. 여러 세대의 조상은 죽었고 뒤에 남은 자들은 그들을 공경한다. 여기의 "추모하다"는 말 역시 그런 의미이다. 옛날 사람은 노인을 존중했을 뿐만 아니라 죽은 사람을 공경했고, 막 죽은 사람을 공경했을 뿐만 아니라 죽은 지 이미 오래된, 자기와는 아주 먼 사람까지 공경했다. 이러한 사랑은 면면히 이어져 끊어진 적이 없었으며 요즘 사람과는 비교할 수 없다.

아래 편에서 공자는 부모에 대한 효도는 평생 하는 것이라고 말했다. "살아 계실 때는 예로써 섬기고 돌아가신 뒤에는 예로써 장사지내고 예로써 제사지내는 것이다."[38] "예로써 장사지내"는 것이 바로 "죽은 자를 신중하게 모시는 것"이고, "예로써 제사지내는 것"이 바로 "먼 조상까지 추모하는 것"이다.

옛날에는 추시追諡라는 것이 있었고, 오늘날에는 "추칭追稱"이라는 것이 있다. 현재는 표창이라는 것이 유행하는데, 그것을 통해 많은 적극적인 점을 평가할 수 있다고 한다. 한때 우리 학교의 표창 심사에는 죽은 사람도 심사 대상에 포함되었다. 이와 같은 표창은 "신종추원장"이라고 부를 수 있을 것이다.

자금이 자공에게 물었다.

"선생님께서 어떤 나라에 이르시면 반드시 그 나라의
정치에 대하여 들으십니다. 선생님께서 요구하신 것입니까?
아니면 그쪽에서 제공하는 것입니까?"

자공이 대답했다.

"선생님께서는 온화溫和·선량善良·공경恭敬·절검節儉·겸양謙讓으로써
얻은 것이네. 그것은 다른 사람이 요구하는 것과는 다르지."

子禽問於子貢曰. 夫子至於是邦也, 必聞其政, 求之與. 抑與之與. 子貢曰. 夫子溫良恭儉讓以
得之. 夫子之求之也, 其諸異乎人之求之與.

　　"자금子禽"은 진항陳亢의 자이다. 그는 『논어』에서 세 번 나오는데,
이 장 외에 「계씨」 16.3과 「자장」 19.25 등에 나온다. 「계씨」 16.3은 공
리孔鯉(공자의 아들)에게 묻는 것이고, 이 장과 「자장」 19.25에서는 자공
에게 묻는 것이다. 『사기』 「중니제자열전」에는 진항전이 따로 없고 진
항을 자공 아래 붙여놓았는데, 그것은 바로 『논어』에 근거한 것이다.
『논어』에 세 번 보이지만, 두 번은 모두 자공에게 가르침을 청한 것으
로 학자들은 그가 자공의 제자가 아닌지 의심하고 있다. 공자의 제자
중 몇몇은 제자의 제자이다.

　　"자공"은 단목사端沐賜의 자이다. 단목사는 옛날 책에는 단목사端木

賜라고 쓰기도 했다. 자공은 옛날 책에서 "자공子贛"이라고 쓰기도 했다. 한대의 석경과 초간에서도 이렇게 쓰고 있는데, "자공子贛"이 본래의 모습이고 "자공子貢"은 오히려 생략된 글자이다. 그는 공문의 제2기 학생으로서 공문십철의 한 사람이고, 언어에 뛰어나 빈객의 접대에 능수능란하여 공공 관계 일과 외교 관련 업무를 처리했다. 공자 사후에 자공의 명망이 가장 높았으며, 공자가 성인이 된 것은 그의 공로에 의한 것이다.

"선생님께서 어떤 나라에 이르시면"에서 "선생님夫子"은 공자를 가리키고, "이 나라"는 어떤 한 국가이다. 어느 나라일까? 공자가 만년에 이르러 주유열국(여러 나라를 돌아다님)을 할 당시 들렀던 국가일 것이다. 자공이 공자보다 31세 아래이고, 공자가 젊어서 주나라에 가고 제나라에 갔을 때 그는 아직 5세 이하의 어린아이였기 때문에 그 무렵에 자금과 이와 같은 문제를 토론하는 것은 불가능하기 때문이다. 공자가 주유열국할 때 그는 24~37세였다. 그 외에는 공자가 노나라를 나간 적이 없다.

"반드시 그 나라의 정치에 대하여 들으십니다"에 해당되는 원문 "필문기정必聞其政"은 사실 "반드시 그곳의 정치에 대하여 물었다"는 뜻이다. 공자는 조사, 연구하는 것을 좋아했다. 예를 들면 "스승님께서 태묘에 들어가셔서는 매사를 물으셨다."[39] 들을 문聞과 물을 문問은 같은 근원의 글자로서 고문자는 처음에는 오직 "이耳"와 "혼昏"으로 구성된 들을 문聞자만 있었고[40] 오로지 문답만을 나타내는 물을 문問자는 없었다. 들을 문은 이중의 의미가 있다. 그가 알아보려고 한 일은 들을 수 있는 것일 뿐만 아니라 물을 수 있는 것이기도 하다. 나중에 주동과 피동을 구별하기 위하여 별도로 물을 문問자를 만들었다.[41] 여기의 문은 물을 문인가 아니면 들을 문인가, 라는 게 바로 자금이 물은 것이다. "요구하신 것"에 해당되는 "구지求之"는 묻는 것이고 "제공하는 것"에 해당되는 "여지與之"는 듣는 것이다. 자공의 대답은 공자는 "온화溫和 · 선량善良 · 공경恭敬 · 절검節儉 · 겸양謙讓"에 의거하여 정보를 획득하는 것이고, 그는 일반인이 묻는 방식과는 달리 매우 겸허하고 매우 온화하여 사람들이 그와 이야기하기를 즐거워한다는 것이다. 그래서 말은 묻는 것이지만, 사실은 다른 사람이 자발적으로 그에게 알려주는 것이라고 말할 수 있다는 것이다.

"기저其諸"는 확실하지 않는 것을 나타내는 말투로 그 의미는 "아마恐怕"와 같다.

공자는 어떻게 조사하고 연구했는가

스승님께서 말씀하셨다.

"아버지께서 살아 계실 때는 그분의 뜻을 살피고, 아버지께서
돌아가신 뒤에는 그분의 행적을 살피고, 3년 동안 아버지가 하시던
방식을 고치지 않는다면, 효자라고 할 수 있을 것이다."

子曰, 父在, 觀其志. 父沒, 觀其行. 三年無改於父之道, 可謂孝矣.

"아버지께서 살아 계실 때는 그분의 뜻을 살피고, 아버지께서 돌아
가신 뒤에는 그분의 행적을 살핀다." 공자는 자식이 효심이 있는가, 없
는가는 두 가지로 나누어 시험할 수 있다고 생각했다. 아버지가 살아
있을 때는 아버지가 어떻게 생각하고 있는지를 살펴보아야 하고, 아
버지가 돌아가신 뒤에는 살아 계실 때 어떻게 하셨는지를 살펴보아야
한다. 이렇게 말하는 이유는 무엇일까? 중요한 것은 아버지가 살아 있
을 때는 모든 것은 아버지의 말을 들어야 하며, 혼자서는 아무것도 처
리할 수 없다. 그저 생각만 할 수 있을 뿐 제 맘대로 처리할 수는 없
다. 처리하려고 한다면 반드시 아버지가 돌아가실 때까지 기다려야
하는데, 돌아가신 직후에도 아직 안 된다. 효자는 3년상을 치러야 하
며, 복상 기간에는 아버지의 뜻을 위반해서 별도로 제 방식대로 일을
처리해서는 안 된다. 이점은 미국의 아이들과는 다르다. 미국 아이들

은 16세만 넘으면 아버지든 어머니든 간섭할 수 없다. "아버지가 하시던 방식을 고치지 않는다"와 같은 것이 어디 있겠는가? 바꾸고 싶으면 곧 바꾼다고 말한다.

"3년 동안 아버지가 하시던 방식을 고치지 않는다"에서 "3년"은 상을 입는 3년이고, 그것은 결코 공허한 주장이 아니다. 공자의 말을 당시의 상황에 적용해보면 아마도 대단히 잘 맞을 것이며, 그야말로 천경지의天經地義(불변의 진리)이다. 그러나 1919년 이후, 특히 오늘날에는 아무리 들어봐도 어색하다. 양보쥔은 이러한 읽기 장애에 대하여 일찍이 주목했다. 그는 방식을 의미하는 도道는 대부분 긍정적인 것을 가리킨다고 보았다. "3년 동안 아버지가 하시던 방식을 고치지 않는다"는 "도"는 사실 아버지의 "합리적인 부분"을 가리킨다. 그러나 합리적인 것이면 3년 동안 고쳐서는 안 되고 3년 이후에는 고쳐도 좋다는 것인가? 우리가 고쳐야 할 것은 아버지의 "불합리한 부분"이 아니라 오히려 그의 "합리적인 부분"이란 말인가? 내 추측으로는 공자의 논리는 아버지를 불합리하다고 하는 그 자체가 불합리하다. 아버지에게 무슨 불합리가 있을까? "아버지가 하시던 방식"은 바로 노자가 잘라서 말한 것이고, 노자가 말한 것은 바로 도道이다.

5·4 이후로 모두 이 구절에 대하여 늘 비판했다. 신하가 어리석은 군주를 위하여 충성을 다하는 것은 어리석은 충성愚忠이고, 이 구절처럼 하는 것은 어리석은 효도愚孝이다. 오늘을 살아가고 있는 우리는 아버지에 대한 생각이 같지 않다. 아버지가 만약 나쁜 사람이라서 살인과 방화를 일삼는다면 아들은 그래도 그 도(방식)를 고치지 말아야 할 것인가 하고 사람들은 물을 것이다. 우리는 물론 아버지가 좋은 사

람이라고 가정할 수 있고, 혹은 아버지는 좋은 사람이라고 믿고 싶어 한다. 그러나 세상의 아버지들이 꼭 좋은 사람이기만 한 것은 아니고, 좋은 사람이라고 해서 다 꼭 아버지인 것은 아니다. 이것은 분명한 것이다. 나는 문혁 시기에 많은 사람이 두려움 때문에 듣기에도 대단히 거북한 말로 자신의 부모를 욕하는 대자보를 쓰고, 심지어는 혁명 군중을 데리고 가 자기 집을 수색하고 몰수했던 것을 기억하고 있다. 그렇게 하는 것은 지나치다. 부모는 부모다. 좋든 나쁘든 역시 자신의 부모다. 그것 역시 분명한 것이다.

3년 동안 아버지의 방식을 고치지 않는다

유자가 말했다.

"예의 운용에서는 조화를 귀하게 여긴다. 선왕의 도에서는
이것을 보배로 여겼다. 큰일이든 작은 일이든 모두 그것을 기준으로
처리했다. 때로는 그것만으로는 안 통하기도 했다.
그것은 조화를 위한 조화에 그쳤기 때문인데, 예로써 조절하지
않으면 역시 통용될 수 없다."

有子曰, 禮之用, 和爲貴. 先王之道, 斯爲美. 小大由之.

有所不行, 知和而和, 不以禮節之, 亦不可行也.

이 구절은 조금 복잡하다. 어떻게 끊어 읽을 것인가가 문제이다.

"예의 운용에서는 화해를 귀하게 여긴다. 선왕의 도에서는 이것을
보배로 여겼다"가 한 단계이다. 유자의 생각은 예의 효용은 주로 조화
이고, 선왕의 도는 화해和諧를 좋은 것으로 여겼는데, 세속적인 말로
"화해를 귀하게 여긴다"는 것이다.

"큰일이든 작은 일이든 모두 그것을 기준으로 처리했다"는 것은 윗
글에 대한 총정리이다. 여기서 말한 "그것을 기준으로 처리했다由之"는
도를 따라서 행동한다는 의미이다. 「태백」8.9의 "백성들은 따르게 할
수는 있지만, 그들에게 알게 할 수는 없다"의 "따르게 하다"에 해당되
는 원문 "유지由之" 역시 이러한 의미이다. 윗글에서 예는 조화를 위한

것이고, 조화가 가장 중요하기 때문에 작은 일이든 큰일이든 모두 조화의 원칙에 의거하여 처리해야 한다고 말했다.

"때로는 그것만으로는 안 통하기도 했다"는 다른 한 단계의 의미인데, 앞의 측면과는 상반된다. 앞에서는 작은 일이든 큰일이든 모두 조화에 의거하여 시행해야 하는데, 이것이 기본 원칙이고 통상 그렇게 처리해야 한다고 말한다. 그러나 여기에도 예외적인 상황이 있다. 예외적인 상황은 무엇인가? 나는 이 구절 아래 콜론을 붙였는데,[42] 콜론 아래는 설명이다. 그 의미는 조화는 당연히 대단히 좋은 것이지만, 너무 지나쳐서는 안 되며, 조화를 위해 조화를 이루어야 하고, 설령 조화라 하더라도 예로써 조절하지 않는다면 역시 실행되어서는 안 된다는 것을 말한다.

예는 차별을 처리하는 것으로 차별을 통하여 질서를 수립한다. 질서가 바로 조화이다. 조화는 평등이 아니라 불평등이다. 그래서 어떤 사람은 불평등으로 평등을 추구하는 것이라고 말한다. 진정한 평등은 그저 이상일 뿐이고, 예전엔 그것을 "대동大同"[43]이라 불렀다. 공자 역시 대동을 꿈꾸었다. 그는 예가 대동이라는 것은 말이 안 되지만, 겨우 말했다는 것을 알고 있었다. 따라서 그는 "군자는 조화를 이루지만 동화되지 않고, 소인은 동화되지만 조화를 이루지 못한다"[44]라고 말했다. 조화의 사회는 소강이지 대동은 아니다.

상주商周의 사회는 흡사 거대한 촌락과 같았다. 그 속에는 종족의 사당이 있었고, 왕은 바로 족장으로서 가문의 규칙과 법도를 제정했고, 촌락을 관리했으며 촌 내부의 여러 관계를 조정했다. 그리하여 어른과 아이, 지위가 높은 자와 낮은 자의 질서가 정연했는데, 그것이 바로 조화이다. 사람은 태어나면서부터 자유롭지 못하고 평등하지도 못하다. 그것은 루소가 말한 것과는 상반된다. 예의 가장 중요한 기능은 바로 적당하게 타협하고 조정하는 것이고, 온갖 방법을 다 동원하여 합리적인 범위 안에서 불평등을 통제함으로써 혼란이 폭발하는 데까지 이르지 않도록 하는 것이다. 예는 덕과는 다르다. 그것은 개인의 수양이 아니라 습관과 전통이며 사람을 속박하는 행위 규범이다.

예의 효용은 조화를 중시한다

1.13

유자가 말했다.
"믿음이 의에 가까우면, 말은 실천할 수 있다. 공손함이
예에 가까우면, 치욕이 멀어진다. 외가 쪽이라 하더라도 친근함을
잃지 않는다면 역시 친척이라고 할 수 있다."

有子曰. 信近於義, 言可復也. 恭近於禮, 遠恥辱也. 因不失其親, 亦可宗也.

이 여섯 구절에서 "믿음이 의에 가까우면" "공손함이 예에 가까우면" "친근해야 할 사람에 대하여 친근함을 잃지 않으면" 등은 모두 조건을 나타내는 구이다.

"믿음이 의에 가까우면, 말은 실천할 수 있다"의 원문 가운데 "복復"은 약속한 것을 실천하는 것이다. "복"자가 이와 같은 용법으로 쓰인 예는 『좌전』 희공 9년, 애공 16년 등에도 나온다. 자기가 한 말은 반드시 지키는 것, 그것이 믿음信이다. 그러나 믿음에는 큰 믿음과 작은 믿음이 있다. 공자는 오직 의에 가까운 믿음만이 큰 믿음으로서 반드시 실천해야 하는 것이며, 의와 관련이 없는 믿음은 작은 믿음으로서 깨뜨릴 수도 있는 것이라고 생각했다. 그는 "말에는 반드시 믿음이 있고 행동에는 반드시 과단성이 있다. 이런 사람은 자기 고집을 꺾을 줄 모르는 소인이다"[45] "군자는 두터운 신망이 있지만 작은 믿음에 얽매

이지 않는다"[46]라고 말했다. 공자는 말은 반드시 믿음이 있어야 하고, 행동에는 반드시 결과가 있어야 한다는 것은 융통성 없는 고집쟁이나 미생尾生의 믿음[47]과 같은 것으로서, 그것은 소인의 믿음이며, 취할 것이 못 된다고 생각했다. 맹자는 "대인은 말에 반드시 믿음이 있어야만 하는 것이 아니고, 행동에 반드시 결과가 있어야만 하는 것은 아니며, 언행이 의에 부합하기만 하면 된다"[48]라고 말했다. "대인"은 군자이고 군자는 특권이 있다. 오직 큰 믿음만 신경 쓰면 충분하다. 작은 믿음은 적당히 융통성을 발휘할 수 있다. 같은 도덕이라도 두 가지 기준이 있음을 알 수 있다. 인류 사회가 불평등하다면 그것은 바로 두 개의 기준이 있기 때문이다. 사람과 동물은 바로 두 기준이다.

"공손함이 예에 가까우면"의 원문에서 "공恭"은 얼굴 표정이 겸손하고 공손하며 말투가 정중한 것이다. 정중한 것은 당연히 좋다. 그러나 지나치게 정중한 것은 사실 소름끼치고 스스로 치욕을 초래하고 만다. 그저 예로써 조절해야만 비로소 치욕을 멀리할 수 있다.

"외가 쪽이라 하더라도 친근함을 잃지 않는다면 역시 친척이라고 할 수 있다"의 원문 가운데 "인因"은 '인척姻'의 의미로 읽는다. 고대 사회에서는 혈연관계를 가장 중시했는데 바로 "종宗"이다. 그다음은 혼인관계인데 바로 "인因"이다. 앞의 것은 내친內親, 내종內宗이라고 부르고 뒤의 것은 외친外親, 외종外宗이라고 부른다. 공자의 생각은 외할머니나 외삼촌의 집은 비록 친할아버지 집과는 비교가 안 되지만, 만약 그 친근함을 잃지 않는다면, 역시 종과 비슷하다는 것이다.

군자는 오직 큰 믿음을 지킨다

스승님께서 말씀하셨다.

"군자가 먹음에 배부름을 추구하지 않고, 거처함에 편안함을 추구하지 않으며, 일을 처리하는 데 신속하고 말하는 데는 신중하며, 도가 있는 곳에 나아가 스스로를 바로잡는다면, 그는 배우기를 좋아하는 사람이라고 말할 수 있을 것이다."

子曰, 君子食無求飽, 居無求安, 敏於事而慎於言, 就有道而正焉, 可謂好學也已.

"먹음에 배부름을 추구하지 않는 것"은 안빈, 즉 가난을 편하게 생각하는 것이다.

"일을 처리하는 데 신속하고 말하는 데는 신중한 것"은 일을 처리하는 데 부지런하고, 말하는 데 삼가고 신중한 것이다.

"도가 있는 곳에 나아가 스스로를 바로잡는 것"은 도덕과 학문이 높은 사람에게 가서 가르침을 청하는 것이다.

배우기를 좋아하는 것은 어떤 것인가

자공이 물었다.

"가난하면서도 아첨하지 않고, 부유하면서도 교만하지 않으면
어떻습니까?" 스승님께서 대답하셨다.

"좋다. 그러나 가난하면서도 즐거워하고, 부유하면서도 예를 좋아하는
것보다는 못하다." 자공이 물었다.

"『시』에서 '끊듯이, 갈듯이, 쪼듯이, 빛을 내듯이'라고 했는데, 이것을
가리키는 것입니까?" 스승님께서 말씀하셨다.

"사야, 비로소 너와 더불어 『시』를 이야기할 수 있겠다.
지나간 것을 알려주었더니 다가올 것을 아는구나."

子貢曰, 貧而無諂, 富而無驕, 何如. 子曰, 可也. 未若貧而樂, 富而好禮者也. 子貢曰, 詩云,
如切如磋, 如琢如磨, 其斯之謂與. 子曰, 賜也, 始可與言詩已矣, 告諸往而知來者.

"저諸"는 지之와 같다.

돈은 사람에게 있어 커다란 시험대이다. 도를 지키면서 날을 보내면
배고픔을 면할 수 없다. 군자는 굶주림에 대한 준비가 필요하다. 관리
가 되지 않고 무엇을 해서 먹고살까? 농사를 지을 수도 없다. 공자는
자기 힘으로 먹고사는 것을 주장하지 않았다. 빈부에 대한 논의에서
그가 주목한 것은 가난이다. 공자는 팔베개를 하고 누워 찬 물을 마
시더라도 즐거움이 그 속에 있으며, 부는 흔히 의롭지 못한 재물이고

"그것은 나에게 뜬 구름과 같다"[49]고 말했다.

자공은 물건을 사고파는 사람으로서 공문에서 가장 부유한 제자였다. 사마천은 고대의 대상인을 이야기할 때 자공을 그중 한 사람으로 끼워 넣었다. "70명의 제자 중에서 자공이 가장 풍족했다"[50]고 했다. 요즘은 유상儒商에 대한 이야기가 유행이다. 기업가는 물건을 사고팔 뿐만 아니라 문화와 도덕을 가지고 있으니 얼마나 좋은가? 어떤 제자가 학계에서 가장 돈이 많은 사람이면서 부유한 사람 가운데서 학문이 가장 높은 사람이 되고 싶다고 말한 것도 이상하지 않다. 만약 정말로 유상이 존재한다면 자공이 그 시조이다.[51]

그러나 안타깝게도 전국의 일반 백성들은 관우 할아버지만 알 뿐 자공이 어떤 사람인지에 대해서는 알지 못한다.

공자가 자공과 더불어 빈부에 대하여 토론한 것은 대화 상대를 제대로 찾은 것이다. 왜냐하면 자공은 여느 제자들과는 달랐기 때문이다. 즉 다른 제자들은 대부분 가난한 집안 출신이고, 따라서 빈부에 대하여 토론하기에는 부족했다. 어떤 사람은 자공이 돈이 많았기 때문에 공자가 주유열국할 때 그의 도움을 받은 것이 아닌가 하고 추측하기도 했다. 돈이 있어야만 돈에 대하여 간파할 수 있다. 다만 얼마나 있어야만 간파할 수 있는지는 알 수 없는데, 아마도 사람에 따라 다를 것이다. 어쨌든 돈이 없으면 흔히 돈에 대하여 알지 못하다가 돈을 보면 눈이 뒤집히고 극악무도해져 통제할 방법이 전혀 없어진다. 역사적으로 농민 반란은 결국에는 항상 실패로 돌아갔는데, 대부분은 이 지점에서 실패했다.

돈에 대하여 자공의 태도는 다음과 같았다. 가난한 사람은 기가 죽어 굽신거리거나 부자에게 아첨하지 않는다. 부자는 잘난 체하거나 가난한 사람을 업신여기지 않는다. 공자는 그의 태도에 찬성했지만, 더 좋은 태도는 가난하더라도 즐거워하고 부자더라도 예를 좋아하는 것이라고 보충 설명했다.[52] 즉 빈부의 문제에서 어떻게 해야 할까 하는 태도는 아무렇지도 않은 체하는 태도보다 더욱 중요하고, 스스로 어떻게 해야 하는가는 다른 사람에 대하여 어떤가보다 더욱 중요하다는 것이다. 자공은 『시』를 끌어다가 비유로 들면서 공자에게 "끊듯이, 갈듯이, 쪼듯이, 빛을 내듯이"가 바로 그런 의미냐고 물었다. 그는 바로 장인이 뼈, 상아, 옥, 석 등을 가공하는 것처럼 덕행을 연마하는 것 역시 정밀에 또 정밀을 추구해야 한다고 말하고 싶었던 것이다. 공자는 자공의 이해가 매우 정확하다고 생각했고, 공자가 자공에게 가난해도 즐거워하고 부자여도 예를 좋아해야 한다고 말한 것은 바로 이런 의미라고 생각했다.

"왕往"은 첫 번째로 내닫는 걸음이고, "내來"는 두 번째 걸음이다. 공자는 가르칠 때 계도啓導를 가장 중시했다. 그가 좋아한 것은 하나를 알려주면 셋으로 반응을 보이는 학생이었다. 그래서 자공과 이야기할 때 지금부터 나는 너와 『시』에 대하여 토론할 수 있겠다, 너는 그럴 만한 자격이 있다고 말했다.

자공이 인용한 시는 『시경』「위풍衛風·기오淇奧」에 나오는 것이다. "끊듯이, 갈듯이如切如磋"는 뼈나 상아 등의 제품을 가공하는 것이고, "쪼듯이, 빛을 내듯이如琢如磨"는 옥이나 돌과 같은 제품을 가공하는 것이다.

가난해도 즐거워하고 부유해도 예를 좋아한다

스승님께서 말씀하셨다.
"남이 자기를 알아주지 않는 것을 근심하지 않고,
남을 알지 못함을 근심한다."

子曰, 不患人之不己知, 患不知人也.

이는 「학이」 편 첫머리에 나오는 "사람이 알아주지 않아도 성내지 않는 것 역시 군자가 아닌가"[53]와 같은 뜻이다. 이 뒤에 또 세 군데서 이와 비슷한 생각을 말하고 있다. 예를 들어 "자기를 알아주는 사람이 없음을 걱정하지 말고, 다른 사람에게 알려질 수 있는 바탕을 추구해라"[54] "다른 사람이 자기를 알아주지 않는 것을 걱정하지 말고, 자기에게 능력이 없음을 걱정해라"[55] "군자는 능력이 없는 것을 근심하고 다른 사람이 자기를 알아주지 않는 것을 근심하지 않는다"[56] 등이 그것인데, 모두 공자의 말이다.

지식인은 명성을 가장 좋아하며 특히 허명虛名을 좋아한다. 명성을 단념할 수 있는 사람은 거의 없다. 공자는 다른 사람이 자기를 알아주지 못하는 것을 걱정하지 말아야 한다는 것, 걱정해야 할 것은 자기가 다른 사람을 알아보지 못하는 것이라고 강조했다. 즉 다른 사람이 자기를 알아주지 않는 것을 걱정하지 말고, 자기가 능력이 없는 것을 걱정해야 한다고 강조했다.

그가 정말로 개의치 않았다면 확실히 놀라운 것이다.

그러나 우리는 절대 다른 사람이 자신을 어떻게 생각하는지에 대하여 그 어르신이 정말 개의치 않았다고 생각해서는 안 된다.

공자는 말했다. "군자가 인에서 벗어난다면 어떻게 이름을 드높일 것이냐."[57] "군자는 죽고 나서 이름이 기려지지 않는 것을 싫어한다."[58] 명성에 대하여 그는 오히려 대단히 중시했다. 그가 개의치 않았다면, "나를 알아주는 사람이 없구나" "나를 알아주는 자는 하늘일 것이다"[59]라고 탄식했을까? 하늘 외에는 아무도 그를 알아주지 않았다. 공자가 위나라에서 경을 연주하고 있었는데, 그때 삼태기를 지고 공씨 집 문 앞을 지나가던 사람이 그 소리를 듣고서는 공자가 "자기를 알아주지 않았기"[60] 때문에 근심하고 있다는 것을 알아차렸다. 그의 속마음은 사실 매우 고독했던 것이다.

공자는 정말로 명성에 대하여 개의치 않았는가

앞 편에서는 "학이"를 제목으로 삼았고, 이 편에서는 "위정"을 제목으로 삼고 있다. 학문을 추구하는 것을 말하고 나서 정치에 종사하는 것을 설명하고 있는데, 마치 의도적으로 그렇게 배치한 것 같지만 실은 그렇지 않다.

이 편에서는 오직 네 개의 장(2.1, 2.3, 2.18, 2.21)에서만 정치에 대하여 말하고, 나머지는 다른 내용이다. 정치에 대한 언급 가운데 2.1과 2.3이 비교적 중요한데, 이 두 장은 모두 덕으로 나라를 다스리는 것을 이야기하고 있다. 덕으로 나라를 다스린다는 것은 공자의 대표적인 사상이다. 그것은 주로 효孝로 나라를 다스리는 것이다. 2.5에서 2.8까지는 바로 효를 설명한 것이다. 공자는 덕으로 나라를 다스리는 것과 법으로 나라를 다스리는 것을 대립시켰다. 그는 법으로 나라를 다스리는 것은 백성들의 도덕적 수준을 떨어뜨릴 것이며, 백성들은 정부와 숨바꼭질을 하듯이 몰래 간사한 짓을 하고 더욱더 교활해지면서도 조금도 부끄러워하지 않게 되지만, 덕으로 나라를 다스리면 개개인들이 자기 자신부터 아버지와 형에게 효순하여 국가는 곧 다스려질 것이라고 생각했다. 이러한 주장은 매우 심사숙고한 것이고, 또 현실을 비판하는 위대한 의의를 지니고 있다. 그러나 당시에는 실행될 수 없었고 후세에도 아무런 효과가 없었다. 고심하여 제창한 것이 헛것이 되고 말았다. 나머지 각 장 가운데 2.4가 가장 중요하다. 그것은 공자의 약력과 같아서 공자를 이해하는 데 매우 유용하다.

스승님께서 말씀하셨다.

"덕으로써 정치하는 것은 예를 들면 북극성이 제자리에 있으면
뭇 별이 그것을 향해 예를 갖추어 절을 하는 것과 같다."

子曰, 爲政以德, 譬如北辰, 居其所而衆星共之.

정치가에게 있어 덕이 중요한가 아니면 능력이 중요한가는 역대의
논쟁거리였다. 일반적으로 가장 좋은 것은 덕과 재능을 겸비하는 것
이다. 그렇지 못하면 차라리 재능을 포기하는 것이 더 낫다. 덕 없이
능력만 있어도 정치를 할 수 있다고 말하는 사람은 없다. 수천, 수백
년 동안 대부분의 사람은 정치가는 반드시 덕이 있는 사람이어야 한
다고 믿어왔다.

"덕으로써 정치를 하는 것"은 도덕에 의거하여 정사를 베푸는 것이
다. 공자는 정치에 열정을 지닌 사람이었다. 『논어』에서는 "정치에 종
사하다從政"라는 말과 "정치를 하다爲政"라는 말을 자주 언급한다. 정
치에 종사하는 것은 관리가 되는 것이고, 정치를 하는 것은 정사를
베푸는 것이다. 여기서 우리는 정치에 종사하거나 정치를 하는 사람
이 반드시 군주는 아니고, 관리일 수도 있다는 점에 주의해야 한다.
예를 들어 아래 글 중 2.21의 "선생님께서는 왜 정치를 하지 않으십니

까"와 「안연」 12.19의 "대부께서는 정치를 하는 데", 「자로」 13.3의 "위나라 임금님이 스승님을 우대하여 정치를 맡기시면" 등은 모두 공자가 정치를 하는 것으로 말하고 있다.

"북극성"에 해당되는 원문 "북신北辰"에 대하여 『이아』 「석천釋天」에서는 그것을 별 이름에 넣고서 "북극을 북신이라고 한다"고 설명했다. 『춘추번로』 「봉본奉本」에서도 "별 가운데서 북신보다 큰 것은 없다"라고 말했다. 어떤 사람은 북신은 북극일 뿐으로 자리만 있고 별은 없다고 말하는데,[1] 옳지 않다. 다음에 이어지는 글에 "북극성이 제자리에 있으면 뭇 별이 그것을 향해 예를 갖추어 절을 하는 것과 같다"라는 구절이 있는데, "제자리에 있으면居其所"의 "제자리所"가 바로 북극이다. "있다居"의 주어는 북신이고, 이것은 분명히 북극 근처의 별이다. 만약 북신이 별이 아니고 북극이라면, 그것은 '북극은 북극에 있다'는 것과 같이 완전히 쓸데없는 말이 된다.

"북극성이 제자리에 있으면 뭇 별이 그것을 향해 예를 갖추어 절을 하는 것과 같다"는 북극성이 우주의 중심에 자리 잡고 있으면 하늘의 모든 별이 그것을 빙 둘러싸는 것을 말한다. 북두칠성에서 국자 모양의 앞쪽에 있는 두 개의 별은 큰곰자리의 알파와 베타인데, 이 두 별의 연장선 위쪽으로 다섯 배 거리에 있는 것이 오늘날의 북극성, 즉 작은곰자리인 알파성이다. 그러나 고대의 북극성은 작은곰자리의 베타성이었다. 극성極星은 변할 수 있어도 위치는 변하지 않는다. 예전에는 북극을 대표하는 말로 북극성을 사용했다. "공共"은 "공拱"과 같은 의미로 두 손을 껴안듯이 잡는 것을 형상화한 말인데, 여기서는 북극성을 호위하는 것 혹은 북극성을 둘러싸고 그것을 향해 배알하는 것을 가리킨다.

공자는 덕으로 나라를 다스릴 것을 제창하면서 정치에 종사하는 사람이 모두 도덕적 모범이 되기를 희망했다. 즉 정치에 종사하는 사람이 스스로 솔선수범을 보임으로써 모든 백성의 본보기가 되어 마치 "거대한 황하는 동쪽으로 흐르고, 하늘의 별들은 북두성을 알현하네"(TV 연속극 「수호전」의 주제가)라고 한 것처럼 되기를 희망했다. 이러한 희망은 당연히 대단히 좋은 것이다. 그러나 당시에는 시행될 수 없었고 나중에도 크게 쓸모가 없었다.

착한 사람이 정치를 할 것인가 아니면 유능한 사람이 정치를 할 것인가의 문제에 대하여 조조의 생각은 공자와는 반대되었다. 조조 역시 난세를 만났지만 그는 오히려 유능함을 더 중시했다. 그는 고귀한 집안 출신인가 아닌가, 품덕이 고상한가 아닌가 등에 관해서는 상관하지 않고 오직 능력만 있으면 그만이었다. 그는 설령 "더러운 이름을 덮어쓰고 남의 비웃음을 사는 행동을 하거나 혹은 어질지도 못하고 효도도 못하더라도 치국治國과 용병用兵의 기술만 있으면"[2] 천거의 대상으로 삼았다.

오늘날의 정치가와 서양의 정치가는 오직 이익집단의 대변인으로서 대부분은 정치·경제·법률 따위를 배운 사람이며 인문학 출신도 아니고 이공계 출신도 아니다. 1980년대 말에 지식인이 등을 돌린 뒤로 중국에서 유행하는 지식인은 치국론, 특히 기술적인 전문가의 치국론이었고, 오늘에 이르기까지 그러한 미신에 빠진 사람이 있다. 사실 정치가는 정치가이지 도덕적 모범이 아니고 지혜의 화신도 아니며, 또 아무리 좋은 희망이라 하더라도 그것은 희망일 뿐이라는 것을 모두 분명하게 알고 있어야 한다.

서양에서 가장 이르게 나타난 유토피아는 플라톤의 철인국가이다. 우리나라의 가장 이른 유토피아는 공자의 도덕국가이다. 그것들은 모두 환상이다. 인류의 가장 오랜 인문적 환상인 것이다.

하늘의 별들은 북두성을 알현한다

스승님께서 말씀하셨다.

"『시』 300편은 한마디로 말하면 '끝이 없기를 바라는 것'이다."

子曰, 詩三百, 一言以蔽之, 曰, 思無邪.

　　"『시』 300편"은 곧 『시경』이다. 현행본 『시경』에는 305편의 시가 있다. "한마디로 말하면"에 해당되는 "일언이폐지一言以蔽之"는 영어로는 in one word이다. word는 단어일 수도 있고 또 일반적인 어구일 수도 있다. "언言"은 하나의 글자일 수도 있고 한 구절일 수도 있다. 예를 들어 『노자』의 "오천언五千言"은 5000자를 말하는데, 이곳 "끝이 없기를 바라는 것"에 해당되는 "사무사思無邪"는 바로 한마디이다.

　　"사무사"는 『시경』 「노송」에 보이는데, 원문에는 "사思"자가 매우 많다.

건장한 수말은 변방의 황야에 있고…

끝이 없기를 바랍니다.

말을 잘 기르시기를 바랍니다.

건장한 수말은 변방의 황야에 있고…

끝이 없기를 바랍니다.

훌륭한 재능을 가진 말로 기르시기를 바랍니다.

건장한 수말은 변방의 황야에 있고…

싫증을 내지 않기를 바랍니다.

그 말로 마차를 몰 수 있기를 바랍니다.

건장한 수말은 변방의 황야에 있고…

말을 먹이는 데 나쁜 일이 생기지 않기를 바랍니다.

그 말들이 멀리 달릴 수 있기를 바랍니다.[3]

윗글의 원문에 나오는 여덟 개의 "사思"자에 대하여 정현鄭玄의 전箋에서는 동사로 취급하고 구체적인 해석이 없다. "사"는 『시경』에 많이 보이는데 시구 앞에 놓일 때는 무슨 의미일까? 일반적으로 발어사로서 허사일 뿐이고 실제로는 아무 의미가 없다고 생각한다. 그러나 『시경』 「대아·문왕」의 "사황다사思皇多士"에 대하여 정현의 전箋에서는 "사思는 원하는 것이다", 즉 이 글자는 바람을 표시한다고 설명했다.

주나라의 초기 거주지에서 발굴된 주원갑골周原甲骨에도 "田"가 있다. 에드워드 쇼니시Edward Shaughnessy 교수는 이 글자가 바로 "사思"자라고 고증했다.[4] 그의 고증은 일찍이 제기되었지만 발표는 늦었다. 그가 주원갑골의 이 글자를 "사思"로 읽은 것은 대단히 정확하다. 나는 초점복간楚占卜簡에 있는 이 글자에 대하여 논의한 적이 있으며, 그 글자의 다른 한 가지 쓰기 방법이 "사思"인데, 그로써 쇼니시의 학설이 틀리지 않았음을 증명할 수 있다.[5] 『초사』 「이소」의 "구주의 넓고도 거대함을 생각한다思九州之博大兮"에서 사思는 "恖"로 썼다. 왕일은 주에서 "恖"는 사思의 옛글자인데, 사思로 쓰기도 했다"고 말했다. 이 역시 그것을 증명하는 것이다. 주원갑골의 이 글자에 대하여 학자들은

096

예정체隷定體(관공서에서 쓰던 예서체―옮긴이)로는 "신囟"으로 보기도 하고 혹은 "사斯"로 읽기도 하는데 타당하지 않다.[6] 『초사』 「이소」의 쓰기 방법에도 잘못이 약간 있다. 즉 "신囟"은 정수리를 의미하는 다른 글자이다. 「노송」의 "말을 잘 기르시기를 바랍니다思馬斯臧" 등의 구절에서 "사思"와 "사斯"가 동시에 나타나는데, 같은 것으로 볼 수 없다. 쇼니시의 글에서 언급한 청대 진어陳奐의 『모시설毛詩說』에서 진어는 「노송」에 나오는 "사思" 여덟 글자는 축하의 말이라고 했다. 이러한 발상은 매우 흥미롭다. 그것은 오대五代의 사詞 한 수를 떠올리게 한다. "봄날 연회에서 푸른 술 한 잔에 노래 한 곡 부르고 나서, 두 번 절하고 세 가지 소원을 빌어봅니다. 첫째는 낭군께서 천세 동안 사시기를 바라옵고, 둘째는 신첩의 몸이 건강하길 바라옵고, 셋째는 들보 위의 제비처럼 해마다 만나 뵐 수 있기를 바라옵니다."[7] 여기서 보이는 "세 가지 소원三願"은 축사로서 주대의 점복에서 사용한 "사思" 역시 바람을 표시했다. "무사無邪"의 원문은 "무강無疆" "무기無期" "무역無斁" 등과 병렬 관계이다. "무역無斁"은 싫어함이 없는 것이다. 그것들은 모두 한도 끝도 없는 것을 나타낸다. 한대에 즐겨 사용하던 "미앙未央"이라는 말 역시 이와 같은 의미이다. "무사"의 의미는 그것과 비슷한 것 같고, "사邪"는 꼭 올바르지 않음을 의미하는 것은 아닌 듯하다.[8]

공자 시대에 군자들은 함께 모여 모두 『시경』으로 이야기했다. 그것은 마치 문혁 기간 동안 음식점에서 음식을 주문할 때 마오 주석의 어록을 이용하여 일문일답하는 것과 같았다. 장쿤姜昆과 리원화李文華의 2인 만담에 『사진은 이렇게 찍어』라는 것이 있는데, 그것은 바로 이런 광경을 재현한 것이다. 여기서 공자의 말은 원래 무슨 뜻이었을까? 일반적으로는 그것이 『시경』의 전체 내용을 한마디로 뭉뚱그릴 때 생각이 매우 올바르고 사악하거나 비뚤어진 것이 조금도 없음을 말한 것으로 알고 있다. 그러나 "사무사"의 원래 뜻이 꼭 그와 같다고 할 수 없을 것이며, 적어도 "사思"는 그와 같지 않다. 그것은 바람을 나타내는 것이지 『시』 300편의 생각이 어떤가를 나타내는 것은 아니다. 공자가 『시』를 인용할 때는 대부분 원래의 의미를 없애버리고 제목만 빌려 자기 뜻을 표현했는데, 그 가운데는 의도적인 곡해와 오용이 많이 포함되어 있다. 서양에서는 그와 같은 것을 카타크레시스 catachresis(고의로 말을 잘못 사용하는 것)라고 부른다. 이러한 변형은 문학인들이 자주 사용하는 것인데, 옛날 사람들은 그것을 "단장취의 斷章取義"라 불렀다.

끝이 없기를 바람

스승님께서 말씀하셨다.

"정령으로 이끌고 형벌로 다스리면 백성들은 빠져나가면서도
부끄러움이 없다. 덕으로 이끌고 예로 다스리면
부끄러움을 갖고 규범을 따른다."

子曰. 道之以政, 齊之以刑, 民免而無恥. 道之以德, 齊之以禮, 有恥且格.

"정령으로 이끌고 형벌로 다스린다"는 것은 법으로 나라를 다스림을 말한다. "정政"은 정령이고, "형刑"은 형벌이다. 푸코의 말에 따르면 그것은 훈련과 징벌이다. 그것은 말을 기르고 훈련시키는 것과 같이 사회를 관리하는 것이다. 즉 말을 잘 들으면 먹이를 주고 말을 듣지 않으면 채찍을 뽑아드는 것이다.

공자는 이러한 수단은 문제를 근본적으로 해결할 수 없다고 생각했다. 그것은 백성들을 "빠져나가면서도 부끄러움이 없"게 만들고, 비록 정령과 형벌이 있기는 해도 마음속에 요행을 바라는 마음이 있기 때문에 숨을 수 있으면 숨고, 피할 수 있으면 피하여 규범 지키는 것을 자유롭게 만들어 부끄러워함이 조금도 없다.

"덕으로 이끌고 예로 다스리는 것"은 "정령으로 이끌고 형벌로 다스리는 것"과는 다르다. 그것은 덕을 가지고 나라를 다스리는 것이

다. 덕은 자율이다. 마음속에 도덕적 기준을 정해놓고 자신을 관리하는 것이다. "예"는 타율이고, 사람의 행위와 관련이 있는 여러 가지 규정이다. 예를 들면 모세의 십계라든가 저팔계의 팔계, 그리고 공자의 "예가 아니면 하지 말라非禮勿"9 등이 바로 이와 같은 제약이다. 이와 같은 생각은 옛날 사람에게는 매우 보편적인 것이었다. 예를 들어 플라톤의 『국가』에서 플라톤이 생각한 일류 국가 역시 덕으로 나라를 다스리는 것이고 정령과 형벌은 소용없었다. 그러나 나중에 그는 현실 세계에서는 여전히 법률에 맡겨서 관리해야 한다는 것을 알았다.

"부끄러움을 갖고 규범을 따른다"에 해당되는 원문 가운데 "유치有恥"는 수치심을 갖는 것, 마음속으로 제약을 갖는 것으로 부끄러움을 모르는 "무치無恥"와는 상반된다. "격格"은 규정을 엄격하게 준수하는 것, 외면에 규범을 두고 관리하는 것으로서 빠져나간다는 의미의 "면免"과는 상반된다.

공자는 도덕중심주의자이다. 그는 사회란 당연히 혈육간의 정을 핵심으로 삼아야 하고, 작은 것이 없으면 큰 것도 없다고 생각했는데, 일리가 있는 것 같다. 그러나 덕과 예는 작은 도리이고, 정령과 형벌은 큰 도리이다. 작은 도리로 큰 도리를 관리한다는 것은 잘못된 주장이다. 정령과 형벌은 정령과 형벌의 폐단이 있기 때문에 공자의 비판은 일정하게 일리가 있다. 그러나 덕과 예 역시 만능은 아니다. 덕으로 나라를 다스리는 것이 정말로 쓸모가 있다면 예와 음악이 붕괴되지는 않았을 것이다.

춘추전국은 예와 음악이 붕괴된 시기이다. 예와 음악의 붕괴 결과 정령과 형벌이 무겁고 또 가혹해졌다. 진나라 때 정령과 형벌이 가혹

해진 결과 진승과 오광이 봉기했고, 항우와 유방이 반란을 일으켰다. 진나라 정권의 실패는 불변의 진리만 강조하고 가변적 원칙에 대해서는 중시하지 않았기 때문에 융통성이 없었고 투박했다. 한대에 공자를 존중한 것은 불변의 진리를 폐기한 것이 아니라 불변의 진리 외에 가변적 원칙도 중시한 것이다. 가변적 원칙을 가지고 불변의 진리를 어떻게 포장해야 하는지, 이미지를 어떻게 바꾸어야 할지 알았기 때문이다. 양유음법陽儒陰法(겉으로는 유가이고 속으로는 법가), 가변과 불변의 동시 사용은 불변이 앞에 있고 가변이 뒤에 있는 것이며, 불변은 속에 있고 가변은 밖에 있는 것이다. 그 반대로 해서는 안 된다. 불변의 진리는 정령과 형벌이고 법은 마치 응고된 기름과 같다. 가변적 원칙은 네 가지로 나뉜다. 첫째는 예악이고, 둘째는 도덕이고, 셋째는 학문이고, 넷째는 종교이다. 황가에는 예의가 있고, 문무백관은 도덕과 학문에 의거하여 선발하며, 일반 백성은 향을 사르고 머리를 조아리며 어떤 지방에서는 큰절을 하기도 한다. 한대 이후의 유술, 그리고 나중에 유행한 불교와 도가 등은 정령과 형벌의 부족한 부분을 채워주었다.

정령과 형벌만으로는 무치無恥를 없앨 수 없지만, 정령과 형벌이 없다면 더욱 불가능하다. 2000년 동안 중국인은 자기의 생존 철학(혹은 병법이라고도 함)을 가지고 있었고, 한쪽이 불변이면 다른 쪽은 가변이 되고, 한쪽이 가변이면 다른 쪽은 불변이 되었다. 상대편이 천 가지 계략을 가지고 있으면 내가 아무리 주의하더라도 어찌할 도리가 없다. 따라서 "덕으로 이끌고 예로 다스리면 부끄러움을 갖고 규범을 따른다"는 것은 결국 보장할 수 없는 것이다.

"빠져나가면서도 부끄러움이 없는" 것은 우리 생활 곳곳에 있다. 그런 것은 일찍부터 있었지 결코 오늘날 시작된 것이 아니다. 송명 이후로 중국은 문화가 발달했지만 사회는 부패했다. 그때 도덕을 가장 강조했지만 실제로 도덕적 상황은 어땠는가? 소설과 기록 등에서 매우 분명하게 말하고 있다. 정말 썩을 대로 썩었었다.

나는 덕으로 덕을 다스리는 것도 좋고, 나라로 나라를 다스리는 것도 좋다고 생각한다. 나라로 덕을 다스리는 것은 육친六親이 인정하지 않을 것이며, 친구가 한 명도 없을 것이며, 정말로 멋대가리가 없을 것이다. 그것은 오용이다. 그러나 덕을 망치는 것이 반드시 나라를 망치는 것은 아니다. 가장 엉망인 것은 그저 덕으로 나라를 다스린다고 말하는 것이다. 그저 덕으로 나라를 다스린다고 말하면, 덕은 분명히 거짓이 되고 나라는 분명히 망할 것이니, 두 가지 모두 잘못이다. 당연한 말이지만, 옛사람들이 덕으로 나라를 다스린다고 말한 것은 결코 정말로 덕으로 나라를 다스리는 것이 아니다. 덕이라는 것은 그저 장식에 불과하다. 그것은 마치 화장실에 향수를 뿌려 나쁜 냄새를 느끼지 못하도록 하는 것과 같을 뿐이다.

어떻게 부끄러움을 모르는 일을 없앨까

스승님께서 말씀하셨다.

"나는 열다섯에 배움에 뜻을 두었고, 서른이 되어서는 자립했으며,
마흔이 되어서는 흔들리지 않았고, 쉰이 되어서는 천명을 알았고,
예순이 되어서는 귀가 순해졌고, 일흔이 되어서는 마음이 가는 대로
따라도 법도를 넘지 않았다."

子曰, 吾十有五而志于學, 三十而立, 四十而不惑, 五十而知天命, 六十而耳順,

七十而從心所欲, 不踰矩.

이 장의 말은 매우 유명하다. 누구든 이 구절을 가지고 자기를 설명
하면서 이 구절을 인생의 지도원칙이라고 생각한다. 이 구절을 읽을
때는 두 가지 점에 주의해야 한다. 첫째, 이것은 공자가 자기를 설명한
것이고, 맨 앞부분의 첫 글자는 "나푬"라는 글자라는 점이다. 나라고
한 이상 자기 자신의 인생 체험을 말한 것이지 다른 사람 역시 어떤
연령대를 살 때는 어떠어떠해야 한다는 것을 말한 것이 아니고, 일반
적으로 모든 사람이 어떤 연령대를 살 때는 어떠어떠해야 한다고 총
괄적으로 말한 것도 아니다. 둘째, 공자는 15세부터 70세에 이르기까
지 이야기했다. 그의 일생은 73세로 마감했기 때문에 우리는 이 장의
연대가 기원전 482년에서 기원전 479년 사이일 것이라고 단정할 수
있다. 기원전 482년보다 이른 것도 안 되고 기원전 479년보다 늦는 것

도 불가능하다. 그는 70세 이후에 자기의 일생을 회고하면서 이 단락에 나오는 말을 했다. 각 구절이 모두 그의 생명의 단편이다. 예전에는 이 구절들을 두고 공자의 "일생의 연보"(명대 고헌성의 『사서강의』)라고 말하기도 했고,**10** 혹은 "일생의 학력"(청수더의 『논어집석』)이라고 말하기도 했는데,**11** 일리가 있다.

"나는 열다섯에 배움에 뜻을 두었다"에서 15세는 옛날엔 "성동成童"이라 불렀는데, 이는 소학을 졸업하고 대학에 들어가는 나이이다. 고대에는 소학과 대학만 있었고 중학은 없었다. 공자는 소년 시절에도 성숙했다. 그는 이 연령 때 학문을 하겠다고 뜻을 세웠다. 오늘날의 아이들은 그렇지 않다. 15세는 사춘기로서 조급하게 나돌아다니면서 가장 부산스러울 때라서 속담에 "열대여섯 살은 개도 싫어한다"는 말이 있다. 그러나 마오쩌둥은 싫어하지 않았다. 문혁의 불길은 바로 이 아이들의 점화로 시작되었다. 홍위병의 탄생지는 원명원圓明園이었고, 발기자는 칭화부중淸華附中의 학생이었다. 네 가지 낡은 악(낡은 사상, 낡은 문화, 낡은 풍속, 낡은 습관)을 타파하고, 불량배를 타도하고, "거대한 인간 사슬大串聯"을 만들고, 수업을 재개하여 혁명을 일으키고, 치고받고 싸우고, 여자를 꾀어내고, 지식인을 산이나 농촌으로 내려 보낸 "햇빛 쏟아지던 날들"(문화대혁명을 배경으로 그린 쟝원姜文 감독의 영화 제목)이 바로 이 연령대였다. 이 연령을 서양에서는 틴에이저teenager(일반적으로 13~19세의 미성년 소년과 소녀를 가리킨다)라고 부르는데, 그들은 싸우고, 여자를 꾀어 놀고, 마약을 흡입하고, 록큰롤을 듣는다. 이웃집에서는 두려워하고 집 안에서는 애를 태운다. 미국의 법률에서는 16세 이상은 차를 운전할 수 있고, 술을 마실 수 있고, 부모를 떠나서 다른 곳으로 이사하여 살 수 있도록 규정하고 있는데, 이 것이 그들의 "성동"이다.

"서른이 되어서는 자립했다." 중국 고대에 15세는 하나의 거대한 구 덩이다. 그것보다 늦은 20세 역시 하나의 구덩이다. 20세에 대하여 옛 사람들은 남자아이는 관례(모자를 씌워주는 의식), 즉 성인식의 예를 거행하여 그가 이미 성인으로 자랐음을 표시했다. 그러나 공자는 그 점에 대해 말하지 않았다. 그가 중시한 것은 30세이다. 30세를 왜 "이 립而立", 즉 자립했다고 말했을까? 청대의 송상봉宋翔鳳은 그것은 "장 성하여 가정을 갖는 것壯而有室"(『논어발미』),**12** 즉 우리가 항상 아내와 아이가 있어야만 사회적 책임감을 갖게 된다고 말하는 연령인 것이다. 그러나 공자는 일찍 결혼했다.(현재의 기준으로 볼 때 조금 일렀다.) 19세 에 아내를 얻었고 20세에 아이를 가졌다. 이런 점에 비추어볼 때 "스 물이 되어 자립했다"라고 말했어야 한다. 따라서 그 말이 틀렸음을 알 수 있다. 다른 하나의 해석은 공자 자신의 말, 즉 "예를 알지 못하면 설 수 없다"**13**에 의한 것이다. 명대의 고헌성顧憲成은 자립과 자립하지 못하는 것의 관건은 예를 아는 데 있다고 보았다. 즉 지식과 예의를 갖추고 세상 물정에 대하여 잘 알고 있는 사람이라야만 비로소 성인 이라는 것이다.(『사서강의』)**14** 이 말이 좀 더 합리적이다. 공자는 일찍이 이름이 났고 27세에는 담자郯子에게 예를 배웠으며 30세에는 예를 아 는 것으로 유명해졌다. 제나라 경공景公이 안영晏嬰과 함께 그에게 예 를 물은 것은 바로 그해였다. 따라서 "서른이 되어서는 자립했다"는 것 은 후자의 해석과 같은 의미를 지니고 있음을 알 수 있다.

"마흔이 되어서는 흔들리지 않았다." 공자는 노나라에서 이름을 낸 뒤에 유학游學하면서 일자리를 찾기 시작했다. 34세 때 그는 주의 도읍지인 낙양에 도착하여 왕실도서관 하급 관리로 있던 노자에게 예를 물었다. 35세에 그는 일자리를 찾아 제나라로 갔지만 제나라 경공은 자리를 마련해주기가 적당하지 않다고 말했다. 앞의 일에 대해서 의심하는 사람이 있지만, 뒤의 일에 대해서는 전혀 의문의 여지가 없다. 공자는 잠깐 동안 노나라를 떠났고 노나라로 돌아온 뒤에는 맡겨진 관직이 없었다. 그는 그저 체념한 듯이 학문에 전념했다. 35세 이후부터 50세 이전까지 그는 줄곧 집에서 책을 읽고 예를 익히고 사람을 가르쳤다. 40여 년 동안 그는 전력으로 배웠고 배울수록 분명해졌을 것이니 "불혹", 즉 흔들리지 않게 되는 것도 당연하다.

"쉰이 되어서는 천명을 알았다"에서 "천명을 알았다"는 것은 무엇일까? 자기의 역량이 어느 정도인지, 도대체 무엇을 할 수 있는지, 무엇을 하도록 운명지어졌는지 등을 아는 것이다. 공자는 "천명을 알지 못하면 군자가 될 수 없다"[15]고 말했다. 그는 학습의 목적은 군자를 육성하는 것이고, 군자의 사명은 관리가 되는 것이며, 책을 읽고 나서는 반드시 관리가 되어야 한다는 것에 대해서는 토론의 여지가 없지만, 언제 벼슬길에 나아가고 누구의 수하에서 일을 할 것인가 하는 것 등은 전적으로 천명이 어떠한가를 보아야 한다고 생각했다. 노 소공 때 기회가 아직 오지 않아 공자는 그저 독서에만 몰두하면서 그 속에서 혼자 즐거움을 찾을 수밖에 없었다. 노 정공이 즉위하고 나서 4년 뒤 공자 나이 47세 때 양화가 그에게 벼슬길에 오를 것을 제안했지만, 그는 응하지 않고 양화가 다른 나라로 도망갈 때까지 기다렸다가 비로소 벼슬에 나아가는 것을 승낙했다. 그가 관리의 길로 나간 51세는 바로 그가 "지천명", 즉 천명을 안 뒤였다. 공자의 "지천명"은 『역』을 배운 것과 관련이 있다고 한다. 예를 들어 사마천은 "공자는 느즈막이 『역』을 좋아하여 「단전」 「계사전」 「상전」 「설괘전」 「문언전」 등의 서문을 썼다. 그가 『역』을 읽을 때는 가죽끈이 세 번이나 끊어졌다. 공자는 '나에게 몇 년의 시간을 빌려준다면, 그렇게만 되면, 나는 『역』에 대하여 해박해질 텐데!'라고 말했다"[16]라고 쓴다. "느즈막晩"은 몇 살일까? 사마천은 직접 말하지 않았다. 그러나 그가 인용한 공자의 말은 『논어』에서 나왔다. 공자는 "내가 몇 년 동안 틈을 내서 50세의 나이로 『역』을 배워 큰 잘못이 없게 할 수 있었다"[17]라고 말했다. 황간의 소에서는 이것이 45세 혹은 46세부터 몇 년을 더한 50세 사이의 말이라고 했다. 다시 말하면 그는 『역』을 배웠기 때문에 자기가 관직에 나아가야만 할 때를 알고서 관직에 나아간 것이다. 그 때문에 2년이 되던 때 그는 비로소 관직에 나아갔다. 이것은 한대의 설명이다.[18]

"예순이 되어서는 귀가 순해졌고"에서 "귀가 순해졌다"는 것은 무엇일까? 비교적 난해하다. 나의 추측을 말해보기로 하자. 첫째, 우리는 옛날 사람이 말하는 "총명"이라는 말에서 "총"은 청력이 좋은 것이고, "명"은 시력이 좋은 것을 뜻한다는 점에 주의해야 한다. 속담에 '눈으로 보는 것만 사실이고 귀로 듣는 것은 헛것이다'는 말이 있지만, 귀는 눈에 비해 시간과 공간의 제약을 적게 받는다. 옛날 사람은 귀는 눈보다 더 중요하다고 생각했다. 성인을 예로 들어보면, 성인은 모두 최고로 총명하고, 총명함을 타고난다. "성聖"의 옛 글자는 청聽자와 성聲자 등과 같은 뿌리를 가지고 있는데, 그것은 주로 귀가 좋고 민간의 고통을 잘 경청하며 지덕을 겸비한 사람의 권유와 간언을 잘 받아들이는 것을 가리킨다. 둘째, 공자의 연표를 보면 그가 60세를 전후하여 무엇을 했는지 알 수 있다. 원래 55세에서 68세까지 그는 여러 나라를 이리저리 돌아다녔고 외국에서 일자리를 찾고 있었다. 공자가 그 주유열국 하는 동안 내내 곤경과 좌절만 있었고 정말로 마음대로 되는 것이 없었다. 그러나 그는 마음을 비우고 초나라 광인 접여, 장저, 걸닉, "삼태기를 멘 노인荷蓧丈人" 등이 아무리 빈정대는 말을 해대도 모두 귀담아 들을 수 있었다. 심지어는 정나라 사람이 그가 "피곤에 지쳐 마치 집 잃은 개와 같다"고 하는 말마저도 고개를 끄덕이면서 맞는 말이라고 인정했다.[19] 내 생각에는 60여 세의 사람은 세상 경험이 이미 많기 때문에 비난이나 칭찬에는 관심을 두지 않고 자기가 좋아하는 것을 하게 되는데, 어쩌면 그것이 "이순", 즉 귀가 순해지는 것인지도 모르겠다.

"일흔이 되어서는 마음이 가는 대로 따라도 법도를 넘지 않았다." 이것은 최고의 경지이고 가장 도달하기 어려운 경지이다. 어린아이는 오히려 마음이 가는 대로 따라간다. 그러나 크면 데굴데굴 구르면서 떼를 쓰는 것이 허용되지 않는다. 손오공이 천궁에서 크게 소란을 피운 것 역시 마음이 가는 대로 한 것이다. 그러나 크게 소란을 피우는 데 무슨 법도 같은 것이 있었을까? 계를 받고 출가한 뒤에나 오히려 법도가 있었고, 말을 안 들으면 머리를 꽉 조이게 하는 주문을 외웠다. 그러나 이렇게 되면 더 이상 어떻게 마음이 가는 대로 따를 수 있겠는가? 양쪽 모두를 완벽하게 달성하기는 너무 어렵다. 사람이 살아 있으면 바로 법도의 제약이 있고, 죽으면 비로소 철저하게 자유롭다. 공자는 73년을 살았고 오늘날의 평균 수명과 비교해볼 때 별로 대단할 것도 없다. 그러나 과거의 기준에 따르면 이미 그 기준을 훨씬 넘겼다. 필연의 왕국으로부터 자유의 왕국으로 이르는 것은 하나의 추상적인 기준이지만, 사람이 죽으려 할 때 자유로부터 가장 가깝거나 혹은 가까워진다. 활달한 사람, 총명한 사람은 이순뿐만이 아니라 마음까지 순해져서 물아양망物我兩忘(대상과 나를 다 잊어버림)의 경지에서 포기하지 못할 정도로 아쉬운 것이 아무것도 없다. 이러한 것을 "종심소욕從心所欲", 즉 마음이 가는 대로 따르는 것이라고 한다. "종"에는 두 가지 독법이 있다. 하나는 글자 그대로 읽는 것으로 마음이 하고자 하는 대로 따르는 것, 뭔가를 하고 싶으면 그대로 하는 것이다. 다른 하나의 독법은 '풀어놓다'는 의미의 종縱으로 읽는 것이다. 무엇이든 다 풀어놓는 것으로서 마음을 대담하게 탁 풀어놓고 거침없이 말하고, 하고 싶은 것을 마음대로 하는 것으로서 의미는 비슷하다. "법도를 넘지 않았다"는 것은 법도가 없는 속에 법도가 있는 것으로 무엇을 하든 다 합당하고 모든 것이 다 법도에 들어맞는 것이다. 비록 법도가 있지만 자유로움을 방해하지 않는다. 사람이 끝까지 살기만 해도 총명해질 수 있다. 그러나 대부분의 사람은 죽고 나서야 총명해진다.

공자는 천하에 뜻이 있었다. 그러나 시운을 잘못 타고 태어났다. 그는 일생 동안 "배움에 뜻을 둔" 때부터 "흔들리지 않는" 데 이를 때까지 주로 공부했고, "천명을 안" 때부터 "귀가 순해질" 때까지는 주로 벼슬에 나아갈 길을 찾았다. 그러나 과연 어떠했던가? 만년을 고독하고 처량하게 보내야 했다. 공자는 68세의 고령으로 노나라로 돌아갔는데, 거의 매년 마음 아픈 일이 일어났다. 69세에는 아들이 죽었고, 71세에는 『춘추』를 절필했고, 안회가 병으로 죽었으며, 72세 때는 중유가 위나라에서 죽었다. 그러나 가장 이상한 것은 70세 이후에 인생의 여정을 마감하려고 하던 그가 오히려 "마음이 가는 대로 따라도 법도를 넘지 않는" 경지에 이미 도달했다는 점이다.

죽음은 가장 큰 해방이다. 사람은 끝까지 살아봐야 비로소 사는 것이 무엇인지 분명하게 알 수 있다. 그러나 많은 사람은 여전히 죽음에 이르러서도 알지 못한다.

이 장을 읽을 때 다들 왕궈웨이王國維의 『인간사화』와 비교해보는 것도 무방할 것이다. 왕궈웨이는 "세 가지 경지"를 설명했다. "어제 밤에 불던 서풍은 푸르른 나무를 시들게 했건만, 홀로 높은 누각에 올라 하늘 끝으로 아스라이 사라져가는 길을 바라본다"는 것은 목표를 찾는 것이다. "그리움에 몸이 말라 옷이 헐렁해져도 후회하지 않고, 그이 때문이라면 몸이 핼쑥해지는 것도 가치가 있다"는 것은 포기하지 않고 끝까지 쫓아가는 것이다. "동네마다 그를 찾아 백 번, 천 번 돌아다녔건만, 고개를 돌려보니 홀연히 나타나 그는 바로 등불이 희미하게 엷어지는 곳에 있었네"라는 말은 소원이 이루어진 것을 뜻한다.

공자는 뜻을 이루지 못하고 죽었고, 전혀 보상을 받지 못했다. 왕궈웨이는 더욱 참혹하게도 호수로 뛰어들었다.

몇 년 전 중화서국에서 출판한 『인생의 거울이 되는 번역 총서人生借鑒譯叢』는 바로 공자의 말에 따라 외국의 유명 인사가 30세, 40세, 50세, 60세, 70세 때 어떤 느낌을 받았는지 편역한 것이다. 다들 한번 읽어볼 만하다.[20]

공자의 일생

맹의자가 효에 대하여 물었다. 스승님께서 대답하셨다.
"거스르지 마십시오." 번지가 말을 몰고 있었는데,
스승님께서 그에게 다음과 같이 말씀하셨다.
"맹손이 나에게 효를 묻기에, 나는 '거스르지 마십시오'라고
대답했다." 번지가 물었다.
"무슨 뜻입니까?" 스승님께서 대답하셨다.
"살아 계실 때는 예로써 섬기고, 돌아가신 뒤에는 예로써
장사지내고, 예로써 제사지내는 것이다."

孟懿子問孝. 子曰, 無違. 樊遲御, 子告之曰, 孟孫問孝於我, 我對曰無違. 樊遲曰, 何謂也.
子曰, 生, 事之以禮. 死, 葬之以禮, 祭之以禮.

이 장과 아래의 세 장에서는 모두 효에 대하여 논의한다. "효"는 공자의 중요한 사상이다. 그가 볼 때 그것은 사람됨의 근본이고, 정치의 근본이다. 효는 효순·효양·효경 등을 포함하는데, 첫째는 효순이다. 순은 바로 거스르지 않는 것이다. "맹의자"는 노나라의 대귀족이다. "맹"은 성이고, "의"는 시호이며, "자"는 존칭이다. 이러한 칭호는 죽은 뒤에 부르는 방식이다. 이 사람은 중손하기仲孫何忌라고도 부른다. 맹씨는 곧 맹손씨이다. 맹손씨는 노나라 삼환 가운데 하나이다. 다음 장에 나오는 "맹손"은 바로 그를 가리킨다. 맹손씨는 또 중손씨仲孫氏

라고도 부르며, 하기는 그의 이름이다. 삼환은 노 환공의 후대로서 맹손씨 외에 숙손씨와 계손씨가 있는데, 칭호는 항렬에 따라 나눈 것이다. 그들은 대대로 노나라의 경을 세습했는데, 춘추 중기 이후로 지위가 전성기에 이르렀다. 맹손씨는 서출의 장자로서 백伯과는 다르다. 백은 정실 소생의 장자이다. 정실 소생의 장자는 관례에 따라 노나라의 제후가 된다. 맹손씨는 지위가 백의 아래였기 때문에 즉위할 수 없었고, 그저 숙손씨, 계손씨 등과 함께 경대부가 될 수 있을 뿐이었으며, 둘째 아들의 지위로서 중손씨라고도 불렀다.[21]

맹손씨 혹은 중손씨는 둘째의 후손이고, 숙손씨는 셋째의 후대이며, 계손씨는 넷째의 후대이다. 공자가 살던 시대에 노나라의 권력은 줄곧 계손씨의 수중에 있었다. 둘째가 넷째보다 못했다. 공자가 34세가 되던 때 맹희자孟僖子가 죽었는데, 죽기 전에 그는 다음과 같은 유언을 남겼다. 즉 공자는 "성인의 후예"이기 때문에 그의 두 아들인 맹의자孟懿子와 남궁경숙南宮敬叔에게 공자를 스승으로 모시도록 하라는 것이었다. 당시에 맹의자는 겨우 13세였다. 사마천은 이어서 공자가 노자를 만나러 낙양에 갈 때 남궁경숙을 데리고 갔다고 했다.[22] 이 두 사람은 모두 사마천이 말한 공자의 제자 명단에는 없다. 그러나 그들은 "중니를 사사했다"[23]는 말이 있을 뿐만 아니라 어떤 사람은 그 두 사람을 공자의 제자로 넣기도 한다. 만약 그들을 제자로 계산한다면 그들은 공문에서 지위가 가장 높은 제자일 것이다.[24] 자공은 대부大富였고, 그들은 대귀大貴였다. 그러나 장제스가 어른으로 모시던 황진룽黃金榮을 스승으로 생각하고 있었는데, 그가 총통이 된 뒤에 황진룽은 초청장을 되돌려주면서 더 이상 사제 관계로 여기지 않았다는 것을 우리는 모두 알고 있다.

　이처럼 신분이 매우 높은 제자는 일반적인 제자가 아니다. 맹의자가 비록 공자를 스승으로 모셨지만, 아마도 좌우에서 모시던 여느 제자들과는 달랐을 것이다. "번지樊遲"는 번수樊須이고, 자는 자지子遲인데, 여기서는 자로 부른 것이다. 그는 농사짓는 것을 좋아하여 공자에게 욕을 먹은 적이 있다. 번지는 공문 제3기의 제자로 공자보다 36세 연하였다. 우리는 번지의 나이를 통해 이것이 공자 만년의 일이고, 당시에 맹의자의 부친이 이미 세상을 떠났다는 것을 생각할 수 있다. "거스르지 마십시오"에 해당되는 원문 "무위無違"는 아래의 글 2.9에 나오는 "불위不違"의 용법에서 볼 때 부모의 말씀을 거스르지 않고, 부모의 뜻을 거역하지 않는 것을 가리킨다고 할 수 있다.

맹의자가 효를 묻다

맹무백孟武伯이 효에 대하여 물었다.
스승님께서는 다음과 같이 대답하셨다.
"부모에 대하여는 오직 병이 드실까봐 걱정한다."

孟武伯問孝. 子曰, 父母唯其疾之憂.

"맹무백孟武伯"은 맹의자의 아들인데, "맹"은 성씨이고, "무"는 시호이며, "백"은 항렬을 나타내는 글자이다. 그의 이름은 "체彘"였기 때문에 무백체武伯彘 혹은 중손체仲孫彘라고도 부른다. 이 물음 역시 공자 만년의 일이다. "부모에 대하여 오직 병이 드실까봐 걱정한다"는 자녀는 오직 부모가 병이 나시지나 않을까를 걱정하는 것이다. 『회남자』에 "부모의 병을 근심하는 자는 자식이고, 그것을 고치는 자는 의원이다"[25]라는 말이 있는데, 이는 연대가 비교적 이른 증명이다. 마융은 효자는 언제나 부모 속을 썩이지 않는 것이라고 설명했는데, 병이 난다는 것을 제외하고는 설명이 너무 복잡하게 뒤엉켜 있다. 주희의 주 역시 뒤엉켜 있다. 그들은 모두 거꾸로 이야기했다. 속담에 "오랜 병에 효자 없다"는 말이 있다. 이는 효자를 시험하는 좋은 방법이다.

맹무백이 효를 묻다

자유가 효에 대하여 물었다. 스승님께서는 다음과 같이 대답하셨다.
"오늘날의 효라는 것은 부모를 부양하는 것을 말한다. 개나 말도 모두
먹여준다. 공경하지 않는다면, 그것과 무슨 차이가 있겠느냐?"

子游問孝. 子曰, 今之孝者, 是謂能養. 至於犬馬, 皆能有養. 不敬, 何以別乎.

옛날에는 효양孝養과 효경孝敬이라는 두 단어가 있었다. 효는 그저
먹여 살리는 것만을 의미하지 않는다. 보다 중요한 것은 공경해야 한
다는 것이다. 먹여 살리기만 하고 공경하지 않으면 효라고 할 수 없다.
"자유"는 언언言偃의 자이다. 그는 공문 제3기의 제자이고 공문십철의
한 사람이며, 문학에 뛰어났다. 이 물음 역시 공자 만년의 일이다. "양
養"은 부양하는 것, 돌보는 것이며, 공자는 "여자와 소인이야말로 돌보
기 어렵다"**26**라고 말했는데, 그곳에서의 양 역시 같은 뜻이다. 동물은
모두 길러줘야만 충성심이 불타고 사람의 말을 잘 듣는다. 그러나 노
인을 부양하는 일에는 공경이 필요하다. 공자는 노인을 그저 부양하
기만 하고 공경하지 않는다면, 그것이 개를 기르거나 말을 기르는 것
과 무슨 차이가 있는가 하고 물었다.

자유가 효를 묻다

2.8

자하가 효에 대하여 물었다. 스승님께서 다음과 같이 대답하셨다.
"공손한 표정을 짓기가 어렵다. 일이 있을 때 자식은
그 수고로움을 기꺼이 받아들이고, 술과 밥이 있으면 곧 웃어른에게
들게 한다고 이런 것을 효라고 하겠느냐?"

子夏問孝. 子曰, 色難. 有事, 弟子服其勞. 有酒食, 先生饌, 曾是以爲孝乎.

자하의 나이는 비교적 어렸다. 이 문답 역시 공자 만년의 일이다.

"색난", 앞의 장에서는 내심에 대하여 말했고, 이 장에서는 안색에 대하여 말했다. 공자는 얼굴에 효경의 빛을 만드는 일이 어렵다고 말했다. 그저 어른을 위해 일을 하기만 하고, 먹고 마실 때 어른에게 먼저 올리면서 속마음으로는 공경하지 않고 얼굴빛이 공손하지 않다면 그 역시 효라고 할 수 없다.

"증曾"은 "곧乃" "마침내竟"의 뜻이다.

이상의 네 개 장은 모두 효에 대해 물은 것인데, 공자의 대답은 같지 않다. 송대 사람들은 공자가 교육을 베푸는 방식이 왕왕 제자의 특징, 특히 결점에 근거한다고 지적했다. 예를 들어 정이程頤[27]와 장식張栻[28] 등은 모두 이점을 지적했는데, 그 뒤의 사람은 그런 것을 "자질

에 따라 교육을 베푸는 것因材施敎"이라 했다.

중국인은 효도를 즐겨 말한다. 효는 주나라의 도였고, 백이와 숙제가 주 문왕에게 몸을 의탁한 것은 바로 "서백이 노인을 잘 부양한다고 들었는데, 어찌 가서 귀의하지 않겠는가?"**29**라는 이유 때문이었던 것이다. 『수호전』의 이규가 산속으로 들어가 산적이 되거나 송강이 산으로 들어갈 때도 늙은 아버지와 어머니를 어떻게 할까를 먼저 생각했다. 어떤 사람은 이것이 중국의 특색으로 다른 민족에 비해 절대적으로 우월하다고 말하지만 꼭 그런 것은 아니다.

사마천이 흉노에 대해 이야기할 때 그들은 "건장한 사람을 귀하게 여기고 노약자를 천시한다"**30**고 말했다. 먹고 마시는데 맛있는 것은 청장년에게 먼저 주고 노약자와 병든 자와 불구자는 그 나머지 것을 먹었다. 우리 생각에는 말도 안 되는 것 같다. 그러나 이것은 생존 환경에 의해 결정된 것으로 결코 그들의 아이들이 부모를 사랑하지 않는다고는 말할 수 없다. 그와 마찬가지로 현대 서양에서도 유사한 문제가 발견된다. 그들은 어린아이가 매우 일찍 집을 떠나 스스로 노력하여 독립적인 생활을 한다. 집을 멀리 떠나 천하를 돌아다니면서 부모에게 의지하지 않고, 집에 남은 늙은 부부는 그저 움직일 수만 있으면 역시 다른 사람의 보살핌을 필요로 하지 않는데, 그것마저 안되면 양로원으로 들어간다. 노년의 생활이 처량하지만, 자존감이 대단하기 때문에 반드시 도덕적으로 우리보다 뒤떨어졌다고는 말할 수 없다.

오늘날 중국에서 효도는 해체되어가고 있다. 그 원인은 환경이 갈수록 서양을 닮아가는 데 있다. 시간이 흐르고 상황이 변하면 돌이킬 수 없다. 그런데도 굳이 돌이키려고 하는 것 역시 강상綱常을 거꾸로 되돌리려는 것이다. 아들이 있으면 아들로 바뀌고, 손자가 있으면 손자로 바뀐다. 그저 『논어』만 읽어서 무슨 소용이 있겠는가?

자하가 효를 묻다

스승님께서 말씀하셨다.

"나는 안회와 종일 이야기를 해보았는데, 전혀 다른 의견을 제시하지
않아 마치 어리석은 것 같더라. 그가 물러간 뒤
홀로 지내는 것을 살펴보았더니 역시 내가 말한 내용을 완벽하게
실천하더라. 안회는 어리석지 않다."

子曰, 吾與回言終日, 不違, 如愚. 退而省其私, 亦足以發, 回也不愚.

"회"는 안회이다. 자는 자연子淵이고, 공문 제2기의 제자이다. 그는
한 번도 말대꾸하지 않아 스승을 가장 기쁘게 했다. 공자는 항상 그
를 칭찬했다. 여기서는 그의 마치 어리석은 듯한 큰 지혜를 칭찬하고
있다. "불위"는 앞의 2.5를 참조해보면 본래 효를 설명하던 것이다. 안
회는 공자를 아버지로 여겼고, 부모에게 효도하듯이 그렇게 스승을
섬겼는데, 그것 역시 "거스르지 않음無違"을 특징으로 삼고 있고, 어느
정도 바보스러운 모습으로 보였다. 공자가 가장 좋아한 사람은 바로
이러한 모양의 제자, 즉 효자나 "똑똑한 손자賢孫"와 같은 제자였다.
안회는 한 번도 말대꾸를 하지 않았고 무슨 생각을 하고 있는지 속마
음을 드러내지 않지만, 물러가서는 반성하고 반성을 통해 새로운 견
해를 제시했다. 그래서 공자는 안회는 어리석지 않다고 말했다.

안회에 대하여 공자는 항상 칭찬했다. 오나가나 칭찬하면서 그의 도덕이 좋다, 안빈낙도한다, 열심히 공부한다, 쌀독이 거의 비었다 등 그저 칭찬 일색이었다. 그의 가장 큰 장점은 스승의 말을 듣고 절대로 대꾸하지 않는 것이었다. 그 밖의 사적이나 훌륭한 언행은 조금도 없고, 역사에서 하나의 공백으로 남아 있고 학문 역시 어떻게 배웠는지 알지 못한다. 중유는 그와는 반대로 경망스럽게 덜렁댔고, 말이 많았으며, 말과 행동이 시원시원해서 사람에게 깊은 인상을 심어주었다. 문학적인 표현을 써서 말하자면 안회는 너무 창백하고, 자로는 너무 생동감이 넘친다. 나는 자로를 더 좋아한다.

오늘날의 학생들은 스승에게 유난히 아첨하기도 하지만, 대부분은 "안회는 어리석지 않다"에 속한다.

안회는 어리석지 않다

스승님께서 말씀하셨다.

"그가 하고 있는 것을 보고, 그가 했던 것을 보고,

그가 하고자 하는 것을 살펴보면, 사람이 어떻게 숨기겠는가?

사람이 어떻게 숨기겠는가?"

子曰, 視其所以, 觀其所由, 察其所安. 人焉廋哉. 人焉廋哉.

역사를 관찰하는 것은 모두 현재를 관찰점으로 삼는데, 이 시점에 서부터 과거로 소급해가고 미래를 추측한다. 사람 역시 이와 같다.

"시視"는 보는 것이고, "관觀"은 대략 보는 것, 전체를 보는 것이고, "찰察"은 자세하게 보는 것이다. 세 글자는 모두 살펴본다는 뜻이다. "소이所以"는 현재 어떤가이다. "소유所由"는 과거에 어떠했는가이다. "소안所安"은 장래에 어떠할 것인가이다. 한마디로 말하면 사람을 안다는 것은 구체적인 내막을 알아야 하고, 철두철미하게 이해해야 한다는 것이다.

이 장에는 두 가지 해석이 있다.

하나는 "이以"를 "용用"으로 읽고 "유由"를 "경經"으로 읽고, "안安"을 "낙樂"으로 읽는 것(『집해』), 즉 근거를 알고, 과정을 알고, 즐기는 것을 아는 것으로 해석하는 것이다.

다른 하나의 해석은 "이"를 "위爲"로 읽고, "유"를 "종從"으로 읽고, "안"자는 앞의 것과 같이 해석하는 것이다.(『집주』)

(주희의) 이 해석에 따르면 "즐기는 것所樂"으로서의 "소안所安"은 최종적으로 익숙해지는 곳을 가리킨다. 그것은 『이아』「석고하」의 "안安은 머무는 것止이다"가 의미하는 귀착점이기도 하다. 청수더는 "주희의 말은 모두 근거가 있다"라고 말했는데, 주희가 근거하는 것은 『대대례기』「문왕관인」의 "그 행위를 살펴보고, 동기를 살펴보고, 편안하게 여기는 것을 살펴본다"[31]이다. 『일주서逸周書』「관인해」에는 "그 행위를 살펴보고, 동기를 살펴보고"라는 말은 있지만 "편안하게 여기는 것을 살펴본다"는 말은 없다. 하지만 청수더는 그 역시 비슷한 말로[32] 이것이 고대의 통설이라고 보았다.

위에서 말한 두 설명의 차이점은 주로 앞의 해석은 "이"가 과거를 가리키고, "유"는 현재를 가리킨다고 보는 것이며, 뒤의 해석은 "이"가 현재를 가리키고 "유"는 과거를 가리킨다고 보는 데 있다. 나는 후자의 해석을 따른다.

"사람이 어떻게 숨기겠느냐"에 해당되는 원문 가운데 "수廋"는 숨긴다는 뜻이다. 공자는 어떤 사람에 대해 철두철미하게 이해하고 있다면 또 무슨 간파하지 못할 것이 있겠는가 하는 것을 말하고 있다. 무엇이든 눈앞에 드러나기 때문에 감추려고 해도 감추어지지 않는다는 것이다.

사람을 보는 법

스승님께서 말씀하셨다.
"옛것을 익히고 새것을 알면 스승 노릇을 할 수 있을 것이다."

子曰, 溫故而知新, 可以爲師矣.

『예기』「학기」에서는 "암송을 위주로 한 배움으로는 스승이 되기에는 부족하다"[33]라고 했다.

공자는 스승은 아무런 문제의식 없이 덮어놓고 외운 것을 제자에게 그저 주입하기만 해서는 안 되고, 제자들을 깨우쳐 그들이 두뇌를 움직이는 법을 배우도록 하고, 새로운 것을 밝혀내고 창조하도록 해야 한다고 생각했다. 만약 제자들이 자발적으로 질문을 할 수 없으면 깨우쳐줄 수 있고, 만약 깨우쳐줬는데도 여전히 질문을 하지 않는다면 그러한 제자는 결실을 맺도록 가르칠 수 없다.

"옛것을 익히고 새것을 알면 스승 노릇을 할 수 있을 것이다." 그것과 완전히 상반되는 것은 스승이 전수해준 것을 따르고, 스승의 학설을 기초로 삼아 새로운 생각을 제기할 수 있는 것이다. 이와 같은 사람이야말로 스승이 될 수 있다.

옛것을 익히고 새것을 안다

스승님께서 말씀하셨다.
"군자는 그릇이 아니다."

子曰, 君子不器.

공자는 박학다식한 사람이었다. 박학다식은 도를 추구하기 위한 것이고, 현대인과 같이 학술적 분업이라는 진흙탕에 빠져 스스로 빠져나오지 못하는 것을 피하기 위한 것이다. 나는 전형적인 지식인 집단을 "장애인협회"라고 부른다.

그릇은 도를 담는 데 쓰는 것이다. 군자가 추구하는 것은 도이지 그릇이 아니다. 그것은 사람이 먹는 것은 밥이지 밥그릇이 아닌 것과 같다. 그릇에는 각각의 용도가 있고, 지식인의 병폐는 그러한 작은 기능에 빠져서 회통할 줄 모르는 데 있다. 그들은 그릇을 추구했기 때문에 자기 스스로 그릇이 되어버린 것이다.

군자는 그릇이 아니다

자공이 군자에 대하여 묻자, 스승님께서는 다음과 같이 대답하셨다.
"말하려는 것을 먼저 실천하고
그다음에 말이 행동을 따르도록 하여라."

子貢問君子. 子曰, 先行其言而後從之.

이것은 말과 행동의 관계, 즉 먼저 실천한 다음에 말하고 또 계속 실천해갈 수 있어야 한다는 것을 설명한 것이다. 간본簡本에는 "기언其言"이라는 두 글자가 없다.

자공이 군자에 대해 묻다

스승님께서 말씀하셨다.
"군자는 원만하지만 편협하지 않고, 소인은 편협하지만
원만하지 못하다."

子曰, 君子周而不比, 小人比而不周.

"편협하다"에 해당되는 "비比"는 손에 손을 꼭 잡는 것이고, "원만하
다"에 해당되는 "주周"는 합심하여 고난을 극복하는 것이다. 베이징 사
람이나 동북쪽 사람은 상하이 사람이나 저장 사람에 비해 비교적 호
방한 것 같다. 전자는 말하기를 좋아하고, 후자는 시시콜콜 따지면서
이 일 저 일 뭐든지 참견하고 억지 부리기를 특히 좋아하고 자손을 특
히 중시한다. 그러나 전자와 같은 호방함은 때로는 굉장히 무섭다. 그
들은 우리 사이에 네 것, 내 것 가릴 게 뭐 있냐고 말하는데, 그 호방
함은 갑자기 당신의 지갑 속까지 파고들 것이다. 중국에서 사람을 아
주 질리게 하는 문제는 바로 손에 손을 꼭 잡는 것이다.

중국인과 서양인의 가장 큰 차이점은 우리는 사람이 많고, 사람이
많이 함께 모이는 것을 좋아하고, 시비를 퍼뜨리고 마찰을 빚어내면
서 피차의 경계를 분명하게 구분하지 않는 데 있다. 서양인은 특히 상
하이 사람에 대해 친밀감을 느낀다. 즉 그들은 상하이 사람이 사람과

사물을 대하는 데서 자신들과 비슷한 부분이 있다고 인정한다. 도덕 문제에서 나는 서양에 존경의 마음이 있으며, 그들의 도덕을 수입하자고 주장한다. 그 이유 중 하나는 바로 내가 치켜세우면서 허풍을 떨거나 손에 손을 꼭 잡는 것과 같은 것들을 좋아하지 않는 데 있다.

이 장의 글을 읽으면서 모두 「술이」 7.31의 "군자는 편을 가르지 않는다"라는 구절과, 「위영공」 15.22의 "무리에 섞이되 파벌을 만들지 않는다"라는 구절을 참고해보기 바란다. "비比"는 붕당이고 작은 집단이며 작은 종파이다. 구양수는 「붕당론」이라는 글을 썼다. 작은 집단은 좋지 않기 때문에 나는 참가하지 않는다. 큰 집단에도 나는 참가하지 않는다. 사람은 독립적이어야만 비로소 자유가 있다. 그러나 독립과 고립은 떼려야 뗄 수 없다.

삼가야 할 것들

스승님께서 말씀하셨다.
"배우기만 하고 생각하지 않으면 미혹에 빠지고,
생각만 하고 배우지 않으면 의혹에 빠진다."

子曰, 學而不思則罔, 思而不學則殆.

이것은 배움과 생각의 관계를 말한 것이다. 배움은 밥 먹는 것과 같고, 생각은 소화하는 것과 같다. 둘 중 어느 하나도 없어서는 안 된다. 그저 먹기만 하고 소화시키지 못해도 안 되고, 소화만 하고 먹지 않는 것 역시 근본적으로 불가능하다. "태殆"에는 위태롭다는 의미가 있고, 곤란하다는 의미가 있고, 의혹에 빠진다는 의미가 있다. 양보쥔은 『시경』 「소아·절남산」에 나오는 "묻지도 않고 살피지도 않으면서, 군자를 미혹에 빠뜨리지 말지어다. 정치를 공평하게 하고 학대를 중지하면, 소인이 나라를 위태롭게 하는 일이 없을 것이다"[34]라는 구절을 예로 들면서 첫 번째 의미를 지지하여 믿음이 없다고 번역했다.[35] 하주何注에서는 두 번째 의미를 지지했고, 왕염손과 왕인지는 세 번째 의미를 지지했다.[36] 여기서 "망罔"은 미혹에 빠지는 것이다. 배우기만 하고 생각하지 않으면, 배울수록 더욱더 멍청해지기는 하지만 문제가 크지는 않다. 생각만 하고 배우지 않으면 당연히 대단히 위험하여 끝장이

날 수도 있고 멍청해질 수도 있다. 말을 해보면 세 가지 해석 모두 문맥이 통하는 것 같다. 그러나 이 두 구절은 의미가 서로 의존적인 문장이기 때문에 아무래도 세 번째 의미가 가장 나은 것 같다. 배우기만 하고 생각하지 않는다면 고작해야 알지 못하는 데서 그친다. 그러나 생각만 하고 배우지 않는 것은 머리가 헛돌고 스스로를 자신 속에 가둬두는데, 그것은 정말로 대단히 멍청한 짓이다.

배움과 생각은 모두 중요하다

스승님께서 말씀하셨다.
"소도小道를 공격하는 것은 해로울 뿐이다."

子曰, 攻乎異端, 斯害也已.

이 문장은 역대로 논쟁이 있어왔다. 구설에서는 잡서와 잡서 혹은 이단사설을 연구하는 것 등은 모두 대단히 해로운 것이며, "공攻"은 "연구하다攻治"의 의미(『집해』『황소』『집주』)라고 했다. 그러나 송대의 손혁孫弈은 "공"은 공격을 의미한다고 보고, 원문은 이단을 공격하면 해로움을 그치게 할 수 있다는 의미라고 설명했는데, 그는 "이己"자를 그칠 "지止"자로 해석했다.[37] 청수더는 『논어』의 "공攻"자는 모두 공격의 뜻이고, 이단은 그저 군자가 행하지 않는 소도小道를 가리킬 뿐 이단사설과는 무관하며, "이己"자는 어조사로서 '그치다'는 의미와 아무 관련이 없다고 설명했다.[38] 만약 청수더의 설에 따른다면 원문은 소도를 공격하는 것은 매우 해롭다는 뜻이 된다.

소도를 공격하면 해롭다

스승님께서 말씀하셨다.

"유야, 너에게 안다는 것을 가르쳐줄까?

알고 있으면 알고 있다고 하고,

알지 못하면 알지 못한다고 하는 것, 이것이 아는 것이다."

子曰, 由. 誨女知之乎. 知之爲知之, 不知爲不知, 是知也.

이것 역시 "자질에 따라 교육을 베푸는 것因材施教"이다.

"유"는 자로의 이름이고, 자는 또 요繇라고 지었는데, 그는 안회의 아버지 안무요顏無繇와 이름이 같다. 옛사람은 흔히 이름을 중시했는데 그것은 오늘날과 마찬가지다. 자로는 공문 제1기의 제자로서 대사형大師兄이었다. 그의 장점은 솔직함이었고 결점은 경솔함이었다. 공자는 그를 크게 꾸짖었는데 그 의미는 다음과 같다. 즉 "안다"고 하는 것이 무엇인지 내가 말해주지 않았었냐? 너는 그것을 잊었단 말이냐? 아는 것은 안다고 말하고, 알지 못하는 것은 알지 못한다고 말하는 것, 이것을 비로소 안다고 하는 것이다. 마치 말장난하고 있는 듯한데 자로가 분명히 경솔하게 말실수를 해서 공자가 이렇게 말한 것 같다.

학문의 어려움은 우리는 자주 우리가 무엇을 알고 있는지, 그리고 무엇을 알지 못하는지 분명하게 구별하지 못하고, 특히 우리가 알지 못한다는 사실을 알지 못한다는 데 있다. 『장자』 「제물론」에는 다음과 같은 문답이 있다. 설결이 왕예에게 세 가지를 물었다. 첫 번째 문제는 만물에는 모두가 옳다고 인정하는 공동의 기준이 있는가 하는 것이다. 왕예는 내가 그것을 어떻게 아느냐고 답했다. 두 번째는 당신이 무언가를 모른다는 사실을 알고 있는가 하는 것이다. 역시 왕예는 내가 어떻게 아느냐고 답했다. 세 번째는 만물은 서로를 이해할 수 없는가 하는 것이다. 역시 어떻게 아느냐고 답했다. 세 가지 물음에 대해 세 가지 다 알지 못했다. 그는 나도 한번 말해보기로 하자고 하면서 다음과 같이 말했다. 내가 알고 있는 것이 반드시 내가 알지 못하는 것이 아니라는 것을 내가 어떻게 알겠으며, 내가 알지 못하는 것이 반드시 내가 알고 있는 것이 아니라는 것을 내가 어떻게 알겠느냐? 공자는 "알지 못함不知"에 대해 말하기를 좋아했다. 그러나 정말로 알지 못하는 것이 아니라 알고 있어도 말해주지 않으면서 그것(말해주지 않는 것)을 통해 불만을 나타냈다.[39]

스승이 당신에게 말해줘야 할 가장 중요한 것은 무엇일까? 그것은 바로 "앎"과 "모름"의 경계선이 어디에 있는가 하는 것이다. 그는 자주 당신에게 최종적인 대답이 무엇인지 말해줄 수 없고, 오히려 이 결론은 아무것도 아니라고 분명히 말해줄 수는 있을 것이다. 경험이 있는 것과 없는 것은 같지 않다. 아름다움은 돌 속에 있고, 불필요한 부분을 깎아 내버려야 아름다움이 나타난다. 이것은 조각가의 말이다. 그러나 우리는 흔히 무엇이 불필요한 부분인지 알 방법이 없다.

내가 모른다는 것을 내가 어떻게 알겠는가

자장이 관직을 구하는 방법을 배우고자 했다.
스승님께서 이렇게 말씀하셨다.
"많이 듣고 의문스러운 것은 남겨두고 그 나머지 부분을
신중하게 말하면 허물이 적어질 것이다.
많이 보고 곤혹스러운 부분은 남겨두고 그 나머지 부분을
신중하게 실행하면 후회하는 일이 줄어들 것이다.
말에 허물이 적고 행동에 후회가 적다면 녹은 그 속에 있다."

子張學干祿. 子曰, 多聞闕疑, 愼言其餘, 則寡尤. 多見闕殆, 愼行其餘, 則寡悔.
言寡尤, 行寡悔, 祿在其中矣.

이 장은 앞 장과 관련이 있다.

"자장이 관직을 구하는 방법을 배우고자 했다"에서 "자장"은 전손사의 자이다. 그는 공문 제3기의 제자이다. 공문십철에 자장은 없다. 그러나 옛사람들은 오히려 그가 공자의 "네 친구四友" 가운데 하나이며, 공자가 "내가 전손사를 얻고 나서부터 앞에도 빛이 있고 뒤에도 빛이 있었다"고 하면서 그를 안회·중유·단목사 등과 병칭했다고 말했다.**40** "관직을 구하는 방법干祿"은 관리가 되어 녹봉을 받으려고 모색하는 것이다. 그의 성격은 외향적이어서 사람됨이 호쾌하여 작은 자로였다. 이러한 성격은 관직에는 어울리지 않는다. 그는 공자에게 관리

로 벌어먹고 살 수 있는 방법에 대한 가르침을 청했고, 공자는 그에게 말을 삼가고 행동을 삼가고, 많이 보고 많이 듣고 적게 행동하고 적게 말하며, 말할 때나 일을 할 때 모두 여지를 남겨두라고 충고했다. 이것은 바로 자장의 성격을 정확하게 지적한 것으로 그에게 경솔하게 행동하지 말라고 한 것이다. 오늘날 관리 사회는 거짓이 판치고 있어 공자의 말도 효과적인 것이기는 하지만, 아쉽게도 그 자신은 아무런 수단도 강구하지 못했다.

"많이 듣고 의문스러운 것은 남겨두고 그 나머지 부분을 신중하게 말하면 허물이 적어질 것이다"에서 "궐의闕疑"는 의문을 남겨두는 것이고, "우尤"는 과오이다.

"많이 보고 곤혹스러운 부분은 남겨두고 그 나머지 부분을 신중하게 실행하면 후회하는 일이 줄어들 것이다"에서 "궐태闕殆"는 곤혹스러운 부분을 남겨두는 것이고 "회悔"는 후회이다.

앞 장에서 "알고 있으면 알고 있다고 하고, 알지 못하면 알지 못한다고 하는 것"이라고 한 것은 바로 여기의 "많이 듣고 의문스러운 것은 남겨두고 그 나머지 부분을 신중하게 말하는 것"과 "많이 보고 곤혹스러운 부분은 남겨두고 그 나머지 부분을 신중하게 실행하는 것"이다. 「자로」 13.3에서 공자는 자로를 꾸짖으면서 또 "군자는 자기가 모르는 것에 대해서는 대개 의문으로 남겨두는 법이다"라고 말했다.

흥미로운 것은 공자가 제자들에게 관리가 되는 방법을 가르쳤는데, 그것도 나중에 학문 연구의 방법으로 간주되었다는 점이다. 왕궈웨이는 룽겅容庚의 『금문편』에 대한 서문을 쓸 때 고문자의 고증에서 사용한 방법은 공자의 "많이 듣고 의문스러운 것은 남겨두는" 방법이었다고 말했다.⁴¹ 송명대에는 의리를 강조하면서 걸핏하면 착간이라고 말하고 함부로 고서를 고쳐 생각은 하면서도 배우지 않거나 생각이 지나친 병폐가 있었다. 청대의 학술에서는 그것을 바로잡아 궐의를 제창했다. 그것은 매우 필요하다. 그러나 뒤틀리고 잘못된 것을 바로잡는 것을 배우기만 하고 생각하지 않아 지나치게 보수적인 측면으로 흘렀다. 과거에 룽징 선생은 동기의 진위를 가릴 때 긴가민가해서 잠깐 동안 분명한 판단이 서지 않을 때 가장 좋은 것은 보류해두는 것이라고 말했다. 왜냐하면 가짜가 진짜로 간주되어 후대에 전해지면 나중에라도 가려낼 수 있지만, 만약 진짜를 가짜라고 없애버리면 다시 찾아나서야 하는 번거로움이 있기 때문이라는 것이다.⁴²

이와 같은 이치는 사라진 책의 집일輯佚에도 적용된다. 이것은 학풍의 일종이다. 다른 하나는 궈모뤄와 같이 사고와 가설과 추측을 강조하는 것이다. 그는 옛사람이 썼던 다른 한 가지 말, 즉 "생각하고 생각하며, 또 거듭 생각한다. 생각해도 통하지 않으면 귀신이 통하게 해줄 것이다"⁴³라는 말을 언급했다.⁴⁴

어떤 사람은 알지 못할수록 더욱더 많이 생각해야 하고, 한쪽에 치우쳐서 다른 쪽을 내버려두어서는 안 된다고 말하는데, 그것 역시 일리가 있다.

자장이 관직을 얻는 법을 묻다

애공이 물었다.

"어떻게 하면 백성들이 복종하겠소?"

공자께서 대답하셨다.

"똑바른 사람을 뽑아서 비뚤어진 사람 자리에 앉히면
백성들은 복종하겠지만, 비뚤어진 사람을 뽑아 똑바른 사람 자리에
앉히면 백성들은 복종하지 않을 것입니다."

哀公問曰, 何爲則民服. 孔子對曰, 擧直錯諸枉, 則民服. 擧枉錯諸直, 則民不服.

노나라 애공은 기원전 494년에 즉위했고, 공자는 기원전 484년에
노나라로 돌아왔다. 그들의 대화는 기원전 484년에서 기원전 479년
사이에 이루어진 것이다. 이것은 사람을 쓰는 방법을 설명한 것으
로 좋은 사람을 나쁜 사람 아래 두어서는 안 된다는 것이다. 「안연」
12.22의 "똑바른 사람을 뽑아 비뚤어진 사람 자리에 앉혀 비뚤어진
사람으로 하여금 똑바르게 될 수 있도록 하는 것이다"를 참조하라.
"똑바른 사람直"은 정직한 사람이고, "비뚤어진 사람枉"은 정직하지
않은 사람이다. "저諸"는 "지어之於"와 같고 뒤에 목적어가 온다. 이와
같은 예는 『논어』에 매우 많기 때문에 다음부터는 다시 설명하지 않
는다.

오늘날의 학교에서는 대부분 관리가 학자를 겸하거나 학자가 관리

를 겸하며, 고위 관리는 반드시 고위 교수이고, 고위 교수는 반드시 고위 관리이다. 학문적 역량이 없는 사람에게 학술을 견인하는 당나귀 역할을 맡도록 하여 학문적 권위자를 데려다가 당나귀 짓을 따르도록 하는데, 이런 것을 "모자와 신발이 뒤바뀌고, 문화가 완전히 쇠퇴한 것"이라고 부른다.

정직한 사람을 써야 한다

계강자가 물었다.

"백성이 공경하고, 충성하고, 서로 권하도록 하려면
어떻게 해야 합니까?" 스승님께서 대답하셨다.
"그들을 대할 때 엄숙하게 하면 공경하고, 효성과 자애로 대하면
충성할 것이며, 착한 사람을 발탁하여 그렇지 못한 사람을
가르치도록 하면 서로 권할 것입니다."

季康子問, 使民敬忠以勸, 如之何. 子曰, 臨之以莊則敬. 孝慈則忠. 舉善而教不能則勸.

이 장은 앞의 장과 관련이 있는 것 같다.

"계강자"는 바로 계손비季孫肥이다. 공자가 살던 때 노나라의 귀족
중에서 삼환이 가장 위세를 떨치고 있었다. 삼환 가운데서도 계씨가
가장 크게 위세를 떨치고 있었다. 공자가 어렸을 때는 계평자가 정권
을 잡고 있었고(양공과 소공 무렵), 중년 때는 계환자가 정권을 잡고 있
었으며(소공과 정공 무렵), 만년에는 계강자가 정권을 잡고 있었다.(정공
과 애공 무렵.) 계강자는 기원전 492년에 정권을 잡았고, 공자는 기원
전 484년에 노나라로 돌아왔으며, 그들의 대화 역시 기원전 484년에
서 기원전 479년 사이에 있었다.

계강자는 공자에게 물었다. 즉 어떻게 해야만 백성들이 임금을 존
경하고 임금에게 충성하고 임금을 위해 온힘을 다하도록 할 수 있는

지를 물었다. 공자는 그들에게 장중한 모습을 보여주면 그들은 임금을 존경할 것이며, 아버지는 자애롭고 자식은 효도할 것을 제창하면 그들은 곧 충성할 것이며, 능력 있는 사람에게 능력 없는 사람을 가르치도록 하면 그들은 임금을 위해 온힘을 다할 것이라고 말했다. "장莊"은 윗사람으로서의 풍채와 용모로 반드시 매우 엄숙하고 단정하며 굳건해야 한다. "경"과 "충"은 여기서는 모두 아랫사람이 윗사람을 섬기는 태도이다. 「선진」 11.21의 "얼굴 표정만 엄숙한 척하는 것"을 참고할 것.

지도자는 지도자로서의 모습을 갖추어야 한다

어떤 사람이 공자께 물었다.

"선생님께서는 왜 정치를 하지 않으십니까?"

스승님께서는 이렇게 대답하셨다.

"『서』에서 '효는 부모에게 효순하고, 형제와 우애롭게 지내고,

그것을 정치에 펼치는 것이다'라고 했으니,

이것 역시 정치를 하는 것이다. 어찌 꼭 벼슬을 해야만

정치를 하는 것이겠느냐?"

或謂孔子曰, 子奚不爲政. 子曰, 書云, 孝乎惟孝, 友于兄弟, 施於有政. 是亦爲政, 奚其爲爲政.

이것은 공자가 아직 관리가 되지 못했을 때의 일이다. 당시에 어떤 사람이 그에게 나와서 관리가 될 것을 권유했고, 공자는 『서경』에서도 효도와 우애가 바로 정치를 하는 것이라고 했으니, 나는 효도와 우애를 실천하고 있고, 이것 역시 정치를 하는 것인데 왜 꼭 관리가 되어야만 정치를 하는 것이라 하느냐고 설명했다. 이것 역시 혈육의 정을 확대하는 것이 정치를 하는 것이라는 생각이다. 주자의 주에서는 이 장에서 기록하고 있는 것은 정공 초년에 공자가 아직 관리가 되지 않았을 때의 일이라고 설명했는데, 일리가 있다. 나는 그가 이렇게 말한 시간은 대략 기원전 509년에서 기원전 502년 사이일 것이라고 추정한다.

공자는 『서』를 인용했는데, 『서경』 「군진」에 나오는 말이다. 「군진」에

서는 "오직 형제를 사랑해야만 그 마음을 정치에 베풀 수 있다"⁴⁵라고
쓰고 있다. 「군진」은 『고문상서』에 속하는데, 다들 함부로 믿으려 하지
않기 때문에 그것을 『일서逸書』라고 부른다.

효 역시 정치다

스승님께서 말씀하셨다.

"사람으로서 믿음이 없으면 그래도 괜찮을지 모르겠다.
우차에 예輗라는 끌채가 없고, 마차에 월軏이라는 끌채가 없다면
그런 수레가 어떻게 움직일 수 있겠느냐?"

子曰, 人而無信, 不知其可也. 大車無輗, 小車無軏, 其何以行之哉

옛날 사람은 소가 끄는 수레(우차)를 "큰 수레"라 불렀고, 말이 끄는 수레(마차)를 "작은 수레"라 불렀다. 우차와 마차의 끌채에서 끌채의 끝부분은 모두 전栓으로 차형車衡(끌채 끝부분의 멍에와 연결하는 부품으로 우마를 제어하는 횡목을 가리킨다)이라는 부품과 연결했는데, 우차의 이 부품을 "지輗"라고 부르고, 마차의 이 부품을 "궤軏"라 불렀다. "월軏" 역시 원元부에 속한다.

공자의 생각은 만약 자기가 한 말을 지키지 않는다면 그것은 마치 우차에 "예輗"가 없고 마차에 "월軏"이 없어서 수레가 움직일 수 없는 것과 같다는 것이다.

사람에게 믿음이 없다면

자장이 물었다.

"열 세대 이후의 일을 알 수 있을까요?"

스승님께서 대답했다.

"은나라는 하나라의 예제에 의거했는데, 그로부터 뺀 것과 더한 것을
알 수 있다. 주나라는 은나라의 예제에 의거했는데,
그로부터 뺀 것과 더한 것을 알 수 있다. 그 나라가 주나라를
계승한다면 비록 백 세대 이후의 일이라 할지라도 알 수 있다."

子張問, 十世可知也. 子曰, 殷因於夏禮, 所損益可知也. 周因於殷禮, 所損益可知也.

其或繼周者, 雖百世, 可知也.

공자의 역사관은 두 가지 특징이 있다. 첫째, 그는 춘추 말기 즉 주
도가 쇠락해가는 시기에 태어났는데, 그의 역사관찰의 범위는 주로
이 시기로부터 거리가 비교적 가까운 하·상·주 삼대였다. 그가 볼 때
당우唐虞(요순)가 가장 이상적이었다. 그러나 너무 멀어서 배우고 싶어
도 배울 수 없었다. 둘째, 삼대 가운데서 그는 주나라를 가장 중시했
다. 주나라는 변증법 논리의 삼단계 가운데 진테제(합)처럼 보다 가까
운 목표였다. 옛날엔 역사를 연구할 때 주로 인과라는 쇠사슬에 의존
했다. 지난 것은 원인이고 오는 것은 결과였기 때문에 지난 것을 보고
앞으로 올 것을 알았다. 점을 치고, 도박을 하는 것은 귀납적 승률에

의존하는 것인데, 역시 유사한 방법을 쓴다. 공자가 역사를 볼 때는 주로 삼대의 손익을 보았다. 즉 나중의 예는 앞의 예에서 무엇을 더하고 무엇을 뺐는지, 늘이거나 줄인 것을 제외하고 남는 것이 영원히 변하지 않는 것이다. 그는 이러한 더하고 빼는 방법에 의해 미래를 예측했다.[46] 전국 시대의 고서에서는 삼대의 손익을 말하는 것이 유행했는데, 그러한 기풍은 아마도 공자와 관련이 있을 것이다. 왕궈웨이와 천밍자陳夢家가 은(상)나라와 주나라 제도의 다른 점을 연구했다는 것에 대하여 우리는 모두 알고 있다.[47]

과거에는 모두 상나라와 주나라가 무척 크게 다르다고 생각했지만, 오히려 계승성이 있다는 점을 나중에 발견했다. 소동파는 이렇게 말했다. "변한다는 관점에서 보면 천지는 한순간도 가만있지 않지만, 변하지 않는다는 관점에서 보면 사물과 나는 모두 끝이 없다."[48] "변한다는 관점에서 본다"는 것은 차이를 강조하는 것이고, "변하지 않는다는 관점에서 본다"는 것은 연속을 강조하는 것이다. 공자는 역사의 가감법만 파악하고 있으면 연속 가운데서 차이를 공제하여 장기적인 예측도 가능하다고 생각했다. 300년 이후의 일뿐 아니라 3000년도 가능하다고 생각한 것이다.

삼대를 더하면 대략 1300년이다.[49] "십세十世"와 관련하여 옛사람들의 어법을 살펴보면, "일세"는 일반적으로 30년이고, "십세"는 300년이며, "백세"는 3000년이다. 공자가 죽은 후로 오늘날에 이르기까지 3000년이 못 된다. 현재의 일은 그가 꿈에도 생각하지 못했을 것이다.

공자의 예측학

스승님께서 말씀하셨다.
"자기네 귀신이 아닌데도 제사지내는 것은
아첨하는 것이다. 마땅히 해야 할 것을 보고서도 하지 않는 것은
용기가 없는 것이다."

子曰, 非其鬼而祭之, 諂也. 見義不爲, 無勇也.

이 두 구절은 무엇을 가리키는 것일까? 예전에는 이 구절을 놓고
적지 않은 추측을 전개했는데, 그들은 이 구절이 공자가 당시의 일을
욕하는 것이라고 생각했다. 고대의 제사는 본래 모두 자기가 신봉하
는 신명과 조상에게 제사를 지냈는데, 그렇지 않으면 결코 제사지낼
수 없었다. 그들은 귀신은 제사에 올리는 음식에 대하여 입으로 먹는
것이 아니라 코로 냄새 맡는 것이라고 믿었다. 만약 자기 조상이 아니
라면 그 조상은 제사를 받아들이지 않고, 냄새조차 맡을 수 없을 것이
이다. 이를 두고 "귀신은 같은 종류가 아니면 흠향하지 않고, 사람은
같은 조상이 아니면 제사하지 않는다"**50** "귀신은 자기와 같은 종족이
아니면 그 제사에서 흠향하지 않는다"**51**고 말했다. 그러나 『좌전』에서
이러한 원칙을 강조한 것은 바로 춘추전국 이후로 예외적인 일이 갈
수록 많아졌기 때문이다. 이점과 관련하여 앞의 사람들이 많은 예를

들었다. 가령 정나라와 노나라가 땅을 바꾼 것, 노나라가 정나라를 대신해서 태산泰山에 제사를 지내준 것, 정나라가 노나라를 대신해서 주공에게 제사를 지내준 것[52] 등이 그것이다.[53] 그리고 이 구절은 민족들이 동화되는 추세에서 나타나는 체협禘祫이라는 예禮를 반영하고 있는데, 그 역시 서로 다른 족성의 조상을 한꺼번에 제사지내는 것이다. 공자는 그런 것을 꼴사납게 보면서 그런 것에 익숙하지 않았기 때문에 그것은 아첨하는 것이라고 생각했다.

"자기네 귀신이 아닌데도 제사지낸다非鬼而祭"는 말은 나중에 아첨의 대명사가 되었다. "견의불위見義不爲"에서 "의義"는 마땅하다, 즉 마땅히 해야 할 일을 의미한다. 해야 할 일을 하는 것은 용기 있는 것이고, 하지 말아야 할 것을 하는 것은 대담한 것이며, 목숨마저 돌보지 않는 것은 용기 있는 것이라고 할 수 없다. 예를 들어 옛사람이 만약 대담하게 아무 짓이나 함부로 하면서 군주에게 위해를 가하는 그런 사람의 위패는 명당에 안치하는 것을 허용해서는 안 된다고 말한 것과 같다.[54] 그와는 반대로 용감하게 나서야 하는데도 용감하게 나서지 않는 것 역시 옳지 못하다. 공자는 그런 것은 용기 없는 태도라고 생각했다. 그 어르신은 당시의 세계는 너무 말도 안 되는 엉터리인데도 어쩌면 그렇게 아무도 나서지 않는지, 사람이 모두 죽어 없어져버린 것은 아닐까 하고 의아하게 생각했다.

푸이溥儀(청의 마지막 황제)가 가짜 만주제국의 황제로 있을 때 일본의 아마테라스 오미카미天照大神를 참배했고, 중국인을 죽인 일본 관병을 위해 제사를 지냈는데, 이런 것들이 바로 "자기네 귀신이 아닌데도 제사지내는 것은 아첨하는 것이다"의 예에 속한다. 일본 수상이 야

스쿠니신사靖國神社에 참배하면 중국과 한국은 대단히 분노하지만, 일본은 일본 나름의 해석이 있다. 군인의 천직은 바로 나라를 위해 몸을 바치는 것이다. 모래사장에 널브러져 있는 전사자들은 모두 용사이고 열사이지만, 그들의 원혼이 죗값을 따진다면 그 죄는 군인에게 있는 것으로 생각하지 않을 것이다. 그럼 천황에게 있다고 생각할까? 그렇게 생각하는 것 역시 미국이 허용하지 않는다. 사실 미국 역시 그렇게 하지 않았던가? 한국전쟁과 월남전에서 죽은 사람은 모두 용사이고 열사였다. 그들은 "자유는 공짜가 아니다Freedom is not free"라고 말하면서 국가의 부름에 응하여 자신을 지키기 위해 알지도 못하는 나라에서 알지도 못하는 인민을 위하여 싸우다 가치 있게 죽어 갔다고 생각한다. 그것은 일본의 열사관과 대동소이하다. 우리는 의롭지 못하게 죽은 자는 아무리 용감했다(일본의 병사는 매우 용감하다) 해도 "용勇"이라고 부르는 것과는 어울리지 않는다고 생각한다.

만약 치안은 무너졌고 경찰력은 부족하다면 어떻게 해야 할까? 어떤 사람은 "더 무엇을 기다려, 의를 보았으면 재빨리 용기를 내야지"라고 말할 것이다. 이것은 마치 위폐가 너무 많아 아무도 신경쓰지 않고 또 신경 쓸 수도 없어서 모두에게 상품지식과 법률지식을 많이 배워서 자기를 보호하고 자기를 지켜야 한다는 의식을 늘리라고 충고하는 것과 같은데, 일리가 있다. 그러나 법을 집행하는 사람이 군중에 의지하고, 군중은 자기에게 의지한다면 되겠는가?

의 앞에서 용기를 낸다

이 편의 각 장에서는 주로 예악의 붕괴를 비판하고 있다. 예악제도에 대해 언급하거
나 예와 관련된 책을 주석하는 사람은 자주 이 편의 문장들을 인용한다. 그 가운데서
3.5 화이지변華夷之辨에 대한 언급은 논쟁을 불러일으킨 것으로 가장 흥미롭다.

공자께서 계씨에 대하여 말씀하셨다.
"팔일무八佾舞를 자기 집 뜰에서 추게 했는데, 이것을 감히
할 수 있다면 어떤 것인들 감히 못할까?"

孔子謂季氏, 八佾舞於庭, 是可忍也, 孰不可忍也.

"계씨季氏"라고 했는데, 여기의 계씨는 누굴까? 이전에는 평자平子, 환자桓子, 강자康子라는 세 가지 설이 있었다. 『좌전』소공 25년에 장손석臧孫賜이 계씨의 집에 사람을 보내 (도망간) 장회臧會를 붙잡으려 하자, "계평자가 분노하여 장씨의 가신 가운데 우두머리를 체포했다. (소공이) 양공의 사당에서 제사를 지낼 때 만무萬舞를 추는 사람은 두 사람뿐이었고, 대부분의 사람은 계씨 쪽에 가서 만무를 추었다"[1]는 기록이 있다. 장손석은 소공이 양공에 대해 제사지내는 것을 계평자가 망쳤다고 비판했는데, 그것은 계평자에 대한 노나라 대부들의 불만을 불러일으켰다. 이 말은 아마도 그 사건일 것이다.

"팔일무八佾舞를 자기 집 뜰에서 추게 했는데"에서 일佾은 음악에 맞추어 추는 춤으로 8명이 하나의 일佾이고, 팔일은 64명으로 구성된다. 이 글자는 서주 금문에서 종鍾과 경磬이 놓이는 열을 표시하는 사肆자와 관련이 있다. 종과 경은 같은 사肆이고 그것은 8매로 되어 있다. 고

문자에서는 일逸자를 사肆로 가차하여 쓸 때가 많았다. 고문자의 일逸은 "장爿"과 "토舋"로 구성되어 있는데, 일佾의 음을 나타내는 부분과 그 글자逸의 음을 나타내는 부분이 비교적 비슷하기 때문에 독음 역시 같다.(모두 성모가 유嶋이고, 운모가 질質인 글자이다.)**2** 옛사람들은 천자는 팔일八佾을 쓰고 제후는 육일六佾을 쓰고 대부는 사일四佾을 쓰고 사士는 이일二佾을 쓴다고 말했다. 이곳의 팔일은 노나라 임금이 참용僭用한 것일까, 아니면 계씨가 참용한 것일까? 일반적으로 계씨가 참용한 것이라고 생각한다. 노나라 임금이 팔일을 썼더라도 그것은 이미 참월한 것이며, 계씨가 썼다면 더욱 참월한 것이다. "정庭"은 서주 금문에서 책명冊命 의식을 설명할 때 자주 언급한 "중정中庭"이다. "중정"은 대청 아래 있는 마당이다. 좁은 마당에서 추고 사람은 대청 위에서 구경한다.

"이것을 감히 할 수 있다면 어떤 것인들 감히 못할까"라는 말은 오늘날 관용어가 되어 있는데, 참을래야 참을 수 없다는 의미이다.

이것을 감히 할 수 있다면 어떤 것인들 감히 못할까

세 집안에서 「옹雍」을 부르면서 제사를 마쳤다.

스승님께서 말씀하셨다.

"'제후들은 제사를 돕고, 천자는 말없이 엄숙하시네'라는 노래를
어찌 세 집의 대청에서 가져다 쓴다는 말인가?"

三家者以雍徹. 子曰, 相維辟公, 天子穆穆, 奚取於三家之堂.

"삼가三家"는 노나라의 삼대 귀족, 즉 맹손씨(혹은 중손씨), 숙손씨,
계손씨이다.

"철徹"자는 본래 격(력)鬲과 우又로 이루어져 있는데, 손으로 력鬲(솥)
을 가져가는 것을 형상화한 글자이다. 철수하다가 그 글자의 본래 뜻
인데, 후세에는 철수하다는 의미의 철撤과 '꿰뚫다'는 의미의 철徹을
구별하기 위해 손수방扌과 중인방彳을 추가하여 구별했다.(격鬲자 역시
'기를 육育'의 의미로 변했다.) 이 문장의 "철"은 제사를 끝마치고 나서 제
사를 거두는 것을 가리킨다. 천자의 예에 제사를 거둘 때는 「옹雍」을
불러야 하는데, 그것을 "가철歌徹"이라고 한다. 「옹」은 『시경』 「주송」의
한 편이다. 공자는 「옹」을 인용할 때 원문을 "제후들은 제사를 돕고,
천자는 말없이 엄숙하시네"라고 분명히 말했다. 제사를 주재하는 자
는 "천자"이고, 예를 돕는 이는 "벽공"(즉 노나라 제후라야 비로소 누릴

수 있는 신분에 해당된다)인데, 대부가 할 일이 어디 있는가? 그것은 잘 알고 있으면서 일부러 저지른 범죄로서 스스로 자기 뺨을 때린 격이다.

고대의 궁실은 대 위에 세웠다. 앞에 당堂(대청)을 만들고 뒤에 실室(방)을 만들었다. "가철"은 당 위에서 이루어진다. 공자가 지적한 것은 세 집안은 노나라의 대부일 뿐이므로 그들이 감히 자기네 집 당 위에서 이러한 대례大禮를 시행하는 것은 신분에 걸맞지 않다는 것, 「옹」의 원문 중 어떤 점과 부합하는가 하는 것 등이었다.

일부러 죄를 짓다

3.4

스승님께서 말씀하셨다.

"사람으로서 어질지 않으면 예가 무슨 소용 있을까?

사람으로서 어질지 않으면 음악이 무슨 소용 있을까?"

子曰, 人而不仁, 如禮何. 人而不仁, 如樂何.

이 장은 앞의 두 장과 관련이 있을 것이다. 역시 세 집안의 참월을 비판한 것이다. 세 집안이 팔일무를 춘 것이나 「옹」으로 제사를 거둔 것 등은 모두 예가 아니다. 공자는 인은 예악의 핵심이고, 예악은 인의 외재적인 표현일 뿐이고, 양자는 서로 표리를 이루고 있기 때문에 인이 없는 예악은 공연히 형식만 갖추고 있는 것이라고 생각했다.

사람으로서 어질지 못하다

이상의 세 장은 삼환三桓의 무례를 비판한 것이다.

임방林放이 예의 근본에 대하여 물었다.

스승님께서 대답하셨다.

"훌륭하도다, 그 질문. 예라는 것은 사치하는 것보다는
차라리 검소한 것이 좋고, 상을 치를 때는 능숙하게 처리하는
것보다는 차라리 슬퍼하는 것이 더 낫다."

林放問禮之本. 子曰, 大哉問. 禮, 與其奢也, 寧儉. 喪, 與其易也, 寧戚.

"임방林放"은 노나라 사람이다. 그를 공자의 제자로 보는 이도 있다.
그러나 아래 3.6의 문장을 볼 때 그 역시 계씨를 위해 예를 집행하던
전문가였을 것이다. 정주定州 팔각랑한간八角廊漢簡 『논어』에는 이 장의
잔간殘簡이 있다. 「유가자언儒家者言」이라는 죽간 2150에 "임방이 예를
물었다林放問禮"라는 네 글자가 있는데, 정리자들은 나중의 것은 「팔
일」 편과 중복되어 나온 내용이라고 추측한다.[3]

공자의 말은 두 개의 "보다는"과 "차라리"를 포함하고 있는데, 앞의
것은 "사치"와 "검소"가 서로 짝을 이루고, 뒤의 것은 "능숙"과 "슬픔"
이 서로 짝을 이룬다. 『예기』 「단궁상」에 다음과 같은 이야기가 있다.
자로가 "나는 선생님으로부터 이런 말을 들었다. 상례喪禮에서 슬픔은
부족하고 예가 넘치는 것보다는 예는 부족할망정 슬픔이 넘치는 것이

더 낫다"[4]라고 말했다. 이 말은 이 장의 해석에 안성맞춤이다. 여기서 "이易"는 간단하고 쉽다는 뜻으로 "척戚"과는 반대로 담담하게 처신하면서 별일 아닌 것으로 생각하고 마음속에 슬픔이 없는 것을 의미한다. 상례에서는 울 때는 울어야 하지만, 예로써 절제해야지 세상이 떠나가라 비참하게 울어대서는 안 된다고 생각했다. 진정한 곡은 루쉰이 말한 것처럼 결코 듣기 좋지는 않다. "그것은 마치 상처 입은 이리가 깊은 밤의 광야에서 울부짖는 것과 흡사했다."[5] 그러나 그 적당한 정도를 어떻게 파악할 것인지는 누구도 잘 알지 못한다. 공자의 생각은 예문禮文은 외재적인 것이고 애통이야말로 내재적인 것이며, 의식儀式을 따라 대강대강 해치우는 것보다는 어느 정도 흐트러질 정도로 곡을 하는 것이 더 낫다는 것이다.

아주 오래전에 나는 농촌의 한 장례식에 참석한 적이 있다. 우리 고향의 여자들은 정말 곡을 잘했다. 높낮이와 꺾임 등은 마치 노래를 부르는 듯했는데, 그것은 의식화된 곡이었다. 그러나 천둥과 번개만 치고 비는 내리지 않아 보기에 좋지 않았으니 어떻게 해야 할까? 그 여자들은 일찌감치 계산해두었다. 두건 앞쪽에 천을 달아 가짜로 울 때는 아래로 내려 눈을 가릴 수 있게 만들어 눈물이 흐르는지 안 흐르는지 볼 수 없었다. 지휘의 책임을 맡은 여인은 그 천 조각을 잠깐 걷어 올렸다가 금방 내리곤 했다. 공자는 일반적인 예는 차라리 간결한 것이 낫지만, 상례는 그렇지 않고 정말 좋은 기교를 조금 동원하는 것보다는 차라리 몹시 비통해하는 것이 더 낫다고 생각했다.

예는 검소하게, 상례는 슬프게

3.5

스승님께서 말씀하셨다.

"이족에 군주가 있는 것은 군주가 없는 중국만 못하다."

子曰, 夷狄之有君, 不如諸夏之亡也.

해석은 본문을 재창조하는 경우가 있는데, 이 장이 좋은 예다.

역사상 화이지변華夷之辨에 대해 설명할 때는 항상 이 문장을 인용했기 때문에 유명해졌다. 그러나 이 문장을 어떻게 설명해야 할지 역대로 논쟁이 있었다.

이전 해석들을 다음과 같이 몇 가지로 나누어볼 수 있다.

첫째, 중국 본토는 이민족보다 못하다.

그러한 주장은 이렇다. 자 봐라. 저 이민족들마저 모두 군주가 있는데 본토에는 오히려 그와 달리 군주가 없다.(군장君長이 안중에 없음.) 너무 말이 안 되는 것 아닌가? 이러한 주장의 의미를 유추해보면 주로 중국 본토가 변변치 못함을 혐오하는 것이다.

둘째, 이민족은 중국 본토보다 못하다.

이 주장은 두 가지로 분류된다.

(1) 이민족에게 군주가 있다고 쳐도 그것은 군주가 없는 중국 본토에 견줄 바가 못 된다. 왜냐하면 너무 야만적이라서 예의가 뭔지 알지

못하여 군주는 있어도 예의는 없어 오히려 예의가 있고 군주가 없는 것보다 못하다. 이는 무시하는 것이다.

(2) 만약 이민족에게 군주가 있다면 급기야는 중국 본토에 대해 명령을 내리고 호령할 것인데, 그것은 우리에게 군주가 없는 것보다 못하다.[6] 이것은 울컥해서 내뱉은 말이다.

이상에서와 같은 세 가지 해석 가운데 내가 보기에 두 번째의 첫 해석이 원문에 가장 잘 부합하는 것 같다. 그러나 역사상 시기마다 그 시대적 요구가 있었기 때문에 각 시기에는 그 시기에 맞는 해석이 있었다.

첸무는 다음과 같이 말했다. 진 왕조가 남쪽으로 쫓겨나고 북방의 오호五胡가 중국을 어지럽혔고 한족 집안이 한참 흥성하여 왕실을 멸시하면서 앞의 해석을 주장하는 사람이 많았다. 반면 송나라가 당나라를 계승하고 오대五代의 군웅이 할거하는 난국에서는 왕을 높이는 데 앞장서지 않으면 스스로를 보전할 수 없었고 이민족의 우환 역시 두려웠기 때문에 뒤쪽의 해석을 주장하는 사람이 많았다.[7]

역사서를 볼 때 옛사람은 이 구절에 대해 항상 각자가 필요한 것을 취하여 설명하고 싶은 대로 설명했다. 예를 들어 『위서』 「사마예전司馬叡傳」에서는 이 구절을 가져다가 중국의 군주는 약하고 신하는 강하다는 점을 비판했다. 그러나 『위서』 「탕창강전宕昌羌傳」에서는 이 구절을 인용하고는 또 "탕창왕이 비록 변방의 군주이기는 하지만 중국 본토의 일개 벼슬아치보다 못하다"[8]라고 욕했다. 이들 해석은 누가 누구보다 못한가 하는 문제와는 상관없이 모두 중국 본토가 중심이고 외국 혹은 이민족을 무시하는 것이다. 설령 중국을 크게 욕한다 하더라도 그 역시 중국의 불행을 슬퍼하고 중국의 무기력함에 대해 분노하는 것이다.

반대되는 입장이 없을까? 역시 있다. 그것은 한족 독자에 의한 것이 아니다.

예를 들어 송나라 사람의 기록에서 이렇게 말했다. 금나라 사람이 남하하다가 곡부曲阜를 공격할 때 그들은 공자묘 안에 있는 공자상을 가리키면서 "네가 바로 '이민족에 군주가 있다'고 우리를 욕한 녀석이로구나"라고 욕했다.[9] 또 만주족이 있다. 그들의 입장 역시 한족의 입장과 달랐다. 예를 들어 옹정황제雍正皇帝는 명나라는 떠돌이 도적의 손에 망했는데, 그것은 중국인들 스스로가 멸망을 초래한 것이기 때문에 누구를 원망할 필요가 없다고 말했다. 만주족은 외국의 군주로서 대통을 이었는데, 중국인은 왜 굳이 아직도 화이華夷(한족과 이민족)의 구분을 중시하느냐고 따졌다. 그는 또 춘추 시대에 비록 100리의 나라라 해도 대부大夫조차도 함부로 그 나라 군주를 욕할 수 없었는데, 하물며 하늘의 뜻을 받들고 새로운 기운에 따라 대통일의 태평성세를 이루었는데도 우리 왕조에 대해 감히 욕할 수 있느냐고 말했다. 그리고 그는 이렇게 덧붙였다. "성인이 중국 본토에 있는 것은 이민족에게 군주가 있는 것과 같다고 말하는데, 너희는 어찌 이렇게 부모를 무시하고 군주를 무시하는 주장을 할 수 있느냐?" 저 한유韓愈마저 이렇게 말했다. "중국이 이민족 속으로 들어가면 이민족화되고, 이민족이 중국 속으로 들어가면 중국화된다." 신분이 서로 비슷하기 때문에 그들은 특히 원나라에 대해 동질감을 느끼면서 "원나라가 천하를 통일했고, 나라(중국)를 백 년 동안 차지했기 때문에 영토가 지극히 넓어졌다"라고 말했다. 그러나 중국인은 오히려 대단히 불공평했기 때문

에 후세에 이를 기술하는 자가 매우 적다.[10]

송, 원, 명, 청에 걸쳐 중국은 싸웠고 교훈은 매우 심각했다. 몇몇 한족 지식인 역시 중화 우월론에 대해 비판적 태도를 갖기 시작했다. 예를 들면 명대의 사조제謝肇淛는 이렇게 말했다. "이민족이 중국에 미치지 못하는 것은 오직 예악문물이 조금 소박한 것뿐이다. 간결한 부역, 관대한 형법, 공허한 문장의 생략, 참된 예의 의미 등에 대해서는 풍속이 순박하고 거짓이 없으며, 관리는 간결하여 번잡하지 않고, 백성은 질박하여 훔칠 줄 모르고, 일은 적어 쉽게 처리할 수 있고, 벼슬아치들은 붕당을 만들어 떠들썩하게 하는 일이 없고, 남의 약점을 물고 늘어지거나 모함하는 교활함이 없고, 농업과 상업에 종사하는 자는 세금을 재촉하거나 할당량을 내게 하여 폐를 끼치는 일이 없고, 세금을 거두거나 사기를 치는 곤란함이 없다. 대체로 중국이 번성할 때는 번잡한 문장은 많았지만 실질적인 의미는 적었고, 이미 제 힘으로 평온한 상태에 미칠 수 없는 지경에 이르렀거늘 하물며 날마다 혼란과 전쟁이 이어지고 폭군이 학정을 펼치는 왕조에서랴? 그러므로 노담은 유사流砂 속으로 들어갔고, 관녕管寧[11]은 요동에서 살았다. 그들 모두 그 시대적 상황이 그렇게 만든 것이다. 선생님(공자)이 '이민족들 중에 군주가 있는 것은 중국 본토에 군주가 없는 것과 같지 않다'고 한 것과 뗏목을 타고 바다를 건너 이夷에 살고 싶다고 한 것은 빈말이 아니었다."[12]

중화와 이족의 구분은 대단히 민감하여 고서의 판본에까지 영향을 미쳤다. 예를 들면 황간의 『논어집해의소』에서 이 구절 아래 있는 황간 소疏의 원문은 본래 다음과 같다. "이 장은 중국을 중시하고 이족을 천시한다. 제하諸夏는 중국이다. 무亡는 없다는 것이다. 즉 이민족에게 비록 군주가 있다 하더라도 군주가 없는 중국에 미치지 못한다는 것을 말한다. 그러므로 손작孫綽은 중국에는 때로 군주가 없었지만 도가 완전히 사라지지 않았고, 이민족의 강자가 스승이 되었지만 다스리는 것이 짐승과 같았다고 말했다. 석혜림釋惠琳은 다음과 같이 말했다. "군주가 있으면서 예가 없는 것은 예가 있으면서 군주가 없는 것만 못하다. 이는 당시 계씨에게 군주는 있었지만 (그에게) 예가 없었던 것을 풍자한 것이다."[13] 『사고전서』 본에서는 이 부분의 내용을 다음과 같이 고쳤다. "이 장은 아랫사람이 윗사람을 참월했기 때문에 나온 것이다. 제하는 중국이다. 무亡는 없는 것이다. 중국이 이민족보다 높은 것은 그 명분이 정해져 있고 상하의 질서가 어지럽지 않기 때문이다. 주 왕조가 쇠퇴한 뒤 제후들이 방자하여 예악과 정벌의 권력이 더 이상 천자로부터 나오지 않았고, 오히려 이족의 나라에 아직 존장尊長에 의한 지배가 있어 우리 중국처럼 군주가 없는 지경까지 이르지는 않았다." 『사고전서』 본은 왜 황간의 소를 이렇게 고쳤을까? 그 이유는 간단하다. 원본에는 "중국을 중시하고 이족을 천시한다" "다스리는 것이 짐승과 같았다" 등의 말이 있었지만, 모두 당시의 금기를 범하고 있었다. 청대 초기에는 금서령이 매우 엄격하여 고치지 않을 수 없었다. 청수더는 원본을 보지 못했고 그 속에 또 이런 이상한 일들이 있었던 것을 알지 못했다.

이 장의 "이민족에게 군주가 있다"는 말은 누구를 가리키는 것일까? 학자들은 그 문제에 대해서도 추측해보았다. 어떤 사람은 아마도 공자와 동시대의 초나라 장왕 혹은 오나라 왕 부차일 것이라고 생각한다. 예를 들어 양수다楊樹達가 그러한 학설을 지지한다. 그는 말한다. "『춘추』의 의미는 이족이 중국에 들어오면 중국화된다. 중국이 이족이 되면 이족화된다"는 것이다.[14] "대개 공자는 이족과 중국의 구분에 대하여 혈통이나 종족 및 지리 혹은 기타의 조건을 기준으로 삼은 것이 아니라 행위를 기준으로 삼았다. 그는 이천 몇백 년 전에 태어나 마치 이천 년 후에 히틀러나 도조 히데키東條英機 등이 자기 민족 우월론으로 세상을 재앙에 빠뜨릴 것을 미리 알고 이를 방지하고자 한 것인데, 이러한 견해는 얼마나 탁월한가! 이러한 지혜는 얼마나 심원한가! '중화인민공화국헌법'에는 '국수주의에 반대한다'는 말이 있는데, 진정으로 공자의 이와 같은 위대한 정신을 구현한 것이다. 『논어』를 해석하는 사람 중에서 어떤 이는 이족에게 비록 군주가 있다 하더라도 그것은 군주 없는 중국만 못하다고 하는데, 그것은 편협한 견해로 공자의 책을 읽는 잘못이다."[15] 양씨는 공자를 사랑하고 미화하여 이런 정도까지 이르렀는데 이 역시 하나의 표본이다.

공자가 중국에 대해 우월감을 가지고 있었다는 것이 뭐 그리 이상한 일이란 말인가!

이족에게 군주가 있는 것은 군주가 없는 중국만 못하다

계씨가 태산泰山에 제사를 지냈다. 스승님께서 염유에게 말씀하셨다.
"네가 말릴 수 없었더냐?" 염구가 대답했다.
"그럴 수 없었습니다." 스승님께서 말씀하셨다.
"어허! 태산이 임방林放보다 못하다는 말인가?"

季氏旅於泰山. 子謂冉有曰, 女弗能救與. 對曰, 不能. 子曰, 嗚呼. 曾謂泰山不如林放乎.

"계씨가 태산泰山에 제사를 지냈다." 여기의 "계씨"는 분명히 계강자
일 것이다. 왜냐하면 아래 글은 분명히 염유가 계씨의 읍재를 맡고 있
을 때 했던 말이고 염유가 모셨던 사람은 바로 계강자였기 때문이다.
서주 금문에는 "여旅"자가 물건의 이름 위에 올라 있는 경우가 많다.
어떤 사람은 "여"는 제사 이름이라고 말하고, 어떤 사람은 진열해놓는
다는 의미라고 설명한다. 1954년에 산둥성 타이안泰安 시내의 타이산
泰山 산 남쪽에 위치한, 둥겅다오東更道라고 부르는 곳에서 제감祭坎(제
사용의 기물 구덩이) 하나가 발견되었다. 제감은 거대한 석판으로 덮여
있었고, 속에는 여섯 건의 욕조와 한 건의 삼족철반三足鐵盤이 간직되
어 있었고, 一자 형태의 가로로 배열되어 있었는데, 이것은 태산에 제
사를 지내던 유적으로 짐작된다. "태산泰山." 옛사람은 명산을 대산大
山이라고 즐겨 불렀다. 예를 들면 화산華山을 화대산華大山이라 불렀고,

작산雀山을 작대산雀大山이라 불렀다. 대大는 태太와 같다. 진秦나라 계열의 글에서는 흔히 태太를 태泰로 쓴다. 태산은 본래 제로齊魯(산동)지역의 산 이름이지만, 나중에 오악의 으뜸이 되어 노나라에서만 제사를 지냈던 것이 아니라 주공도 제사를 지냈고, 많은 제왕이 역시 그곳에서 제사를 지냈다. 태산에 대한 제사는 오직 천자와 제후만 그 자격이 있었다. 따라서 계강자가 태산에 제사지내는 것은 참월에 속하기 때문에 공자는 그것을 가만히 두고 볼 수 없었다.

"염유冉有"의 이름은 염구冉求이고 자는 자유子有이다. 공문 제2기의 제자다. 염유가 계씨의 읍재로 일한 것은 대략 기원전 492년에서 기원전 472년 사이이다. 기원전 492년에서 기원전 484년 사이에 공자는 아직 주유열국하는 중이었고 그다음에야 노나라로 돌아갔다. 공자가 염유와 이야기한 시기는 그가 노나라로 돌아간 뒤, 즉 기원전 484년에서 기원전 479년 사이이다.

"네가 말릴 수 없었더냐?"에 해당되는 원문 가운데 "구救"는 저지하다는 의미이다. 공자는 염유에게 계씨가 그런 일을 하는데 너는 그를 저지할 수 없었느냐고 물었고, 염유는 "그럴 수 없었습니다"라고 대답했다.

"태산이 임방林放보다 못하다는 말인가?" 이 구절에 해당되는 원문 가운데 "증曾"은 "~란 말이냐" 또는 "결국" 등의 의미이다. 이 구절에 대한 배경은 분명하지 않다. 예전에는 여러 가지 추측을 내놓았다. 나는 "임방"은 아마도 계씨를 위해 제례를 담당하던 관리가 아니었을까 하는 의문이 든다. 고대에 산림을 관장하던 관리를 임형林衡이라 불렀는데, 그런 사람도 관官을 성으로 삼았을 것이다. 이 단락에서 말하는 사건의 배경은 계씨가 태산에 제사를 지낸 것인데, 모두 임방이 꾸며낸 잔꾀일 것이다. 이것들은 모두 예에 맞지 않기 때문에 공자는 몹시 화를 내면서 너희는 어째서 모두 임방의 생각을 따르느냐, 태산이 임방보다 못하단 말이냐, 너희는 어째서 태산의 신이 그따위 제사를 받아들일 것인지에 대해서는 생각해보지 못했느냐, 너희가 누군가를 속일 수는 있어도 태산을 속일 수는 없다, 라고 말했던 것이다.

누군가를 속여도 태산은 속일 수 없다

3.7

스승님께서 말씀하셨다.
"군자는 다툴 일이 없는데, 꼭 있어야 한다면 활쏘기일 것이다.
읍揖을 하여 겸양의 예를 나타내면서 계단을 오르고,
계단을 내려오고, 술을 마시는데, 그러한 다툼이 군자다운 것이다."

子曰, 君子無所爭, 必也射乎. 揖讓而升下而飮, 其爭也君子.

명성과 이익을 다투는 것은 자유와는 완전히 상반된 개념이다. 『서유기』제1회에 시 한 수가 있는데, 이 점에 대해 분명하게 말하고 있다.

명성과 재물을 다투는 일이 언제쯤 끝날까?
일찍 일어나 늦게 잠드니 자유롭지 못하구나.
노새를 타면 준마를 그리워하고,
재상 자리에 오르면 왕후를 꿈꾼다.
그저 먹고 입을 것 걱정으로 일에 빠져 지내니
염라대왕에게 끌려가는 것이 어찌 두려우랴?
자손 대대로 부귀해지기를 도모하다보면
되돌아볼 틈이 더욱 없구나!

爭名奪利幾時休 早起遲眠不自由

騎著驢騾思駿馬 官居宰相望王侯

只愁衣食耽勞碌 何怕閻君就取勾

繼子蔭孫圖富貴 更無一個肯回頭

공자는 군자란 다툴 것이 아무것도 없지만, 만약 꼭 다투어야 한다면 아마도 사례射禮일 것이라고 말했다. 사례는 의식 활동일 뿐만 아니라 스포츠이기도 하다. 스포츠에서는 비록 다툼이 있기는 하지만 "우정이 첫째, 경주는 둘째"로 생각한다. 그렇지만 어쨌든 겨루어보고 다투어보아야 한다. 경기에서는 게임규칙, 즉 페어플레이를 중시한다. 이와 같은 다툼이 "군자의 다툼"이다.

이 문단에 대해 과거에는 두 가지 독법이 있었다. 하나는 "필야必也"를 윗 구절로 붙여 "군자무소쟁필야君子無所爭必也"로 읽고 나머지를 하나의 구로 읽는 것이고, 다른 하나는 여기서와 같이 아래 구절에 붙여 읽는 것이다. 우리는 앞의 학설을 취하지 않았는데, 그 이유는 매우 간단하다. 『논어』에 "필야必也"라는 구절은 매우 많은데, 이 문단 외에 여섯 가지 예가 더 있다. 「옹야」 6.30, 「술이」 7.11, 「안연」 12.13, 「자로」 13.3, 13.21, 「자장」 19.17 등이 그것인데, 이들 예는 모두 "필야"를 구절의 앞에 두었다. 그것은 예를 들어 반드시 어떠해야 한다 혹은 어떠하지 않으면 안 된다, 그것은 오직 무엇무엇이다 혹은 어떠어떠하다 등을 표시하는 데 쓰인다.

"읍揖을 하여 겸양의 예를 나타내면서 계단을 오르고, 계단을 내려오고, 술을 마신다"에 해당되는 원문 "읍양이승하이음揖讓而升下而飮"은 하나의 구로 읽어야 한다. "읍양"은 허리를 굽혀 절하면서 읍하며 서로 겸손하게 양보하는 것이다. "승"은 대청으로 오르는 것이고, "하"는

166

대청을 내려오는 것이며, "음"은 술을 마시는 것이다. 이것이 사례의 삼도三道 절차로 피차는 병렬 관계에 있다. 원문은 붙여서 읽는데, 그 것은 "읍을 하여 겸양의 예를 나타내면서 대청을 오르며, 읍을 하여 겸양의 예를 나타내면서 대청을 내려오며, 읍을 하여 겸양의 예를 나 타내면서 술을 마신다"는 것과 같다. 걸음마다 읍하고 겸손하게 양보 한다. 그런데 "읍양이승揖讓而升" "하이음下而飮"으로 끊어 읽으면 안 된 다. 그렇게 끊어 읽으면 대청을 올라가 읍하고 겸손하게 양보하며, 대 청을 내려와 술을 마시는 것으로 바뀌고 만다. 사례는 두 사람이 한 조를 이루어 경기를 진행한다. 쏘는 것은 대청 위에서 쏘고, 마시는 것은 대청 아래서 마신다. 전국 시대의 화상문畵像紋 청동기 위쪽에 사례 장면이 있는데 바로 이와 같다. 사례는 각 쌍의 선수들이 자기 차례가 되어야 대청에 오르고, 대청에 오르면 허리를 굽혀 읍하고 겸 손하게 양보한다. 활쏘기를 마치고 대청을 내려오는데, 대청을 내려올 때도 허리를 굽혀 읍하고 서로 겸손하게 양보한다. 마지막으로 승자는 패자에게 벌로 술을 마시게 한다. 이때도 대청으로 올라가야 하는데, 허리를 굽혀 읍하고 서로 겸손하게 양보한다.[16]

　예양禮讓은 체육, 무림, 군인들이 중시하지만 문인들은 왕왕 중시하 지 않는다. 문인들이 서로 무시하고 대립하는 것은 군자의 다툼이 아 니라 소인의 다툼이다. 저우언라이는 "우정이 첫째고, 경주는 둘째다" 라는 것을 제창했는데, 확실히 유가적인 맛이 난다. 그러나 경기는 경 기다. 경쟁이 강한 종목에서는 여전히 화약 냄새가 난다.

군자의 다툼

3.8

자하가 말했다.

"'고운 미소 참 예쁘다, 아름다운 눈동자 선명하여라,
흰색으로 색채를 삼았어라'라는 말은 무엇을 뜻하는 것입니까?"
스승님께서 말씀하셨다. "그림 그리는 것은 바탕을 희게 한 다음
일이니라." "예가 뒤입니까?" 스승님께서 말씀하셨다.
"나를 일깨우는 자는 상商이로구나.
비로소 더불어 『시』를 이야기할 수 있겠구나."

子夏問, 巧笑倩兮, 美目盼兮, 素以爲絢兮. 何謂也. 子曰, 繪事後素. 曰, 禮後乎.
子曰, 起予者商也. 始可與言詩已矣.

자하는 『시』를 좋아했다. 그가 인용한 『시』 가운데 앞의 두 구는 「위
풍·석인」에 나온 것으로 미인을 묘사한 명구이다. 한 구는 미인의 웃
는 얼굴이 매우 아름답다는 것을 말하고, 한 구는 미인의 눈빛이 매
우 아름답다는 것을 말한다. 그러나 "흰색으로 색채를 삼았어라"라는
구는 현행본에는 보이지 않는다. 옛 주석에서는 이것은 일시逸詩 중의
한 구일 것이라고 생각했다. "소素"는 순백이고, "순絢"은 여러 가지 색
깔이다.

"그림 그리는 것은 바탕을 희게 한 다음 일이니라"에 해당되는 원문
"회사후소繪事後素"에 대해서는 두 가지 학설이 있다. 한 가지 설은 『예

기』「예기禮器」에 의거한 "흰 바탕이 색깔을 받아들인다"라는 해석이고, 다른 설은『고공기』에 의거한 "그림을 그리고 나서 흰 색칠을 한다"는 해석이다. 앞의 해석은 흰 바탕에 채색을 입힌다는 것이고, 뒤의 것은 흰색으로써 채색화의 테두리를 그린다는 것으로서 의미가 완전히 다르다. 여기서는 앞의 학설을 옳다고 보아야 한다.

옛사람들은 "예문禮文"이라는 말을 썼는데, "예문"의 "문"은 회화의 문채와 같은 것으로 "예"라는 백지 위에 그리는 것이다. 자하가 "예가 뒤입니까?"라고 물었는데 그것은 "예"는 바로 그림을 그리는 밑바탕인가의 의미이다. 공자는 매우 기뻐하면서 자하의『시』에 대한 이해가 대단히 정확하여 그 자신을 일깨워주는 점이 있다고 생각했다.

마오쩌둥은 중국의 특징은 "첫째는 빈곤이고 둘째는 공백"이라고 말했다. 해방 이후의 중국은 마치 한 장의 백지와 같았는데, 그 위에 "되도록이면 가장 새롭고 가장 아름다운 그림을 그리자"[17]는 것이었다. "빈곤窮"은 물질이 낙후된 것이고, "공백白"은 문화가 낙후된 것으로 이 구절은 아마도 공자의 말을 가져다가 탈바꿈시킨 것 같다. 그러나 중국이 비록 빈곤하다고 해도 이 백지 위에는 예를 들어 청산녹수靑山綠水라든가 문물고적文物古跡 등과 같이 아직 어떤 것들이 남아 있다. 가장 새롭고 가장 아름다운 그림을 그리기 위해 그것들을 깡그리 없애버릴 수는 없다.

백지 위에 가장 새롭고 가장 아름다운 그림을 그린다

스승님께서 말씀하셨다.

"하夏나라의 예에 대해서는 내가 말할 수 있지만, 기杞나라는
고증할 수 없다. 은殷나라의 예에 대해서는 내가 말할 수 있지만,
송宋나라는 고증할 수 없다. 문헌이 부족하기 때문이다.
충분하다면 나는 고증할 수 있을 것이다."

子曰, 夏禮吾能言之, 杞不足徵也. 殷禮吾能言之, 宋不足徵也. 文獻不足故也. 足則吾能徵之矣.

공자는 예를 가지고 역사를 연구했다.[18] 예는 제도이고 정신이다.
"기杞"는 "하夏"의 후대이고, "송宋"은 "은殷"의 후대이다. 기나라 사람
이 하늘이 무너질까 걱정했고, 송나라 사람이 북을 두드리지 않으면
전투 대열을 이루지 않았다는 것은 모두 후대 사람의 조롱거리가 되
었다. 주나라 사람으로 말하면 그들은 "최후의 귀족"이다.

"문헌文獻"은 오늘날 이해하고 있는 "문헌"과는 다르다. 오로지 공문
서만을 가리키는 것이 아니라 과거에 미련을 두고 있는 사람까지 포
괄한다. 고대 문화유산 중에는 실물이 있고, 문자가 있고, 또 살아 있
는 사람이 있고, 살아 있는 사람의 입을 통해 대대손손 전해오는 수
공예가 있다. 몇몇 한학자는 같은 시기 사료를 강조하기를 좋아하는
데, 지나치게 강조하면 인류학이 부정된다. 왜냐하면 인류학적 자료는

모두 "상이한 시기의 사료"이고, "노인들로부터 전해들은 것들" 역시 매우 중요한 인류학의 사료이기 때문이다. 공자가 중시했고 사마천도 중시했다.

이 장에 나오는 말은 매우 유명하다. 문헌이 부족하기 때문에 고고학적 발굴과 인류학적 조사를 진행해야 하는 것이다.

문헌이 부족하다

스승님께서 말씀하셨다.
"체 제사에서 술을 뿌리는 의식 이후의 것에 대해서
나는 보고 싶지 않다."

子曰, 禘自旣灌而往者, 吾不欲觀之矣.

"체禘"는 동성 친족의 뿌리인 조상을 제사지내는 것이다. 예를 들어 희성姬姓은 황제黃帝를 제사지내고, 강성姜姓은 염제炎帝를 제사지내고, 영성嬴姓은 소호少昊를 제사지내는 것 등과 같은 것이다. 서주 금문 속의 "체" 혹은 "제帝"는 "시啻"로 쓰기도 했는데, 그것은 "제帝"와 같은 글자이다. "제帝"는 조상신으로서 그것은 "근체根蒂(뿌리와 꽃받침)"의 체蒂 그리고 "적서嫡庶"의 적嫡과 관련이 있으며, 조상의 조상을 의미한다. 체는 제帝에게 제사지내는 것으로 고례古禮 중의 교사郊祀에 속한다. 옛날 책에서는 체는 하늘과 함께 제사지내는 것이라고 말했는데, 그 원인은 제帝는 하늘에 살고 옛날 사람은 하늘을 제연帝廷이라 불렀기 때문이다.

"관灌"은 나裸로도 쓰는데, 이는 규찬圭瓚으로 따른 울창주를 땅에 붓고 신의 강림을 비는 의례이다. 규찬은 일종의 술을 담는 국자이다. 울창주는 검은 기장으로 만든 술에 울초鬱草(튤립)로 만든 향료를 넣은 것이다.

체 제사는 매우 많은 의례 절차를 포괄하는데, 관례는 그 가운데 한 단계이다. 공자는 관례 이후의 여러 절차에 대해 차마 볼 수 없다고 말했다. 그들의 의례 절차가 모두 예에 맞지 않았던 것 같다.

노나라의 체제

어떤 사람이 체 제사의 이론에 대해 물었다.

스승님께서 말씀하셨다.

"모른다. 그에 대한 이론을 알고 있는 사람은 천하를 다스리는 데

있어 이것을 들여다보듯이 쉬울 것이다."

이렇게 말씀하시면서 자신의 손바닥을 가리켰다.

或問禘之說. 子曰, 不知也. 知其說者之於天下也, 其如示諸斯乎. 指其掌.

이 장 역시 체 제사에 대해 말하고 있다.

"모른다." 공자는 그 사람에 대해 불만스럽거나 꺼리거나 대답하고 싶지 않은 문제에 대하여 항상 이렇게 말했다. 여기서 공자가 "모른다"고 말한 것은 그가 노 임금이 시행한 체 제사의 예에 대해 매우 불만스럽게 느낀다는 것을 나타내는 것이기도 하다. 이 노나라 임금은 누구일까. 모르겠다.

"시示"에 대하여 주희는 "보일 시示는 볼 시視와 같다"고 말했다. 이 두 글자는 옛날에 통가자로 쓰이기도 했으며, 들을 문聞자와 물을 문問자의 관계, 받을 수受자와 줄 수授자의 관계 등과 비슷했다.

체는 종묘의 대례이다. 옛사람은 국가는 조상에 대한 제사를 통해 유지된다고 생각했다. 조상은 위로 소급하는 것인데, 그 끝까지 소급

하는 것이 이른바 제이다. 제帝에게 제사하는 것은 국가의 명맥을 지속시킨다는 상징적인 의미를 지니고 있다. 항전 기간 동안 마오쩌둥은 민중을 이끌고 황릉에 제사를 지냈는데, 이것이 바로 현대적 의미의 체 제사이다. 당시 중국은 가장 위험한 상황에 처해 있었기 때문에 그렇게 한 것은 일리가 있었다. 그러나 현재 황제와 염제에게 제사지내는 것은 오히려 우스운 감이 든다. 『예기』「중용」의 "하늘에 지내는 교제郊祭와 땅에 지내는 사제社祭의 예禮, 그리고 종묘에 지내는 체제와 가을에 지내는 상제嘗祭의 의義 등을 잘 알면 나라 다스리는 것은 손바닥 들여다보는 것같이 쉽다"[19]라는 유사한 말이 있다. 그것은 체 제사는 치국의 수단임을 설명하고 있다. 공자는 체 제사의 예를 아는 사람은 천하를 손바닥에 축약해놓은 것과 같다고 말하면서 다른 한편으로는 손가락으로 자신의 손바닥을 가리켰다. 후세에 자주 "지장", 즉 손가락으로 손바닥을 가리킨다는 말을 간단명료함에 대한 비유로 사용하는데, 공자의 의미 역시 체 제사의 예를 알면 치국 역시 대단히 쉬운 일로 바뀌며, 모든 것이 분명하고 명백해진다는 것을 말하고 있다.

체 제사는 천하의 축소판이다

3.12

제사를 지낼 때는 그 대상이 있는 듯이 한다.
신에게 제사지낼 때는 그 신이 있는 듯이 한다.
스승님께서 말씀하셨다.
"내가 제사에 참여하지 않으면 마치 제사지내지 않은 것 같다."

祭如在, 祭神如神在. 子曰, 吾不與祭, 如不祭.

앞의 두 구에 대하여 옛 주석에서는 모두 첫 번째 구는 귀鬼에 대한 제사를 말한 것이고, 두 번째 구는 신神에 대한 제사를 말한 것이라고 설명했다. 공주孔注에서는 "제사를 지낼 때는 그 대상이 있는 듯이 한다"는 것은 죽은 사람 섬기는 것을 살아 있는 사람 섬기는 것처럼 하는 것을 말한다. "신에게 제사지낸다"는 것은 온갖 신들에게 제사 드리는 것을 말한다. "죽은 사람 섬기는 것을 살아 있는 사람 섬기는 것처럼 한다"는 『좌전』 애공 15년, 『예기』「중용」 등에도 보이는데, 당연히 귀鬼에게 제사지내는 것을 가리킨다. 황간의 소疏는 과장되고 왜곡되어 있는데, 원문에서 "제사를 지낼 때는 그 대상이 있는 듯이 한다"라고 말한 것은 "있지 않은 것"에 상대되는 것이고, 있지 않다는 것의 주어는 분명히 '귀신鬼'일 것이라고 한 걸음 더 나아간 해석을 내놓았다. 주희의 주에는 별다른 의론이 없다. 현재 각종 주석본은 모두 이

러한 설명들을 채택하고 있다. 내가 보기에 이러한 설명은 맞지 않다. 원문에서는 오직 "제사를 지낼 때는 그 대상이 있는 듯이 한다"라고 만 했지 "귀신에게 제사지낼 때는 그 귀신이 있는 듯이 한다"라고 한 적은 없다. 귀신에게 제사지낸다는 설명은 분명히 글자를 덧붙여 경전 을 해석하는 것이다. 내가 이해한 바로 이 구절은 무언가에 제사지낼 때는 그것이 눈앞에 있는 것처럼 한다는 것을 일반적으로 말한 것이 지, 신神이나 귀鬼를 명확하게 구분해서 가리킨 것이 아니며, 아래 글 로 차례로 진행해나간 다음에야 비로소 "신에게 제사지낼 때는 그 신 이 있는 듯이 한다"는 것을 강조했다.

마지막의 두 구에 대해 예전에는 만약 공자에게 무슨 일이 있어 제 사에 임할 수 없을 때 다른 사람으로 대신 참여하게 했다가 다른 사 람이 불경을 범했다면, 여전히 제사를 지내지 않은 것과 다름없다(『집 해』『집주』)고 설명했다. 이러한 해석도 조금 어색하다. 내 이해로는 공 자는 제사는 반드시 경건하고 정성스러워야 하고, 반드시 전념해야 하며, 몸소 그러한 경지에 들어섰다는 느낌이 있어야 하는데, 만약 그 러한 느낌이 없었다면 아직 제사를 지내지 않은 것과 같다고 말한 것 이다.

제사지낼 때는 제사에 임하는 마음 상태가 필요하다

3.13

왕손가王孫賈가 물었다.
"오奧에게 아첨하느니 차라리 부뚜막신에게 아첨한다는 것은
무엇을 뜻하는 말입니까?" 스승님께서 말씀하셨다.
"그렇지 않다. 하늘에 죄를 지으면 빌 곳이 없다."

王孫賈問曰, 與其媚於奧, 寧媚於竈, 何謂也. 子曰, 不然. 獲罪於天, 無所禱也.

정현의 설명에 따르면 "왕손가王孫賈"는 "주나라에서 와서 위나라에서 벼슬을 지낸 사람"이다. 즉 그는 주나라 왕손이다. 이 사람의 이름은 가賈인데, 『좌전』 정공 5년과 7년에 보이고, 위나라 영공의 대부였다. 「헌문」 14.19에서 위나라 영공의 대신을 설명할 때 그 가운데 "왕손가는 군려를 다스린다"라고 언급했는데, 위나라 영공의 대사마였을 것으로 추측된다. 공자가 노나라를 떠나 위나라로 간 것은 기원전 497년이고, 위나라 영공을 섬긴 것은 기원전 495~기원전 493년이었다. 우리는 이 사람의 이름을 통해 이 장의 대화는 공자가 위나라 영공을 섬기기 전후에 일어난 것이라고 단정할 수 있다.

"오奧에게 아첨하느니 차라리 부뚜막신에게 아첨한다." 이것은 당시의 속담으로 오늘날의 "높은 관리를 찾는 것보다 담당자를 찾는 것이 더 낫다", 즉 가장 높은 상관을 찾아 아첨하느니 차라리 직접 일을 맡

은 사람에게 선물을 보내는 것이 더 낫다는 말과 어느 정도 비슷하다. "오奧"는 실내의 서남쪽 모퉁이로서 주인이 거처하는 곳이고, 가장 높은 자리이다. "조竈"는 밥을 짓는 곳으로 앞의 것보다 못하다. 고대에는 오사五祀에 제사지냈는데, 창문戶, 부엌竈, 문門, 길行, 중류中霤(집의 신) 등이다. 이들 제사에서는 모두 오奧에서 사자의 신령을 맞이했다. 오는 집의 주인으로 조보다 높았지만, 사람과의 직접적인 관계는 조신에 못 미쳤다. 왕손가는 이 두 구의 의미가 무엇인지를 물었다. 공자는 그것은 근본적으로 맞지 않다고 하고, 만약 정말로 하늘에 죄를 짓는다면 아무리 기도해도 소용이 없다고 설명했다.

왕손가가 말한 "오"는 누구이고, "조"는 누구일까? 예전에는 여러 가지 추측을 내놓았다. 일설에는 왕손가가 자기에게 아첨하라고 공자에게 암시한 것이라고 했다.(옛 주석은 모두 이렇게 말한다.) 일설에는 왕손가가 공자에게 가르침을 청한 것으로, 그 자신이 미자하彌子瑕에게 아부해야 할 것인지를 물은 것이라고 했다.(청대 임계운任啓運의 『사서약지四書約旨』)[20] 현재 일반적인 해석은 "오"는 위 영공이고 "조"는 왕손가나 남자 혹은 미자하라고 보는 것이다. 기원전 495년 공자는 처음 위나라에 도착하여 남자를 통해 영공에게서 벼슬을 얻고자 했다. 나는 "조"는 남자이고 "오"는 영공이라고 생각한다. 이것은 후세에 대신이 황제와 통하려고 할 때 먼저 황후나 황후 주변의 태감을 먼저 찾아야 했던 것과 같다.

안방신에게 아첨하느니 차라리 부엌신에게 아첨한다

스승님께서 말씀하셨다.
"주나라는 앞의 두 왕조를 거울로 삼았으니,
찬란하구나 그 문명이여. 나는 주나라를 따르겠다."

子曰, 周監於二代, 郁郁乎文哉. 吾從周.

공자는 삼대(하·은·주 세 왕조)를 열렬히 사랑했지만, 그중에서도 주나라를 특히 열렬히 사랑했다. 그는 주례는 하나라와 은나라를 답습하되 버린 것과 새로 더한 것이 있었고, 하나라와 은나라의 예는 비교적 초라하고 비교적 소박했지만 주례는 그와 달랐는데, 그 특징은 "문"에 있었다. 즉 문화가 발달되고 문명의 정도가 높았다.

공자는 특히 주나라를 사랑했다

스승님께서 태묘太廟에 들어가셔서는 매사를 물으셨다.
누군가 이것을 보고서는 한마디 했다.
"누가 추인鄹人의 자식이 예를 안다고 했던고? 태묘에 들어서는
매사를 묻는구먼." 스승님께서 그 말을 들으시고 말씀하셨다.
"이렇게 하는 것이 예입니다."

子入太廟, 每事問. 或曰, 孰謂鄹人之子知禮乎. 入太廟, 每事問. 子聞之, 曰, 是禮也.

"태묘太廟"는 노나라 조상의 사당, 즉 취푸에 있는 주공의 사당이
다. 고대의 도시에는 이른바 "좌조우사左祖右社(왼쪽에 조상의 사당이 있
고 오른쪽에 사직이 있음)"라는 것이 있었다.[21] 베이징의 노동인민문화궁
전은 명청대의 태묘로서 톈안먼天安門의 동쪽에 있는데, 북쪽을 등지
고 남쪽을 바라보면서 왼쪽과 오른쪽을 정하면 바로 왼쪽에 위치하고
있다. 지금의 주공 사당 역시 취푸 노성의 중심에서 동쪽으로 치우쳐
있다.

앞에서 말한 "체"는 바로 노나라의 태묘에서 거행되던 것이다. 그리
고 3.10과 3.11은 본래 이 장 뒤쪽에 이어져서 같은 문장에 속했던 것
같다.

일반적으로 이 장은 공자가 젊었을 때의 일을 기록한 것으로 보고

있다. "추인鄹人"에서 추鄹는 공자의 아버지가 추읍鄹邑에 살았던 사람이라는 것을 말하는 것이 아니라 그가 추읍의 대부였음을 말한다. 이는 당시 노나라에서 읍의 관리를 부르던 호칭으로서 『좌전』 문공 15년의 "변인卞人"이라는 것이 이와 유사한 호칭이다. 서주 금문에도 "아무개(읍명) 사람 아무개(인명)"와 같은 형식의 호칭이 있는데, 그것들이 유사한 용법인지 여부는 연구해볼 만한 가치가 있다.

공자가 태묘에 들어가서 무엇이든 물었다. 어떤 사람이 이것은 그가 예의를 너무 차리고 지나치게 신중하기 때문이라고 말했다.(『집해』 『집주』) 어떤 사람은 그는 분명히 알고 있으면서도 일부러 물었다고 했다. 즉 노나라가 천자의 예를 참월하고 옛 제도를 따르지 않는 것을 풍자하고 또 그러한 사실을 암시하기 위해 일부러 그렇게 했다는 것이다.(청나라 유월兪樾의 『군경평의群經平議』)[22] 두 학설 가운데 앞의 학설이 더 좋다. 당시에 공자는 이미 예를 안다고 이름이 나 있었다. 그러나 뭐든지 다 다른 사람에게 물어보는 행위는 다른 사람에게 그가 정말로 예를 알고 있는지 의문이 들게 했다. 공자는 그들이 하는 말을 듣고서 이렇게 하는 것이 바로 예라고 말했다.

마오쩌둥은 조사연구를 설명하면서 "스승님께서 태묘에 들어가셔서는 매사를 물으셨다"는 말을 인용하여 모든 사람이 학습하도록 했다.[23]

스승님께서 태묘에 들어가서는 매사를 물었다

스승님께서 말씀하셨다.

"활쏘기에서는 과녁을 꿰뚫는 것을 중시하지 않는다. 쏘는 사람마다
힘이 같지 않기 때문인데, 그것이 옛날의 방법이다."

子曰, 射不主皮, 爲力不同科, 古之道也.

사례射禮를 설명한 것이다. "활쏘기에서는 과녁을 꿰뚫는 것을 중
시하지 않는다"는 말은 『의례』 「향사례」에 나온다. "피皮"는 구설에서는
과녁이라고 보았고, "사부주피射不主皮"는 과녁을 꿰뚫을 정도로 쏘는
것이 아니라고 설명했다. 그러나 과녁은 고대에 "후侯"라 불렸고, 가죽
으로 만든 것을 "피후皮侯"라 불렀으며, "피皮"라고 단독으로 부르지는
않았던 것 같다. 그렇다면 "주피主皮"가 어떻게 과녁을 꿰뚫을 정도로
쏘는 것이 되는지 좀 이상하다.("主"는 술어이고, "皮"는 목적어이다.) 그렇
게 되려면 "사부주파射不主破"라고 읽어야 한다. "파적破的"은 적중하는
것이다. 공자의 생각은 대체로 과녁을 꿰뚫거나 꿰뚫지 못하는 것이
결코 중요하지 않다는 것이다. 사람마다 활시위를 잡아당기는 힘의 정
도가 다르기 때문이다.

활을 쏘는 데는 과녁을 꿰뚫는 것이 중요하지 않다

자공이 고삭告朔에 쓰는 희생양을 폐지하려고 하자
스승님께서 말씀하셨다.
"사야, 너는 그 양을 아끼지만, 나는 그 예를 아낀다."

子貢欲去告朔之餼羊. 子曰, 賜也. 爾愛其羊, 我愛其禮.

"고삭告朔에 쓰는 희생양"은 고삭례를 행할 때 쓰는 희생양이다. "고삭告朔"에서 "삭"은 음력 매월의 초하루이다. 동주 시기에 매년 가을에서 겨울로 넘어갈 때 주 천자는 다음해의 역서를 제후들에게 하사하고 제후들은 역서를 받아 조상의 사당에 보관했다. 매번 초하루가 되면 양을 한 마리 죽여 조상의 사당에 제사지내고 그런 뒤에 조정으로 돌아가 정사를 보았다. 사당에 제사지내는 것을 고삭告朔이라 불렀고, 정사를 돌보는 것을 시삭視朔이라 불렀다. "희양餼羊"에서 "희"는 죽여서 삶지 않은 생양이다.

이 시기에 고삭의 예는 이미 오래전에 행해지지 않았다. 그러나 유사有司는 여전히 사당에 양을 바치면서 옛날 방식을 형식적으로 대충 따르고 있었다. 자공은 어차피 노나라 군주나 사람이 아무도 오지 않고, 고삭과 시삭의 예도 이미 오래전부터 시행되지 않고 있는데 여전히 양을 바치는 것이 무슨 필요가 있을까, 그것은 낭비가 아닐까, 양을 바치는 것마저 그만두는 것이 좋지 않을까 생각했다. 공자는 안 된다, 네가 마음 아프게 생각하는 것은 양이지만, 내가 마음 아프게 생각하는 것은 예라고 말했다. 그의 생각은 만약 양을 바치는 그것마저 폐지해버린다면 그 예는 곧 철저하게 사라져버릴 것이라는 것이다.

너는 양을 아끼지만, 나는 예를 아낀다

스승님께서 말씀하셨다.

"예를 다하여 군주를 모시는 것을 사람들은 아첨한다고 생각한다."

子曰, 事君盡禮, 人以爲諂也.

공자는 군주를 모실 때는 어느 곳에서든 예의 규정에 부합하도록 하는 것이 본분이라고 생각했다. 그러나 당시 사람들은 오히려 그가 일부러 구실을 만들어 성가시게 하고, 남아도는 힘을 엉뚱한 곳에 쓰는 사람이라고 생각하면서 그러한 것들은 아첨하는 것과 다름없다고 생각했다. 속담에 "예의는 지나치더라도 사람이 이상하게 생각하지 않는다"는 말이 있는데 그는 예의가 지나쳐서 사람들이 이상하게 생각했던 것이다.

군신 간의 예의-하나

정공定公이 물었다. "군주가 신하를 부리는 것과 신하가 군주를 섬기는 것은 어떻게 해야 하오?" 스승님께서 대답하셨다. "군주는 예를 갖추어 신하를 부려야 하고, 신하는 충성으로 군주를 섬겨야 합니다."

定公問, 君使臣, 臣事君, 如之何. 孔子對曰, 君使臣以禮, 臣事君以忠.

"정공定公"은 노나라 정공이다. 정공의 물음은 기원전 509년에서 기원전 495년의 재위 기간에 있었다. 그러나 기원전 500년에서 기원전 498년 사이, 즉 공자가 노나라 사공과 사구의 벼슬을 맡았을 때일 가능성이 더 크다.

군주가 신하를 부리는 것을 "사使"라 하고, 신하가 군주를 섬기는 것을 "사事"라고 한다. "사使"는 옛날에는 "이吏"로 썼다. "이吏"와 "사事"와 "사使"는 같은 뿌리였는데, 나중에 분화되어 서로 다른 글자가 되었다. "예"는 외부의 약속으로서 군주의 권력을 나타내고, "충"은 내심의 약속으로 신하의 의무를 나타낸다. 위 글에 비추어볼 때 "충성으로 군주를 섬기는 것" 역시 예이다.

군신 간의 예의 ― 둘

스승님께서 말씀하셨다.

"「관저」는 즐겁지만 지나치지 않고, 슬프지만 비통하지 않다."

子曰, 關雎, 樂而不淫, 哀而不傷.

「관저關雎」는 애정시로서 「국풍·주남」의 첫 번째 편이고, 『시경』 전체에서 첫 번째 편이기도 하다. 이 편에 무슨 즐거움과 슬픔이 있을까? 아마도 "요조숙녀는 군자의 좋은 짝이로다"에 즐거움이 있고, "만나려 해도 만날 수 없으니 계속 뒤척이면서 잠 못 든다"에 슬픔이 있는 것 같다. 이와 같은 시가는 군자의 해석을 거쳐야만 비로소 "여색을 좋아하듯이 유덕한 사람을 좋아하는"[24] 효과가 있다.

공자는 예의 중요성은 전적으로 절제에 있으며, 즐거움에도 슬픔에도 절제가 필요하다고 생각했다. 슬픔과 즐거움의 감정은 모두 예로 조절하여 지나치지 않도록 해야 한다. "음淫"은 방탕으로 흐르는 것이고, "상傷"은 슬픔에 너무 빠지는 것으로 모두 비교적 지나친 것이다. 앞의 3.4를 참조하면 "슬프지만 비통하지 않다"는 말은 "능숙하게 처리하는 것易"과 "슬퍼하는 것戚" 사이에서 절충점을 찾은 것이다.

「관저」

애공哀公이 재아宰我에게 사社로 쓸 나무에 대하여 물었다.
재아가 대답했다. "하후씨夏后氏는 소나무를 썼습니다.
은나라 사람은 잣나무를 썼습니다. 주나라 사람은 밤나무를 썼는데,
백성들을 벌벌 떨게 한다는 의미가 있습니다."
스승님께서 들으시고 이렇게 말씀하셨다.
"성공할 것 같은 일은 발설하지 않고, 원하는 대로 되어가는 일은
그만두게 하지 않고, 이미 지난 일은 불평하지 않는 법이다."

哀公問社於宰我. 宰我對曰, 夏后氏以松, 殷人以柏, 周人以栗, 曰使民戰栗.

子聞之, 曰, 成事不說, 遂事不諫, 旣往不咎.

"애공哀公이 재아宰我에게 사社로 쓸 나무에 대하여 물었다.""재아
宰我"는 재여宰予이다. 재여의 자는 자아子我인데, 여기서는 자를 부른
것이다. 그는 공문 제2기의 제자로서 공문십철의 한 사람이고 언어에
능통했다.

"사社"는 국토를 관리하는 신이다. 고본에는 본래 두 가지 서법이 있
었다. 『노론魯論』에서는 "주主"라고 썼고, 『고론古論』에서는 "사社"라고 썼
으며, 팔각랑한간 『논어』와 둔황敦煌과 투루판吐魯番 본 『논어정씨주』
에서는 "주"로 썼고, 『석문』과 『집해』『황소』『형소』 등에서는 "사"로 썼
다. 서법이 같지 않기 때문에 "사"가 사수社樹인지 사주社主인지, "주"

가 사주인지 아니면 기타의 신주神主인지 해석이 각기 다르다. 그러나 많은 학자가 사주라고 생각한다.

애공이 재여에게 사주는 어떤 나무로 만들어야 하는지를 물었고, 재여는 하나라에서는 소나무를 썼고, 은나라에서는 잣나무를 썼고, 주나라에서는 밤나무를 썼는데, 주나라 사람이 밤나무를 사용한 것은 "백성들이 전율하도록 한다"는 의미를 채택한 것이라고 대답했다. 이 말은 대단히 이해하기 어렵다. 마치 도적 떼가 사용하는 암호 같은데 아마도 은어일 것이다. 공자가 그 말을 듣고 세 마디 말을 했는데 그 말 역시 뜻이 분명하지 않다. 일반적으로 이것은 공자가 재여를 비판한 말로 생각한다. 재여는 대낮에 낮잠을 자다가 공자에게 욕을 먹은 적이 있는 것과 같이 행실이 못마땅했기 때문에 사람들은 이 말도 공자가 재여를 비판한 것이라고 생각한다. 그런데 청대의 방관욱方觀旭은 다르게 추측했다. 그는 고대의 사는 희생을 죽여 제사지내는 곳이고, 애공이 사에 대해 물은 것은 사람을 죽일 수 있는 것인지를 물은 것인데, 그 의미는 삼환을 제거해야 한다는 것이었고, 재여의 대답은 그에게 단호하게 결단을 내릴 것을 권유하고 그들을 죽이지 않으면 백성들을 두렵게 할 것이라고 대답한 것으로 추측했다.(『논어우기論語偶記』)[25] 만약 이 주장이 믿을 만하다면 공자가 한 말의 의미는 성공할 것 같은 모든 일은 말로 드러내서는 안 되고, 원하는 대로 될 것 같은 모든 일은 그만두게 말려서는 안 되고, 이미 지나간 모든 일은 성패를 떠나 불평을 해서는 안 된다는 것으로 풀이된다. 노나라 옛 성에는 주나라 사람도 살고 있었고, 은나라 유민遺民도 살고 있었으며, 주나라 사람은 주사周社에 제사지내고, 은나라 사람은 박사亳社에 제사지냈다.

여기서 말한 사는 주사이다.

이 장에 나오는 애공의 물음은 기원전 494년에서 기원전 479년 사이에 있었던 일이다. 기원전 491년에 노나라의 박사에 불이 나 소실되어버렸다. 청대의 이돈李惇은 애공이 사에 대해 물은 것은 그 사건을 배경으로 한 것이라고 생각했다.(『군경식소群經識小』)**26**

애공이 사에 대해 물었다

스승님께서 말씀하셨다. "관중은 그릇이 작았다!"

어떤 사람이 "관중이 검소했습니까?"라고 묻자

다음과 같이 대답하셨다. "관중은 세 여자를 아내로 맞아들였고,

관부의 일을 겸직하지 않았는데 뭐가 검소한가?"

"그렇다면 관중은 예를 알았습니까?" "나라의 군주가 색문塞門을

세우자 관중 역시 색문을 세웠다. 나라의 군주가 두 나라 군주들

간의 우호를 다지기 위해 반점反坫을 설치하자 관중 역시 반점을

설치했다. 관중이 예를 안다면 누가 예를 알지 못하겠는가?"

子曰, 管仲之器小哉. 或曰, 管仲儉乎. 曰, 管氏有三歸, 官事不攝, 焉得儉. 然則管仲知禮乎.

曰, 邦君樹塞門, 管氏亦樹塞門. 邦君爲兩君之好, 有反坫, 管氏亦有反坫.

管氏而知禮, 孰不知禮.

"관중管仲"은 제나라 환공을 보좌하여 권위와 패업을 달성하도록
한 능력 있는 신하로 일반인들은 모두 그를 "인기人器", 즉 동량과 같
은 재목이라고 생각하지만, 공자는 오히려 "관중은 그릇이 작다"고 평
가하면서 자못 은근한 비판의 뜻을 내비쳤다.

관중에 대한 공자의 비판에서 초점은 두 가지다. 하나는 "검소하지
않은 것"이고 하나는 "예를 알지 못한 것"이다. "검소하지 않은 것"에
대한 예로 "관중은 세 여자를 아내로 맞아들였다"는 점과 "관부의 일

을 겸직하지 않았다"는 점을 들었다. "세 여자를 아내로 맞아들였다"에 해당되는 원문 삼귀三歸는 『안자춘추』 내편·외편·잡편과 『한비자』「외저설하」, 『전국책』「주책」, 『설원』「선설」 등에도 보이는데, 이전 사람들의 의견이 분분하여 결론이 나지 않았다. 그 문제와 관련하여 다섯 가지 학설이 있다. 한 가지 해석은 세 가지 성을 가진 여성을 아내로 맞아들여 천자의 예를 참월하여 사용했다는 것이다. 또 하나의 해석은 세 개의 대臺를 쌓아 여자와 재물을 그 속에 감추어두었다는 것이다. 그다음 해석은 세 곳에 집을 가지고 있었다는 것이다. 그다음 해석은 관중의 채읍 지명이라는 것이다. 마지막 해석은 시장에서 물품세로 10분의 3을 거두어 들였다는 것이다.[27] 어느 학설이든지 모두 관중이 지나치게 많이 차지했고 매우 사치스러웠다는 것을 말한다. "관부의 일을 겸직하지 않았다"는 것은 각각의 관리가 아무도 겸직하지 않았고 관리의 수가 너무 많았다는 것을 말한다.

"예를 알지 못한다不知禮"는 말은 주로 제나라 군주만이 누릴 수 있는 대우를 참용僭用했다는 것을 가리킨다. "나라의 군주邦君"는 제나라 군주를 가리킨다. "색문塞門"은 궁실로 들어가는 문 뒤에 세워놓은 문병門屛으로 후세에는 영벽影壁 혹은 조벽照壁이라고도 불렀다. "반점反坫"의 "점"은 외국의 군주를 초대하여 연회를 벌일 때 술잔을 되돌려 놓는 토대土臺이다.

관자에 대한 공자의 평가는 한편으로는 높았고, 다른 한편으로는 매우 낮았다. 비판한 것은 오직 이 장뿐인데, 그것은 주로 그가 국내에서 보여준 것이 별로 좋지 않았음을 말한 것이다. 칭찬한 것은 세 개의 장으로 「헌문」 14.9, 14.16, 14.17에 보이는데, 그것은 그가 "아홉 번이나 제후들의 회합을 주도한 것九合諸侯"과 "단숨에 천하를 바로잡게 한 것一匡天下" 등을 칭찬한 것이다. 공자가 어질다고 인정한 사람은 매우 적은데, 유독 관중을 어질다고 칭찬했다. 왜 그랬을까? 그것은 주로 그가 존왕양이尊王攘夷(천자를 받들고 이민족을 물리침) 분야에서 큰 공을 세웠기 때문이다. 관중에 대한 공자의 전체적인 평가는 이처럼 비교적 높다.

관중은 그릇이 작다

스승님께서 노나라 태사악大師樂에게 말씀하셨다.
"음악을 이해할 수 있겠습니다. 연주가 시작될 때는 절제하는
듯하다가 계속 이어지면서 맑은 소리를 내고, 우렁찬 소리를 내고,
느리고 은은한 소리를 내다가 마무리를 짓더군요."

子語魯大師樂, 曰, 樂其可知也. 始作, 翕如也. 從之, 純如也, 皦如也, 繹如也, 以成.

"노태사魯大師." 춘추 시대의 태사는 음악을 관장한 관리로서 진한
시기의 태악령에 해당된다. 이 사람은 「태백」 8.15에 나오는 "사지師摯"
혹은 「미자」 18.9에 나오는 "태사지大師摯"일 것이다. 공자는 그에게 자
기가 들은 음악의 느낌을 설명했다.

"악기가지야樂其可知也"는 음악은 이해할 수 있는 것이라는 뜻이다.

"시작始作"은 연주를 시작하는 것이고, "흡여翕如"는 소리가 제약을
받아 아직 풀어놓지 않은 것을 말한다. "종지從之"는 계속 이어지는 연
주, 즉 계속 진행되는 연주이다. "순여純如" "교여皦如" "역여繹如"는 맑
은 소리, 우렁찬 소리, 느리고 은은하게 나는 소리 등을 형용한 말이
며, "이성以成"은 마지막에 완성되는 것이다.

공자가 음악을 논하다

의儀 봉인封人이 뵙기를 청하면서 말했다.
"군자께서 이곳에 이르면 제가 뵙지 않은 적이 없었습니다."
수행하던 사람이 스승님을 만나 뵙게 했다.
그는 뵙고 나와서 말했다. "여러분은 잃는 것을 왜 두려워하시오?
천하에 도가 없어진 지 오래되었으나 하늘은 선생님을 목탁으로
삼으실 것이오."

儀封人請見, 日, 君子之至於斯也, 吾未嘗不得見也. 從者見之. 出日, 二三子何患於喪乎.
天下之無道也久矣, 天將以夫子爲木鐸.

"의儀 봉인封人"에 대하여 정현은 의는 위나라의 읍인데, 이 '의'가 어디에 있는지는 분명하지 않다고 말했다. 『속한서續漢書』「군국지郡國志」와 『수경주水經注』「거수渠水」에서 『서정기西征記』를 인용하여 의는 한대의 준의浚儀이고, 한대의 준의는 지금은 허난성 카이펑開封에 있다고 했는데, 이러한 주장은 확실히 믿을 수 있는 것은 아니다. "봉인封人"은 변경의 봉수封樹를 관리하던 말단 관리인데, 『주례』「지관地官」 봉인封人 조에 나오며, 이 직책은 『좌전』에 자주 나온다. 봉수는 땅을 돋워 나무를 심어 경계를 표시하는 것이다.

의는 위나라 국경에 있는 작은 도시이다. 공자는 그 지역을 지난 적이 있는데 의의 봉인이 이 지역을 방문한 군자들 가운데 한 분도 내

가 만나지 못한 사람이 없으니 반드시 공자를 뵈어야겠다고 말했다. 고대에 신분이 높은 사람을 만나 뵙는 것은 사람을 통해 소개를 받아야 했는데, 이 장의 "수행하던 사람從者"이 바로 공자에게 통보하고 그를 데리고 공자를 뵙게 한 제자이고, 아래쪽에 보이는 "여러분二三子"이기도 하다. 의 봉인은 공자를 만나본 다음에 매우 탄복하면서 공자의 제자들에게 여러분은 실의에 빠질 필요가 없다, 천하에 도가 없어진 지 이미 아주 오래되었다, 하늘은 여러분의 스승을 내보내 사람을 가르치고 도를 전하고, 하늘의 뜻을 널리 알리게 할 것이다, 라고 말했다. "목탁木鐸"은 나무 혀가 달린 금속 방울인데, 고대에 사자가 길을 나설 때 연도에서 그것을 흔들게 했다. 의 봉인은 공자를 그 목탁에 비유한 것이다.

이 단락의 말은 언제쯤 한 것일까? 분명히 공자가 주유열국하던 시기일 것이다. 공자는 주유열국을 전후하여 세 차례에 걸쳐 위나라에 갔다. 한 번은 기원전 497년에서 기원전 496년까지이다. 또 한 번은 기원전 496년인데, 잠깐 있은 뒤 곧 떠났다가 다시 돌아와 위나라의 영공을 섬겼다. 또 한 번은 기원전 489년에서 기원전 484년까지로 위나라의 출공出公을 섬겼다. 이 말은 이 세 번 가운데 어느 때의 것인지 확정하기 어렵다.

하늘은 선생님을 목탁으로 삼을 것이다

스승님께서 「소韶」에 대하여 "아름다움의 극치이고,
선의 극치이다"라고 하셨고, 「무武」에 대해서는 "아름다움의
극치이기는 하지만 선에 대해서는 미진하다"라고 하셨다.

子謂韶, 盡美矣, 又盡善也. 謂武, 盡美矣, 未盡善也.

고대의 이른바 "악樂"은 성악, 기악을 포괄할 뿐만 아니라 춤과 가
사, 즉 이른바 시까지 포괄한다. 기쁠 때는 모두 손과 발을 움직여 춤
을 추고 한편으로는 노래 부르고 또 한편으로는 춤을 춘다.

공자는 고전음악 마니아였다. 춘추 시대에 가장 유명한 고전음악은
여섯 가지가 있다. 하나는 「운문雲門」이라는 것으로 황제를 위한 음악
이다. 둘째는 「함지咸池」라는 것으로 당요唐堯를 위한 음악이다. 셋째는
「대소大韶」라는 것으로 우순虞舜을 위한 음악이다. 넷째는 「대하大夏」라
는 것으로 하우夏禹를 위한 음악이다. 다섯째는 「대호大濩」라는 것으로
상탕商湯을 위한 음악이다. 여섯째는 「대무大武」라는 것으로 주나라 무
왕을 위한 음악이다. 여섯 종의 음악 가운데 「소」와 「무」가 가장 유명
하여 늦게는 진한 및 위진 시기까지도 연주되었다. 「소」와 「무」는 「위영
공」 15.11에도 나온다. 공자는 제나라에서 「소」를 듣고서는 "석 달 동안
고기 맛을 알지 못했다"는데, 음악 듣는 것을 지나치게 좋아했다는

것을 말한다.[28]

공자는 「소」야말로 선의 극치이고 미의 극치이지만, 「무」는 듣기에는 좋아도 완벽하다고는 할 수 없다고 말했다. 선의 극치이고 미의 극치로 번역되는 원문인 진선진미盡善盡美는 오늘날 완벽하다는 의미를 나타내는 관용어로 쓰인다. 공자가 왜 이렇게 설명했을까에 대하여 예전에는 그것이 순임금은 선양에 의해 천하를 얻었지만, 무왕은 정벌에 의해 천하를 얻었고, 폭력은 항상 사람을 유감스럽게 하기 때문이라고 해석했다.

「무」는 「소」보다 못하다

이상의 세 장은 모두 "음악"에 대해 말한 것이다.

스승님께서 말씀하셨다.
"윗자리에 있으면서 너그럽지 않고, 예를 행하면서
공경하지 않고, 상을 치르면서 슬퍼하지 않는 것을
내가 어떻게 가만 두고 보겠느냐?"

子曰, 居上不寬, 爲禮不敬, 臨喪不哀, 吾何以觀之哉.

"거상居上"은 윗자리에 있는 것이다. "관寬"은 관용이다. 증자는 이와
비슷한 말을 다음과 같이 했다. "일에 임해서 공경하지 못하고, 상을
치르면서 슬퍼하지 않고, 제사지내면서 두려워하지 않고, 조정에서 공
손하지 않다면, 나는 그런 것을 이해할 방법이 없다."**29**

이 세 구절은 모두 체면 있는 사람에게 응당 있어야 할 체통을 설
명하는 것이다.

체면 있는 사람의 체통

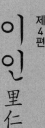

제4편

이인 里仁

이 편은 모두 짧은 장으로 구성되어 있으며, 전체가 도덕적 격언이다. 그것들은 거의 모두 공자의 어록이고 오직 4.15는 증자에게 말한 것이고, 4.26은 자유의 말이다. 이들 짧은 장은 서로 다른 주제에 따라 몇 개의 파트로 나눌 수 있다. 예를 들어 4.1에서 4.7까지는 인을 설명한 것이고, 4.8, 4.9, 4.15 등은 도를 설명한 것이고, 4.10, 4.11, 4.12, 4.16 등은 군자와 소인의 구분 및 의리지변義利之辨을 설명한 것이고, 4.18에서 4.21까지는 효도를 설명한 것이고, 4.22에서 4.24까지는 말과 행동에 대해 설명한 것이다. 그러나 그 밖의 4.13은 예양禮讓에 대해 설명했고, 4.14, 4.25에서는 명성이 나는 것에 대해 설명했고, 4.17에서는 '현명한 자를 보면 그와 같아지고 싶어하는 것見賢思齊'에 대해 설명했고, 4.26은 군주와 친구의 도리에 대하여 설명했는데, 이들 장은 상대적으로 분산되어 있다.

스승님께서 말씀하셨다.
"어진 사람이 있는 곳에 사는 것이 좋다. 어진 사람이 있는 곳을
가려 살지 못한다면 어떻게 지혜롭다 할 수 있겠는가?"

子曰, 里仁爲美. 擇不處仁, 焉得知.

"이인里仁"은 바로 "처인處仁", 즉 어진 사람과 함께 사는 것이다. 이里
는 본래 고대의 면적 단위, 즉 길이와 폭이 각각 300보가 되는 면적을
나타내는 말이었다. 고대에는 이里를 기준으로 지역을 구분하고, 거주
민을 배치하는 것이 매우 오랜 전통으로서 이里는 거주민 조직의 기본
단위였다. 이里 면적의 크고 작음과 인구의 많고 적음 등은 일률적이
지 않았지만, 일반적으로 비교적 작았다. 오늘날도 몇몇 작은 지역은
여전히 이里를 이름으로 쓰고 있다. "택擇"은 고서에서는 "택宅"으로 쓰
기도 하는데, "택宅"으로 쓰는 것이 더 좋다.

예전에는 이 장을 주석하면서 일반적으로 글자만 보고, 공자가 강
조한 것이 어떤 사람을 이웃으로 삼아야 할 것인지 반드시 신중해야
하고, 어진 사람을 고르지 않으면 안 된다는 점을 강조한 것으로 이해
했다.

오늘날 우리는 집을 살 때 지역과 교통과 경치 등을 고려하고, 주위

환경이 어떤지, 즉 학교와 상점과 식당과 병원 등은 어떻게 분포되어 있는지 등을 살펴본다. 만약 미국에서라면 가장 중요한 조건이 하나 더 있다. 그것은 바로 이웃이다. 이웃이 부자인가 가난한가, 어떤 사람이 함께 살고 있는가 하는 것은 결코 소홀히 넘길 수 없다.

공자는 살 곳을 정하는 데서도 이웃을 매우 중시했다. 만약 옛 주석이 틀리지 않았다면 그는 어진 사람과 함께 살고 싶어했다. 이러한 생각은 매우 흥미롭다. 나도 만약 내가 좋아하는 좋은 친구들과 함께 살 수 있다면 얼마나 좋을까 하고 생각해본 적이 있다. 공자가 생각한 이상적인 지역사회는 모두가 다 어진 사람이어야 하는지, 아니면 한두 명이면 충분한지 알 수 없지만, 부자이면서 어질지 못한 사람은 절대 받아들일 수 없었을 것이다. 돈이 많아도 괜찮지만, 반드시 기부를 해야 한다. 우리는 다음과 같은 상황을 한번 가정해보아도 무방할 것이다. 공자가 총장 겸 교수의 자리에 있고, 주위의 많은 학생이 그의 이름을 흠모하여 먼 곳으로부터 몰려오고, 집을 사고 전세방을 구하고, 시간이 갈수록 많은 사람이 모여들어 마치 대학촌 같은 것이 형성되며, 결국 곡부를 군자국과 같은 것으로 만든다면 얼마나 멋졌을까 하는 것을 가정해본다. 공자는 어진 사람과 함께 살지 못한다면 대단히 어리석은 것이라고 말했다.

어진 사람을 이웃으로 삼는다

스승님께서 말씀하셨다.

"어질지 못한 사람은 오랫동안 가난에 처하지 못하고,
오랫동안 즐거움에 처하지 못한다. 어진 사람은 인을 편안하게
여기고, 지혜로운 사람은 인을 이용한다."

子曰, 不仁者不可以久處約, 不可以長處樂. 仁者安仁, 知者利仁.

이 장에서도 어진 사람과 더불어 사는 것을 말한다. 그러나 이웃을
선택하는 것이 아니라 스스로 거처하는 것이다.

앞의 두 구는 어질지 못한 사람을 말한 것이다. "약約"은 공주孔注
에서는 "곤困"으로 해석했다. 공자는 어진 사람은 모두 주어진 분수를
매우 편안하게 받아들이기 때문에 가난해도 좋고 부자여도 좋으며 모
두 항상 편안하게 여긴다고 생각했다. 그러나 어질지 못한 사람은 가
난해도 못 견디고 부유해도 못 견딘다고 했다.

뒤의 두 구절은 어진 사람과 지혜로운 사람을 말하고 있다. 우리는
여기서 말하는 어진 사람의 특징이 편안하다는 의미의 "안安"자에 있
음에 주의해야 한다. "안인安仁"은 인仁을 편안하게 여기는 것으로 정
지해 있는 것을 강조한다. 공자는 항상 인仁과 지혜로움智을 함께 들
었는데, 그 두 가지는 어떻게 다를까? 인은 본체體이고 지혜로움은 작

용用이며, 인은 정지를 위주로 하고 지혜로움은 운동을 위주로 한다. 인은 산과 같고 지혜로움은 물과 같다. 이 두 가지는 서로 다르다. 「옹야」 6.23의 "지혜로운 사람은 물을 좋아하고, 어진 사람은 산을 좋아한다"라는 구절을 참고해보기 바란다.

"어진 사람仁者은 인仁을 편안하게 여긴다"는 것은 위의 글에 비추어 보면 사실은 바로 '가난함을 편안하게 여기는 것安貧', 가난에 대하여 정신적인 준비를 해야 할 뿐만 아니라 오래 굶더라도 즐겁고 유쾌하게 굶어야 한다는 것임을 알 수 있다.

"지혜로운 사람은 인을 이용한다"는 것은 무슨 뜻일까? 분명하지는 않지만 아마도 총명하면 총명할수록 인의 위대한 의미를 발휘한다는 것을 의미하는 것 같다.

결론적으로 어진 사람은 산과 같이 움직임 없이 인을 편안하게 여기며, 지혜로운 사람은 하염없이 흐르는 물과 같이 인을 이용한다. 공자가 말한 경지는 꼭 배가 고파야 문장이 샘처럼 솟아난다는 것을 말하는 것이 아니다.

어진 사람은 인을 편안하게 여긴다

스승님께서 말씀하셨다.
"오직 어진 사람만이 사람을 좋아할 수 있고,
사람을 미워할 수 있다."

子曰, 唯仁者能好人, 能惡人.

어진 사람을 이웃으로 삼으려 하는데, 누가 어진 사람일까?

어진 사람은 인을 기준으로 삼고, 그것을 기준으로 해서 좋아하는 것과 싫어하는 것을 판정한다. 그가 좋아하는 사람은 어진 사람(혹은 인에 가까운 사람)이고, 싫어하는 사람은 어질지 않은 사람이다.

어진 사람이 아니면 좋고 나쁜 것을 알지 못한다

스승님께서 말씀하셨다.
"정말로 인仁에 뜻을 두고 있으면
나쁜 짓을 하지 않는다."

子曰, 苟志於仁矣, 無惡也.

"지어인志於仁"은 인을 추구하는 마음이 있는 것이고, "무악無惡"은
다른 사람이 싫어할 만한 나쁜 짓을 하지 않는 것이다.

인을 추구하는 마음이 있으면 다른 사람의 원한을 사지 않는다

스승님께서 말씀하셨다.

"부유함과 고귀함은 사람이 원하는 것이지만,

그에 합당한 방법으로 얻은 것이 아니라면 그것을 누리지 않는다.

빈곤과 비천함은 사람이 싫어하는 것이지만,

그에 합당한 방법으로 얻은 것이 (아니)라면, 벗어나지 않는다.

군자가 인에서 벗어난다면 어떻게 이름을 드높일 것이냐?

군자는 식사 시간에도 인을 어기지 않고,

다급하고 황망할 때도 반드시 여기에 머물고, 구차하고 실패에

빠졌을 때도 반드시 여기에 머문다."

子曰, 富與貴是人之所欲也, 不以其道得之, 不處也. 貧與賤是人之所惡也. 不以其道得之,

不去也. 君子去仁, 惡乎成名. 君子無終食之間違仁, 造次必於是, 顚沛必於是.

부자는 항상 자신들의 부유함과 문명과 질서를 가난한 자에 대한 본보기로 삼는다. 본보기의 능력은 무궁무진하다. 그러나 그들은 가난한 사람이 돈을 좋아하고, 부자들이 가지고 있는 모든 것을 좋아하면서도 왜 돈 많은 사람은 오히려 좋아하지 않는지에 대해서는 전혀 알지 못한다. 본보기라는 점을 빼면 그들은 가난한 사람에게 아무것도 주지 않고, "그에 합당한 방법으로 얻어야 한다는" 그 "방법道"마저도 정말 합당한지에 대해 대답할 수 없는 문제이기 때문이다.

공자가 말하는 군자는 소인과는 다르다. 소인은 가난과 천함을 원망하며, 빈천한 상태를 편안하게 받아들이지 못한다. "그들은 남의 지위를 빼앗아 대신 차지하는 것" 이외에 또 다른 "도"가 있다는 것을 알지 못한다. 공자는 도란 바로 인이라고 말한다. 군자가 편안하게 여기는 곳은 오직 인뿐이기 때문에 인을 편안하게 여기고 평소의 염원을 지키려고 한다. 인에 맞지 않으면 비록 부유하고 고귀하다 하더라도 그곳에 머물지 않고, 인에 맞으면 비록 빈곤하고 비천하다 하더라도 그곳을 떠나지 않는다. 이러한 입장을 인이라고 부른다. 인이 없으면 군자는 이름을 선양할 방법이 없고, 인이 있기 때문에 비로소 유명해질 수 있는 것이다.

쑨친산孫欽善은 두 번째 나오는 "그에 합당한 방법으로 얻은 것이 (아니)라면"에 해당되는 원문 "불이기도득지不以其道得之"에서 "불不"자는 잘못 들어간 불필요한 글자라고 생각했다.[1]

"종식終食"은 한 끼 식사를 할 시간으로 매우 짧은 시간을 형용한 말이다. "조차造次"는 매우 다급하고 황망한 상황이고, "전패顚沛"는 곤궁과 좌절에 빠져 있는 것이다.

공자의 생각은 아무리 바쁘고 급박하더라도, 아무리 낭패스럽고 곤란한 상태에 빠져 있더라도 한순간도 인을 떠나서는 안 된다는 것이다. 인을 떠나면 군자는 이름을 낼 방법이 없기 때문이다.

군자가 인을 버리면 이름을 떨칠 수 없다

스승님께서 말씀하셨다.

"나는 인을 좋아하는 사람과 어질지 못한 것을 싫어하는 사람을
보지 못했다. 가장 어진 사람은 더 이상 덧붙일 것 없이 좋다. 어질지
못한 것을 싫어하는 사람은 인을 실천함에 있어서 어질지 못한
사람이 자신을 오염시키지 않도록 해야 한다.
인을 실천하는 데 하루 동안 자신의 힘을 기울일 수 있는 사람이
있을까? 나는 힘이 부족한 사람을 본 적이 없다.
아마도 있을 테지만, 나는 본 적이 없다."

子曰, 我未見好仁者惡不仁者. 好仁者, 無以尙之. 惡不仁者, 其爲仁矣, 不使不仁者加乎其身.

有能一日用其力於仁矣乎. 我未見力不足者. 蓋有之矣, 我未之見也.

앞의 두 구, 즉 "인을 좋아하는 사람"과 "어질지 못한 것을 싫어하는
사람"은 명사적인 것으로 병렬 관계를 이루고 있다. 이 두 구는 일반적
으로 쉼표를 붙여 끊어 읽지만, 나는 모점頓號²(ˋ、ˊ)을 찍었다. 공자는
그와 같이 좋아함과 싫어함이 분명한 사람을 아직 만나본 적이 없다
면서 정말로 "홍동현洪洞縣에는 좋은 사람이 없다"³고 매우 비관적으로
생각했다.

중간 부분의 "인을 좋아하는 사람"에 해당되는 원문 "호인자好仁者"
에서 "호好"는 긍정적인 면을 나타낸 것으로서, "인仁"이 가장 좋은 것

이라서 더 이상 추가할 것이 없으며 반드시 목숨을 걸고 추구해야 한다는 것이다. 또 "어질지 못한 것을 싫어하는 사람"에 해당되는 원문 "오불인惡不仁"에서 "오惡"는 부정적인 면을 나타낸 것으로 "어질지 못한 것不仁"이 가장 나쁘기 때문에 진저리나도록 싫어하면서 그것이 자신에게 가해지지 않도록 해야 한다는 것이다. 이것은 마음을 설명한 것이다.

다음에는 힘을 설명한다. 그는 어떤 사람이 '나는 마음은 충분히 있지만 힘이 부족하다'고 말할지도 모른다고 한다. 공자는 누군가 마음속으로 인을 추구하면서 힘이 부족하다는 이유에서 달성하지 못한 것을 보지 못했으며, 비록 하루라도 힘쓰는 것을 본 적이 없다고 말했다. 정말로 마음은 충분히 있으면서 힘이 부족한 사람이 있을지도 모른다. 그러나 그는 만나본 적이 없다는 것이다. 「옹야」 6.12의 "염구가 말했다. '스승님의 도를 기뻐하지 않는 것이 아니라 능력이 부족합니다.' 스승님께서 말씀하셨다. '능력이 부족한 사람은 중도에 그만두는데, 지금 너는 자신의 능력을 한정하고 있다'"라는 구절을 참고할 때 이 말은 아마도 염구冉求를 비판하는 것 같다.

인을 추구하는 마음이 있다면 힘이 부족하다고 말하지 말라

스승님께서 말씀하셨다.
"사람의 잘못은 그가 속한 집단에 따라 다르다. 잘못의 종류를
살펴보면 그가 어진지 아닌지를 바로 알 수 있다."

子曰, 人之過也, 各於其黨. 觀過, 斯知仁矣.

잘못을 저지르는 것은 사람에 따라 다르고, 유형이 각기 다르다. 공자는 만약 "인"이 무엇인지 알고 싶다면, 가장 좋은 방법은 그 사람이 어떤 종류의 잘못을 저지르는지를 살펴보는 것인데, 오직 "어질지 못한 것"이 무엇인지를 알아야만 "인"이 무엇인지를 알 수 있다고 말했다. 이 말은 바로 잘못과 진리는 그림자가 몸을 따르는 것과 같다는 점을 말한다.

우리는 항상 진리 앞에서 사람은 평등하다고 말한다. 사실 잘못 앞에서도 사람은 평등하다. 잘못에 고급과 저급의 구분이 있을까? 큰 인물이 저지르는 잘못은 고급한 잘못이고, 작은 인물이 저지르는 잘못은 저급한 잘못일까? 나는 그렇지 않다고 생각한다.

잘못을 살펴보면 인을 알 수 있다

스승님께서 말씀하셨다.
"아침에 도를 들으면 저녁에 죽어도 좋다."

子曰, 朝聞道, 夕死可矣.

『기름장수가 명기名妓를 독차지하다賣油郎獨占花魁』에서 기름장수 사
내는 이런 미인을 품에 안고 하룻밤을 잘 수 있다면 죽어도 여한이
없겠다고 말했다.(화괴花魁는 매화이다. 여기서는 아름다운 기생을 뜻한
다.— 옮긴이) 1980년대 이후의 수많은 출국광 역시 그와 같았다. 그들
은 미국을 한 바퀴 돌다가 말라비틀어져 죽어도 좋다고 말했다.

공자는 그와 달랐다. 그는 아침에 진리를 들으면 저녁에 죽어도 좋
다고 말했다.

왕자오원王朝聞⁴의 이름은 바로 여기서 따다 지은 것이다.

아침에 도를 들으면 저녁에 죽어도 좋다

4.9

스승님께서 말씀하셨다.

"도에 뜻을 두고서도 궂은 옷과 궂은 음식을 부끄러워하는 자는 함께
의론하기에 부족하다."

子曰, 士志於道, 而恥惡衣惡食者, 未足與議也.

"사士"는 바로 군자이고, "사군자士君子"라고도 부르는데, 귀족의 하
층에 대한 일반적인 호칭이었다. 『논어』에 자주 보인다.

공자는 안빈낙도를 제창했는데, 대부분의 고대 종교가 그렇듯이 그
역시 고행수도를 강조했다. 공문에서 누가 가장 안빈낙도했을까? 안
연이다. 공자가 진陳나라에서 식량이 떨어졌을 때 중유仲由는 스승과
동료 학생들이 굶주리는 것을 보고 더 이상 참지 못하고 화를 냈다가
공자로부터 꾸지람을 들었다.[5] 사실 중유야말로 대단했다.

고생, 많은 사람이 그것을 견뎌낼 수 있다. 특히 빈한한 벽촌에서
전혀 돈 구경을 해본 적이 없는 사람은 더욱 그렇다. 사람이 가장 두
려워하는 것은 사실 가난이 아니라 다른 사람과 비교하는 것이다. 다
른 사람과 비교하면 화가 나 죽을 지경이다. 이러한 시련을 견뎌낼 수
있는 사람이야말로 참된 군자인 것이다.

「자한」 9.27에서 "스승님께서 말씀하셨다. '낡고 해진 온포縕袍'를 입

고 여우가죽 옷을 입은 사람과 나란히 서 있어도 부끄러워하지 않을 사람은 자로일 것이다"라고 했는데, 이것이 바로 시련이다.

도에 뜻을 두면 가난을 두려워하지 않는다

이상의 두 장은 도를 추구하는 군자에 대해 설명한 것이다.

스승님께서 말씀하셨다.
"군자는 세상일에 대하여 꼭 해야 한다는 것도 없고 절대 해서는
안 된다는 것도 없으며, 의에 부합하는지에 따라 행동할 뿐이다."

子曰, 君子之於天下也, 無適也, 無莫也, 義之與比.

"꼭 해야 한다는 것도 없고 절대 해서는 안 된다는 것도 없으며"에
해당되는 원문에서 "적適"과 "막莫" 두 글자는 옛 주석에서는 의견이
많이 엇갈린다. 대체로 다음과 같이 네 가지 독법이 있다. 하나는 적適
자를 대항하다의 적敵으로 읽고 저촉하다의 의미로 이해하며, 막莫을
그리워할 모慕로 읽어 지향하다로 해석한다.(『정주』)

다른 하나는 적과 막을 두꺼울 후厚와 엷을 박薄으로 보는 것인데
(『형소』), 이는 아마도 적은 본처를 뜻하는 적嫡으로 읽고 막을 그것과
상반된 뜻으로 해석하는 것 같다.

다른 한 종류는 적은 가능을 나타내는 '가可'로, 막은 '불가不可'로 해
석한다.(당대 한유와 이고의 『한이필해韓李筆解』) 다른 한 종류는 적을 제
마음대로 한다는 뜻으로 보고, 막은 그것과 상반된 의미로 해석하는
것이다.(주주朱注)[6]

내가 보기에 "적適"은 "할 수 있다可以"는 것을 뜻하고 "막莫"은 "해서

는 안 된다不可以"는 것을 뜻하며, 이 말은 또 "꼭 해야 할 것도 없고, 절대 해서는 안 될 것도 없다"[7]는 의미이기도 하다. "의에 부합하는지의 여부에 달려 있다"에 해당되는 "의지여비義之與比"는 모든 것은 의에 부합하는지 보아야 한다는 것을 말한다. "비比"는 친근하다는 뜻이다.

의를 기준으로 삼는다

4.11

스승님께서 말씀하셨다.

"군자는 은덕을 생각하고, 소인은 땅을 생각한다.

군자는 형벌을 생각하고, 소인은 혜택을 생각한다."

子曰, 君子懷德, 小人懷土. 君子懷刑, 小人懷惠.

『논어』에서는 항상 군자와 소인을 대비시키고 있다.

"덕德"은 은덕을 가리키며, "형刑"은 형벌을 가리킨다. 『한비자』「이병二柄」에서는 이 두 가지를 "이병二柄"이라 불렀다. 이병은 군주가 아랫사람을 다스리는 기본 수단으로 그것은 바로 코끼리를 훈련시키는 사람의 손에 들고 있는 바나나와 코끼리를 때리는 막대기와 같다. 그것은 의義의 체현이다. 군자가 무엇을 해야 하고 무엇을 해서는 안 되는가 하는 것은 모두 이 두 가지를 보고서 결정한다. 덕德은 그에게 무엇을 해야만 하는지를 알려줄 수 있다. 형刑은 그에게 무엇을 해서는 안 되는지를 알려줄 수 있다. 소인은 다르다. 그들이 관심을 기울이는 것은 주로 그들이 거주하는 그 땅 조각이고, 또 여러 가지 실리이다. 그러므로 토지와 실리는 모두 눈앞의 이익이다.

아래의 4.16을 참고할 때 여기서 말하는 군자와 소인의 구분 역시 의義와 이利의 구분이다.

공자는 덕으로 나라를 다스리고, 예로 나라를 다스릴 것을 주장하면서 이상은 이상으로 돌리고 현실은 현실로 돌렸는데, 플라톤과 마찬가지로 그 역시 정령과 형벌을 버리지는 못했다.

군자와 소인 1

스승님께서 말씀하셨다.
"이익에 따라 행동하면 많은 원망을 듣는다."

子曰, 放於利而行, 多怨.

"이익에 따라 행동하다"의 원문에서 "방放"은 의거하다는 의미이다. 소인은 오직 이익만을 좇으며, 모든 일에서 이익이 있는가 없는가만을 따지기 때문에 다른 사람으로부터 원한 사는 것을 피하기 어렵다. 위의 4.4에서 "정말로 인에 뜻을 두고 있으면 나쁜 짓을 하지 않는다"고 한 말과 대비된다.

이익만을 추구하면 원한을 산다

이상 세 장은 "의義"와 "이利"의 구별을 말한 것이다.

스승님께서 말씀하셨다.

"예양禮讓으로 나라를 다스릴 수 있다면, 무슨 어려움이 있을까?

예양으로 나라를 다스릴 수 없다면, 예가 무슨 소용이 있을까?"

子曰, 能以禮讓爲國乎, 何有. 不能以禮讓爲國, 如禮何.

"무슨 어려움이 있을까"의 원문에서 "하유何有"는 『집해』에서는 "어려움이 없다"로 해석했는데, 이는 오늘날의 "이까짓 게 뭐 별것인가"라는 말에 해당된다. 이러한 용법은 『논어』에 무척 많은데, 흔히 "어於"자를 붙여 누구누구의 입장에서는 혹은 무엇무엇의 처지에서는 어렵지 않다는 것을 나타낸다. 「격양가擊壤歌」의 "제왕의 권력이 나에게 있어 무슨 어려움이 있겠는가?"[8](『제왕세기帝王世紀』에서 인용)가 이와 유사한 용법인데, 말하자면 나는 어렵지 않다는 것이다.

공자는 예양으로 다스릴 수 있다면 무슨 어려움이 있을 것인가, 예양으로 다스리지 않는다면 또 예가 무슨 필요가 있을까 생각했다.

예에는 예양이라는 한 가지 의미가 있다. 예양은 도덕이면서 규칙이다. 도로에서 차가 지나가도록 비켜주는 것이 바로 규칙이다.

예양으로 나라를 다스린다

스승님께서 말씀하셨다.
"지위가 없는 것을 걱정하지 말고, 그 자리에 설 수 있는 능력을
걱정해라. 자기를 알아주는 사람이 없음을 걱정하지 말고,
다른 사람에게 알려질 수 있는 바탕을 추구해라."

子曰, 不患無位, 患所以立. 不患莫己知, 求爲可知也.

"지위"에 해당되는 "위位"는 "입立"과 같은 뿌리를 가진 글자이다. 지
위位는 서 있는立 곳이다. 공자는 스스로 추구하는 사람은 복이 많고,
모든 일을 다른 사람에게서가 아닌 자신에게서 구해야 한다고 믿었
다. 따라서 그는 먼저 자신이 도덕적이고 능력 있는 사람이 되도록 추
구하고, 그런 다음에 녹봉과 지위를 추구해야 하며, 먼저 자기가 다른
사람으로부터 칭찬을 받을 수 있는 가치를 추구한 다음에 칭찬을 요
구해야 한다고 말했다. 공자는 이와 유사한 이치에 대해 여러 차례 말
했다.

알아주지 않는 것을 걱정하지 말고 능력이 없음을 걱정해라

스승님께서 말씀하셨다.

"삼參아, 나의 도는 하나로 꿰어져 있다."

증자가 말했다.

"그렇습니다."

스승님께서 나가시자 제자가 물었다.

"무엇을 말씀하신 거요?"

증자가 말했다.

"선생님의 도는 충서忠恕일 뿐이다."

子曰, 參乎. 吾道一以貫之. 曾子曰, 唯. 子出, 門人問曰, 何謂也. 曾子曰, 夫子之道, 忠恕而已矣.

"삼參"은 증자의 이름이다. 증자의 자는 자여子輿이고, 옛날엔 지위가 높은 사람이 낮은 사람에 대해 일반적으로 이름을 불렀다.

"충서忠恕"의 "충忠"은 성심성의를 다하여 자신을 위해 지키고 있는 덕이고, "서恕"는 상대방을 존경하고 다른 사람을 대우해주는 덕이다. 이것은 "인仁"의 두 가지 다른 측면이다.

『광아』「석고 4」에서는 "서恕는 인仁이다"라고 했다. 옛날 사람은 서와 인은 의미가 비슷하다고 말했다. 그러나 엄격하게 말하면 완전히 같은 것은 아니다. 인은 사람을 사람으로 대해주는 것이고, 사람을 사람으로 취급하는 것이다. 서恕는 마음 그대로 따르는 것이고, 내 마음을 가지고 다른 사람의 마음과 견주어보는 것이다. 서恕자는 마음 심心과 소리를 나타내는 여如로 이루어진 글자인데, 옛날 사람은 항상 "마음 그대로 하는 것이 서다"[9]라고 말했다. 이것은 글자를 쪼개서 풀이하는 것이다. 정확하게 말하면 자기를 위하는 마음을 다른 사람에게까지 확장하는 것, 입장을 바꾸어 다른 사람의 처지를 생각해보는 것, "마음으로 마음을 헤아려보는 것이 서다."[10] 즉 "자기의 마음으로 타인의 마음을 삼는 것을 서라고 한다."[11] 공자는 "자기가 원하지 않는 것을 다른 사람을 시키지 말라"고 말했는데, 이것이 바로 그런 의미인 것이다. 서는 관서寬恕, 즉 너그러이 용서하는 것과 다르다는 점에 주의해야 한다. 오늘날 말하는 이른바 관서에서 강조하는 것은 너그러움이다.

선생님의 도는 충서일 뿐이다

스승님께서 말씀하셨다.
"군자는 대의大義에 대해 잘 알고 있고,
소인은 실리實利에 대해 잘 알고 있다."

子曰, 君子喩於義, 小人喩於利.

군자는 의로써 이해시킬 수 있고, 소인은 오직 실리로써 이해시킬 수 있다. 소인은 쓸데없는 말 하지 말고 돈을 가져오라고 말하기 때문에 그에게 의에 대해 설명해봐야 아무 소용이 없다. 이 장도 의와 이의 구별에 대해 말한 것이다.

군자와 소인 2

스승님께서 말씀하셨다.
"현명한 자를 보면 그와 같아지고 싶어하고,
현명하지 못한 사람을 보면 속으로 나 자신을 반성한다."

子曰, 見賢思齊焉, 見不賢而內自省也.

"현명한 자를 보면 그와 같아지고 싶어한다"는 말은 오늘날 관용어
가 되었다.

현명한 자를 보면 그와 같아지고 싶어한다

스승님께서 말씀하셨다.

"부모를 모실 때는 완곡하게 간언하고, 뜻을 따르지 않는 것이
보이더라도 다시 공경하고 뜻을 거스르지 않으며,
애타게 해도 원망하지 않는다."

子曰, 事父母幾諫, 見志不從, 又敬不違, 勞而不怨.

"완곡하게 간언하다"의 원문에서 "기幾"는 "살짝 타이르다"는 뜻과
함께 "완곡하다"는 뜻을 나타낸다. 간본簡本에서는 "경儆"으로 쓰고 있
는데, 모양이 비슷해서 잘못된 것이다. "거스르지 않는다不違"는 절대
적으로 복종하는 것이다. 현대사회에서는 오직 군대에서 수장의 명령
에 대해서만 절대적으로 복종한다. 그러나 공자는 달랐다. 그가 "거
스르지 않는다"고 말한 것은 하나는 부모이고, 둘은 스승이다. 군주
가 모두 이러한 자격을 갖추었던 것은 아니다. 『곽점초간』본 『어총語
叢』제3권은 다음과 같은 점을 알려주고 있다. 군인이 삼군의 기와 삼
군의 장수에 복종하듯이 사람은 부모와 군주에 대해서 모두 복종해
야 하지만, 군주는 부모와 같지 않다. 군주는 떠날 수 있지만 부모는
떠날 수 없다. 군신의 관계가 좋지 않으면 군주와 신하는 서로 대우해
주지 않을 수 있다. 신하가 군주를 좋아하지 않으면 그 군주를 떠나갈

수 있고, 군주가 불의로써 신하를 부리면 신하는 거절하고 받아들이지 않을 수 있다. 당시에는 효가 충보다 중요했다. 그 점은 송대 이후로 효를 버리고 충을 취할 수 있었던 것과는 달랐다.[12]

"노券"는 애태우는 것이다.

옛사람은 "부모를 모실 때는 숨기는 것이 있을지언정 위반해서는 안 되고, 군주를 모실 때는 위반하는 것이 있을지언정 숨기는 것은 없어야 한다"[13]고 말했다. 군주에 대해서는 털끝만큼도 남겨두지 않고 안색이 바뀔 정도로 직간直諫할 수 있다. 세 번 간해서 따르지 않으면 곡을 한다. 곡을 해도 안 되면 몰래 떠난다. 부모는 다르다. 그저 이리저리 달래가면서 완곡하게 설득한다.

여기서 효자가 부모를 설득하는 것은 정말로 어렵다는 것을 말하고 있다. 말을 공손하고 완곡하게 해야 할 뿐만 아니라 절대로 찌르듯이 상처를 주어서는 안 되고, 체면을 세워주지 않고 부모의 어떤 부분이 틀렸다고 말해서도 안 되며, 또 부모의 안색을 살피면서 부모가 받아들이지 않을 것 같으면 바로 처음처럼 공경하면서 절대적으로 복종하고, 일마다 부모에 대해 마음을 쓰면서 털끝만큼이라도 원망의 말을 해서는 안 된다.

어떻게 부모를 설득할 것인가

스승님께서 말씀하셨다.
"부모님이 계실 때는 집을 떠나 멀리 가지 않는다.
집을 나갈 때는 반드시 가는 곳을 알려드린다."

子曰, 父母在, 不遠遊, 遊必有方.

부모님이 계실 때는 집을 멀리 떠나지 않고, 설령 가까운 곳을 간다
하더라도 어디로 가는지 알려드려야 한다.

부모님이 계실 때는 멀리 여행 가지 않는다

스승님께서 말씀하셨다.
"3년 동안 아버지가 하시던 방식을 바꾸지 않으면
효자라고 할 수 있을 것이다."

子曰, 三年無改於父之道, 可謂孝矣.

「학이」 1.11과 중복된다.

3년 동안 아버지의 방식을 고치지 않는다

스승님께서 말씀하셨다.

"부모의 나이는 알고 있지 않을 수 없다. 한편으로는 기쁘기
때문이고, 다른 한편으로는 두렵기 때문이다."

子曰, 父母之年, 不可不知也. 一則以喜, 一則以懼.

부모가 오래 사는 것은 좋아할 만한 일이고 동시에 두려운 일이다.
부모가 늙으면 봉양하고 마지막 가시는 길을 잘 보내드리기 위해 묘지
와 관을 준비해야 한다.

부모의 연령

이상의 네 장은 효를 말한 것이다.

스승님께서 말씀하셨다.

"옛날 사람은 말을 할 때 실천할 수 있는 범위를 벗어나지 않았고, 자기가 말한 것을 몸으로 실천하지 못하는 것을 부끄러워했다."

子曰, 古者言之不出, 恥躬之不逮也.

이것은 신용에 대해 말한 것이다. 자기가 한 말에 대해 책임을 지는 것이 바로 신용이다.

"궁躬"은 몸이다. 자기를 대표한다. 공자는 말을 신중히 했다. 그는 옛날 사람은 당시 사람보다 신용을 중시했고, 자기가 말한 것을 끝까지 지키지 못할까봐 몹시 두려워했다고 믿었다.

말한 것을 지키지 못할까봐 두려워한다

스승님께서 말씀하셨다.
"약속을 해놓고 지키지 못하는 사람이 드물었다."

子曰, 以約失之者鮮矣.

"약約"은 옛날 주석에서는 모두 제약한다는 의미로 보고, 이 말은 자기가 스스로를 제약하면서 말과 행동을 신중히 하면 잘못을 저지르는 일이 매우 적어질 것이라고 풀이했다. 그러나 옛날 책에서 약約자에는 또 구두로 하는 약정의 의미가 있다. 이 말은 아마도 앞의 문장을 이어받아 옛날의 군자는 말하는 데 신중하여 결코 가볍게 말하지 않았고, 자기가 말한 것을 지키지 못할까봐 매우 두려워했는데, 그러나 일단 승낙을 하면 반드시 지켰고, 약속을 어기는 일이 대단히 적었다는 것을 말하고 있는 것 같다.

자기가 한 말은 반드시 지킨다

스승님께서 말씀하셨다.

"군자는 말에서는 어눌하고 행동에서는 민첩하기를 바란다."

子曰, 君子欲訥於言而敏於行.

"눌어언訥於言"에서 "눌訥"은 말하는 것이 굼뜨거나 더듬더듬하는 것이다. "행동에서는 민첩하기"에 해당되는 "민어행敏於行"은 그것과는 정반대이다. 민은 손발을 부지런히 놀리며 반응이 신속한 것이다. 공자는 말하는 데 신중했고, 지키지 못할까봐 몹시 두려워했다. 그래서 강조한 것이다. 그는 교활한 말과 아부하는 표정을 싫어했고, "강하고, 굳세고, 질박하고, 어눌한 사람이 인에 가깝다"**14**고 말했다.

공자의 문하에서 덕의 경지에 들어설 자격을 가지고 스승으로부터 칭찬을 받은 샌님들은 모두 말하는 것을 좋아하지 않은 사람, 예를 들어 민손閔損이나 염옹冉雍 같은 사람이다.

말하는 것은 굼뜨고 행동은 민첩해야 한다

이상의 세 장은 말과 행동의 관계를 설명한 것이다.

4.25

스승님께서 말씀하셨다.
"덕 있는 사람은 외롭지 않다. 반드시 이웃이 있다."

子曰, 德不孤, 必有鄰.

이 장은 덕이 있는 사람은 결코 고립되지 않고, 반드시 생각이 같은
사람이 있어 그 사람 쪽에 선다는 것을 말하고 있다. 꼭 그럴까?

좋은 사람은 고립되는 것을 두려워하지 않는다

자유子游가 말했다.

"군주를 섬기는 데 지나치게 번거롭게 하면 모욕을 받을 것이다.
친구를 대할 때 지나치게 번거롭게 하면 관계가 소원해질 것이다."

子游曰, 事君數, 斯辱矣. 朋友數, 斯疏矣.

군주와 친구는 사회적인 관계이고, 사회는 사회다. 자기 집처럼 생각해서는 안 된다. 만약 집안사람을 대하는 태도로 사회적 관계를 처리한다면 틀림없이 이들 관계를 나쁘게 만들고 말 것이다. 현대 사회에서는 특히 이렇게 해서는 안 된다.

자유가 말한 것은 매우 이치에 맞다. 상사와 가깝게 지내기 위해 왕래가 너무 빈번하면 상사는 번거롭게 생각하여 스스로 난감한 지경에 처할 것이다. 친구라 하더라도 날마다 한곳으로만 몰려든다면 다른 사람의 미움을 살 것이며, 오랜 시간이 지나면 도리어 소원해질 것이다. 중국은 인구밀도가 높기 때문에 법률의 속박이나 도덕의 속박이 적으면 소인배들이 떼를 이루고 분규가 많아지며, 한곳으로 몰려들면 곧 숨이 막힐 것이다. 얼마나 고통스러운가! 모두 거리를 유지하고 접촉을 줄여야 좋다.

사람과 사람의 관계는 지나치게 밀접해서는 안 되고 왕래는 지나치게 빈번해서는 안 된다. 이 말을 나는 좋아한다.

자유에 대한 우리의 이해는 "대머리가 우산을 쓰면 무법천지가 된다"는 것이다. 특히 다른 사람의 존재에 대해서는 상관없고, 다른 사람의 느낌이 어떤지는 상관없다. 자유에 대한 서양의 이해는 "하나하나의 새장"과 같다. 자유는 사람과 사람의 관계에 한계를 정하고 범위를 정한 다음 피차가 거리감을 유지하는 것이다. 그들의 도덕이 반드시 좋은 것은 아니지만, 우리로서는 바로 해독제와 같은 것이다.

사람은 가장 사나운 동물이다. 우리 고향에서는 말이 말을 만나면 서로 입을 맞추고, 사람이 사람을 만나면 서로 물어뜯는다는 말이 있다. 내 생각에는 왕래할 수 있으면 왕래하고, 왕래할 수 없으면 좀 피해서 머리를 들어도 보이지 않고 머리를 숙여도 보이지 않는다면 세계는 곧 안정될 것이다.

일이 있든 없든 한곳으로 몰려들지 마라

이 두 장은 사람은 고립을 두려워해서는 안 되고
적막을 두려워해서는 안 된다는 점을 말한 것이다.

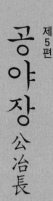

제 5 편
공야장 公冶長

이 편은 인물 품평을 위주로 하고 있다. 공자가 평가한 24명의 사람은 공자의 제자가 반을 차지하고, 그 밖의 인물이 반을 차지한다.

나는 『논어』를 읽을 때 공자의 논평이 매우 재미있다는 생각이 든다. 제자들을 대하는 그의 태도는 아들이나 손자를 대하는 것과 같이 깨우쳐주어야 할 때는 깨우쳐주고, 혼내주어야 할 때는 혼내준다. 이른바 "공문십철"조차도 봐주지 않았다. 안회가 기뻐할 때는 일부러 더 칭찬해주었고, 자로가 속상해 할 때는 일부러 더 윽박질렀다. 재여가 낮잠을 자자 심하게 욕을 퍼부었다. 기분이 좋아지면 딸과 조카딸을 포상으로 주었다.

스승님께서 공야장에 대하여
"그에게 시집을 보낼 만하다. 비록 감옥에 갇힌 몸이지만,
그의 죄가 아니다"라고 말씀하시고, 자신의 딸을 그에게 시집보냈다.

子謂公冶長, 可妻也. 雖在縲絏之中, 非其罪也. 以其子妻之.

딸은 최고의 포상이다. 누가 친딸을 노동교화를 받는 죄인에게 시
집보내려고 하겠는가? 공자이다.

"공야장公冶長"은 공문의 제자인데 태어나고 죽은 해를 알 수 없다.
"공야"는 복성, 즉 두 글자의 가족 이름으로서 엄밀히 말하면 사실은
씨氏이지 성姓이 아니다. 그는 아마도 관직명을 씨로 삼은 것 같다. 전
국 시대의 공관工官은 자주 "공公"자로써 관영官營을 표시했고, 아울러
동기 혹은 철기 주조의 책임이 있는 관원은 "야사冶師" 혹은 "야冶"라
불렀다. 사마천은 공야장의 이름이 장長이고 자는 자장子長이라고 했
는데, 이름과 자가 같아 조금 이상하다. 『공자가어』에는 약간 다르다.
그의 이름은 장萇이고 자는 자장子長이다. 그의 이름에 대해 범령范寧
은 『가어』를 인용하면서 지芝로 잘못 적었고, 『석문』에서는 자장을 자
로 보았다. 그의 이름은 도대체 무엇일까? 각기 다른 기록이 많지만
아래의 몇 개의 장에 비추어볼 때 이곳의 "공야장"은 자로써 부른 것

이기 때문에 아무런 문제가 없다. 그의 자는 자장子長이라고 해야 하지만 여기서는 자子자를 생략해버렸다.

"처妻"는 동사로 쓰였으며, 공자가 딸을 공야장에게 시집보낸 것을 가리킨다. 공야장은 큰 죄를 짓고 감옥에 웅크리고 있었는데 그가 어떻게 결혼을 했을까? 고대의 사혼례士婚禮에는 이른바 육례라는 것이 있었다. 즉 납채納彩, 문명問名, 납길納吉, 납징納徵, 청기請期, 친영親迎 등이 그것이다. 『예기』「내칙內則」에서는 "빙례를 치르면 처가 된다"라고 했다. 빙聘은 빙례를 치르는 것으로 네 번째 단계에 이르기만 하면 처라고 부를 수 있었다. 내 생각에 그는 정혼만 하고 완전히 혼인을 다 하지는 못했던 것 같다. 공자는 딸을 공야장에게 시집보냈으니 정말 놀랍다. 당연히 공야장 역시 그의 제자였고 공자는 그가 아무 죄가 없다는 것을 알고 있었다.

공문의 제자 가운데 복성을 가진 사람이 매우 많았다. 예를 들어 『논어』에서 언급하고 있는 칠조계漆雕啓(자는 자개子開), 공서적公西赤(자는 자화子華), 무마시巫馬施(자는 자기子期), 단목사端沐賜(자는 자공子貢), 담대멸명澹臺滅明(자는 자우子羽), 사마경司馬耕(자는 자우子牛), 남궁괄南宮适(자는 자용子容) 등이 모두 복성이었다. 『논어』의 대화 속에서 제자들이 스승과 같은 연배의 어른을 부를 때 자주 자를 불렀고 때로는 "아무개 선생님某子"이라고 높여 불렀으며, 공자는 제자를 부를 때 바로 이름을 불렀다. 여기의 "스승님께서 공야장에 대하여 말씀하셨다"라고 말한 것과 아래 글의 "스승님께서 남용南容에 대하여 말씀하셨다"[1] "스승님께서 자천子賤에 대하여 말씀하셨다"[2] "스승님께서 자공子貢에 대하여 말씀하셨다"[3] "스승님께서 자산子産에 대하여 말씀하셨

240

다"**4** 등에서는 모두 자字를 부르고 있지만, 다른 점은 공야장의 자 앞에는 자子자를 붙이지 않고 복성을 붙였다는 점이다. 아래 글 뒤쪽의 "칠조개漆雕開"**5** "무마기巫馬期"**6** "공서화公西華"**7** "사마우司馬牛"**8** 등에서도 모두 그렇게 불렀다.

"유설縲絏"은 범인을 묶는 포승줄이다. "설"은 현행본에는 설絏로 되어 있지만 고본에서는 설紲로 쓰고 있다. 설絏은 당대에 태종(이세민)을 피휘하기 위해 만들어낸 새로운 글자이다. "유설지중縲絏之中"은 감옥 속에 갇혀 있는 것을 가리킨다.

"자子"는 고대에 통용된, 여자를 의미하는 자子다. 여자를 뜻할 때 자는 딸이다. 공자의 딸 이름은 무엇이었는지 모른다.

공야장은 왜 붙잡혀 있었을까? 공자는 왜 그에게는 죄가 없다고 했을까? 알 수 없다. 어쨌든 공자는 그를 좋아했을 것이다. 그렇지 않았다면 딸을 그에게 시집보낼 수 없었을 것이다.

중국의 스승과 제자의 관계는 아버지와 자식의 관계와 비슷하다. 스승이 제자를 좋아하면 딸을 그 제자에게 시집보내기도 했는데, 그것은 오랜 전통이다.

스승이 우수한 제자를 뽑아 완전한 사윗감으로 삼는 것도 좋은 일일지 모른다. 그러나 만약 제자가 원하는지 어떤지, 또 딸이 원하는지 어떤지 물어보지도 않는다면 그것은 곧 억지로 하는 혼인이다. 5·4 이후로 신여성은 결혼을 피해 도망쳤는데 어디로 도망쳤을까? 갈 곳은 오직 두 곳밖에 없었다. 하나는 사창가였고 다른 하나는 학교였다. 사창가에 갈 수 없다면 오직 학교에 들어갈 수밖에 없었다.**9**

과거에는 재능 있는 사람이 미인을 배필로 삼는다고 생각했는데,

이는 중국 문인 특유의 환상(과학적 환상과 구별하여 나는 그것을 인문적 환상이라고 부른다)이었다. 그들의 꿈은 오직 기방을 통해서만 이루어 질 수 있었다. 수구적인 어르신들이 학교를 기생집이라고 매섭게 욕한 것도 이상할 것이 없다. 신학당에서는 스승과 제자, 학생과 학생 등이 의기가 투합되고 감정이 통하면 그날로 짝이 되었다. 그러므로 스승 과 학생 간의 연애와 학생들 사이의 연애는 널리 유행하는 풍속이 되 었고, 많은 문호와 예술가, 예를 들어 루쉰이나 쉬베이훙徐悲鴻이 이런 방식을 통해 백년가약을 맺기도 했다. 애석하게도 공자는 그런 기회를 만날 수 없었다. 그 어르신은 여학생을 받지 않았고, 딸 한 명과 여조 카 한 명을 시집보내는 것으로 끝냈다. 조금의 여유도 없었다.

공야장

스승님께서 남용에 대하여
"나라에 도가 있으면 그는 버려지지 않을 것이며,
나라에 도가 없더라도 형벌이나 사형을 면할 것이다"라고 말씀하시고
형의 딸을 그에게 시집보냈다.

子謂南容, 邦有道, 不廢; 邦无道, 免于刑戮. 以其兄之子妻之.

공자는 자기의 질녀姪女를 한 제자에게 시집보냈다. 이 제자는 앞의 제자와는 완전히 상반된다. 그는 무고하게 감옥에 들어가 있는 사람이 아니라 명철보신明哲保身하고 감옥의 재앙으로부터 몸을 잘 피신하는 사람이었다. 공야장은 감옥에 갇혀 있었지만, 죄가 없었기 때문에 그에 상관없이 여전히 공자의 좋은 제자였다. 남용은 감옥에 갇히지는 않았기 때문에 더욱 좋은 제자였다.

"남용南容"은 남궁괄南宮适(南宮括이라고도 함)이고, 자는 자용子容이며 역시 공문의 제자였다. 남궁은 복성이다. 본래 사는 곳이 궁실이었기 때문에 그로부터 이름을 지은 것이다. 서주에는 이런 종류의 씨명이 많았다. 고대에는 남궁씨 외에 동궁씨東宮氏, 서궁씨西宮氏, 북궁씨北宮氏 등이 있었다. 여기서 남용은 자를 부른 것이다. 그의 생졸년 역시 자세하지 않다. 주 무왕 때 "난신 10명亂臣十人"[10]이 있었고 그 가운

데 남궁괄이 있었는데, 이름과 씨가 같다.

이 남용이라는 사람은 비교적 교활했던 것 같다. 국가에 도가 있으면 그는 관직을 유지했고, 국가에 도가 없으면 그는 목숨을 유지했다. 그러나 공자는 그를 좋아했다. 그렇지 않았더라면 질녀를 그에게 시집보낼 수 없었을 것이다. 공자의 이 질녀는 그의 형인 맹피孟皮의 딸이다. 공자는 왜 남용을 좋아했을까? 그것은 그의 생활철학과 관련이 있다. 그는 위험한 일에 목숨을 거는 것을 주장하지 않았다. 공자는 신체발부身體發膚(사지와 머리카락 피부 등 우리 몸 전체)는 부모로부터 받은 것이기 때문에 자식으로서 이 선물을 잘 보관할 의무가 있으며, 자기가 죽거나 불구가 되거나 하면 할 수 없지만, 부모를 슬프게 하거나 상심시켜서는 안 된다고 생각했다. 그것은 효도에 어긋난다는 것이다.

남용

스승님께서 자천子賤에 대하여
"군자로다, 이 사람! 노나라에 군자가 없다면,
이 사람은 이런 것을 어디서 배웠을까?"라고 말씀하셨다.

子謂子賤, 君子哉若人. 魯無君子者, 斯焉取斯.

"자천子賤"은 복부제宓不齊이고 자는 자천이다. 공문 제3기의 제자
이다.

공자가 품평한 인물은 성인, 인인仁人, 군자 등 세 등급이었다. 공자
는 만약 노나라에 정말로 군자가 없다면 그가 또 어디서 배웠단 말인
가, 라고 말했다. 그 대답은 매우 분명하다. 그는 노나라의 군자, 특히
공자로부터 배운 것이다.

자천

5.4

자공이 물었다. "저는 어떻습니까?"
스승님께서 말씀하셨다. "너는 그릇이다."
"어떤 그릇입니까?" "호련瑚璉이다."

子貢問曰, 賜也何如. 子曰, 女, 器也. 曰, 何器也. 曰, 瑚璉也.

"호련瑚璉"은 일종의 귀중한 식기이다. 그러나 중요성 면에서는 궤
簋(제기 이름)보다는 떨어진다. 이 두 글자는 고서에서 매우 자주 보인
다. "호瑚"는 무엇일까? 비교적 분명하다. 출토품에 따르면 그것은 서
주 말기에 나타나기 시작하여 전국 말기에 이르기까지 줄곧 사용되었
고 수盨와 유사하며, 위아래가 딱 맞게 결합되어 있기 때문에 그러한
특성에 따라 "고固"라는 이름으로 불리던 기물이다. 이 기물은 송나라
사람이 "보簠"라고 부른 이후로 계속 그 이름으로 불리다가 1980년대
에 이르러서야 비로소 바로잡혔다. 그러나 고고학계에서는 여전히 관
습적인 명칭을 부르면서 고치려 하지 않고 여전히 "보簠"라고 부른다.
"연璉"은 무엇일까? 현재로서는 아직 분명하지 않다. 『예기』「명당위明堂
位」에서는 "유우씨有虞氏의 두 개의 돈敦, 하후씨夏後氏의 네 개의 연連,
은나라의 여섯 개의 호瑚, 주나라의 여덟 개의 궤簋"라고 했다. 포함包
咸은 "오곡을 담는 용기를 하 왕조에서는 호라고 했고 상 왕조에서는

연이라고 했고, 주 왕조에서는 보궤簠簋라고 했다"라고 말했다.[11] 우리는 그것이 궤簋, 호瑚, 돈敦, 보簠 등과 같은 기물이고 밥을 담는 것이며 밥을 먹을 때 쓰는 녀석임을 알 수 있다.

공자는 "군자는 그릇이 아니다"[12]라고 말했다. 즉 군자는 기능을 목표로 삼지 않고 도덕을 목표로 삼는다는 뜻이다. 공문사과孔門四科는 덕행(도덕), 언어(외교), 정사(내정), 문학(인문학술) 중에서 공자는 덕행을 가장 중시했고, 언어를 그다음으로, 정사를 다음다음으로, 문학을 가장 마지막으로 보았다. 도덕이 없거나 혹은 도덕이 높지 않으면 그저 "그릇"일 뿐, "도"라는 목표에는 아직 미달 상태인 것이다. 자공은 능력이 매우 뛰어났다. 그는 언어에 특기가 있었으며, 외교와 상업 분야에서 뛰어났다. 그는 공자에게 자기가 어떠냐고 물으면서 칭찬을 받고 싶어했다. 공자는 너는 그릇에 불과하다고 대답했고, 자공은 무슨 그릇이냐고 물었으며, 공자는 호련일 뿐이라고 말했다. 호련은 중요한 그릇이지만 가장 중요한 그릇은 아니다.

자공

어떤 사람이 말했다.

"옹雍은 어질지만 말주변이 좋지 않습니다."

스승님께서 말씀하셨다.

"말주변이 좋아서 뭐하겠느냐? 말재주로 사람을 부리면
자주 다른 사람의 미움을 산다. 어진지 어떤지는 모르겠지만
아첨해서 무엇에 쓰겠느냐?"

或曰, 雍也仁而不佞. 子曰, 焉用佞. 禦人以口給, 屢憎於人. 不知其仁, 焉用佞.

"옹雍"은 염옹冉雍이고 자는 중궁仲弓이며, 공문 제2기의 제자이고,
공문십철의 한 사람이다. 염옹은 정사 분야의 재목이다. 그러나 공문
사과에서는 오히려 덕행과에 속한다. 그 원인 중 하나는 그가 말하는
것을 좋아하지 않았기 때문이다. 덕행과에 속하는 사람은 모두 말하
는 것을 좋아하지 않았다. 그는 자로를 대신해서 계씨의 읍재가 되었
다. 공자는 성실하며 조심스럽고 말하는 것을 좋아하지 않는 사람을
좋아했다. 중궁은 이러한 기준에 부합했다. 어떤 사람이 중궁은 이미
인에 도달했지만, 말하는 것을 좋아하지 않는다고 말했다. 공자는 말
을 잘해야 할 필요가 어디 있는가, 사람을 상대하는 데 언변에 의지하
면 자주 다른 사람의 미움을 사게 된다고 했다. 그리고 염옹이 인의
경지에 도달했는지는 자기가 알지 못하겠지만, 말을 잘해야 할 필요

가 어디 있느냐고 말했다. "영佞"은 "말을 잘하는 것"이다. 자공은 말을 잘했지만, 중궁은 말을 잘 못했다. 공자는 "강하고, 굳세고, 질박하고, 어눌한 사람이 인에 가깝다"[13]고 말했다. "말주변이 좋지 않은 것不佞"은 바로 어눌한 축에 속하며, 그것은 인과 모순되지 않고 오히려 인에 매우 가깝다.

"모른다不知"는 공자가 불만과 부정을 표현하는 말투이다.

내가 보기에 중궁은 아직 "인仁"의 기준에는 도달하지 못한 것 같다.

염옹

스승님께서 칠조개漆彫開에게 벼슬에 나가도록 하자
그는 이렇게 대답했다.
"저는 그 점에 대해 아직 확신할 수 없습니다."
스승님께서는 기뻐하셨다.

子使漆彫開仕. 對曰, 吾斯之未能信. 子說.

"칠조개漆彫開"는 칠조가 씨이고 이름은 계啓이고 자는 자개이며, 공문 제1기의 제자이다. 조彫는 조雕와 같이 칠기에 그림을 그리는 것을 가리킨다. 전국 시대 제나라 도자기에 "칠조리漆彫里"라는 글이 있는데, 이것은 칠기를 제작한 공장이 모여 사는 동네 이름이다. 칠조개는 노나라 사람이고 노나라에도 이와 같은 거주 지역이 있었다. 공문 제자들 가운데는 칠조라는 성을 가진 사람으로 또 칠조치漆雕哆와 칠조도보漆雕徒父가 있었는데, 그들 역시 노나라 사람이고 그와 같은 동네였을 것이다. 고대에 제조업은 노동개조를 받은 죄인을 자주 사용했다. 이 사람은 형벌을 받았었고 불구자였다.[14] 공문의 제자 중에는 수공업자 노동개조를 받은 죄인과 불구자 등이 있었다. 고대에는 공업과 상업을 천시했기 때문에 공업과 상업에 종사하던 사람은 관리가 될 수 없었다. 공자는 칠조개에게 관리가 되라고 했는데, 이점은 비교적

주의하여 볼 만한 가치가 있다. 칠조개는 "저는 그 점에 대해 아직 확신할 수 없습니다"라고 말했는데, 아마도 여전히 열등감이 남아 있어 확신이 부족했던 것 같다. 공자는 그가 겸손해서 스스로를 억제하는 것으로 알고 매우 기뻐했다.

칠조개

스승님께서 말씀하셨다.

"도가 행해지지 않으니, 뗏목을 타고 바다를 떠다닐까나.

나를 따를 사람은 유由겠지?"

자로가 그 말을 듣고서는 기뻐했다. 그러자 스승님께서 말씀하셨다.

"유가 용기를 좋아하는 것은 나보다 낫지만,

뗏목 만들 재목을 구할 데가 없구나."

子曰, 道不行, 乘桴浮于海. 從我者, 其由與. 子路聞之喜. 子曰, 由也好勇過我, 無所取材.

"부桴"는 작은 뗏목이다.

공자는 세상에 절망한 나머지 정치로부터 멀리 떠나고 싶은 생각이 없었던 것도 아니었다. 그는 탄식하면서 나의 주장이 통용되지 못하고 있으니 정말로 작은 뗏목이나 구해서 저 넓은 바다를 표류하고 싶은데, 나와 함께 갈 사람은 자로가 확실할 것이라고 말했다. 자로는 그 말을 듣고는 마치 (『수호전』의) 이규李逵와 송강宋江처럼 매우 의기양양해졌다. 공자가 가는 곳이면 어디든지 그는 따라다닌다. 공자의 말은 그저 넋두리처럼 털어놓은 것이었을 뿐인데 자로는 그것을 이해하지 못하고 스승이 정말로 항해를 할 것으로 생각했다. 그러나 공자는 너의 용기가 가상하다, 나보다 낫다, 그러나 배를 만들 재목을 찾을 데가 없다고 말했다. "뗏목 만들 재목을 구할 데가 없다"는 말은 핑곗거리일 뿐이다. 그의 속셈은 여전히 차마 세속을 떠나지 못하고 있었던 것이다.

공자는 "도가 행해지지 않는다"는 것을 분명히 알았는데, 그때는 아마 그가 주유열국하는 도중(기원전 497~기원전 484)이거나 혹은 노나라로 돌아간 뒤(기원전 484~기원전 479)일 것이다.

자로

맹무백孟武伯이 물었다. "자로는 어집니까?"

스승님께서 말씀하셨다. "알 수 없습니다."

같은 것을 또 묻자 스승님께서 이렇게 말씀하셨다.

"유由는 천승의 나라에서 세금을 관리하는 일을 시킬 수 있을 정도이나, 그가 어진지는 모르겠습니다."

"구求는 어떻습니까?" 스승님께서 대답하셨다.

"구는 1천 가구 정도의 읍이나 백승의 가문에서 그를 읍재로 부릴 수 있을 정도이지만 그가 어진지에 대해서는 모르겠습니다."

"적赤은 어떻습니까?" 스승님께서 대답하셨다.

"적은 허리띠를 묶고 조정에 세워 빈객을 접대하면서 이야기를 나누게 할 수 있을 정도이나 그가 어진지에 대해서는 모르겠습니다."

孟武伯問, 子路仁乎. 子曰, 不知也. 又問, 子曰, 由也, 千乘之國, 可使治其賦也, 不知其仁也. 求也何如. 子曰, 求也, 千室之邑, 百乘之家, 可使爲之宰也, 不知其仁也. 赤也何如. 子曰, 赤也, 束帶立於朝, 可使與賓客言也, 不知其仁也.

"맹무백孟武伯"은 「위정」 2.6에 나온다. 그는 공자에게 당신의 제자 중유, 염구, 공서적 중에 어떤 제자를 어질다고 할 수 있냐고 물었다.

"자로子路"는 중유仲由의 자이다. 그는 공문 제1기의 제자이고, 나이는 맹무백보다 많았으며 여기서는 자字를 부르고 있다.

"염구冉求"의 자는 자유子有이고, 공문 제2기의 제자이며, 여기서는 이름을 부르고 있다.

"공서적公西赤"의 자는 자화이고, 공문 제3기의 제자이며, 역시 이름을 부르고 있다.

『논어』에서 이 세 제자를 동시에 언급하고 있는 곳이 두 곳 더 있는데, 모두 「선진」 편으로 「선진」 11.22와 11.26이다. 이들과 비교하여 살펴볼 만하다.

중유, 염구, 공서적 등에 대한 공자의 생각은 다음과 같다.

중유의 나이가 가장 많고 능력이 가장 컸으며 패기 역시 가장 좋았다. 공자는 그에 대하여 "천승의 나라에서 세금 거두는 일을 시킬 수 있을 정도"라고 말했다. 그의 장점은 대국을 위해 재산을 모으고 관리하며 부국강병을 이루는 데 있었다. 즉 그는 나라를 다스리고 군사를 부릴 수 있는 인재였다. "부賦"는 군량과 마초, 수레와 말, 무기와 병역 등을 징발하는 제도, 즉 군에서 필요로 하는 자원을 징발하는 제도이다. 『주례』에서는 부賦의 직무를 수행하는 자를 태재太宰라 불렀다. 공자의 생각은 중유는 그 정도로 큰일을 해낼 능력을 가졌다는 것이다. 그러나 자로는 계환자의 가신을 맡았을 뿐 노나라 군주의 재宰를 지낸 적이 없다. 그가 가진 능력 가운데 많은 부분을 미처 사용하지 못했다. 공자는 그에게 포부를 물은 적이 있는데, 자로의 기세는 아주 높았다. 그는 "천승의 나라가 대국들 사이에 끼어서 군사적 위협을 받고 있으며 연이어 기근이 든 상황에서 제가 그 나라를 다스리면 3년 만에 용감해지게 하고 또 도리를 알게 하겠습니다"[15]라고 말했다. 그의 행정적 재능과 군사적 재능은 대단히 뛰어났기 때문에 계씨의 가신으로 머무는 것을 그는 불만스러워했다.

염구의 나이는 약간 적고 인품은 비교적 낮다. "1천 가구 정도의 읍이나 백승의 가문에서 그를 읍재로 부릴 수 있을 정도"는 노나라 군주를 위해 읍재를 맡거나 경대부를 위해 가신(사읍의 우두머리)의 일을 하는 것이다. 즉 한 나라를 다스리는 것이 아니라 한 읍을 다스리는 것이다. 중유와 염옹 다음으로 그는 계씨의 읍재를 지낸 적이 있다. 그는 계씨를 위해 그의 집안을 관리했다. 공자는 염구의 포부를 물은 적이 있는데, 그때 염구는 "사방 60~70리 혹은 50~60리 되는 나라를 제가 다스린다면 3년 만에 백성들을 풍족하게 할 수 있습니다"[16]라고 대답했다. "백성들을 풍족하게 하다"에 해당되는 "족민足民"은 그의 재능이 재물을 관리하는 쪽에 있음을 나타내는 것이다.

공서적의 특기는 언어와 접대에 있다. 즉 그는 "허리띠를 묶고 조정에 세워 빈객을 접대하면서 이야기를 나누게 할 수" 있었다. 공자는 그에게 포부를 물은 적이 있는데, 그때 공서적은 "종묘의 일이나 혹은 제후의 회맹에 예복을 입고 장보관章甫冠을 쓰고 소상小相을 하고 싶습니다"[17]라고 대답했다. 그가 하고 싶었던 것은 "소상小相", 즉 의식을 주재하고 빈객을 접대하는 책임자였다. 공서적은 임금의 명령으로 제나라에 사신으로 간 적이 있고[18] 외교 활동에 참가하기도 했다. 그는 세 사람 가운데서 나이가 가장 적었으며, 중유나 염구보다 그릇이 작았다.

중유와 염구는 정치에 특기가 있었고, 공서적은 언어에 특기가 있었으며, 모두 행동형의 인재였다. 공자의 평가는 모두 "어진지에 대해서는 모르겠습니다"는 것으로 중궁(염옹)의 경우와 같았다.

중유, 염구, 공서적

스승님께서 자공에게 물으셨다.

"너와 안회 가운데 누가 더 뛰어나느냐?" 자공이 대답했다.

"제가 어찌 감히 안회를 넘보겠습니까? 안회는 하나를 들으면
열을 알고, 저는 하나를 들으면 둘을 아는 정도입니다."

스승님께서 말씀하셨다. "그만 못하지. 나와 너는 그만 못하지."

子謂子貢日, 女與回也孰愈. 對日, 賜也何敢望回. 回也聞一以知十, 賜也聞一以知二.
子日, 弗如也. 吾與女弗如也.

공자는 다른 사람의 물음에 대답할 목적으로 하는 암기 위주의 공
부에 반대했고, 제자들에게 오성悟性을 가질 것을 강조했다. 안회의
오성 능력은 높았고 공자는 안회가 다른 모든 제자를 뛰어넘는 점을
기뻐했다. 이 장은 윗글에 나오는 몇몇 제자의 이야기와 대비된다.

"여여회야숙유女與回也孰愈"는 너와 안회 중 누가 더 강한가를 묻는
것이다. 공자는 분명히 알고 있으면서 일부러 물었다. 자공은 나는 당
연히 안회보다 못하다고(그가 동년배인 안회에 대해 이름을 부르고 있음에
주의하라) 하면서 그는 하나를 들으면 열을 알지만 나는 하나를 들으
면 둘을 알 정도로 차이가 크다고 말했다.

"나와 너는 그만 못하지"에 해당되는 원문 "오여여, 불여야吾與女, 弗
如也"에 대해서는 두 가지 독법이 있다. 하나는 "여與"를 찬성으로 해석

하여 너 자신에 대한 평가에 완전히 동의한다, 너는 그보다 못하다로 이해하는 것이다. 다른 하나는 "여與"를 접속사로 해석하여 나와 너, 우리 둘은 모두 안회보다 못하다는 뜻으로 이해하는 것이다. 나중의 평가가 보다 높다. 이것은 스승이 학생을 칭찬하는 것으로는 가장 높은 것이다. 스승마저도 이렇게 말하는데, 다른 사람이야 더 이상 말할 필요가 있을까?

이 부분을 읽을 때 자연스럽게 다음과 같은 의문이 떠오른다. 안회가 그렇게 고명했다면 그는 어진 사람으로 칠 수 있을까? 공자는 말하지 않았기 때문에 추측하기가 쉽지 않다. 그러나 어느 정도는 긍정할 수 있을 것이다. 만약 안회마저도 그렇지 않다면 공문에서는 아무도 그럴 만한 사람이 없다는 것이 될 것이다.

단목사와 안회

재여가 낮잠을 잤다. 스승님께서 그에 대해 말씀하셨다.
"썩은 나무로는 조각을 할 수 없고,
쓰레기로 쌓은 담장에는 흙손질을 할 수 없다.
너에 대해 내가 무엇을 탓하겠느냐?"
그리고 또 말씀하셨다.
"예전에 나는 사람을 대할 때 그가 하는 말을 듣고
그의 행위를 믿었었는데, 지금 나는 사람을 대할 때
그가 하는 말을 듣고는 그의 행위를 관찰하게 되었다.
재여에 대한 생각도 이렇게 바꾸었다."

宰予晝寢. 子曰, 朽木不可雕也, 糞土之牆不可杇也, 於予與何誅.

子曰, 始吾於人也, 聽其言而信其行. 今吾於人也, 聽其言而觀其行. 於予與改是.

이 장의 내용은 매우 유명하다. 공자는 재여에게 심하게 욕설을 퍼부었다.

"재여가 낮잠을 잤다"에 해당되는 원문 "재여주침宰予晝寢"에서 "여予"는 이름이다. 그는 설명 부분에서 이름을 부르고 자를 부르지 않았다. 이는 일반적인 예와는 다르다. 공자는 재여에게 욕을 했고, 나중 사람이 그것을 설명했는데, 아예 자字마저도 부르지 않고 있어 흥미롭다. "낮잠晝寢"은 한낮에 잠을 자는 것이다. 옛사람들은 하루를 아침朝, 낮晝, 저녁昏, 밤夕 등 네 단계로 나누었는데, 주晝, 즉 낮은 대략 오전 9시에서 오후 4시까지이다. 서주 금문과 『시경』 등의 고서에서는 "새벽부터 밤까지 게으르지 않는다夙夜不懈"는 것을 강조했는데, 그 의미는 대낮이든 어두운 밤이든 쉬지 말아야 한다는 것이다. 이처럼 필사적인 것은 본받을 만한 것이 아니다. 사람은 열심히 노력해야 하지만 잠도 자야 한다. 짧은 기간 동안 잠을 자지 않는 것은 괜찮지만 오랜 기간 그렇게 해서는 안 된다. 고대에는 밤의 생활이라는 것이 없었기 때문에 날이 어두워지면 잠을 자거나 아이 만드는 것 외에는 할 일이 없었다. 밤에 잠을 자고 낮에 또 잠을 자는 것은 "새벽부터 밤까지 게으르지 않는다"는 것과 상반된다. 그래서 공자는 그것을 도저히 용납할 수 없는 것으로 생각했던 것이다.

"후목불가조야朽木不可雕也"는 썩어버린 나무에는 조각을 할 방법이 없다는 것이다.

"분토지장불가오야糞土之牆不可杇也"는 쓰레기로 쌓은 담에는 흙손질을 할 수 없다는 것이다. "분糞"은 먼지, 똥오줌 그리고 각종 폐기물을 포함한 모든 오물(더러운 것)에 대한 총칭이다. 동사로서의 "분제糞除"는 더러운 것을 제거하는 것이고, "분전糞田"은 거름을 주는 것이다. "오杇"는 동사이며, 흙손을 이용하여 벽의 표면을 덧칠하는 것이다. 오杇는 이만泥鏝이라고도 부르는데, 오늘날의 흙손이다.

"어여여하주於予與何誅"는 재여 너 같은 놈에게 내가 욕을 해서 뭐 좋아질 게 있겠느냐 하는 것을 의미한다.

"어여여개시於予與改是"는 재여에 대한 나의 생각이 철저하게 바뀌었다는 것을 의미한다.

재여는 공문십철의 한 사람으로 언어에 능통하여 자공과 같은 급에 들었다. 그가 이토록 우수한데도 공자는 오히려 그를 욕했다. 왜 그랬을까? 석혜림釋慧琳은 이것은 재여가 "일부러 낮잠을 자는 척해서 선생님의 절차지교切磋之敎, 즉 서로 토론하여 연구하게 하는 교육을 유발한 것"이라고 말했다. 성인의 말을 미화시키는 정도가 거의 메스꺼울 지경이고 빙빙 꼬는 설명이 지나치다.

먼저 몇 가지 오해를 배제해야 한다. 사람은 모두 이 부분을 읽을 때 그 어르신이 그렇게 크게 화를 낸 것은 재여가 교실에서 잠깐 자다가 강의를 듣지 않았기 때문이라고 생각해서는 안 된다. 즉 오늘날 학생이 교실에서 잠깐 잠자는 것을 발견했을 때 어떤 선생은 갑자기 발끈하여 노발대발한다. 그는 자존심을 크게 손상받았다고 생각하여 곤혹감을 느끼는데 이것을 그런 상황과 같다고 생각해서는 안 된다는 것이다. 그렇게 생각하는 것은 오해다. 공자의 시대에는 아직 교실에서 가르치지 않았고 제자들은 그를 따라다니면서 배웠고, 주로 이야기하는 방식을 활용했고, 때로는 스승의 집에 앉아서 이야기하고, 어떤 때는 집 밖을 산보하고 걸으면서 이야기했다. 공자의 가르침은 매우 자유로웠다. 제자들은 곁에서 금을 탈 수도 있었는데,[19] 그것은 마치 추이용위안崔永元의 「진실을 말한다實話實說」(CCTV 프로그램)[20]와 같았다. 그는 재여가 자신의 말을 듣지 않았기 때문에 화를 낸 것이 아니었다.

다음으로 우리는 "재여가 낮잠을 잤다"에 해당되는 원문 "재여주침宰予晝寢"은 분명히 남들이 눈꼴사나워할 만한 어떤 일일 것이라고 생각해서도 안 된다. 예를 들어 양무제梁武帝, 후백侯白, 한유韓愈 등은

"주침晝寢"은 "화침畫寢"의 잘못이고, 재여가 실내장식을 호화롭게 하고, 침실의 대들보에 조각을 하고 기둥에 그림을 그리는 등 대단히 사치스러웠다고 설명했다.[21] 그리고 어떤 사람은 "주침"은 바로 백주대낮에 아내와 방사를 벌인 것이라고 함부로 추측하기도 했다. 이것들은 모두 지나치게 천착한 것이다. 사실 "주침"은 옛날 책에서 쓰던 고유한 단어이다. 예를 들면 『상박초간』의 「조말지진曹沫之陳」에 따르면, 노나라 장공이 대종을 주조하다가 조말曹沫의 간언을 받아들여 종의 형틀을 부숴버리고 나라의 정사를 돌보면서 "낮잠을 자지 않았고, 술을 마시지 않았고, 음악을 듣지 않았고, 기거하는 데 자리를 펴지 않았고, 두 가지 이상의 방식으로 만든 음식을 먹지 않았다"[22] 했는데, "낮잠을 자지 않았다"는 말은 노나라 장공이 다시는 대낮에 잠을 자지 않고 부지런하게 바뀌었다는 것을 말한다.[23]

공자가 재여를 욕한 주된 원인은 그가 대낮에 잠을 잤기 때문이 아니라 그의 언행이 일치하지 않았고, 말을 해놓고는 그에 대해 책임을 지지 않았기 때문이다. "예전에 나는 사람을 대할 때 그가 하는 말을 듣고 그의 행위를 믿었었는데, 지금 나는 사람을 대할 때 그가 하는 말을 듣고는 그의 행위를 관찰하게 되었다"라는 말에서 그는 재여가 낮잠을 잔 그 일로부터 비로소 생각을 바꿔먹고, 그가 무슨 말을 하면 그가 곧 그 일을 실천할 것이라고는 여기지 않게 되었다는 것이다. 재여는 말솜씨가 아주 뛰어났다. 내 추측으로 그는 공자 앞에서 반드시 새벽부터 밤까지 나태하지 않고 일하는 데 힘쓰겠다고 맹서했고, 공자는 기뻐하면서 그것을 진짜로 믿었으며, 그가 대낮에 낮잠을 자는 것을 목격할 것이라고는 생각지도 못했기 때문에 몹시 화가 났을 것이라고 생각된다. 전국과 진한 시기에 널리 유행하던 이야기 하나가 있는데, 공자가 "얼굴을 보고 사람을 뽑으면 자우子羽를 잃고, 말을 듣고서 사람을 뽑으면 재여宰予를 잃는다"라고 한 데 근거해서 나온 것으로 수많은 옛날 책에서 이 말을 언급하고 있다.**24** 공자가 한 말의 의미는 자우가 비록 외모는 못생겼지만, 사람이 매우 모범적이기 때문에 얼굴을 보고 사람을 뽑는다는 것은 잘못이며, 재여는 말을 잘하지만, 신용이 전혀 없었기 때문에 말하는 것만 듣고서 사람을 뽑는 것역시 잘못이라는 것이다. 뒤쪽의 구절은 아마도 이 사건을 가리키는 것 같다.

재여는 공문에서 이력을 따지자면 매우 뛰어나고, 능력을 따지자면 크다. 공자 사후에 자공은 공자 학파를 수립했는데, 재여 역시 많은 힘을 보탰다. 이처럼 좋은 제자였는데 스승으로부터 "썩은 나무에는 조각을 할 수 없고, 쓰레기로 쌓은 담장에는 흙손질을 할 수 없다"라는 욕을 먹었다. 그 원인은 주로 자신이 한 말을 지키지 않고, 감히 스승에게까지 거짓말을 한 데 있었다.

재여

스승님께서 말씀하셨다. "나는 강한 사람을 보지 못했다."
이 말을 듣고 누군가 대답했다. "신정申棖이 있습니다."
스승님께서 말씀하셨다.
"신정은 욕심이 있는데, 어찌 강하다고 할 수 있겠나?"

子曰, 吾未見剛者. 或對曰, 申棖. 子曰, 棖也慾, 焉得剛.

"신정申棖"은 공문의 제자로 생몰년은 알 수 없다. 이 사람은 『사기』
「중니제자열전」의 "신당申黨"이다. 『색은索隱』에서는 『공자가어』를 인용
하여 "신료申繚"(현행본에는 "신속申續"으로 되어 있음)로 썼는데, 이 사람
이 바로 「헌문」 14.36의 공백료公伯寮(「중니제자열전」에서는 "公伯繚"라고
되어 있음)가 아닌지 의심스럽다. 공자는 "강하고, 굳세고, 질박하고,
어눌한 사람이 인에 가깝다"[25]라고 말했다. '강함剛'은 욕심이 없고, 자
신에게서 찾되 남에게서 찾지 않는 것이다. 임칙서林則徐(청말 정치가)는
대련을 하나 썼다. 위의 연은 "바다는 온갖 냇물을 받아들이고, 받아
들이기 때문에 커진다海納百川, 有容乃大"이고, 아래 연은 "천 길 높이
솟은 벼랑도 욕심이 없으면 굳세진다壁立千仞, 無欲則剛"이다.

신정

자공이 말했다.
"다른 사람이 나에게 하기를 바라지 않는 것을 나 역시
다른 사람에게 하지 않으려고 합니다."
스승님께서 말씀하셨다.
"사야, 그것은 네 능력이 미칠 수 있는 것이 아니다."

子貢曰, 我不欲人之加諸我也, 吾亦欲無加諸人. 子曰, 賜也, 非爾所及也.

　자공은 서도恕道를 중시했다. 그는 공자에게 "평생 동안 실천할 만
한 한마디 말로 어떤 것이 있습니까"라고 물은 적이 있는데, 그때 공
자는 그것은 바로 "서恕"일 것이라고 대답했다.**26** "서恕"란 무엇일까?
공자의 해석은 "자기가 원하지 않는 것을 다른 사람에게 행하지 않는
것"**27**이다. 이것은 자기 쪽에서 말한 것이다. 내가 다른 사람에 대해
서를 말할 때는 다른 사람에게 뭔가를 억지로 하지 않는 것이며, 다
른 사람이 나에 대해서도 마찬가지로, 즉 똑같이 나에게 뭔가를 억지
로 하지 않는 것이다. 서는 매우 중요하다. 공자는 증자에게 "나의 도
는 하나로 꿰어져 있다"라고 말한 적이 있는데, 증자의 제자가 그게
무슨 뜻이냐고 물었다. 증자는 "선생님의 도는 충서일 뿐이다"라고 설
명했다.**28**

이곳의 자공의 말 역시 서도를 말한 것이다. 그것은 두 구로 나누어진다. 첫 번째 구는 "다른 사람이 나에게 하기를 바라지 않는 것"인데, 이것은 "강함과 굳셈剛毅"이다. 두 번째 구는 "나 역시 다른 사람에게 하지 않으려고 합니다"는 것인데, 이것은 서도恕道이다. 이 두 구절은 모두 인에 가까이 다가선 고상한 도덕이다. 나는 자공의 말을 좋아한다. 그러나 공자가 자공에게 그 경지는 네가 도달할 수 있는 것이 아니라고 한 점으로 볼 때 실현하기 대단히 어렵다는 점을 알 수 있다.

자공은 다른 사람에게 강요하는 것을 반대했다. 즉 다른 사람이 나를 속이는 것도 안 되며, 내가 다른 사람을 속이는 것도 안 된다고 보았다.

폭력과 전쟁은 모두 다른 사람에게 강요하는 것이다. 강간强奸은 대죄인데, 그 나쁨은 간음奸에 있는 것이 아니라 '강제로 하는强' 데 있다. 증자는 "다른 사람이 나를 속일지라도 반항하지 않는 것"[29]이라고 말했다. 이는 무저항주의이다. 간디즘Gandhiism이 그 일종이다. 마오쩌둥은 "남이 나를 침범하지 않으면 나는 남을 침범하지 않는다. 남이 만약 나를 침범하면 나는 반드시 그를 침범할 것이다"라고 했다. 즉 받기만 하고 주지 않는 것은 예가 아니라는 것이다.[30] 또 하나가 있는데, "남이 나를 침범하지 않으면 나도 침범하지 않는다. 남이 만약 나를 침범하면 나는 더욱 그를 침범할 것이다"라고 했다. 이것을 베이징 말로는 "대응하는 것見招"이라고 부른다. 서도의 핵심은 대등함이다. 무저항주의는 서도에 대한 단편적 이해이다.

오늘날의 강대국은 아무도 서도를 중시하지 않는다. 강자가 약자를 짓밟는 것이 국제질서인데, 이전과 다른 것이 아무것도 없다. 남을 속이지도 않고, 다른 사람의 속임도 받지 않는 것은 어렵다. 강대국으로 부상浮上하는 것은 말 그대로 강대국으로 부상하는 것인데, 왜 그것이 여전히 평화적이라는 것인지 그들은 알아듣지 못한다.

이 장에서는 또 "욕"에 대해서도 말했는데, 이는 앞의 장과 관련이 있다.

자공

자공이 말했다.
"선생님의 문장은 들어볼 수 있지만, 선생님께서
성性과 천도天道에 대해 말씀하시는 것은 들어볼 수 없다."

子貢曰, 夫子之文章, 可得而聞也. 夫子之言性與天道, 不可得而聞也.

"선생님의 문장"이 무엇을 가리키는가가 문제인 것 같다. 여기서 "들어볼 수 있다"라고 말한 것은 아마도 글로 쓰여 후세에 전해오는 것일 것이다. 황간의 소에서는 태사숙명太史叔明의 말을 인용하면서 "육적六籍을 가리킨다", 즉 육예六藝의 책이라고 했다. 그러나 이들 책은 공자가 다 쓴 것이 아니기 때문에 공자가 쓴 문장이라고 할 수 없다. 주희의 주에서는 "엄숙하고 장중한 모습威儀과 문장文辭"이라고 말했다.

"성과 천도" 역시 문제이다. 여기서 "들어볼 수 없다"라고 말한 것은 공자가 조금도 설명하지 않았음을 말하는 것이 결코 아니다. 그저 이 두 가지 문제가 너무 심오하고 설명하기 어렵기 때문에 설명이 비교적 적었을 뿐이라는 것이다. 『논어』에서 "성性"에 대해 언급하고 있는 곳은 이 곳 외에 "사람의 본성은 서로 비슷하지만, 습성은 서로 차이가 크다"[31]는 것이 있다. 『삼자경三字經』 첫머리는 바로 이 두 구의 말이다. 천도를 언급한 것은 이 부분 외에는 한 곳도 없다.

자공이 말한 이른바 "천도"는 우주론에 속하는데, 고대에 이 같은 문제를 연구하는 것이 술수학術數學이었다. "성"은 생명과학에 속하는데, 고대에 이와 같은 문제를 연구하는 것이 방기학方技學이었다. 과거에는 모두 유가에서는 천도와 성명에 관심을 가지지 않았고, 도가에서만 관심을 가지고 있다고 말했다. 『곽점초간』이 발견된 뒤로는 또 모두 공자 역시 천도와 성명에 대해 설명했다고 말했다. 공자가 말한 천도와 성명은 도대체 무엇인가 하는 것은 여전히 토론해볼 만한 가치가 있는 문제이다. 나중에 나온 도가와 비교하면 양자의 구별이 매우 분명해진다. 그가 말한 천도는 주로 하늘이 아니라 관리가 될 운세에 대한 것이고, 그가 말한 성명 역시 몸에 대한 것이 아니라 인성의 본질과 인성의 개조에 관한 것이다.

자공

자로는 어떤 것을 듣고 나서 아직 실행하지 못한 것이 있으면
다른 것을 들을까 두려워했다.

子路有聞, 未之能行, 唯恐有聞.

"어떤 것을 듣고 나서"는 말한 것을 들었다는 것인데, 자로는 누가
말한 것을 들었을까? 들은 내용은 무엇일까? 원문에는 설명이 없으니
깊이 연구할 방법이 없다. 이 부분의 말은 「선진」 11.22와 관련이 있
다. 자로는 공자에게 내가 어떤 것을 들으면 바로 실행해야 하느냐고
물었다. 공자는 너의 부형이 모두 살아 있는데, 어떻게 들으면 바로 실
행할 수 있겠느냐고 대답했다. 즉 그에게 실행하지 말라고 타이른 것
이다. 그러나 염유가 같은 문제를 물었을 때 공자는 오히려 너는 들은
것이 있으면 곧 실행하라고 대답했다. 공서화는 매우 헷갈려서 공자에
게 같은 문제를 물었는데 왜 대답이 서로 다른지를 물었다. 공자는 염
유는 일이 닥치면 쉽게 움츠러들고, 자로는 일이 있으면 무모하게 돌
진하기 쉽기 때문에 대답이 달랐다고 설명했다. 부형이 모두 살아 있
기 때문에 실행해서는 안 된다는 것은 분명히 집을 멀리 떠나거나 혹
은 위험한 일일 것이다. 나는 여기서 말한 "어떤 것을 듣고 나서" 역시
선생님으로부터 들은 것이고, 들은 내용은 어떤 중대한 일이 아닐까

하는 의심이 든다. 자로는 성질이 급했기 때문에 스승이 말하면 곧바로 실행했고, 만약 실행할 수 없으면 허둥대면서 어쩔 줄 몰라 했다.

공자는 군자의 특징은 "말에서는 어눌하고 행동에서는 민첩하다"[32]고 말했는데, "말에서는 어눌하고"는 "행동에서는 민첩하다" 앞에 놓인다. 이 두 가지는 모두 다 실행할 수 있을 때 가장 좋다. 그러나 공자의 제자들은 왕왕 그중 하나에 해당되었다. 그들 중에서 스승으로부터 가장 칭찬을 많이 받은 사람은 모두 도덕적인 함양이 있고 모범적이고 신중한 사람, 즉 "말에서는 어눌하고"의 주인공은 안회가 대표적이다. 안회는 말하는 데 신중했고, 스승 앞에서는 말을 극히 적게 했다. 스승이 말을 하면 전혀 말대꾸한 적이 없었고, 말대꾸를 하지 않았을 뿐만 아니라 물러나서는 스스로 반성하면서 집에 틀어박혀 깊이 생각했다. 깊이깊이 생각하다가 결국에는 뭔가 생각의 결실을 만들어내서 기대 이상의 결과로 스승을 기쁘게 했다. 스승이 한마디를 말하면 그는 열 마디를 생각해낼 수 있을 정도로 창조적이었고 새롭게 밝혀내는 면이 있었다. 그는 사상가형의 군자이다. 자로는 그와 반대였다. 그는 "말에서는 어눌하고"를 실천할 수 없었다. 그의 말은 너무 성급했고 너무 충동적이었으며, 입을 가만 두지 못하고, 스승이 말하면 항상 말참견을 했고, 말참견뿐만 아니라 말대꾸를 하기 일쑤였고, 심지어는 스승을 질책하거나 혹은 스승을 대신해서 어떤 결정을 내리기까지 했다. 그의 특징은 "행동에서는 민첩하다"는 것이었다. 공문에서 행동형의 군자가 많은 수를 차지하는데 자로가 그 대표자이다. 안회와 자로 가운데서 한 사람을 선택하도록 했다면 공자는 분명히 안회를 선택했을 것이다.

"민敏"은 빠르다는 의미이고 자로의 특징은 빠른 데 있었다. 행동이 빠를 뿐만 아니라 말하는 것도 빨랐고, 사람 됨됨이가 시원시원했으며 말도 시원시원하게 잘했다. 공자는 행동이 빠른 사람을 좋아했지만 말을 빨리하는 사람을 좋아하지는 않았다. 공자가 문제를 내면 자로는 경솔하게 대답했다. 그는 항상 사색할 틈도 없이 입에서 나오는 대로 지껄였다. 그 결과 당연하게도 스승으로부터 자주 욕을 얻어먹었다.

자로

이상의 14장은 제자에 대한 평론을 위주로 하고 있다.

자공이 물었다.

"공문자孔文子는 무슨 이유로 문文이라고 부릅니까?"

스승님께서 말씀하셨다.

"배우는 데 부지런하고 또 배우는 것을 좋아했으며, 아래 사람에게 묻는 것을 부끄러워하지 않았다. 이 때문에 그를 문이라고 부른다."

子貢問曰, 孔文子何以謂之文也. 子曰, 敏而好學, 不恥下問, 是以謂之文也.

"공문자"는 위나라 경으로서 위나라 영공과 출공을 모셨고, 성은 길姞이고 씨는 공孔이며, 이름은 어圉이고, 문자文子는 그의 시호이다. 『좌전』에 따르면 그는 기원전 484년에서 기원전 480년 사이에 죽었다. 공자는 위나라에 있을 때 그와 만났고 그를 좋게 평가했다.

이 단락은 시법諡法과 관련이 있다. 『일주서』「시법」에서 "배우는 데 부지런하고 묻기를 좋아하는 것을 문이라고 한다"[33]라고 한 것과 가깝다. 공자의 "민이호학敏而好學"은 아마도 음으로 풀이한 것 같다. 문文자는 성모는 명明이고 운모는 문文인 글자이고, 민敏자는 성모는 명明이고 운모는 지之인 글자로 성모가 같아 독음이 서로 비슷하다.[34]

공문자

스승님께서 자산子産에 대하여 말씀하셨다.

"군자의 도가 네 가지 있습니다. 그중 하나는 자신의 몸가짐을
공손히 하는 것이고, 다른 하나는 윗사람을 섬김에 있어 공경하는
것이고, 다른 하나는 백성을 보살핌에 있어 은혜로운 것이고,
다른 하나는 백성을 부림에 있어 의로운 것입니다."

子謂子産, 有君子之道四焉: 其行己也恭, 其事上也敬, 其養民也惠, 其使民也義.

"자산子産"은 공손교公孫僑의 자字이고, 정나라의 경卿이다.

여기서 말하고 있는 네 가지 미덕은 공손함, 경건함, 자애로움, 의
로움인데, 공손함과 경건함이 한짝이고, 자애로움과 의로움이 한짝이
다. 공손함과 경건함은 군자에게 쓰이는 것으로 예에 속한다. 공손함
과 경건함은 같은 것이 아니다. 그것은 자기를 나타낼 때 사용하며 다
른 사람에게 보여주는 것으로서 얼굴표정이나 말투를 매우 겸손하게
하는 것이다. 경건함敬은 상급자나 손윗사람을 모실 때 그들을 대단
히 존경하는 것이다. 자애로움과 의로움 역시 다르다. 자애로움은 백
성을 보살피는 것으로서 인민들이 잘 지내게 하는 것이고, 의로움은
백성들을 부리는 것으로서 그들로 하여금 의로운 일에 적합하도록 조
치하는 것이다. 여기 "백성을 부림에 있어 의로운 것"에서는 백성을 부

릴 때 사용해야 할 것은 "의義"라는 점을 말했고, 공자가 「팔일」에서 말한 "군주는 예를 갖추어 신하를 부려야 한다"[35]는 구절에서는 신하를 부릴 때 사용해야 할 것은 "예禮"라는 점을 말했다. 백성을 부리는 것과 신하를 부리는 것은 다르다. 예는 군자에게 쓰는 것으로서 일반 백성들과는 아무 상관이 없다. 비록 군자 대 군자, 군자 대 백성은 완전히 같지 않지만, 네 구절의 주어는 모두 군자이다. 그러므로 "군자의 도가 네 가지 있습니다"라고 말한 것이다.

자산

스승님께서 말씀하셨다.
"안평중晏平仲은 사람과 잘 사귄다.
오래 지나도 사람들이 그를 공경한다."

子曰, 晏平仲善與人交, 久而敬之.

"안평중"은 안영晏嬰이고, 자는 평중이며 제나라 경이었다. 그는 사람과 잘 사귀었는데, 만나는 시간이 오래되면 오래될수록 다른 사람으로부터 존중을 받았다.

안평중

스승님께서 말씀하셨다.

"장문중은 점치는 거북을 모셔둘 집을 지으면서 두공科栱에는
산을 그려 넣고, 작은 기둥들에는 채색을 했으니
어쩌면 그토록 지혜로웠을까?"

子曰, 臧文仲居蔡, 山節藻梲, 何如其知也.

"장문중"은 바로 장손진臧孫辰이고, 노나라 경이었으며 공자보다 선배였다. 장공, 민공, 희공, 문공 등 네 명의 군주를 섬기면서 매우 오래 살았다.

"거채居蔡"는 대채大蔡(점치는 거북)의 거북을 안치할 구실龜室을 짓는 것이다. 대채의 거북은 『태평어람』 권802, 권941과 『묵자』 「경주耕柱」에서 묵자의 말을 인용한 부분에 보이는데, 이는 "화씨의 구슬" 및 "수후의 구슬" 등과 병칭되며, 모두 "제후의 훌륭한 보물"이다. 이런 종류의 거북은 "세 개의 등뼈와 여섯 개의 날개"(거북의 등에 세 개의 등뼈가 있고, 양쪽에는 여섯 개의 작은 날개가 있음)가 있는 대단히 진귀한 것이라고 한다.

"두공科栱에는 산을 그려 넣고, 작은 기둥들에는 채색을 했으니"에 해당되는 "산절조절山節藻梲"에서 "산절山節"은 두공科栱(지붕 받침)에 산

모양을 그려 넣은 것이며, 절梲은 짧은 기둥을 뜻한다. 조절藻梲은 대들보 위의 짧은 기둥에 색을 입힌 것을 말한다. 여기서 말하고자 하는 것은 장문중의 구실은 장식이 매우 호화로웠다는 것이다.

"어쩌면 그토록 지혜로웠을까"의 의미는 이 사람의 지력은 어떤가, 그는 지나치게 총명했나보다, 라는 것이다. 반어법으로 쓴 것이다. 공자의 이 말은 이 사람은 너무 사치스러운 것이 아닌가, 사치스러운 것은 어리석은 것임을 의미하고 있다.

장문중

자장이 물었다.

"영윤令尹 자문子文은 세 번이나 영윤이 되었는데도 기뻐하는
기색이 없었고, 세 번이나 그만두었는데도 섭섭해하는 기색이
없었습니다. 전임 영윤의 정사는 반드시
신임 영윤에게 알려주었습니다. 이 사람은 어떻습니까?"
스승님께서 말씀하셨다. "충성스럽다."
"어집니까?" "모르겠다만, 어떻게 어질다고 할 수 있겠느냐?"
"최자崔子가 제나라 군주를 시해하자 진문자陳文子는
10승의 말을 가지고 있었지만 버리고 떠나갔습니다.
다른 나라에 이르러서는 '우리나라 대부 최자와 같다'라고 말하고
그곳을 떠났습니다. 또 다른 나라에 가서는
또 '우리나라 대부 최자와 같다'라고 말하고 그곳을 떠났습니다.
이 사람은 어떻습니까?" 스승님께서 말씀하셨다.
"깨끗하다." "어집니까?"
"모르겠다만, 어떻게 어질다고 할 수 있겠느냐?"

子張問曰, 令尹子文三仕爲令尹, 無喜色. 三已之, 無慍色. 舊令尹之政, 必以告新令尹. 何如.
子曰, 忠矣. 曰, 仁矣乎. 曰, 未知. 一焉得仁. 崔子弑齊君, 陳文子有馬十乘, 棄而違之.
至於他邦, 則曰, 猶吾大夫崔子也. 違之. 之一邦, 則又曰, 猶吾大夫崔子也. 違之. 何如.
子曰, 淸矣. 曰, 仁矣乎. 曰, 未知. 一焉得仁.

"자장"은 공문 제3기의 제자로 그가 공자와 이야기한 것은 공자의

만년에 해당된다.

　"영윤 자문"은 투곡어토鬪穀於菟이고 자는 문이며 초나라 성왕의 영윤이었고, 공자보다 앞선다. 그는 세 번에 걸쳐 영윤이 되었고 세 번이나 해직되었는데 이 이야기는 『국어』「초어하」에도 나온다.

　"진문자"는 제나라 대부로서 이름은 수무須無이고, 진나라 완증完曾의 손자이며 제나라 영공, 장공, 경공 등 세 임금을 섬겼고 공자와 같은 시기에 살았다.

　"최자"는 곧 제나라 대부 최저崔杼이다. 최자가 제나라 장공을 시해하자 진문자는 외국을 떠돌아다녔는데, 두 나라에 이르렀지만 그 밖의 고서에서는 언급한 것이 없다. "위지違之"는 떠난다는 뜻이다. 이 글에서 진문자는 자신이 도착한 국가의 대신을 불만스럽게 느끼면서 그들이 최자와 같이 나쁘다고 생각했다는 것을 말하고 있다.

　영윤자문은 올라갈 수도 있었고 내려올 수도 있었으며, 직무를 충실히 수행했기 때문에 "충성스럽다"고 할 수 있다. 진문자는 난신적자亂臣賊子를 비판하고 그들에게 협조하지 않았으니 "깨끗하다"고 말할 수 있다. 공자는 그들에 대하여 모두 괜찮다, 사람은 좋은 사람이라고 평가했다. 그러나 공자는 그들이 "인"의 경지에는 아직 충분히 오르지 못했다고 생각했다.

　"충성스러움"과 "깨끗함"은 모두 "인"보다는 낮은 것이다.

영윤 자문과 진문자

계문자季文子는 세 번 생각한 뒤에 실행했다. 스승님께서
그것을 들으시고 말씀하셨다. "두 번만으로도 좋다."

季文子三思而後行. 子聞之, 曰, 再, 斯可矣.

"계문자"는 계손행季孫行의 아버지이다. 문자의 아들이 무자숙武子宿
(혹은 武子夙)이고, 무자武子의 아들이 도자의여悼子意如이며, 도자의 아
들이 계평자季平子이고, 평자의 아들이 계환자季桓子이며, 환자의 아들
이 계강자季康子이다. 이 사람 역시 공자보다 앞선다.

계문자는 행동에 신중하여, 행동하기 전에 항상 세 번 생각했다.

공자의 두 번 생각한다는 것은 무슨 뜻일까? 아마도 긍정적으로 한
번 생각하고, 그 반대의 측면에서 한 번 생각하는 것, 이로움과 불리
함 쪽에서 각각 한 번 생각하는 것이리라. 『손자』「구변」에서는 "그러
므로 지혜로운 자는 반드시 이로운 쪽과 해로운 쪽을 한데 놓고 생각
한다. (불리한 조건에서) 이로운 점을 함께 고려하면 노력하는 일에 확
신을 가질 수 있고, (유리한 조건에서) 해로운 점을 함께 고려하면 고민
스러운 일이 풀릴 수 있다."[36]

계문자

스승님께서 말씀하셨다.
"영무자寧武子는 나라에 도가 있으면 지혜롭고,
나라에 도가 없으면 어리석다. 그의 지혜로움은 따라갈 수 있지만,
그의 어리석음은 따라갈 수 없다."

子曰, 寧武子, 邦有道, 則知. 邦無道, 則愚. 其知可及也, 其愚不可及也.

"영무자"는 위나라의 세습 귀족이다. 이름은 유俞이고, 그의 아버지는 영장자寧莊子(이름은 속速)로 공자보다 앞선다.

나라에 도가 있으면 총명하고 나라에 도가 없으면 어리석은 것은 도회지계韜晦之計(재능을 숨기고 때를 기다리는 계책)이다. 공자는 영무자가 이런 계책을 부릴 수 있다고 말했다. 그의 총명함은 배우기 쉽지만, 그의 어리석음은 배우기 어려운 것이었다. "어리석음은 따라갈 수 없다愚不可及"라는 구절은 나중에 관용어가 되었는데, 그것은 어리석은 정도가 대단히 심하다는 것으로 의미가 바뀌었다.

영무자

스승님께서 진陳나라에 계실 때 말씀하셨다.
"돌아가자! 돌아가자! 우리 고향의 젊은이들이 뜻은 크고
재능은 찬란하게 빛나지만, 그들을 어떻게 지도해야 할지 모르겠다."

子在陳, 曰, 歸與. 歸與. 吾黨之小子狂簡, 斐然成章, 不知所以裁之.

공자가 주유열국하던 진陳나라 민공湣公(기원전 491~기원전 489) 때
한 말이다. 사마천은 이 말을 계강자가 염구를 초청하고, 염구가 막
떠나는 당일에 한 것으로 안배했는데,[37] 그때가 기원전 491년이다.

"뜻은 크고"의 원문 "광간狂簡"의 간簡에 대하여 공주孔注에서는 크
다大고 해석했고, 주희의 주에서는 단순하다略고 해석했는데, 이것은
뜻이 큰 것을 형용한 것이다.

"재능은 찬란하게 빛나지만"에 해당되는 "비연성장斐然成章"은 문채
가 나는 것을 형용한 말이다.

공자는 집으로 돌아가야겠다, 집으로 돌아가야겠다, 우리 고향의
젊은이들은 기개가 매우 높고 또 재능이 찬란하게 뛰어나지만, 그들
을 어떻게 지도해야 할지 정말 모르겠다고 말했다.

집으로 돌아가는 기쁨

스승님께서 말씀하셨다.

"백이와 숙제는 옛날의 원한을 마음에 두지 않았기 때문에,
남을 원망하는 일이 거의 없었다."

子曰, 伯夷叔齊不念舊惡, 怨是用希.

"백이와 숙제"는 고죽국의 두 아들인데, 그들은 상나라 주왕의 포
악한 통치에 불만을 품고 주나라 무왕에게 의탁했다. 그러나 그들은
또 주나라 무왕의 혁명에 불만을 품고 벼슬길에 나가는 것을 거절했
으며, 주나라의 곡식을 먹지 않고 수양산 기슭에서 굶어 죽었다. 그
들은 고대의 유명한 고결지사高潔之士로서 공자는 그들을 대단히 추앙
했다.**38** "불념구악不念舊惡"은 옛날의 원한을 기억하고 있지 않는 것이
다. "남을 원망하는 일이 거의 없었다"는 것은 불평이나 원한을 품고
있는 것이 거의 없었기 때문이다. "원망한다"는 것은 누구를 원망한
다는 것일까? 자기를 원망한다는 것일까, 아니면 다른 사람을 원망한
다는 것일까? 이점에 대하여 예전에는 논쟁이 있었다. 참고로 「술이」
7.15의 다음 문장을 살펴보자. "그는 들어가서 물었다. '백이와 숙제는
어떤 사람입니까?' '옛날의 현인이시다.' '원망했습니까?' '인을 추구하
다가 인을 얻었는데, 또 무엇을 원망했겠느냐?'" 이 문장에 두 번 나오

는 "원망하다怨"는 말은 둘 다 같은 의미여야 한다. "원망하다"의 주어는 모두 백이와 숙제이다. 주희의 주에서는 이곳의 "원망하다"는 다른 사람이 백이와 숙제를 원망한 것이라고 설명했는데, 맞지 않다. 마땅히 첸무의 설에 따라 바로잡아야 한다.[39]

그것은 관대함寬, 오늘날의 말로는 너그러이 용서함寬恕에 대해 말한 것이다. 사실 관대함寬은 관대함이고, 서恕는 서로서 고어에서는 결코 같은 것이 아니었다.

백이와 숙제

5.24

스승님께서 말씀하셨다.

"누가 미생고微生高를 정직하다고 말하는가? 어떤 사람이 식초를
빌리러 갔더니 그는 옆집에 가서 빌려다주었다."

子曰, 孰謂微生高直. 或乞醯焉, 乞諸其鄰而與之.

"미생고微生高"는 옛날 책에 자주 보이는 미생고尾生高이다. 그는 신
용을 매우 중시한 사람이라고 한다. "미微"는 국가와 민족의 이름이다.
즉 "생生"은 누이의 아들을 뜻하는 생甥의 의미인데, 누이의 아들은 모
계를 중심으로 말한 것이며, "미"는 그의 외할머니집이다. 옛날 사람
은 때로는 모계 가족(할머니집)을 씨로 삼고 "~생生"이라 불렀는데, 서
주의 금문과 『좌전』에 적지 않은 예가 보인다. "고高"는 그의 이름이
다. 정직直에는 참과 거짓의 구분이 있는데, 거짓으로 정직한 것은 쇼
를 하는 것이기 때문에 옛사람은 이를 "매직賣直", 즉 정직을 파는 것
이라 불렀다.

"혜醯"는 식초이다. 옛날 사람은 식초 만드는 법을 굉장히 많이 알
고 있었다. 혜는 비교적 자주 보이는 종류다. 식초를 뜻하는 오늘날의
초醋자는 옛날에는 초酢라고 썼고, 초酢자는 오히려 수작酬酢의 작酢
으로 쓰였으며 두 글자의 용법은 정반대였다.[40]

다른 사람이 미생고에게 식초를 빌리러 갔는데, 미생고는 자기 집에 없다고 말하지 않고 이웃집에서 구걸해왔다. 공자는 누가 이 사람을 솔직하다고 말하는가 하면서 그의 품행에 대해 크게 의문을 품었다.

미생고

스승님께서 말씀하셨다.

"듣기 좋게 꾸민 말과 보기 좋게 꾸민 표정과 지나친 공경은
좌구명左丘明이 부끄러워하던 것이고 나 역시 부끄러워하는 것이다.
원망의 감정을 숨기고 그 사람과 친구로 지내는 것은 좌구명이
부끄럽게 생각하던 것이고, 나 역시 부끄럽게 생각한다."

子曰, 巧言令色足恭, 左丘明恥之, 丘亦恥之. 匿怨而友其人, 左丘明恥之, 丘亦恥之.

"듣기 좋게 꾸민 말과 보기 좋게 꾸민 표정"은 공자가 자주 비판한
것이다. "지나친 공경"에 해당되는 원문 "주공足恭"은 겉보기에 충분히
공경스러운 것이다. 공恭과 경敬은 같은 것이 아니다. 공은 스스로 공
손해서 말투와 표정에 드러나는 것이고, 경은 다른 사람을 공경하고
일을 공경하는 것이며, 특히 윗사람을 공경하는 것이다.

"좌구명"은 공자가 칭찬한 예전의 현인이고 노나라 사람으로서 태
어난 해와 죽은 해를 알 수 없다. 예전에는 그를 공문의 제자라고 생
각하기도 했지만 믿을 수 없다.

"원망의 감정을 숨기고 그 사람과 친구로 지내는 것"은 마음속에 한
이 맺혀 이를 악물고 있으면서도 표정은 오히려 그 대상이 되는 사람
과 대단히 친숙한 것처럼 꾸미는 것이다. 이 두 가지는 모두 매우 허

위적인 것으로 좌구명은 부끄러운 것이라고 생각했고, 공자 역시 부끄러운 것이라고 생각했다.

좌구명

이상의 11장은 주로 각국 정계의 요인과 유명 인사에 대해 논평한 것이다.

안연과 계로가 모시고 있을 때 스승님께서 말씀하셨다.

  "각자 자신의 포부를 한번 말해보는 것이 어떠냐?"

자로가 말했다. "거마車馬와 옷과 가죽옷을 벗들과 함께 쓰다가

  망가지거나 해지더라도 섭섭해하지 않았으면 합니다."

안연이 말했다. "제 자신의 장점을 자랑하지 않고, 제 자신의

  공로를 늘어놓지 않기를 바랍니다."

자로가 말했다. "스승님의 포부가 무엇인지 듣고 싶습니다."

  스승님께서 말씀하셨다. "늙은이를 편안하게 해주고,

  벗들에게 믿음을 주고, 어린 사람을 품어주고자 한다."

顔淵季路侍. 子曰, 盍各言爾志. 子路曰, 願車馬衣輕裘與朋友共, 敝之而無憾. 顔淵曰, 願無
伐善, 無施勞. 子路曰, 願聞子之志. 子曰, 老者安之, 朋友信之, 少者懷之.

"안연과 계로가 모시고 있을 때"라는 구절에서 두 사람 모두 자字
를 부르고 있다. 『논어』에 "시侍"자만 쓴 것은 공자가 앉아 있고 제자가
서 있는 것을 가리킨다.[41]

  "합盍"은 "어찌 …하지 않느냐?" "…해보는 것이 어떠냐?"의 뜻이다.

  "거마車馬와 옷과 가죽옷"에 해당되는 원문 "거마의경구車馬衣輕裘"에
서 "경輕"자는 고본에는 없다. 잘못 들어간 글자이다.

  "폐敝"는 구멍 나고 망가지는 것이다.

"벌선伐善"은 스스로 자기 장점을 자랑하는 것이다.

"시로施勞"는 스스로 자기 공로를 늘어놓는 것이다.

"늙은이를 편안하게 해주고, 벗들에게 믿음을 주고, 어린 사람을 품어주고자 한다." 자로가 공자의 포부를 묻자 공자는 자기의 희망은 자기보다 늙은 사람은 보살핌을 받고, 자기와 같은 연배의 사람은 신임을 받고, 자기보다 어린 사람은 관심을 받는 등 각각 필요로 하는 것을 얻어 모두 크게 기뻐하는 것이라고 말했다. 이 몇 구절의 말은 사실 공자가 말한 "자기를 수양하여 다른 사람을 편안하게 해주는 것"42이기도 하다. 공자가 사람을 평가할 때는 세 가지 경지가 있다. 성인聖人이 첫 번째이고, 인인仁人이 두 번째이고 군자君子가 세 번째이다. "자기를 수양하여 다른 사람을 편안하게 해주는 것"은 인인, 즉 어진 사람의 경지이다.

이 단락에서 자로와 안연은 선명하게 대조를 이룬다. 자로는 호방하여 무엇이든 친구들과 함께 나눈다. 안연은 겸손하여 자화자찬하지 않는다. 공자의 포부는 그들과는 달리 인애仁愛를 널리 보급하여 늙은이든 어린이든 모두 크게 기뻐하게 하는 것이다.

안연과 자로

스승님께서 말씀하셨다.
"가망이 없어! 나는 자신의 과오를 보고 속으로 자신을
비판할 수 있는 사람을 보지 못했다."

子曰, 已矣乎, 吾未見能見其過而內自訟者也.

이 단락의 말은 누구에게 한 말인지 알 수 없다. 공자는 말했다.
"그만두자꾸나, 누가 자기의 잘못을 발견하고서는 용감하게 자신을
비판할 수 있을지, 나는 본 적이 없다." 그런 것을 보기가 쉽지 않다는
것이다. "자송自訟"은 자기와 자기가 논쟁하는 것, 스스로를 비판하는
것이다.

스스로를 비판할 수 있는 사람이 너무 적다

스승님께서 말씀하셨다.

"열 가구가 사는 마을에 성실함과 신뢰에 대해서는
나 정도 되는 사람이 분명히 있겠지만, 나처럼 배우기 좋아하는
사람은 없을 것이다."

子曰, 十室之邑, 必有忠信如丘者焉, 不如丘之好學也.

공자는 배우기를 좋아한 사람이다.

"십실지읍十室之邑"은 겨우 10가구가 사는 시골의 작은 마을이고,
"성실함과 신뢰가 있는忠信" 사람은 진실된 사람이다. 공자는 나만큼
성실함과 신뢰를 중시하는 사람은 10가구 중에서 한 사람은 있겠지
만, 배우기 좋아하는 점에서 그들은 나를 따라올 수 없을 것이라고
말했다.

공자는 가장 배우기 좋아한 사람이다

제 6 편

옹야 雍也

이 편에는 집중적인 주제가 없다.

스승님께서 말씀하셨다.

"옹雍은 남쪽을 보고 앉는 임금을 시킬 수 있겠다."

子曰, 雍也可使南面.

앞에서 염옹은 정사의 인재이고 또 도덕샌님이라는 점을 말했다. 여기의 이 말은 그가 군주의 풍도를 지니고 있음을 칭찬한 것이다.

"남면南面"은 이른바 "임금이 정사를 듣고 다스리는 자리"이다. 고대에 군주가 조회에 임할 때는 일반적으로 궁실 정북쪽의 청사에 단정히 앉아 얼굴은 남쪽을 바라보고 있었다. 신하는 임금을 조현朝見할 때 당 아래의 뜰에 서서 얼굴은 북쪽을 바라보고 있었다. 제왕이 아랫사람을 제어하는 것을 남면술南面術이라고 부른다. 신하가 군주를 섬기는 것을 "북면사지北面事之", 즉 북쪽을 보고 섬기는 것이라 불렀다. 고대의 관리들이 백성을 다스릴 때도 이와 같이 했다. 푸양阜陽 쌍고퇴雙古堆에서 출토된 서한 양식의 쟁반 가운데 구궁반九宮盤이 있는데, 천반天盤은 "군君"이라고 표시한 것을 북쪽에 두었고, "상相"이라고 표시한 것을 동남쪽에 두었고, "장將"이라고 표시한 것을 서쪽에 두었고, "백성百姓"이라고 표시한 것을 "남쪽"에 두었으며, 바로 이러한 인식에 따라 배열한 것이다. "옹雍은 남쪽을 보고 앉는 임금을 시킬 수 있겠다"에 대하여 예전에는 세 가지로 해석했다. 하나는 그의 재능이 천자의 직무를 수행할 수 있다는 것이고(유향), 다른 하나는 그의 재능이 제후의 직무를 수행할 수 있다는 것이며(포함包咸과 정현鄭玄), 마지막 하나는 그의 재능이 경대부卿大夫의 직무를 수행할 수 있다는 것이다.(후세 유자)[1] 일반적으로 이것은 염옹에게 군주의 풍도와 치세의 재능이 있음을 공자가 칭찬한 것이라고 다들 생각한다. 그러나 공자의 정치적 포부는 당시에 시기를 기다려 임용에 응하는 것이었지, 요임금이나 순임금처럼 군주의 자리에 단정하게 앉는 것이 아니었다. 공자는 다음 두 가지를 매우 분명하게 구분했다. 덕이 있고 재능이 있고 지위가 있어 천하를 모두 구제할 수 있어야만 비로소 "성인"이라고 부를 수 있다. 오직 덕과 재능만 있고 지위가 없으면 기껏해야 "어진 사람仁人"일 뿐이다.

염유에게는 군주의 풍도가 있다

중궁이 자상백자에 대해 묻자, 스승님께서 대답하셨다.
"좋다. 간소한 사람이다." 중궁이 물었다.
"경건하게 살고 간소하게 행동하면서 백성들 앞에 나서는 것
역시 좋지 않을까요? 간소하게 살고 간소하게 행동하는 것은
지나치게 간소한 것이 아닐까요?"
스승님께서 대답하셨다. "옹의 말이 맞다."

仲弓問子桑伯子. 子曰, 可也, 簡. 仲弓曰, 居敬而行簡, 以臨其民, 不亦可乎.
居簡而行簡, 無乃大簡乎. 子曰, 雍之言然.

"자상백자子桑伯子"는 "자묵자子墨子"의 용법과 같이 "자子"자를 존칭
으로 썼다. 이러한 호칭은 자字, 즉 자상子桑을 먼저 부르고 이름, 즉
백伯을 나중에 부르는 것이 아니다. 정현鄭玄은 이 사람은 진秦나라 대
부 자상, 즉 공손지公孫枝인데, 시간이 맞지 않고 이름과 자를 부르는
형식 역시 틀렸다고 말했다. 청대 학자들은 그는 바로 『장자』에 나오
는 "자상호子桑雽"(「산목」) 혹은 "상호桑戶"(「대종사」), 『초사』 9장 「섭강涉
江」의 "상호桑扈"라고 고증했다. 「대종사」에서는 상호가 맹지반孟之反·
금장琴張 등과 친구로 지냈다[2]고 말했고, 「섭강」에서도 상호와 접여接
輿를 함께 거론하고 있는 점 등으로 미루어보아 이 사람은 공자와 동
시대 사람이었음을 알 수 있다. 그는 고대 은자의 한 사람으로 접여와

같은 부류의 사람이고 사상은 나중에 발생하는 도가와 비슷하다.

자상백자에 대한 공자의 비판은 오직 한 글자, 바로 "간簡"이었다. 간소하다는 것이다. 이는 지나치게 간소한 것으로, 이미 간소하게 살면서도 그보다 더욱 간소하게 살려고 하는 것, 간소함을 위한 간소함으로서 "예"에 반드시 포함되어야 할 "경敬"을 잃어버린 것이다. 『황소』에서는 우희虞喜의 주장을 인용하면서 『설원說苑』을 가지고 해석했다. 『설원』「수문修文」에는 다음과 같은 이야기가 하나 있다. 공자가 "자상백자"를 만났다. 그는 웃통을 벗고서 집에서 기다리고 있었다. 공자의 제자가 불쾌하게 생각하여 어째서 저렇게 옷마저도 입지 않을 정도로 "간소한" 놈을 만나보려고 하는지 물었다. 공자는 백자의 소박하고 꾸밈없는 모습, 즉 그의 질박함을 보고 싶고, 그를 만나면 그에게 "문文"을 좀 갖게, 즉 개화를 좀 시켜보려고 한다고 말했다. 공자가 가고 난 뒤 백자의 제자가 불쾌한 생각이 들어 스승에게 왜 저런 학자인 척하고 다니는 놈을 만나는지 물었다. 백자는 나는 그의 "질"은 그래도 괜찮지만, 애석하게도 그는 "문文"이 좀 지나치다는 것을 알고 있고, 그의 "문"을 없애버리려 했던 것이라고 말했다. 여기서 백자는 번거롭고 자질구레한 예절을 싫어하고 소박하고 참된 모습으로 되돌아가는 것을 추구하는 사람이라는 것을 알 수 있다. 유향은 백자가 "지나치게 간소하여" "평탄한 들판"[3]으로 빠져버린 나머지 "사람을 소나 말과 함께 살도록 하려고 했다"라고 말했는데, 이 말은 바로 이 장에 대한 주석으로도 손색이 없다.

자상백자는 지나치게 간소하다

애공이 물었다.

"제자들 중에 배우는 것을 좋아하는 사람은 누구입니까?"

공자가 대답했다. "안회라는 제자가 있었는데 배우기를 좋아하고,

다른 사람에게 화풀이하지 않고, 같은 잘못을 되풀이하지

않았습니다. 그러나 불행히도 단명하여 죽었습니다.

지금은 그가 없고, 배우기 좋아하는 사람이 있다는 말은

듣지 못했습니다."

哀公問, 弟子孰爲好學. 孔子對曰, 有顔回者好學, 不遷怒, 不貳過.

不幸短命死矣. 今也則亡, 未聞好學者也.

"안회顔回"는 바로 그 이름을 부른 것이다. 공자는 안회가 배우는 것을 가장 좋아했지만 아쉽게도 단명하여 지금은 없고, 누가 특히 배우기를 좋아하는지 들어보지 못했다고 말했다.

"다른 사람에게 화풀이하지 않고, 같은 잘못을 되풀이하지 않았습니다"에 대하여 주희는 "갑이라는 사람 때문에 화가 났는데 을이라는 사람에게 옮기지 않는 것, 앞에서 잘못한 것을 뒤에 반복하지 않는 것"으로 풀이했다. 즉 안연의 도덕 수양이 높아서 다른 사람에게 화풀이하지 않고, 잘못이 있으면 반드시 고쳐 결코 똑같은 잘못을 저지르지 않는다는 것이다. "천노遷怒"는 인간이 불쾌한 감정을 배출하는

익숙한 수단인데, 그것은 옛날 책에서 흔히 말하는 "이화移禍", 즉 남에게 죄를 뒤집어씌우는 것과 같은 유형에 속하며, 인류학자들은 그것을 "전이무술轉移巫術"이라고 부른다. 주인이 노비에게 화내고 욕하는 것, 어른이 아이에게 화내고 때리는 것, 뽕나무를 보고 회나무를 욕하는 것, 대야를 내던지고 사발을 두드려 깨는 것 등은 모두 울분을 푸는 것 혹은 정화catharsis에 속한다. "울분을 푸는 것"과 "배설하는 것"은 본래 같은 말이었다. 똥을 싸고 오줌을 눌 때는 반드시 적당한 장소를 찾아 한 번에 다 쏟아내야 한다. 쏟아낼 곳이 없으면 마음속에 응어리로 남아 정신병을 일으킬 수 있다. 잘못을 저지르는 것도 같다. 개는 똥 먹는 버릇을 못 고친다는 말이 있듯이 많은 사람은 늘 한번 저지른 잘못을 다시 저지르곤 하는데, 먹는 것만 기억하고 맞는 것을 기억하지 못하는 개와 같다. 도덕적 수양이 지극히 높아야만 다른 사람에게 화풀이하지 않을 수 있다.

"불행히도 단명하여 죽었습니다." 옛날 사람은 병으로 죽거나 전쟁에서 죽는 것과 같이 비정상적인 죽음에 대해 "요天(요절)" "상殤(일찍 죽음)"이라 불렀는데, 그것을 한대의 말로 하면 "불행사不幸死(불행한 죽음)"가 된다. 안연은 공자의 생명이 남아 있던 마지막 몇 년 사이에 죽었다. 그는 겨우 41세의 나이로 죽었다. 옛날 사람은 50세까지 살지 못하면 단명하여 요절한 것이라고 생각하지만, 현재는 추도사에서 "꽃다운 나이에 일찍 갔다"고 말한다. 우리는 이 장의 대화가 진행된 시간이 안연이 죽은 뒤, 즉 기원전 481년과 기원전 479년 사이라고 단정할 수 있다.

안연은 배우기를 좋아했다

자화子華가 제나라에 사신으로 갈 때, 염자冉子가
그의 어머니에게 보낼 식량을 달라고 했다.
스승님께서 말씀하셨다.
"1부釜를 주어라." 더 달라고 하자 "1유庾를 더 주어라"라고
말씀하셨다. 염자는 그에게 속미 5병秉을 주었다.
스승님께서 말씀하셨다.
"적赤이 제나라에 갈 때는 살진 말을 타고 가벼운 가죽옷을
입었더라. 나는 군자가 다급한 사람은 도와주지만,
부자에게는 보태주지 않는다고 들었다."

子華使於齊, 冉子爲其母請粟. 子曰, 與之釜. 請益. 曰, 與之庾. 冉子與之粟五秉.

子曰, 赤之適齊也, 乘肥馬, 衣輕裘. 吾聞之也. 君子周急不繼富.

|

"자화子華가 제나라에 사신으로 갔을 때, 염자가 그의 어머니에게
보낼 식량을 달라고 했다." "자화子華"는 공서적의 자이다. 공서적의 특
기는 외교였다. "염자冉子"는 염구의 제자가 염구를 높여 부른 것이다.
『논어』에서 공문의 제자를 "선생님子"이라는 호칭으로 부르는 경우는
오직 증삼·유약·염구밖에 없다. 염구의 특기는 재정을 관리하는 것이
다. 그는 먼저 공자의 재정을 관리해주기 위해 공자의 가신으로 있었
고, 나중에는 계강자의 재정을 관리하기 위해 계강자의 가신이 되었

다. 공서적은 왜 제나라에 갔을까? 노나라 임금의 일을 대신 처리하기 위해서였을까, 아니면 공자의 일을 대신 처리하기 위해서였을까? 만약 앞의 경우라면 공적인 출장이기 때문에 정부에서 그 비용을 정산해주어야 하며, 만약 뒤의 경우에 해당된다면 그저 스승을 찾아가 정산을 부탁할 수밖에 없다. 어떤 경우에 해당되는지 우리는 분명히 알 수 없다. 여기서 말하고 있는 것은 공서적이 출장을 떠날 즈음에 공서적의 어머니에게 쌀을 좀 보내 돌봐주자는 것에 대해 염구가 스승에게 승인을 요청했다는 것이다.

"속粟"은 벼의 낱알이다. 껍질을 벗기지 않은 것을 "속粟"이라 부르고, 껍질을 벗긴 것을 "미米"라고 부르는데, 대미(쌀)가 아니라 소미(좁쌀)이다. 중국 고대의 식량 작물 가운데 고유 작물의 독특한 특징을 가진 것은 주로 벼의 낱알과 메기장이었다.

"부釜"는 6말 4되이다. "유庾"는 2말 4되이다. "병秉"은 160말이다.

자화가 출장을 가는데 "살진 말을 타고 가벼운 가죽옷을 입은" 것은 매우 호화로운 것이다. 그러나 염구는 집에 남아 있을 노모에게 곡식을 가불해주자고 자화를 대신해서 공자에게 요청했다. 공자는 1부를 주면 될 것이라고 말했고, 염구는 충분하지 않다고 불만스러운 생각이 들어 좀 많이 주자고 요청했다. 그러자 공자는 그렇다면 1유를 더 주라고 말했다. 그러나 염구는 결국 단번에 5병을 주었다. 공자가 허락한 것보다 굉장히 많은 양이다. 공자가 그것을 알고 기분이 무척 나빠서 "군자는 다급한 사람을 도와주지만, 부자에게는 보태주지 않는다"라고 말했다. "다급한 사람을 도와주다"에 해당되는 "주급周急"은 긴급한 어려움에 처한 사람을 구제하는 것이고, "부자에게 보태주다"

에 해당되는 "계부繼富"는 돈 많은 사람이 더 많은 돈을 벌도록 돈벌이를 도와주는 것이며, 여유 있는 자에게 더 많이 보태주는 것이다. 가난한 자의 것을 빼앗아 부자에게 보태주는 것이 인류 사회의 주된 흐름이다. 염구의 재정 관리 이념은 매우 현대적이다. 현대의 은행 대출은 신용 보증을 요구한다. 돈이 많은 사람일수록 더 많은 돈을 빌릴 수 있고, 가난한 사람은 빌린 돈을 갚지 못할까 걱정한다. 우리는 염구가 나중에 계씨의 가신이 되어서도 이런 이념을 견지했음을 알아야 한다. "계씨가 주공보다 부유함에도 불구하고 염구는 그를 위해 수탈하여 그의 부를 더욱 늘려주었다." 공자는 크게 화를 내면서 "내 제자가 아니다. 그대들은 북을 울려 성토하는 것이 좋겠다"라고 말했다.[4]

이 문단의 말은 앞뒤의 인과관계가 그다지 분명하지 않다. 『황소皇疏』에서는 한 가지 변론을 전개했다. 그는 자화의 어머니가 진짜 식량이 없었는지 아닌지 우리는 알지 못한다고 말했다. 그의 설명에 따르면 만약 식량이 없었음에도 불구하고 자화가 그렇게 호화스러운 것은 불효이고 공자가 많이 주는 것을 인정하지 않은 것은 어진 것이 아니며, 만약 식량이 없지 않았음에도 불구하고 염구가 그렇게 많이 주었다면 그것은 지혜롭지 못한 것이다. 사실 실제 상황은 아무래도 이랬을 것이다. 자화의 어머니는 결코 식량이 없었던 것이 아니었을 것이고, 자화는 결코 불효자가 아니었을 것이며, 공자가 많이 주는 것을 달가워하지 않았던 것은 실정과 이치에 맞는 것으로 결코 어질지 못했기 때문이 아니었을 것이다. 염구는 친구가 집을 떠나 밖에 있으면 그의 어머니는 자신의 어머니와 같다고 생각했을 것이기 때문에 그 역시 잘못한 것이 아무것도 없다. 염구가 자신의 녹미를 자화의 어머니에게 주지 않은 것은 자기가 그것을 준다면 다른 사람이 자화의 어머니가 식량이 없을 것이라고 생각하고 따라서 자화를 불효자라고 질책했을 것이기 때문이다. 그가 공자에게 곡식을 요청한 것은 비록 공자를 불쾌하게 만들기는 했어도, 원래 자화의 어머니는 결코 식량이 없는 것이 아니라는 것을 사람들은 모두 알 수 있었다. 정리하자면 염구는 친구를 위해 그런 생각을 한 것으로 매우 의리 있었다는 것이다. 이것은 복잡하고 우회적인 해석의 일종이다.

공자의 생각은 여유가 있는 사람에게 금상첨화식으로 보태주는 것보다 추위에 떠는 사람에게 땔감을 보내주듯이 가난한 사람을 도와주는 것이 낫다는 것이다.

금상첨화

원사原思가 스승님의 가신이 되어 그에게
9백의 속미를 주었으나 사양했다. 스승님께서 말씀하셨다.
"거절하지 마라. 이것을 받아서 너의 이웃과
마을 사람에게 나눠주어라."

原思爲之宰, 與之粟九百, 辭. 子曰, 毋. 以與爾鄰里鄕黨乎.

"원사原思가 스승님의 가신이 되어"에서 "원사原思"는 원헌原憲이고,
자는 자사子思인데, 여기서는 자를 부른 것이다. 그는 공문 제3기의
제자이다. 전국과 진한 시기의 고서에는 항상 그와 자공을 대비시켰
다. 자공은 공문에서 가장 부유한 제자였고 그는 자공과는 완전히 반
대로 가난하고 초라한 사람이었다. "신이 되어"는 일반적으로 원사가
공자의 가신이 된 것, 공자 집안 관리인의 우두머리가 되어 그의 재정
을 관리한 것을 가리킨다고 생각한다. 그러나 이 말은 조금 생뚱맞은
데가 있다. 아마도 이 앞에 다른 말이 있었던 것 같다. 학자들은 이
말이 앞 장과 관련이 있을 것이라고 생각한다. 이 장은 앞 장과 대비
되는데, 『집해』에서는 두 개의 장으로 나누었고 주주朱注에서는 하나
의 장으로 합쳐놓았다.

"9백의 속미를 주었으나." 공자는 자화가 매우 부유하기 때문에 전

혀 보태줄 필요가 없고, 진정으로 지원해주어야 할 사람은 원사라고 생각했다. 그래서 그에게 "속구백粟九百"을 준 것이다. "구백九百"이라는 말 아래 양을 표시하는 단위가 없다. 사마천은 공자가 위나라 영공을 만나자 영공은 공자에게 노나라에 있을 때 얼마를 받았는지를 물었고, 공자는 "녹봉으로 받은 속미가 6만奉粟六萬"이라고 대답했다고 기록했다.[5] 예전에는 "6만六萬"은 6만 말斗일 것이라고 추측했다. 만약 정말로 그렇다면 여기서 말하는 "속구백粟九百"은 바로 900말이다. 이 숫자는 적은 것이 아니다. 하지만 자사는 받으려 하지 않았다. 공자는 거절하지 말라면서 네가 먹지 않을 거라면 마을 사람과 친척들에게 전부 나누어주어도 좋다고 말했다.

앞 장에서 염구가 곡식을 요청한 것이 금상첨화라면, 이 장에서 공자가 곡식을 주는 것은 설중송탄雪中送炭, 즉 추위에 떠는 사람에게 땔감을 보내주는 것이다.

곤경에 빠진 사람을 돕다

6.6

스승님께서 중궁에 대하여 말씀하셨다.
"얼룩소의 새끼가 붉은색이고 뿔이 단정하다면, 비록 쓰지
않으려 한다 해도 산천山川의 신령이 가만히 두겠느냐?"

子謂仲弓, 曰, 犁牛之子騂且角, 雖欲勿用, 山川其舍諸.

"스승님께서 중궁에 대하여 말씀하셨다"에 해당되는 원문 "자위중궁왈子謂仲弓曰"에 대해서는 두 가지 끊어 읽는 방법이 있고 또 두 가지 이해 방식이 있다. 하나는 "자위중궁왈"을 붙여 읽고 그 아래 있는 것을 공자가 중궁에게 한 말로 보는 것이고, 다른 하나는 "자위중궁"과 "왈"을 분리하여 읽고, 그 아래 있는 것은 공자가 중궁을 평가하는 말로 보는 것이다. 두 번째 방식이 좀 더 낫다.

"얼룩소의 새끼가 붉은색이고 뿔이 단정하다"에서 "이우犁牛"는 검은색의 소 혹은 땅을 가는 소이며, 『집해』에서는 "잡색의" 소라고 했는데, 총괄해보면 비교적 못생겼고 비교적 평범한 소다. "성차각騂且角"에서 "성騂"은 붉은색인데, 본래는 붉은색의 말을 가리키는 글자였지만 실제의 용법은 비교적 넓고 소에게도 쓸 수 있다. 여기서는 이우犁牛의 모피가 붉은색이고 뿔이 매우 단정하다는 것을 말하고 있다. 옛사람은 이런 소는 희생으로 쓰기에 가장 좋다고 생각했다.

"용用"은 제사의 술어로 희생을 죽여 제사지내는 것을 가리키는데, 거기에는 희생용 사람을 죽이는 것까지 포함된다.

"저諸"는 "지호之乎"에 해당되는데, 이러한 용례는 『논어』에 매우 많다. 다음에 다시 설명하겠다.

이 단락에서는 보통의 어미소라도 고귀한 송아지를 낳을 수 있고, 설령 제사지내는 사람이 그것을 희생으로 쓰는 것을 달가워하지 않는다 해도 산천이 내버려두지 않는다는 것을 말하고 있다. 그것은 혈통론, 즉 "용이 용을 낳고, 봉황이 봉황을 낳고, 쥐의 새끼는 구멍을 뚫을 수 있다"는 것과 완전히 상반된다. 이 단락에 대해 어떤 사람은 중궁을 논평한 것이라고 생각했다. 그들은 염경冉耕의 자는 백우伯牛이고, 여기서 말한 "얼룩소犁牛"는 염경을 비유한 것이며, 중궁은 염경의 아들, 즉 "얼룩소의 새끼犁牛之子"라고 말했다. 그러나 사마천은 중궁은 "백우의 종족宗族"이라고만 말했을 뿐 그가 바로 백우의 아들이라고 말한 적은 없다. 이와 같은 해석이 반드시 믿을 수 있는 것은 아니다. 내가 이해한 바는 이렇다. 이 문장은 공자가 중궁을 논평한 말, 즉 두 번째 끊어 읽기 방식을 취하는 것이 더욱 좋다. 그러나 거기에 내포된 의미는 중궁이 비록 빈천한 집안 출신이지만 얻기 어려운 귀한 인재라는 것이다. 그는 가난한 집 아이였고, 이점은 틀림이 없다.

이 말은 아마도 공자가 중유를 대신해서 계씨의 가신으로 염옹을 파견한 것과 관련이 있을 것이다. 공자가 보낸 계씨의 가신은 중유·염옹·염구인데, 중유와 염구는 모두 공자로부터 욕을 먹은 적이 있다. 공자는 그들이 계씨의 나쁜 짓을 저지하지 못한 것을 비판했다. 셋 가운데 오직 염옹만은 『논어』에서 총 일곱 차례 나오지만 모두 칭찬받았다. 그는 정치적 재능이 있었지만, 덕행과로 분류된다. 덕행과의 제자는 모두 공자의 도덕적 기준에 부합하는 사람이다. 예를 들어 염옹은 말하는 것을 좋아하지 않았는데, 그것은 바로 덕행이 좋다는 기준의 하나였다. 공문의 제자 가운데서 그는 덕행과 재능을 겸비한 전형적인 인물이다.

중궁은 쓸 만한 재목이다

스승님께서 말씀하셨다.
"안회는 그 마음이 석 달 동안 인仁을 어기지 않았고,
그 나머지 제자는 기껏해야 하루나 한 달일 뿐이다."

子曰, 回也, 其心三月不違仁, 其餘則日月至焉而已矣.

이것은 안연을 논평한 말이다. "삼월三月"에 대해 실제의 숫자라고 생각하는 사람도 있고, 많은 것을 개괄적으로 말한 것이라고 생각하는 사람도 있다. 석 달이라는 시간은 한 계절에 해당되고, 옛날 사람은 그것을 "일시一時"라 불렀다. 안연은 몇 달 동안 내리 "인仁"을 지키면서 그로부터 한 걸음도 벗어나지 않을 수 있었고, 그 밖의 사람은 이와 비교할 수 없어 기껏해야 10일이나 반달을 버틸 뿐이었다.(「이인」4.5를 참조할 것.) 인을 지킨다는 것은 일종의 결단력 테스트였던 것 같다.

안회는 석 달 동안 인을 어기지 않았다

계강자季康子가 물었다.

"중유仲由는 정사에 종사하게 할 수 있습니까?"

스승님께서 말씀하셨다.

"유는 과단성이 있습니다. 정사에 종사하는 데
무슨 어려움이 있겠습니까?"

"사賜는 정사에 종사하게 할 수 있습니까?"

"사는 사리에 밝습니다. 정사에 종사하는 데
무슨 어려움이 있겠습니까?"

"구求는 정사에 종사하게 할 수 있습니까?"

"구는 다재다능합니다. 정사에 종사하는 데
무슨 어려움이 있겠습니까?"

季康子問, 仲由可使從政也與. 子曰, 由也果, 於從政乎何有. 曰, 賜也可使從政也與.
曰, 賜也達, 於從政乎何有. 曰, 求也可使從政也與. 曰, 求也藝, 於從政乎何有.

계강자가 공자에게 그의 제자 중에 관리로 나아가기에 적합한 인물
이 누군지 물었다. 그는 세 사람에 대해 물었다. 즉 중유와 단목사와
염구에 대해 물었고, 공자는 이 세 사람은 모두 적합하다고 말했다.
중유의 특징은 "과果"에 있다. 과는 과감하고 결단성 있는 것으로 한
다면 바로 하고 목적을 이루지 못하면 결코 그만두지 않는 것이다. 단

목사의 특징은 "달達", 즉 사리에 밝고 사람과의 관계가 좋은 데 있다. 염구의 특징은 예, 즉 다재다능하고 수완이 뛰어난 데 있다. 이러한 특징들은 정치를 하는 데 적합하다. 공자는 관리가 된다는 것이 뭐 별것인가, 우리로서는 다들 아주 넉넉하고 여유가 있다고 말했다. "하유何有"는 앞에서 설명했다. "이게 뭐 별것인가"의 의미이다.

공자의 제자 가운데 정사에 특기가 있는 사람은 네 명이다. 중유와 단목사 그리고 염구 외에 또 염옹冉雍이 있다. 여기서는 왜 염옹에 대해서는 물어보지 않았을까?

기원전 492년에 계강자는 노나라의 집정대신이 되었다. 내 추측으로 여기서 나눈 대화는 계강자가 정권을 잡은 뒤의 일인 것 같다. 계강자가 정권을 잡기 전에 염옹은 계환자의 가신이었고, 가신을 맡은 지 이미 5년이 되었을 때였다. 계강자가 권력을 잡은 뒤 공자는 여전히 나라 밖을 떠돌아다니고 있었다. 아마 계강자가 사람을 보내 공자에게 의견을 물었을 것이며, 염옹을 대신할 새로운 인물을 염두에 두고 있었을 것이다. 그리하여 공자의 답변은 앞에서와 같았고 결국 계강자가 선택한 사람은 염구였다.

공문의 정사 인재

계씨가 민자건閔子騫을 비읍費邑의 읍재로 삼으려고
사람을 보내왔다. 민자건이 말했다.
"사양한다는 뜻을 잘 전해주시오. 만약 다시 나를 찾아온다면
나는 분명히 문수汶水가로 도망가 있을 것이오."

季氏使閔子騫爲費宰. 閔子騫曰, 善爲我辭焉. 如有復我者, 則吾必在汶上矣.

"계씨季氏." 여기서 말하는 계씨는 누구일까? 계환자季桓子일 수도
있고, 계강자季康子일 수도 있기 때문에 확정할 수가 없다.

"민자건을 비읍의 읍재로 삼으려고." "민자건閔子騫"의 이름은 민손
閔損이고 자는 자건이며, 여기서는 자를 불렀다. 그는 공문의 제1기 제
자이고 덕행으로 이름이 났으며, 또 굉장한 효자로도 유명했다. "비費"
는 지금의 산둥성 페이현費縣 서북쪽에 있었으며, 계씨의 사읍私邑이
었다. 민손은 도덕샌님으로 비교적 청렴·고고했기 때문에 계씨를 위
해 일하는 것, 즉 비읍의 읍재로 나가는 것을 거절한 것이다.

"문상汶上"의 "문汶"은 문수의 북쪽이다. 문수는 지금의 산둥성 다이
웨구岱岳區에 있는 다원허大汶河로 노나라 고성의 북쪽, 타이산泰山 산
남쪽에 있다.

민자건은 계씨가 보내온 사람에게 말했다. 당신이 나를 대신하여

완곡하게 거절의 뜻을 전해주시오. 만약 또다시 찾아온다면 나는 여기에 있지 않고, 문수의 북쪽에 있을 것이라고.

민자건이 관직을 거절하다

백우伯牛가 병이 나자 스승님께서 문병을 가서
창문으로 그의 손을 잡고 말씀하셨다.
"방법이 없구나. 운명인 게야. 이런 사람이 이런 병에 걸리다니.
이런 사람이 이런 병에 걸리다니."

伯牛有疾, 子問之, 自牖執其手, 曰, 亡之命矣夫. 斯人也而有斯疾也. 斯人也而有斯疾也.

"백우伯牛가 병이 났다." "백우伯牛"는 염경冉耕이고 자는 자우子牛이며 항렬은 백伯에 속했다. 여기서는 자를 불렀다. 그 역시 공문 제1기 제자이고 또 덕행으로 이름이 났다. 사마천은 염경이 "몹쓸 병에 걸렸다有惡疾"라고 말했다. 그는 무슨 병에 걸린 것일까? 한대 유자들은 "나병"이라고 말했는데, 문둥병(마풍병痲風病)이라고도 한다. 이때 염경은 병이 이미 위중해서 사경을 헤매고 있었다.

"유牖"는 창문을 뜻한다.

"방법이 없구나"에 해당되는 "망지亡之"는 죽간본에는 "말지末之"로 쓰여 있고, 당사본 『논어정씨주論語鄭氏注』와 『신서新序』에서 『논어』를 인용한 부분에도 역시 "말지末之"로 썼다. 『한서』 「초원왕전楚元王傳」에서는 "멸지蔑之"로 인용하고 있고, 이 책 「헌문」 14.39에는 "말지난의末之難矣"라는 말이 있다. 『예기』 「단궁상檀弓上」에는 "말지복야末之卜也"라는 말이 있다.[6] 이 말의 의미에 대해서는 연구해볼 만한 가치가 있다. 앞에서 열거한 예에서 볼 때 이 말은 전혀 아무런 방법이 없는 상황, 즉 어찌할 수 없음을 나타내는 듯하다.

공자가 염경을 보고서 그저 창을 통해 그의 손을 끌어 잡고 괴롭게 말했다. 운명은 정말 어찌할 수 없는 것이구나. 이렇게 좋은 사람이 어쩌다 이런 병에 걸렸단 말이냐! 이렇게 좋은 사람이 어쩌다 이런 병에 걸렸단 말이냐!

문둥병은 옛날에는 몹시 무서운 병으로 병에 걸린 사람은 차별대우를 받았고 접촉해서는 안 되는 사람이 되었다. 푸코는 『광기의 역사』에서 문둥병이 서구에서 크게 퍼진 것은 중세기 말이었는데, 이 병이 점차로 약화되고 나서 정신병원이 나환자 병원을 대체했고 정신병자에 대한 차별이 문둥병자에 대한 차별을 대신했다고 말했다.[7] 중국에서도 문둥병은 현재 이미 기본적으로 사라져버렸고, 마하이더馬海德(미국 출신으로 중국에 귀화한 의사)는 중국에서 문둥병이 사라지는 데 큰 공헌을 했다. 체 게바라가 혁명을 일으키기 전 그 역시 문둥병 전문 의사였다.

청수더程樹德는 염경이 걸린 병은 어쩌면 나병이 아닐지도 모른다고 하면서 다음과 같은 세 가지를 그 근거로 들었다. 첫째, 나병은 열대 지역에만 있는데, 염경은 북방인이기 때문에 이 병에 걸릴 이유가 없었다. 둘째, 나병을 앓으면 장애인이 될 뿐 반드시 죽는 것은 아니다. 셋째, 나병은 전염성이 매우 강하기 때문에 공자는 결코 그와 악수할 턱이 없었을 것이다.[8] 이 주장은 틀렸다. 문둥병은 북쪽에도 있고, 심한 사람은 죽을 수 있으며, 악수를 한다고 꼭 전염이 되는 것은 아니기 때문에 그가 제시한 근거는 결코 충분하지 않다.

공자는 왜 창문을 통해 염경의 손을 잡았을까. 전염을 두려워했기 때문일까. 아니면 죽어가는 모습을 차마 볼 수 없어서였을까. 혹은 그의 맥을 짚어 살았는지 죽었는지 판정을 내리기 위해서였을까. 여러 가지 추측이 있지만 공자가 안타까워한 것은 백우와 같이 그렇게 순결한 사람이 어쩌다가 수족이 썩어 문드러지는 그런 불결한 병에 걸렸는가 하는 것이었다고 말해도 좋을 것이다.

염경이 몹쓸 병에 걸리다

스승님께서 말씀하셨다.

"현명하도다 안회여! 밥 한 그릇에 물 한 모금으로 빈민촌에
살고 있는 것만으로도 사람은 그 근심을 감당하기 어려운데,
안회는 그 즐거움을 바꾸려 하지 않으니, 현명하도다 안회여!"

子曰, 賢哉回也. 一簞食, 一瓢飮, 在陋巷, 人不堪其憂, 回也不改其樂. 賢哉回也.

이것은 공자가 안회를 찬미한 것이다. "단簞"은 옛날 사람이 밥을
담던 대나무 그릇이다. 당시의 보통 사람은 대부분 이런 그릇에 밥을
담았다. "표瓢"는 물을 푸는 표주박이다. 조롱박을 둘로 쪼개서 그 반
쪽을 표주박이라고 부르는데, 물을 담는 데 사용한다.

안회의 가난 속의 즐거움

염구가 말했다.
"스승님의 도를 기뻐하지 않는 것이 아니라 능력이 부족합니다."
스승님께서 말씀하셨다.
"능력이 부족한 사람은 중도에 그만두는데,
지금 너는 자신의 능력을 한정하고 있다."

冉求曰, 非不說子之道, 力不足也. 子曰, 力不足者, 中道而廢. 今女畫.

이것은 공자가 염구에 대하여 논평한 것이다. "능력이 부족한 사람 力不足者"에 대해서는 「이인」 4.6을 참조하기 바란다. 염구는 이것을 핑계로 삼았다. 공자는 말한다. 능력이 부족한 사람은 모두 도중에 포기하지만, 너는 그런 것이 아니라 오히려 일부러 멈춰 서서 앞으로 나아가지 않는 것이다. "획畫"은 여기서는 일정한 선을 그어놓고 그만둔다는 의미이다.

염구의 핑계

스승님께서 자하에게 말씀하셨다.

"너는 군자다운 유자가 되어야지, 소인 같은 유자가 되지 말아라."

子謂子夏曰, 女爲君子儒, 無爲小人儒.

"군자다운 유자" "소인 같은 유자." 공자는 군자와 소인의 구분에 대해 엄격했고, 이런 구분은 유자들 자신에게도 적용했다. 그는 제자들에게 군자와 소인의 구분에 대한 이야기를 자주 했는데, 주로 그들에게 이 두 종류의 유자를 구분하도록 하기 위한 것이었다. 유는 본래 천한 직업의 하나로서 글을 가르치고 예를 도와주며, 남의 홍백紅白의 희사喜事[9]를 처리해주면서 그럭저럭 밥을 먹고 살았다. "소인 같은 유자"는 그저 그럭저럭 밥이나 먹고 살기 위해 기능적인 것을 배우면서 이상理想이 없다. "군자다운 유자"는 그것과는 다르다. 대부분 경전을 정밀하게 연구하고, 수양을 중시하며, 예학의 깊은 의미에 대해 진정으로 알고 있는 사람이다. 공자가 제창한 유儒는 후자에 속하는 것이다.

공자는 자하에게 왜 이런 말을 했을까? 어쩌면 그에게 "소인 같은 유자"의 병폐가 조금 있다고 생각해서였을까?

군자다운 유자와 소인 같은 유자

자유가 무성의 읍재를 맡고 있었다.

스승님께서 말씀하셨다.

"너는 사람을 얻었느냐?"

"담대멸명澹臺滅明이라는 사람이 있는데, 지름길로 다니지 않고,

공적인 일이 아니면 저의 사무실에 온 적이 없습니다."

子游爲武城宰. 子曰, 女得人焉耳乎. 曰, 有澹臺滅明者, 行不由徑, 非公事, 未嘗至於偃之室也.

"무성武城"은 노나라의 공읍公邑으로 지금의 산둥성 페이현 동남쪽에 있었다. 자유가 무성의 읍재 직을 맡은 시기는 공자의 만년이다. 「양화」 17.4를 참고하기 바란다.

"담대멸명澹臺滅明"은 담대澹臺가 복성이고 자는 자우子羽인데, 용모가 못생긴 사람이라고 한다. 그는 자유가 무성의 읍재로 재직할 당시에 발견한 인재로 공자 최후의 제자였다.[10] 나중에 초나라에 가서 세를 확산시켜 300명의 제자를 거느렸으며, 공자가 죽은 뒤 매우 유명해졌다.

"지름길로 다니지 않고"에서 "지름길徑"은 옆으로 난 작은 길이다. 『노자』 제53장에 "큰길은 매우 평탄한데도 백성들이 샛길로 가는 것을 무척 좋아한다"[11]라는 말이 있고, 『주례』 「추관秋官」에 야려씨野廬氏에

게 "길에서의 여러 가지 행위를 금하는 것을 담당하게 했다"[12] "들녘의 밭을 함부로 가로지르거나 수로나 제방을 넘어가는 것을 금지했다"[13] 등의 기록이 있다. 송대 정대창程大昌의 『고고편考古編』 권9와 청대 혜사기惠士奇의 『예설禮說』 권12에서 이에 대해 고증했다.[14]

이 장에서는 자유가 무성의 읍재로 있을 때 공자가 그에게 너는 어떤 인재를 발굴했느냐고 물었다는 것과, 자유는 담대멸명이라고 부르는 사람을 발견했는데, 그는 인재라고 대답했다는 것을 이야기하고 있다. 자유의 설명에 따르면 담대멸명의 특징은 길을 갈 때는 작은 길로 질러가지 않고 큰길로만 다니며, 공적인 업무가 아니면 자유를 만나러 오지 않았는데, 그는 매우 모범적이고 고지식한 사람이라는 것을 알 수 있다.

자유가 발굴한 인재

스승님께서 말씀하셨다.

"맹지반孟之反은 자랑하지 않는다. 도망갈 때는 후미에 있었는데, 성문을 들어설 때는 자기 말을 채찍질하면서 '감히 뒤처지려 했던 것이 아니라 말이 나가지 않는다'고 말했다."

子曰, 孟之反不伐, 奔而殿, 將入門, 策其馬, 曰, 非敢後也, 馬不進也.

"맹지반孟之反"은 노나라 대부로서 이름은 측側이고 자는 자반子反이며, 맹자반孟子反이라고도 부른다. 이 사람은 『좌전』 애공 11년에 나오는 맹지측孟之側이다.

"불벌不伐"은 자기 자신을 자랑하지 않는 것이다.

"후미에 있었는데"에 해당되는 원문은 "전殿"이다. 옛날의 행군에서 앞을 "계啓"라 불렀고 뒤를 "전殿"이라 불렀다. "전"은 후방을 엄호한다는 의미이다. 여기서는 맹지반이 용감하게 후방을 엄호했으면서도 겸손하게 유머로 넘기면서 자기의 공을 스스로 자랑하지 않은 것을 말하고 있다.

맹지반의 유머

스승님께서 말씀하셨다.

"축타祝鮀와 같은 말재간이 없거나, 송조宋朝와 같은 미모를 갖지 못했다면, 오늘날은 재난을 피하기 어렵구나."

子曰, 不有祝鮀之佞, 而有宋朝之美, 難乎免於今之世矣.

"축타祝鮀"의 자는 자어子魚이며 위나라 영공의 태축太祝(제사를 관장하는 관직 이름)이다. 『좌전』 정공 4년에 "축타祝佗"라고 쓰고 있는데, 말솜씨가 매우 뛰어난 사람이었다. "송조宋朝"는 송자조宋子朝라고도 부르는데, 매우 잘생겨서 남자南子와 사통했다고 전해진다.

기원전 496년 태자 괴외蒯聵가 송나라를 지나는데, 농사꾼들이 노래를 만들어 부르면서 남자와 송조의 관계를 풍자했다. 태자는 부끄럽게 생각하고 남자를 죽일 음모를 꾸몄지만, 성공하지 못하고 송나라로 쫓겨났다. 공자는 이듬해 위나라에 도착하여 3년 동안 벼슬을 했다. 이 말은 기원전 495년과 기원전 493년 사이에 했을 것이다.

"…없거나, …못했다면"의 원문은 "불유不有…, 이유而有…"인데, 이와 같은 문장 구조에 들어 있는 "이而"자에 대하여 왕인지王引之는 『경전석사經傳釋詞』 권7에서 "여與"자와 같다고 했다. 그러나 이 "이而"는 위아래가 서로 인과관계에 있음을 표시하고 있다고 보는가, 아니면 위아래가 서로 반대되는 것을 표시하고 있다고 보는가에 따라 완전히 상반되는 두 가지 이해로 나뉜다. 위아래가 서로 인과관계에 있음을 표시한다고 보는 견해에 따르면 "이유而有"는 "불유不有"와 같다. 그러므로 위의 문장은 만약 "축타의 말재간"이 없었다면 "송조의 미모"도 없었을 것이며, 따라서 당시 사회의 재화를 피하기가 매우 어렵다는 것으로 풀이된다. 왕인지의 말은 분명하지 않지만, 서술의 측면에서 볼 때 하나의 해석에 속한다고 보아야 한다. 위아래가 서로 상반된다고 보는 견해에 따르면 "이유而有"는 "불유不有"와는 상반된 측면이다. 그러므로 위의 문장은 만약 "축타의 말재간"이 없다면 도리어 "송조의 미모"가 있기 때문에 당시 사회의 재난을 피하기가 매우 어렵다는 것으로 풀이된다. 예를 들어 양수다楊樹達의 『사전詞詮』 제12권에서는 바로 이러한 주장을 견지하고 있으며, 대다수의 주석자 역시 이렇게 이해하고 있다. 이 두 가지 이해 가운데서 앞의 이해가 보다 더 정확하다. 『황소』에서는 범녕范寧의 설을 인용하여 "축타는 아첨으로 영공靈公에게 총애를 받았고, 송조宋朝는 미색으로 남자南子에게 사랑을 받았다"고 말했다. 두 사람 모두 좋은 사람이 아니기 때문에[15] 만약 상반되는 말로 이해한다면 지나치게 부자연스럽다. "축타의 말재간"은 "교묘한 말巧言"이고, "송조의 미모"는 "아부하는 얼굴令色"로서 모두 공자가 싫어하던 것들이다. 공자는 교묘한 말과 아부하는 얼굴에 의존하지 않으면 재난을 피할 방법이 없음을 개탄한 것이다. 이렇게 보아야 비로소 조리가 있고 의미가 분명해진다.

말재주나 미색에 의지하지 않고서는 살아갈 방법이 없다

스승님께서 말씀하셨다.
"누가 문을 통하지 않고 나갈 수 있을까?
왜 이 길을 통해 나가지 않는 걸까?"

子曰, 誰能出不由戶. 何莫由斯道也.

누가 방문을 통하지 않고도 집을 나올 수 있을까? 사람은 왜 도를 따르지 않고 살아가는 걸까? 공자는 "도"를 출입문에 비유했고, "도"를 반드시 거쳐야 할 길로 여겼다. 길이 막혀 통행할 수 없는 것을 문이 없다(방법이 없다)고 말한다. 문(방법)이 없다면 어떻게 할까? 뒷문으로 가거나 혹은 창문을 뛰어넘어야 한다. 이 장의 말은 앞 장과 조금 연관이 있는 것 같다. "축타와 같은 말재간이 없거나, 송조와 같은 미모를 갖지 못했다면, 오늘날은 재난을 피하기 어렵구나"라는 것은 바로 문(방법)이 없는 것이다. 문혁 기간 중에 우리는 모든 정도正道가 완전히 꽉꽉 막혀버리고, 생존에 필수적인 가장 간단한 것마저 뒷문에 의존해야만 하는 것을 체험했다. 이러한 유풍은 현재도 사라지지 않았다.

문을 통하지 않고 나가다

스승님께서 말씀하셨다.

"질質이 문文을 이기면 조야하고, 문이 질을 이기면 부화하다.
문과 질이 고르게 조화를 이루어야 군자이다."

子曰, 質勝文則野, 文勝質則史. 文質彬彬, 然後君子.

"질質이 문文을 이기면 조야하고, 문이 질을 이기면 부화하다." "질
質"은 내재하는 본질이고, 소박하여 꾸밈이 없는 것이며, "문文"은 겉
으로 드러난 꾸밈이고, 눈과 마음을 즐겁게 하는 것이다. "야野"는 초
라하고 비속한 것이고, "사史"는 정교하고 우아한 것이다. 『의례』「빙례」
에는 다음과 같은 말이 있다. "말이 많으면 부화하고, 적으면 뜻을 전
달하지 못한다."[16] 공자는 문과 질은 양자가 서로 의존하면서 쓰이는
것이고, 문이 너무 많거나 질이 너무 많은 것은 모두 좋지 않으며, 그
두 가지를 조화시키는 것이 가장 좋다고 생각했다.

"문과 질이 고르게 조화를 이룬다"는 것은 문과 질을 절충하여 양
자가 모두 매우 적합한 상태를 유지하는 것이다. 오늘날 이 말의 의미
는 이미 변해버렸다. 즉 "문과 질이 고르게 조화를 이룬다"에서 오직
문文만 강조하여 "문"은 "질"과 상대되는 말이 아니라, "무武"와 상대되
는 말이 되었다.[17] 그것은 공자가 바라던 것이 아니다. 앞의 6.2에서 인

용한 『설문』「수문」의 공자가 백자를 만났던 이야기는 바로 문과 질의
관계를 설명한 것이다.

문과 질의 조화

스승님께서 말씀하셨다.
"사람의 삶은 정직하다. 굽은 방법으로 살아가는 것은
요행으로 재앙을 면하고 있는 것이다."

子曰, 人之生也直, 罔之生也幸而免.

이 장은 인성의 탐구와 관련이 있다. "굽은 방법"에 해당되는 원문
"망罔"에 대하여 주희는 정자程子를 인용하여 "곧지 않음不直"이고, 굽
었다는 뜻을 나타내는 "왕枉"은 "직直"과 상대된다고 설명했다. 만약
그와 같은 이해가 정확하다면 공자의 생각은 사람은 마땅히 정직함에
의거하여 입신해야 하며, 정직하지 않은 사람은 겨우 요행에 의지하거
나 도피하면서 살아간다는 뜻이 된다.

사람은 정직하게 살아야 한다

스승님께서 말씀하셨다.

"알고 있는 것은 좋아하는 것만 못하고,

좋아하는 것은 즐기는 것만 못하다."

子曰, 知之者不如好之者, 好之者不如樂之者.

죽음을 두려워하는 것은 죽는 것보다 더 두렵고, 지식을 사랑하는 것은 지식보다 더 사랑할 만하다.

이 두 구절을 나는 좋아한다. 공부는 지식을 얻기 위한 것일까, 아니면 흥미와 즐거움을 위한 것일까? 나의 경우 독서를 휴식으로 여기고, 책 속에서 즐거움을 찾으며, 모든 것은 즐거움을 위한 것이다. 독서에 즐거움이 없다면 읽지 않는 것만 못하다. 즐거움이 없는 독서는 그 자체로 지루하다. 만약 다 읽고 나서 또 책을 쓴다면 더 지루하다. 자기를 괴롭힐 뿐만 아니라 다른 사람을 괴롭힌다.

공부는 즐거움을 위한 것이다

6.21

스승님께서 말씀하셨다.

"중인 이상의 사람과는 상급의 지혜에 대하여 이야기할 수 있지만,
중인 이하의 사람과는 상급의 지혜에 대하여 이야기할 수 없다."

子曰, 中人以上, 可以語上也. 中人以下, 不可以語上也.

공자는 "가장 지혜로운 사람과 가장 어리석은 사람은 변화시킬 수
없다"[18]라고 말했다. 그는 사람을 상지上智·중인中人·하우下愚 등 세 등
급으로 나누었다. 중인은 그와 더불어 상지에 대해 이야기할 수 있지
만, 하우는 안 된다는 것이다.

사람은 세 등급으로 나누어진다

번지樊遲가 지혜에 대하여 묻자 스승님께서 다음과 같이 대답하셨다.
"백성들이 의를 실천하도록 힘쓰고,
귀신을 공경하되 멀리한다면 지혜롭다고 할 수 있을 것이다."
인에 대하여 묻자 다음과 같이 대답하셨다.
"인이라는 것은 먼저 어려운 일을 해내고 나서 얻어지는 것이다.
그렇게 해야 인이라고 말할 수 있다."

樊遲問知. 子曰, 務民之義, 敬鬼神而遠之, 可謂知矣. 問仁. 曰, 仁者先難而後獲, 可謂仁矣.

"백성들이 의를 실천하도록 힘쓴다"는 말은 인민들이 의로 기울어지도록 전력을 다해서 이끄는 것이다.

"공경하되 멀리한다"는 말은 공자의 종교적 태도를 보여준다. 당시의 통치자는 신을 등에 업고 설교했다. 공자는 귀신에게 제사를 지내야 하기는 하지만, 그저 "공경하되 멀리"해야 한다고 주장했다. 즉 그는 그것을 일종의 의식화된 공연으로 여겼으며, 그 진정한 목적은 백성들이 의를 지향하도록 가르치는 데 있다고 생각했다. 그와 마찬가지로 순자는 점복에 대해서 역시 유사한 태도를 지니고 있었다. 그는 다음과 같이 말했다. "복서卜筮를 통하여 대사를 결정하는 것은 도움을 청하기 위해서가 아니라 형식을 갖추기 위한 것이다. 그러므로 군자는 그것이 형식을 갖추기 위한 것이라고 생각하지만 백성들은 신을 위한 것이라고 생각한다. 형식을 갖추기 위한 것이라고 생각하면 상서롭지만, 신을 위한 것이라고 생각하면 상서롭지 못하다."[19]

"먼저 어려운 일을 해내고 나서 얻어지는 것"은 먼저 고통스러운 일을 해야 달콤한 결과가 나타나고, 먼저 밭 갈고 김매는 일에 힘을 써야 비로소 수확을 기대할 수 있다는 것이다. 이것이 "인"이다.

공자는 "귀신을 공경하되 멀리하는" 것은 현명하고 지혜로운 것이지만, 그와 반대되는 것은 어리석고 어두운 것이라고 생각했다. 이것은 일종의 인문적 취향으로서 그것이 중국 문화에 끼친 영향은 대단히 깊고 크다. 중국 문화는 엘리트 문화로서 종교를 비판했다. 민간 신앙은 각종 신에 대하여 누구든 숭배할 수 있었고, 누구든 경건하지 않을 수 있었다. 좋은 것인지, 나쁜 것인지는 각자가 생각할 수 있었다. 근대에 중국이 얻어맞은 것에 대하여 어떤 사람은 서양과 같은 종교가 없었다는 것에 허물을 돌리고, 따라서 유가 사상을 그러한 종교로 개조하려고 했지만, 나는 찬성하지 않는다.

번지가 지혜를 묻다

스승님께서 말씀하셨다.
"지혜로운 사람은 물을 좋아하고, 어진 사람은 산을 좋아한다.
지혜로운 사람은 움직이고, 어진 사람은 고요히 있다.
지혜로운 사람은 즐기고, 어진 사람은 장수한다."

子曰, 知者樂水, 仁者樂山. 知者動, 仁者靜. 知者樂, 仁者壽.

"지혜로운 사람은 물을 좋아하고, 어진 사람은 산을 좋아한다." 이
것은 매우 유명한 말이다. 『열자』 「탕문」에 다음과 같은 이야기가 하나
있다. "백아는 금을 잘 탔고, 종자기는 잘 들었다. 백아가 높은 산을
생각하면서 금을 타면 종자기는 '좋다. 높고 높아서 태산泰山과 같다'
고 말했고, 흐르는 물을 생각하면 종자기는 '널실넘실 강하江河와 같
구나'라고 말했다." 높은 산과 흐르는 물은 군자의 지조를 상징한다.

앞에서 공자는 "어진 사람은 인仁을 편안하게 여기고, 지혜로운 사
람은 인을 이용한다"[20]라고 말했다. 산의 성질은 움직이지 않는 것이
고 그것은 "어진 사람이 인仁을 편안하게 여기는 것"을 상징한다. "어
진 사람은 인을 편안하게 여기기" 때문에 오래갈 수 있다. 그러므로
"장수한다"고 말했다. 물의 성격은 움직임이고 그것은 "지혜로운 사람
이 인을 이용하는 것"을 상징한다. "지혜로운 사람은 인을 이용하기"

때문에 다른 사람을 기쁘게 할 수 있다. 그렇기 때문에 즐긴다고 말한
것이다.

지혜로운 자는 물을 좋아하고, 어진 자는 산을 좋아한다

스승님께서 말씀하셨다.
"제나라가 한 번 변하면 노나라에 이르고,
노나라가 한 번 변하면 도에 이른다."

子曰, 齊一變, 至於魯. 魯一變, 至於道.

이것은 복고적인 관점에서 문제를 본 것이다.

노나라는 주공의 후예이고, 제나라는 태공의 후예로서 모두 서주에서 분봉을 받았다. 그러나 노나라는 주와 같은 성이고, 제나라는 주의 인척이다. 제나라는 노나라보다 국력이 강성하다. 그러나 노나라는 옛 제도, 법률, 도덕을 많이 보존하고 있지만 제나라는 그만 못하다. 노나라는 제나라보다 주도에 좀 더 근접해 있다. 도는 주나라의 도, 즉 서주의 입국원칙이다. 이것은 문제를 거꾸로 바라보는 것이다. 그 이후 제나라는 노나라에 비해 새로운 제도의 시행이라는 측면에서 훨씬 앞섰고, 그의 목표와는 갈수록 멀어져버렸다. 공자의 제도개혁은 서주를 이상으로 삼고 있었다. 그의 이상은 전혀 통용될 수 없었다.

공자의 개혁노선도

6.25

스승님께서 말씀하셨다.
"팔아야 할까, 팔지 말아야 할까? 팔아야지! 팔아야지!"

子曰, 觚不觚. 觚哉. 觚哉.

───

이 단락의 내용은 기묘해서 이해하기 어렵다. 무슨 뜻인지 도저히 알 수 없다.

"고觚"는 술 마실 때 쓰는 그릇의 일종이다. 송대 이후의 금석학자들은 중간을 허리띠로 묶듯 가늘게 파고 위와 아래에 나팔 모양의 주둥이를 만든 기물을 "고觚"라 불렀다. 이렇게 이름을 지은 것은 나름대로 근거가 전혀 없는 것은 아니다. 오늘날의 고고학자들이 말하는 "고觚"는 여전히 송대에 명명한 것을 그대로 따른다. 그들이 말하는 "고觚"는 주로 상대商代와 주나라 초기에 유행하던 것이다. 서주 중기에 이르면 이런 종류의 고觚는 이미 유행하지 않는다.

그 밖에 한 가지 다른 주장이 있는데, "고觚"를 『급취편急就篇』에서 "급하게 만든 특이한 고觚는 다른 것들과는 차이가 있다"라고 할 때의 "고觚", 즉 글을 배울 때 사용하는 모서리가 많은 나무 막대의 일종이라고 해석하는 것이다.

이 두 가지 주장 모두 "고觚"를 기물로 설명하는 것인데, 전혀 통하

제6편 옹야雍也 | 337

지 않는다.

나는 "고瓠"가 팔 고沽자의 가차자이고, "고재고재瓠哉瓠哉"는 바로 「자한」 9.13의 "팔아야지! 팔아야지!" 즉, 적당한 가격을 기다렸다가 판다는 의미가 아닐까 하는 의심이 든다. 공자는 이렇게 말한 것 같다. "나는 나 자신을 좋은 값에 팔아야 하지 않을까?" 그에 대한 대답은 "그래! 좋은 값에 팔아야 해!"였다. 아니면 다른 하나의 가능성은 고瓠를 외로울 고孤로 해석하는 것이다. 즉 "나는 고독한가, 고독하구나, 고독해!"라고 공자가 자문자답한 것으로 볼 수도 있다.[21]

팔아야지! 팔아야지!

재아가 물었다.

"어진 사람에게 사람이 우물에 빠졌다고 알려주면
그 사람은 우물 속으로 따라 들어가야 합니까?"
스승님께서 말씀하셨다.
"왜 그렇게 하겠느냐? 군자는 가도록 할 수는 있지만,
빠지게 할 수는 없고, 그에게 거짓말할 수는 있지만, 속일 수는 없다."

宰我問曰, 仁者, 雖告之曰, 井有仁焉. 其從之也. 子曰, 何爲其然也.

君子可逝也, 不可陷也. 可欺也, 不可罔也.

"재아宰我"는 지여宰予이고 자는 자아子我다. 여기서는 자를 불렀다.

"사람이 우물에 빠졌다"에 해당되는 원문은 "정유인언井有仁焉"이다.
우물 속에 어떻게 "인仁"이 있을까? 정말로 몹시 이상하다. 『황소皇疏』
는 이것에 대하여 "인仁"자 아래 "자者"자를 추가하여 우물 속에 인자
仁者, 즉 어진 사람이 빠졌다는 것으로 보았다. 그러나 우물에 빠진 사
람이 오직 어진 사람일 때만 건질 것인지 건지지 말 것인지가 문제가
된다는 것일까? 말도 안 된다. 이것은 파독破讀(통상적인 독음 이외의 음
으로 읽음)해서는 안 된다. 사실 이 단락 원문 전체에서 두 번째로 나
오는 "인仁"자는 사람을 뜻하는 "인人"의 가차자일 뿐이다. 『논어』에서
"인仁"과 "인人"을 혼용하고 있는 예는 여기 한 곳에 그치지 않는다. 예

를 들어 「헌문」 14.9의 "(어떤 사람이) 관중에 대해 묻자 (스승님께서) 대답하셨다. '사람이다'問管仲, 曰, 人也라고 한 것은 "(어떤 사람이) 관중에 대해 묻자 (스승님께서) 대답하셨다. '어질다'問管仲, 曰, 仁也라고 읽어야 한다. 여기서 재아의 물음은 "어진 사람은, 우물에 사람이 빠졌다는 말을 들으면, 우물 속으로 뛰어 들어가 그를 건져내야 하는가"로 읽어야 한다.

"서逝"는 간다는 의미이다. 양보쥔楊伯峻은 서逝는 가서는 돌아오지 않는 것으로 간다는 의미의 왕往과는 다르다고 했는데,[22] 아무래도 믿을 수 없는 주장이다. 『노자』에 "크면 떠나가고, 떠나가면 멀어지고, 멀어지면 되돌아온다"[23]라는 말이 있는데, 서逝는 그렇게 돌아올 수 있다. 초간에서는 가는 것을 나타낼 때 항상 "迡(척跖)"자를 쓰는데, 이글자는 자전字典에는 보이지 않지만, 독음으로 볼 때 바로 서逝라고 읽을 수 있다.[24]

"함陷"은 유인해서 우물에 빠뜨리는 것을 가리킨다.

"기欺"와 "망罔"은 모두 속인다는 의미를 나타내지만, 완전히 같은 것은 아니다. 『맹자』「만장상萬章上」에 다음과 같은 이야기가 있다. 즉 자산이 살아 있는 물고기를 얻자 연못 관리인에게 연못에 풀어놓으라고 했다. 연못 관리인은 물고기를 풀어놓았다고 거짓말을 하고서는 삶아 먹어버렸다. 자산이 말했다. "제자리를 찾아갔어! 제자리를 찾아갔어!" 연못 관리인은 아주 의기양양해져서 "누가 자산을 지혜롭다고 했던가"라고 말했다. 이것이 바로 "기欺"이다. 맹자는 "군자에게는 옳은 방법으로 거짓말할欺 수는 있지만, 부정한 방법으로 그를 속이기罔는 어렵다"라고 말했다. 군자의 선량함을 이용하여 그에게 거짓말을 할 수는 있지만, 사리에 맞지 않는 것으로 그를 속일 수 없다는 것이다.[25] 양보쥔은 그것을 인용하여 소인의 속임수는 "기欺"에 속하고, 재여의 가설은 "망罔"에 속한다고 말했다. 이 비교는 매우 좋다. 그것은 기와 망의 차이가 무엇인지 설명해줄 수 있다.

재여의 가설은 매우 과장되어 있다. 오늘날 우리의 가설과 조금 비슷하다. 즉 악당들이 사람을 해친다면 너는 용감하게 나설 수 있겠느냐 하고 묻는 것과 같다. 그는 스승을 시험해보고 있는 것이다. 공자는 이 가설에 대하여 매우 불만스러운 생각이 들어 우물 속으로 뛰어들어야 할 필요가 뭐가 있느냐고 말했다. 군자는 사람을 구해낼 수 있다. 그러나 그렇다고 해서 꼭 우물 속으로 뛰어들어야만 하는 것은 아니다. 우리는 그의 선량함을 이용하여 그에게 거짓말을 할 수는 있지만, 그렇게 사리에 맞지 않는 것으로 그를 속일 수는 없다는 것이다.

이런 시험은 영웅이 미인을 구하는 것과 조금 닮았다. 연애를 하고 있는 어떤 여자아이들은 이런 문제를 가지고 남자친구를 테스트해보기를 좋아하고, 심지어는 불량배로 가장해서 그를 시험해줄 사람을 찾기도 한다. 이것이 바로 망罔에 속하는 속임수이다. 남자친구가 진상을 알아차린다면 정말 너절하다고 생각할 것이며, 오히려 그녀와 헤어질 것이다.

어떤 사람이 우물에 빠졌다

스승님께서 말씀하셨다.
"군자가 글을 널리 배우고, 예로써 제약한다면,
역시 배반하지 않을 수 있을 것이다."

子曰, 君子博學於文, 約之以禮, 亦可以弗畔矣夫.

"글文"은 인문학술이고, "예禮"는 행위규범이다. 군자는 시서詩書를 많이 읽고 글을 널리 배우고 나서 마지막으로 자신의 행위를 예라는 규범으로 결속해야 한다. 책은 많이 읽을수록 그 양이 늘어나지만, 예는 배울수록 적어진다. 홍콩중문대학은 "글을 널리 배우고 예로써 제약한다"는 말을 교훈으로 삼고 있다.

글을 널리 배우고 예로써 제약한다

스승님께서 남자南子를 만나실 때 자로가 달가워하지 않자,
스승님께서 맹서하며 말씀하셨다.
"내가 부당한 짓을 했다면, 하늘이 싫어할 것이다.
하늘이 싫어할 것이야."

子見南子, 子路不說. 夫子矢之曰, 子所否者, 天厭之. 天厭之.

"남자南子"는 송나라 여인으로 성은 자子이고 씨는 남南이며, 위나라
영공의 부인이었다. 남자는 매우 아름다웠으며, 미남인 송조宋朝와 간
통하여 나쁜 소문이 났었다.[26] 공자가 위나라 영공을 만난 것은 기원
전 495년이다. 사마천은 공자가 영공을 만나기 전에 남자가 사람을 보
내 공자에게 말을 전했는데, 위나라 임금을 만나려고 하는 군자들 중
에서 자신을 먼저 알현하지 않은 사람은 아무도 없다고 하는 내용이
었다고 말했다. 남자를 만날 때 공자는 문을 들어가 북쪽을 보고 머
리를 조아렸고, 남자는 커튼 뒤에 앉아 공자를 맞이했다. 인사를 나
누고 두 번 절하는 동안 장신구 부딪는 소리를 서로 들을 수 있었다.
알현이 끝나고 공자는 자로가 불만스러워한다는 것을 알고서는 특별
히 자로에게 해명했다. 그는 예의를 갖추어 부득이하게 만났다고 했
다. 그러나 자로는 여전히 기꺼워하지 않았다. 그래서 공자는 하늘을

가리키고 맹서하면서 이 단락에 나오는 말을 했다.[27] 여기서 "시矢"는 맹서하는 것이고, "부否"는 예에 어긋나는 것을 가리킨다. 공자는 맹서하면서 만약 내가 예에 어긋나는 행동을 했다면 하늘이 나를 버릴 것이라고 말했다.

1929년 산둥 성립 제2사범대 학생회에서 린위탕林語堂의 「공자가 남자를 만났다子見南子」를 공연했는데, 바로 이 이야기를 다룬 것이다. 그런데 뜻밖에도 이로 인해 거대한 파문이 일어났다. 즉 취푸 쿵孔씨의 문중 사람은 마침내 연명으로 그 학교 총장 쑹환우宋還吾를 고발했다. 루쉰은 이점과 관련하여 「공자가 남자를 만났다는 공연에 관하여關於子見南子」라는 글을 썼으니[28] 참고할 만하다.

공자가 남자를 만나다

스승님께서 말씀하셨다.
"중용이라는 덕은 정말로 위대하도다!
백성이 그것을 거의 실천하지 않은 지 오래되었다."

子曰, 中庸之爲德也, 其至矣乎. 民鮮久矣.

『예기』 중에 「중용」 편이 있다. "중용中庸"의 "중中"은 정도에 꼭 맞는 것이고, 양쪽의 극단 모두를 버리는 것이다. "용庸"은 평상平常의 뜻이다. 이것은 공자 사상에서 매우 중요한 개념이다. 그것은 의義의 관념과 관계가 있고, 예제禮制가 내포하고 있는 법도 개념과 관련이 있다.

현재 많은 사람이 중용의 도를 애매하고 기회주의적인 방법, 이것저것 뒤섞어놓는 방법, 심지어는 "화합학和合學"이라고까지 설명하고 있다. 사실 중용의 도에서 "중"은 기준이고 원칙이다. 기준과 원칙을 중시하지 않는다면 그것은 아예 중용의 도가 아니다.

중용의 덕

자공이 물었다.

"만약 어떤 사람이 백성들에게 널리 베풀어 많은 사람을
구제할 수 있다면 어떻습니까? 그를 어질다고 할 수 있을까요?"
스승님께서 대답하셨다.

"어찌 어진 데서 그칠 일이겠느냐, 분명히 성스러운 것이야.
요임금이나 순임금도 그렇게 하지 못함을 병으로 여기셨지. 인이라는
것은 자기가 일어서고 싶으면 남을 일으켜주고, 자기가 이루고
싶으면 남을 이루게 해주는 것이다. 가까운 데서 구체적인 예를 찾을
수 있으면 그것이 바로 인의 실천 방법이라고 할 수 있을 것이다."

子貢曰, 如有博施於民而能濟衆, 何如. 可謂仁乎. 子曰, 何事於仁. 必也聖乎. 堯舜其猶病
諸. 夫仁者, 己欲立而立人, 己欲達而達人. 能近取譬, 可謂仁之方也已.

이 단락은 매우 중요하다. 그것은 우리에게 "인仁"과 "성聖"을 구별해
준다.

자공은 "백성들에게 널리 베풀어 많은 사람을 구제할 수 있다"는
것이 "인"이라고 할 수 있는지를 물었고, 공자는 "어찌 인에서 그칠 일
이겠느냐, 분명히 성스러운 것이야"라고 대답했다. 이 대답에 해당되
는 원문 가운데 "하사어인何事於仁"을 주주朱注에서는 "어찌 인에서 그
치겠느냐"라고 풀이했다. 이것은 위아래의 문장에서 추측한 것이다.

사실 "사事"는 어떤 위치에 서는 것으로 오늘날의 말로 하면 이른바 확정된 위치라는 의미가 있다.²⁹ 공자는 "백성들에게 널리 베풀어 많은 사람을 구제하는 것"이 어찌 "인"에서 그치겠는가, 만약 그것이 무엇에 해당되는지를 꼭 말해야 한다면 "성스러움이다"라고 말했다. "성스러움"은 보다 높은 경지로 요임금이나 순임금마저도 그것을 실천하려 하면서 골머리를 앓았다는 것이다.

"요임금과 순임금"은 전설적인 상고 시대의 제왕으로 요임금은 당국唐國의 임금이었고, 순임금은 우국虞國의 임금이었다. 그들은 공자가 말한 "성인"이다.

"가까운 데서 구체적인 예를 찾을 수 있으면 그것이 바로 인의 실천 방법이라고 할 수 있을 것이다"는 신변의 일을 가지고 예를 들 수 있으면 인을 이룰 줄 아는 것이라는 것이다.

"인仁"과 "성聖"에는 어떤 차이가 있을까? 공자는 "인"은 "자기가 일어서고 싶으면 남을 일으켜주고, 자기가 이루고 싶으면 남을 이루게 해주는 것"이라고 말했다. 그것이 강조하는 것은 자기로부터 시작하는 것이며, 마음으로 마음을 헤아려보고, 자기를 위하는 마음을 다른 사람에게까지 확장시켜 보는 것이다. 이것은 주로 개인의 수양에 해당된다. 개인의 수양이 좋다고 해서 꼭 사람에게 널리 은혜를 베풀어 천하의 백성을 구제해낼 수 있다는 것은 아니다. 박애는 그저 사랑하는 마음만으로 실천할 수 있는 것이 아니라 거기에 권력이 추가되어야 한다. "성"은 왕자王者의 도인데, 공자는 권력도 세력도 없었기 때문에 결코 그것을 달성할 수 없었다.

이 단락을 읽으면서 독자들은 「헌문」 14.42를 참고해보기 바란다.

「헌문」 14.42는 공자가 자로의 물음에 대답한 것이다. 자로의 물음은 군자란 무엇인가라는 것이었다. 공자의 대답은 세 단계로 나뉜다. 첫 번째 단계는 "공경하는 마음으로 자신을 수양하는 것" 즉 나로부터 시작하는 것이다. 먼저 자기의 도덕 수양에서 시작해 주변 사람을 공경하는 마음을 가져야 한다. 두 번째 단계는 "자기를 수양하여 다른 사람을 편안하게 해주는 것", 즉 도덕적 수양이 무척 훌륭할 뿐만 아니라 그 인애의 마음을 주변 사람을 안정시키는 데까지 확장해나가는 것, 즉 "자기가 일어서고 싶으면 남을 일으켜주고, 자기가 이루고 싶으면 남을 이루게 해주는 것"이다. 세 번째 단계는 "자기를 수양하여 백성을 편안하게 해주는 것", 즉 인애仁愛의 마음을 주변 사람뿐만 아니라 하층의 백성을 안정시키는 데까지 확장할 수 있어야 한다. 앞의 두 가지가 "인"이고, 뒤의 것은 "성"이다. 공자는 "자기를 수양하여 백성을 편안하게 해주는 것은 요임금이나 순임금도 어렵게 생각하셨던 것"이라고 말했는데 여기서도 같은 것이다.

"인人"은 상류층 군자이고, "민民"은 하층의 대중을 가리키는 말이라는 점에 주의해야 한다. 타이완에 쑨리런孫立人이라는 사람이 있었다. 그가 장제스蔣介石의 국방부장으로 있을 때 미국은 장제스를 몰아내고 쑨리런으로 대체하려는 정변을 획책했는데, 그것을 "쑨리런 사건"이라고 부른다. 산시陝西에는 쑨다런孫達人이라는 사람이 있었다. 그는 문혁 시기에 마오쩌둥의 표창을 받았고, 나중에 부성장이 되었다. 그들 두 사람의 이름은 모두 이 장에서 따온 것이다.

인과 성의 구별은 어디에 있는가

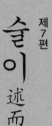

제 7 편
술이
述而

이 편에는 짧은 장이 많고, 내용은 잡다하다. 7.11에서는 "자로의 용기"를 이야기하고, 7.33에서는 "자로가 기도를 요청했다"는 것을 이야기하고 있어 매우 흥미롭다. "자로가 기도를 요청했다"는 것은 「자한」 9.13과 같은 일로 공자가 큰 병이 난 것을 이야기한 것이다. 자로는 성질이 급해서 스승이 아직 죽지 않았는데도 스승의 장례식 준비를 하느라 바빴다. 7.20, 7.26, 7.34 등은 매우 중요하다. 그 장들에서는 "성스러움" "인과 군자" "한결같은 사람"의 구별 및 공자의 자기 평가 등을 언급하고 있다.

스승님께서 말씀하셨다.

"설명은 하되 새로 쓰지 않으며, 옛것을 신뢰하고 좋아하니,

남몰래 나를 노팽과 비교해본다."

子曰, 述而不作, 信而好古, 竊比於我老彭.

공자는 복고주의자이다.

"설명은 하되 새로 쓰지 않는다"는 것은 계승해서 이어가는 것이지 창조하거나 발명하지 않는 것이다. 오늘날 우리가 말하는 "발명(새로 만들어내는 것)"을 옛날 사람은 "작作"이라 불렀다. 예를 들어 『세본世本』은 고대의 뿌리를 찾는 것을 내용으로 한 '창조물作'이다. 그 책은 혈연의 뿌리에 대하여 강조했다. 기술의 뿌리에 대해서도 강조했다. 『세본』 안에는 「작作」이라는 편이 있는데, 여러 가지 기술의 발명, 예를 들어 "치우蚩尤가 무기를 만들었다"든가 "창힐蒼頡이 글자를 만들었다"든가 하는 것 등이다.

"신이호고信而好古"는 옛것을 신뢰할 뿐만 아니라 또 옛것을 좋아하는 것이다.

"남몰래 나를 노팽과 비교해본다"는 것은 마음으로 자기를 노팽과 비교해보는 것이다. "노팽老彭"은 팽조彭祖다. 정현은 "노팽"을 노자와

팽조라고 말했는데, 맞지 않다. 『대대례』에서 "옛날 상商나라의 노팽 및 중훼仲虺"[1]라고 하여 "노팽"과 "중훼"를 병렬했고, 또 그 앞에 해당 시대를 표시하는 "상商"자가 있는 것으로 보아 분명히 각각 한 사람씩 이고, 노자와는 아무 관련이 없다. 포함包咸은 "노팽은 은나라의 현자이자 대부였다"라고 말했는데, 이것이야말로 정확한 주장이다.

노팽에 관해서 나는 좀 길게 설명하고 싶다. 왜냐하면 고대에 그는 매우 유명했고, 나중에는 도리어 알려지지 않았기 때문에 학계에서 분명하게 알지 못한다.[2]

팽조는 "노팽"이라고 부르는데, 이 "노老"와 "노자"의 "노" 혹은 "노래자老萊子"의 "노"는 모두 같다. 즉 모두 장수를 표시한다. 전국과 진한 시기에 그는 유명한 장수 스타였고, 살아 있는 신선이었다. 옛날 사람들은 팽조는 800년을 살았다고 말한다. 어떻게 그럴 수 있을까? 우리는 이해할 수 없다. 그러나 그들이 말한 신선은 대부분 이렇다. 중국의 신선은 매우 특이하다. 그들은 하늘과 땅에 원래부터 있었던 신이나 귀신이 아니라 보통 사람에서 슈퍼맨으로 변한 것이다. 신선을 뜻하는 "선仙"의 본래 의미는 올라가는 것, 즉 수련 뒤에는 몸이 가볍게 변하고 팔에 긴 털이 자라나 매우 빨리 걸을 수 있고, 기분 좋을 때는 파닥파닥 날개를 움직여 글라이더처럼 천천히 날아오를 수 있고, 하늘 위로 날아가기도 한다. 『석명』에서는 "선"자에 대하여 "늙어서도 죽지 않는다"라고 해석했다. 팽조는 바로 이와 같이 장수 스타였고 살아 있는 신선이었다. 옛날 책에서는 팽조의 성은 전籛이고 이름은 갱鏗이며, 전욱顓頊의 손자이고 육종씨陸終氏의 가운데 아들로서 "축융팔성祝融八姓" 중 팽彭성의 시조이기 때문에 "팽조"라고 부른다고 했다. 팽성彭姓은 그가 팽성彭城에서 살았기 때문에 붙여진 것인데, 팽성은 오늘날 쉬저우徐州에 있다. 쉬저우는 여행을 장려하기 위해 팽조를 대대적으로 고취시키고 있다. 하나는 팽조채彭祖菜라는 음식인데, 무슨 맛인지는 알 수 없다. 다른 하나는 양생술, 특히 방중술이다. 『열선전』과 『신선전』에는 모두 그가 상왕에게 지선地仙이 되는 방법을 가르쳐준 전문가라는 기록이 있다. 이른바 지선이라는 것은 바로 지상에서 살고 있는 신선으로 오로지 먹고, 마시고, 즐기기만 한다. 즉 인간의 환락을 즐기고, 특히 여자들을 데리고 논다. 이러한 신선은 하늘을 이리저리 날아다니기만 하는, 쓸쓸하고 외롭기 그지없는 상아嫦娥와는 다르다. 팽조는 양생 및 방중술과 관련된 책으로 유명하다. 한위 시기의 『팽조경彭祖經』은 바로 그의 이름을 빌린 것이다. 이 책에 대해서는 내가 『중국방술정고中國方術正考』에서 소개한 적이 있다.[3] 과거에 점잖은 독서인들은 모두 팽조에 대해 그다지 알지 못했지만, 『마왕퇴백서』에서 그를 거론하고 있고, 장가산한간張家山漢簡에서도 그를 거론하고 있는 점으로 보아 전국 시대와 진한 시기에는 유명인이었음을 알 수 있다.

여기서 공자가 팽조를 거론하고 있는 것은 매우 중요하다. 왜냐하면 연대가 더욱 이르고 『상박초간』에 비해서도 더욱 이르기 때문이다. 공자가 팽조를 자기와 비교한 것은 그가 장수했기 때문이 아니라 "옛것을 신뢰하고 좋아"했기 때문이다. 팽조가 믿고 좋아했던 옛것이 무엇인지는 분명하지 않다. 아마도 몇몇 양생가, 자기보다 더욱 나이가 많다고 할 수 있는 자격이 있는 사람, 예를 들어 용성씨 같은 사람일 텐데, 그는 방중술을 전수해주었다고도 알려져 있다. 팽조는 이들 선배를 조술祖述[4]한 것이다. 나는 전에 이렇게 농담한 적이 있다. 음식과 남녀 간의 일(섹스)은 인간의 큰 욕망이다. 뒤쪽의 큰 욕망을 만족시키기 위해서 인류는 암흑 속에서 오랫동안 모색하고 조작을 반복했는데, 수백만 년이 흐른 뒤 방중술房中術은 어디서나 오래된 학문의 한 분야가 되었다. 그것은 마치 볶음 요리炒菜를 볶아내는 데 반드시 현대적 이론과 재능이 있어야 할 필요가 없는 것과 같다.[5] 공자가 팽조를 좋아했지만, 꼭 그의 방중술을 좋아한 것이라고 할 수 없음은 당연하다.

공자의 마음속에 팽조는 특히 오래 살았고, 사상 역시 특히 오래되었지만, 설명은 하되 새로 창작하지 않았기 때문에 대체로 아무런 문제가 없었다. 그렇지 않았다면 그는 팽조를 자신과 비교하지 않았을 것이다. 고대 사상가가 현실을 비판할 때는 일반적으로 고대의 예를 들어 그럴듯하게 꾸며서 말하는 것을 좋아했다. 우리는 입장을 바꿔서 그들의 생각을 이해해야 한다. 현대 문명은 매우 분명하게 이원화되는 경향이 있다. 즉 500년 전이라는 시점에 하나의 선을 그어놓고 그 앞쪽은 전통이고 뒤쪽은 현대다, 이런 식으로 문제를 생각하는 것은 사실 불합리하다. 10여 년 전 『발명된 전통』[6] 이라는 책을 쓴 사람이 있었다. 그 책은 대부분의 전통은 매우 현대적이고, 사실은 "발명된 전통"이라는 것을 우리에게 알려주고 있다. 특히 "복고"라는 것 가운데 많은 것은 이러한 발명이다. 마찬가지로 많은 현대적인 것은 사실은 매우 전통적인 것이다.

팽조

스승님께서 말씀하셨다.

"말없이 기억하고 있고, 배우는 데 싫증을 내지 않고, 남을 가르치는
데 피곤해하지 않는 것 따위가 나에게 뭐 별것이겠는가?"

子曰, 默而識之, 學而不厭, 誨人不倦, 何有於我哉.

이것은 학문하는 것을 강조한 것이다. 알고, 좋아하고, 즐기기 때문
에 만족할 줄 모르고, 피곤한 줄 모르며, 꾸준히 지속해갈 수 있다.

"말없이 기억하고 있고"에 해당되는 "묵이지지黙而識之"는 묵묵하게
마음속으로 기억하는 것이다. "지識"는 기록하다는 의미를 나타낸다.

"배우는 데 싫증을 내지 않고, 남을 가르치는 데 피곤해하지 않는
다." 이것은 공자의 명언이다. 많은 사람이 인용하면서 대부분은 거두
절미하고 오직 이 두 구절만 가져다 쓴다. "배우는 데 싫증을 내지 않
는 것"과 "남을 가르치는 데 피곤해하지 않는 것"은 바로 "한결같음有
恒"이다. 뒤의 7.26에서 공자는 말한다. "성인聖人"과 "선인善人(즉 인인仁
人)"을 만나볼 수는 없을 것이다. "군자君子"와 "한결같은 사람有恒者"은
만나봤으면 좋겠다. 하지만 "한결같기가 어렵다."

「자로」 13.22에서 그는 또 "남쪽 사람이 하는 말 중에 '사람으로서

한결같은 마음이 없다면 복서ㅏ筮로도 점을 칠 수 없다'라는 말이 있다"고 말했다. 여기서 강조한 글자는 바로 "항恒자, 즉 한결같음이다.

"하유어아재何有於我哉"는 나에게 있어서 이까짓 게 뭐 별것이겠는가 하는 뜻이다. 이런 말은 『논어』에 여러 번 나오는데, 앞에서 이미 설명했다.[7]

학습의 문제에서 나는 놀이를 제창하고, 놀이에서는 즐기는 것을 강조한다. 체육으로 예를 들어보자. 내가 특히 좋아하는 것은 개인적인 놀이와 같은 그런 것이지 단체로 하는 종류가 아니다. 경기를 하는 그런 것은 더더욱 아니다. 나는 학습은 스스로 즐기는 것이고, 가르치는 것은 다른 사람을 즐기도록 도와주는 것이라고 생각한다. 가르치는 것이 설령 그다지 고상한 것이 아니라 그저 생계 수단에 해당되는 것이거나 혹은 기분 전환을 위한 것이거나 아니면 시간을 보내기 위한 것이라 하더라도 매우 좋다고 생각한다.

내가 가장 싫어하는 것은 『야수폭언野叟曝言』(청나라 하경거夏敬渠의 소설)에 나오는 문소신文素臣과 같은 사람이다. 그는 승려를 좋아하지 않았기 때문에 모든 승려를 다 죽여 없애겠노라고 맹서하고, 동남아까지 계속 추격해간다. 이렇게 천하를 숙청하려는 생각을 가진 사람이 만약 학문을 한다면 대단히 무서울 것이다. 그가 "배우는 데 싫증을 내지 않는 것"은 "남을 해치는 데 피곤해하지 않기" 위함이고, 만나는 사람마다 없애버리면서 거대한 천하에서 오직 그런 종류의 학문만 비로소 학문이라고 부르고, 다른 사람의 학문은 모두 학문이 아니며, 승리자가 아니면 들어오는 것을 허용해서는 안 된다고 생각할 것이다. 이런 것을 부당한 짓을 하다가 곤경을 자초하는 것이라고 말한다. 자기 스스로가 학문하는 것을 재미없다고 여기면, 다른 사람에게도 재미없다는 느낌이 스며들게 만든다. 학문과 사람을 모두 망치는 것이다.

이 장은 다음 장과 대조하면서 보아야 한다.

어떤 사람이 한결같은 사람인가

스승님께서 말씀하셨다.

"덕을 닦지 못한 것, 학문을 강의하지 못한 것, 의로운 것을 듣고서도
실천하지 못한 것, 좋지 않은 것을 고치지 못한 것,
이것이 나의 근심거리다."

子曰, 德之不修, 學之不講, 聞義不能徙, 不善不能改, 是吾憂也.

이 장은 앞의 문장을 이어받고 있다. 앞 장은 근심할 가치가 없는
일을 말했고, 이 장은 근심할 가치가 있는 일에 대하여 이야기했다.

공자가 근심한 것은 도덕을 수양하지 못한 것, 학문을 강의하지 못
한 것, 좋은 것을 따르지 못한 것, 나쁜 것을 고치지 못한 것 등 모두
네 가지이다.

"의로운 것을 듣고서도 실천하지 못한 것"은 들었으면 마땅히 실천
해야 할 일, 반드시 해야 하는 일 등에 대하여 곁에서 보기만 하고 전
혀 꿈쩍도 않고 그쪽을 향해 나아가지 않는 것이다. "사徙"는 찾아본
다는 뜻이다. 「안연」 12.10에 "사의徙義"라는 말이 있는데, 그것은 바로
의를 찾아간다는 의미이다.

공자의 네 가지 근심

스승님께서 한가하게 계실 때는 온화한 모습이셨고
쾌적한 모습이셨다.

子之燕居, 申申如也, 夭夭如也.

이것은 공자가 퇴근한 뒤에는 어떻게 지냈는가 하는 것이다. "한가
하게 계실 때는"에 해당되는 "연거燕居"는 조정을 나온 이후에 집에서
쉬는 것이다.

"온화한 모습이셨고 쾌적한 모습이셨다." 고대의 아학雅學, 즉 『이아
爾雅』를 연구하는 학문에서는 단음單音으로 된 단어를 해석하는 것을
"석고釋詁" "석언釋言"이라 불렀고, 첩음疊音(같은 음의 중첩)으로 된 단어
를 해석하는 것을 "석훈釋訓"이라 불렀다. "신신申申"과 "요요夭夭"는 후
자에 속한다. 이 두 단어는 『이아』나 『소이아小爾雅』에는 없고, 『광아廣
雅』에는 있다. 『광아』 「석훈」에는 단지 뭉뚱그려서 "용야容也", 즉 몸으
로 표현하고 있는 모습이라고 말했을 뿐이다. 마융은 이 두 단어는
"온화하고 쾌적한 모양"이라고 설명했다. 『사기』 「만석군전萬石君傳」에 대
한 안사고의 주에서는 "단정하고 근엄한 모습"이라고 했으며, 왕염손
의 『광아소증廣雅疏證』에서는 "누구 말이 맞는지 알 수 없다"고 말했다.

공자는 퇴근 뒤 집에 돌아와서는 분명히 허리와 발을 느긋하게, 완

전히 풀어놓고 있었지, 결코 엄숙하고 경건한 태도를 취하고 앉아 고집스럽게 지내지는 않았을 것이라고 나는 생각한다. 즉 안사고가 설명한 것처럼 그런 모습은 아니었을 것이다.

공자가 한가하게 있을 때

스승님께서 말씀하셨다. "너무 늙었나보다, 내가 너무 늙었나보다! 오래됐어, 꿈에 다시 주공을 못 뵌 지 오래됐어!"

子曰, 甚矣吾衰也. 久矣吾不復夢見周公.

이것은 공자 만년의 탄식이다. 공자는 평생 동안 주공을 마음에 간직하고 있어서 밤에는 꿈을 꾸었고, 늘 꿈에서 주공을 보았다.[8] 기원전 484년 공자는 노나라로 돌아왔다. 이때 그는 이미 68세로서 죽음으로부터 멀리 있지 않았고, 주례를 부흥하려는 희망은 이미 아득해졌다. 그는 나는 늙어서 안 돼, 꿈에 주공을 못 만난 지 아주 오래되었어라고 말했다. 매우 상심했다.

공자는 노나라에서 태어났고, 노나라에서 자랐다. 노나라는 주공의 봉국이다. 그가 주공을 사랑한 것은 노나라를 사랑한 것이고, 노나라가 보존하고 있던 주례를 사랑한 것이다. 이것은 당시의 애국주의이다. 나중의 유가는 모두 주공과 주공의 섭정을 미담으로 전하는 것을 좋아했다. 천하를 찬탈하려던 사람도 주공을 이야기하길 좋아했다. 예를 들어 왕망王莽이라든가 조조曹操 등은 모두 자신들을 주공에 비유했다. 주공의 상징적 의미는 천하의 일을 처리하면서도 천자의 이름이 없었다는 것이다.

주공에 대한 꿈

스승님께서 말씀하셨다. "도道에 뜻을 두고, 덕德에 숙달하고, 인仁과 친근해지고, 예藝에 몰두한다."

子曰, 志於道, 據於德, 依於仁, 遊於藝.

이 단락의 말은 『곽점초간』 『어총』 제3권에도 보인다.

"거據"는 죽간본에는 "牟"로 쓰고 있는데, 이 글자는 죽간문에서 갑甲자로 자주 쓰며, 또 나무 목木방에 쓰는 경우도 자주 있다. 앞의 문장에서 볼 때 "압狎", 즉 친근하고 익숙하다는 의미를 나타내는 것으로 읽어야 할 것 같다. 여기서 "거據"라고 쓴 것은 아마도 글자의 형태가 비슷해서 잘못 베껴 쓴 것 같다.

"의依"는 죽간본에는 "厎"로 쓰고 있는데, 엄广부와 비比부에 속하는 옛 글자로서 "비比"로 읽어야 할 듯하다. "비比와 "의依"는 의미가 비슷하다. "예藝"는 예禮(예절)·악樂(음악)·사射(활쏘기)·어御(수레 몰기)·서書(글씨 쓰기)·수數(셈하기) 등의 재능 혹은 기능을 가리킨다.

교정을 마치자 새로운 이해가 생겼다. 이 네 구절은 도에 뜻을 두고, 덕에 숙달하고, 인과 가까워지고, 예에 몰두한다는 것이다.

도와 덕과 인과 예

스승님께서 말씀하셨다.
"말린 고기 열 묶음 이상을 가져오면,
나는 가르쳐주지 않은 적이 없다."

子曰, 自行束脩以上, 吾未嘗無誨焉.

고대에 음식을 신선하게 보관하는 방법은 시체를 썩지 않게 하는 것과 같은 원리였다. 시체를 썩지 않게 하는 것은 시체를 건조시키는 건시乾尸, 밀랍으로 만드는 시랍尸臘, 금부스러기와 같은 다른 물질을 섞는 유시糅尸 등의 방법이 있었는데, 그와 유사한 것으로 고기를 연기에 쐬어 말린 훈육燻肉, 소금에 절여 말린 납육臘肉, 그리고 햇볕에 말린 화퇴火腿(중국식 소시지) 등이 있고, 또 시체를 얼리는 방법이 있었는데, 그와 유사한 것은 식품을 냉장고에 보관하는 것이다. 이밖에 중국에는 또 주사朱砂와 수은水銀으로 시체를 염하고 고령토나 찹쌀풀로 봉분을 만들어 시체를 부드러운 상태로 보존하는 전통이 있었다. 즉 산소酸素를 치환해버리고 아울러 방부제를 사용하는 것이다. 멍구蒙古·시장西藏 지역에도 육건肉乾이라는 육포가 있는데, 이는 겨울에 얼렸다가 봄에 녹인 다음 다시 바람에 말린 것이다.

여기서 말하는 말린 고기 열 묶음이 얼마나 길고 얼마나 두꺼운지 알 수 없지만, 10개의 납육 정도 크기의 한 다발이었을 것이고, 슈퍼에서 파는 소시지 한 봉지와 비슷했을 것이다. 고대에는 고기를 먹는 경우가 매우 드물었고, 소시지 한 봉지라도 굉장히 큰 호강이었다. 공자에게는 3000명의 제자가 있었고, 한 사람이 납육 한 묶음을 가져왔다면, 그래도 3만 다발의 납육이다. 더더군다나 "속수" 두 글자 뒤에 또 "이상"이라는 글자가 더 있는 것으로 보아 제자가 많이 내고 싶어 할 경우에는 역시 기꺼이 받을 수 있었을 것이고, 많을수록 좋았을 것이다. 따라서 그 양은 3만 다발에서 그친 게 아니었을 것이다. 당시의 물가 수준에 대해서는 우리가 짐작할 방법이 없지만, 값이 좀 나갔을 것이다.

속수는 스승을 뵙는 데 쓰는 예물이지 학비는 아니었다. 학습 기간에 드는 비용은 스스로 부담했을 것이다.(한대에는 각자가 마른 곡식을 가져왔고, 자기 돈을 써서 방을 빌렸다.) 공자는 제자를 받으면서 출신을 따지지 않았고, 다만 스승을 뵙는 데 필요한 예물을 가지고 왔는지만 따졌다.

스승을 만날 때의 예물

스승님께서 말씀하셨다.
"마음속에 배움에 대한 열정이 가득하지 않으면 깨우쳐주지 않고,
표현하려고 애쓰지 않으면 표출하도록 해주지 않는다.
한 귀퉁이를 예로 들어줄 때 세 귀퉁이로써 대답하지 않으면
더 이상 계속하지 않는다."

子曰, 不憤不啓, 不悱不發. 擧一隅不以三隅反則不復也.

이것은 공자의 교육 방법이다.

"마음속에 배움에 대한 열정이 가득하지 않으면 깨우쳐주지 않고,
표현하려고 애쓰지 않으면 표출하도록 해주지 않는다"의 원문 가운데
"분憤"은 마음에 꾹꾹 눌러두는 것이고, "비悱"는 입 안에서 말이 나
올 듯 나올 듯하면서 나오지 않는 것으로, 이것들은 모두 충동이 일
면서도 시원스레 뱉어내지 못하는 모습을 나타낸다. 공자는 암기식의
공부를 반대했다. 무턱대고 기계적으로 외우면서 질문할 줄 모르는
학생은 가르칠 가치가 없다고 보았다. 가르침이 필요한 사람은 반드시
내적인 충동이 있어야 하고 문제를 제기해야만 한다. 그래야만 비로
소 이끌어주고 깨우쳐주어 그 스스로가 답을 찾도록 해준다.

"한 귀퉁이를 예로 들어줄 때 세 귀퉁이로써 대답하지 않으면"은

앞뒤가 꽉 막혀 융통성이 없어 깨닫지 못하는 사람을 형용한 말로 탁자의 네 귀퉁이 중에서 한 귀퉁이를 보고서는 나머지 세 귀퉁이가 어떻게 생겼을지를 알지 못하는 것과 같은 사람을 말한다.

"더 이상 계속하지 않는다"는 어차피 이와 같은 사람에 대해서는 두 번째 것에 대하여 다시 말할 필요가 없다는 것을 뜻한다.

꽉 막힌 학생은 가르치지 않는다

스승님께서는 상을 당한 사람 곁에서 식사를 하실 때는
배부르게 드신 적이 없다.

子食於有喪者之側, 未嘗飽也.

공자는 상례에 참가하여 죽은 자의 가족 곁에서 음식을 먹을 때는
결코 배부르게 먹지 않았다.

상례 1

스승님께서는 곡을 하신 날에는
노래를 부르시지 않았다.

子於是日哭, 則不歌.

공자는 "상을 치르는 데 슬퍼하지 않는 것"은 눈뜨고 볼 수 없는 것
이라고 말했다.⁹ 공자는 문상에 참여하여 만약 곡을 했다면 그날은
노래하지 않았다.

상례 2

스승님께서 안연에게 말씀하셨다.

"쓰이면 뜻을 실행하고, 버려지면 숨는 것은

오직 나와 너만이 이같이 할 수 있다."

자로가 물었다.

"스승님께서 삼군三軍을 거느리신다면 누구와 함께하시겠습니까?"

스승님께서 대답하셨다.

"사냥용 수레도 타지 않고 호랑이를 잡으려 하고 맨몸으로

강물을 건너려다가 죽어도 후회하지 않을 사람이라면,

나는 그런 사람과는 함께하지 않을 것이다.

반드시 일에 임해서는 두려워할 줄 알고 미리 계획하여

성공하는 것을 좋아하는 사람과 함께할 것이다."

子謂顏淵曰, 用之則行, 舍之則藏, 惟我與爾有是夫. 子路曰, 子行三軍, 則誰與.

子曰, 暴虎馮河, 死而無悔者, 吾不與也. 必也臨事而懼, 好謀而成者也.

공자가 안연을 편애하는 데 대해 자로가 승복하지 않자 공자의 꾸
짖음을 받았다. 여기서 안연과 자로에 대해 모두 자를 불렀다.

"사냥용 수레도 타지 않고 호랑이를 잡으려 하고 맨몸으로 강물을
건너다"에 해당되는 원문 "폭호빙하暴虎馮河"와 관련하여 『시』「소아·소
민」에 "사냥 수레를 타지 않고 감히 호랑이를 잡지 않고, 맨몸으로 감

히 강물을 건너지 않는다"**10**라는 구절이 나오는데, 『시』「정풍·대숙어전大叔於田」에도 "폭호暴虎"라는 말이 보인다. 전통적인 해석에서는 모두 "폭호暴虎"는 무기를 쓰지 않고 맨손으로 호랑이를 잡는 것이고, "빙하馮河"는 배와 노의 힘을 빌리지 않고 걸어서 강을 건너는 것이라고 말했다. 그러나 추시구이裘錫圭 선생은 "폭호暴虎"의 "폭暴"자는 본래 "포虣"로 썼는데, 그것은 창을 들고 호랑이를 잡는 것을 형상화한 것이고, "맨손"이라는 풀이는 나중에 발생했을 것이며 원래는 사냥용 수레를 타지 않고 호랑이를 잡는 것을 가리키는 것이지 결코 무기를 사용하지 않는 것이 아니었다고 고증했다.**11**

이 문단에서는 또 안연과 자로를 대비하고 있다. 공자는 안연에게 "쓰이면 뜻을 실행하고, 버려지면 숨는 것은 오직 나와 너만이 이같이 할 수 있다"라고 말했다. 즉 누군가 나를 써준다면 나는 가서 일을 하고, 아무도 나를 써주지 않는다면 나는 숨을 것이며, 이렇게 할 수 있는 사람이 누구냐 하면 오직 나와 너뿐이라는 것이다. 그는 두 가지 점에서 안연을 칭찬했지만, 쓰이면 행하고 버려지면 숨는다는 데서 주된 것은 숨는 것이다. 안연은 한 그릇의 밥을 먹고 한 병의 물을 마시면서 빈민촌에 살면서도 적막함을 견디고 빈한함을 참아내고 있으니 이것이 사장舍藏, 즉 버려지면 숨는 것이다. 쓰이면 실행하는 것까지는 말할 것도 없다. 자로는 스승이 안연을 칭찬하는 것을 듣고서는 굴복하지 않았다. 그래서 그는 일부러 "스승님께서 삼군三軍을 거느리신다면 누구와 함께하시겠습니까", 즉 공자가 만약 삼군을 이끈다면 누구와 함께하겠느냐고 물었다. 그는 "그거야 또 누가 있겠느냐, 분명히 자로 너일 것이다. 나는 너와 함께 수레를 탈 것이며, 네가 나를 안전하게 보호하고 나를 도와 계획을 수립하고 결정하도록 하겠다"는 스승의 말을 기대했다. 그러나 공자는 그의 거칠고 덤벙대는 것을 매우 불만스럽게 생각했기 때문에 곧바로 호랑이를 잡을 때 사냥용 수레를 타지 않고 강물을 건널 때 배나 노에 의지하지 않고, 죽어도 후회할 줄 모르는 그런 경망스러운 사람하고는 절대로 일을 함께 하지 않을 것이라고 비꼬면서 말했다. 만약 어떤 사람이 적합한가에 대해 말하자면, 반드시 전투에 임해서는 굉장히 두려워하면서 신중하고 조심스럽게 행동하며, 혹시나 실수할까 두려워하고 싸울 때는 더욱 치밀한 마음으로 계획을 세워 전쟁을 진정 승리로 이끌 수 있는 사람이어야 한다는 것이다.

공자가 좋아한 것은 "계획謀"이지 "용기勇"가 아니었고, 특히 거칠고 사나운 장비張飛와 같은 필부의 용기를 좋아하지 않았다. 자로는 애를 써보았지만 결국 아무 소용이 없었다.

자로의 불복종

스승님께서 말씀하셨다.
"부_富라는 것이 추구할 수 있는 것이라면 비록 시장 문지기일망정
나는 그것도 하겠다. 만약 추구할 수 없는 것이라면,
나는 내가 좋아하는 일에 종사하련다."

子曰, 富而可求也, 雖執鞭之士, 吾亦爲之. 如不可求, 從吾所好.

"부_富라는 것이 추구할 수 있는 것이라면"과 관련하여 『사기』「백이숙제열전」에서는 "부귀_{富貴}라는 것이 추구할 수 있는 것이라면"으로 인용하고 있다. "부_富"는 녹봉이고 오늘날 말로는 "수입"과 "노임"이다. "귀_貴"는 지위로서 오늘날 말로는 "직함"과 "지위"이다. 상주_{商周} 시기에 부와 귀는 출신과 혈통에 의해 태어나면서 바로 결정되었기 때문에 선택할 방법이 없었고 오직 하늘과 운명에 따를 수밖에 없었다. 자하는 "죽고 사는 것은 운명에 달려 있고, 부귀는 하늘에 달려 있다"[12]고 말했다. 공자가 살던 시대에 혈통론은 아래서부터 위에 이르기까지 전면적인 타격을 받았다. 그러나 공자는 여전히 부귀는 추구해서는 안 되는 것이라고 생각하여 학생들이 그로 인해 마음이 흔들리지 않도록 했다.

오늘날의 학교에서는 교수는 임금을 받는 고용제도로서 귀족제도

는 일찌감치 없어졌다. 그러나 모순은 여전히 존재한다. 서양의 대학 중 영국과 미국은 다르다. 영국에서는 비교적 "죽고 사는 것은 운명이고, 부귀는 하늘에 달려 있다"는 쪽이고, 홍콩에서는 영국의 이런 제도를 배워서 역시 그와 같다. 미국에서는 비교적 시장화되어 있다. 그러나 미국에도 테뉴어tenure(종신직)가 있고 철밥통이 있다. 과거에 나는 고고학연구소[13]에 있었는데, 문혁 이후에 첫 직무상의 호칭에 대한 평가에서 연구소 소장(샤나이夏鼐)은 이렇게 말했다. "첫째, 여러분은 다툴 필요가 없다. 이번 버스가 가고 나면 다음 버스가 또 오기 때문에 항상 탈 수 있다. 둘째, 여러분은 지위가 낮은 것을 싫어하지 말라. 우리 연구소의 부연구원은 기타 연구소의 연구원과 같다." 그러나 다들 그의 말을 듣기 싫어했다. 그는 영국에서 고고학을 배우고 귀국했던 것이다. 이것은 자격을 따지고 서열을 중시하던 시대에 벌어진 하나의 작은 이야기이다. 오늘날의 학교에서는 자격을 따지고 "서열을 중시하는 것" 외에 "파격적 발탁"이라는 것이 하나 더 추가되었는데, 실제로 행해지고 있는 것은 할아버지와 손자가 서로 승계하는 소목제昭穆制[14]이며, 위에는 "큰 나무"가 있고 아래에는 "자제병子弟兵 (아들딸로 구성된 병사)"이 있어 명성과 지위는 모두 사적으로 서로 주고받으면서 말로는 그것을 시장의 원리라고 하는데, 사실은 계획체제 아래서의 또 다른 이익 나눠먹기로서 손에 거머쥔 사람은 거머쥐고 있고, 아무것도 차지하지 못한 사람은 스스로 재수가 없다고 생각한다. 이른바 경쟁이라는 것은 대부분이 귀뚜라미 싸움으로 몇 푼의 돈을 걸고 모두를 놀리는 것이며, "인간 세상을 향해 퍼붓는 것은 모두 원망하는 소리뿐이고, 황량黃粱의 일장춘몽[15]의 재현일 뿐"이다. "죽고 사는 것은 운명에 달려 있고, 부귀는 하늘에 달려 있다"는 말은 아직 유효하다.

이 단락은 나의 이해를 바탕으로 읽어볼 때 아마도 다음과 같은 의미인 것 같다. 만약 부귀라는 것이 추구한다고 해서 가능한 것이라면 지위가 아무리 낮아도 나 역시 한번 시도해보겠다. 그러나 만약 그것이 꿈에 불과하고 근본적으로 불가능한 것이라면 너는 차라리 나처럼 안빈낙도하는 것이 좋을 것이다. "집편지사執鞭之士"는 지위가 매우 낮은 말단 관리이다.**16**

부는 추구할 수 있는 것이 아니다

스승님께서 신중하신 것은 재계와 전쟁과 질병이었다.

子之所愼, 齊, 戰, 疾.

"제齊"는 재齋와 같고, 재계를 가리킨다. 제사지내기 전에는 반드시 재계해야 한다. 옛날 사람은 제사는 생명의 연속과 관련이 있다고 생각했기 때문에 옛날에는 그것이 중대사였다. "전쟁" 역시 인명과 관계가 있는 중대사였다. 이 두 가지 일은 모두 신중하지 않을 수 없다. 여기서 또 "질병"에 신중하지 않을 수 없다며 재계, 전쟁과 함께 중요한 것으로 말했다는 점은 주의할 만한 가치가 있다. 공자가 질병을 이처럼 중시한 것을 의사들이 읽는다면 분명히 기뻐할 것이다. 그러나 여기서 강조하고 있는 것은 신愼, 즉 신중하다는 데 있음을 잊어서는 안 된다.

전쟁과 질병을 치료하는 것은 모두 사람의 생명과 관련된 중요한 것이기 때문에 신중하지 않을 수 없다.

공자가 신중하게 여긴 것

7.14

스승님께서 제나라에 계실 때 「소^韶」를 들으시고는 석 달 동안
고기 맛을 알지 못하셨는데, 그 느낌을 이렇게 말씀하셨다.
"음악이 이런 경지에까지 이를 줄은 생각지도 못했다."

子在齊聞韶, 三月不知肉味, 曰, 不圖爲樂之至於斯也.

———

공자가 제나라에서 「소」를 들은 것은 대략 기원전 517년쯤이었다.
당시 공자는 겨우 35세였고, 아직 비교적 젊었다.

「소」는 순임금의 음악이고, 당시에 가장 우아한 고전 예술이었는데,
그에 대해서는 이미 설명했다.[17] 제나라 귀족 진^陳씨는 순임금의 후예
라고 한다. 제나라의 「소」 연주는 수준이 매우 높았기 때문에 공자가
듣고서는 지극히 기쁨을 느꼈고 결국 "석 달 동안 고기 맛을 모르는"
지경까지 이르렀다. 고기가 더 맛있을까, 음악이 더 듣기 좋을까? 두
가지는 비교하기에 적절치 않다. 공자가 느꼈던 것을 이해하기 위해서
는 고기가 고대에 어느 정도의 위상이었는지를 알아야 한다. 옛날 사
람은 고기 먹기가 쉽지 않았다. 오직 귀족과 우대받는 노인만이 먹을
수 있었고, 따라서 귀족을 "육식자"라 불렀다. 공자는 당연히 고기를
가져다주는 제자가 있었기 때문에 고기 먹는 수준은 이미 넘어섰다.

사마천은 공자가 제나라에 있을 때 제나라 태사^{太史}와 음악에 대

해 토론했고, "「소」음악을 듣고서는 그것을 배웠으며, 석 달 동안 고기 맛을 알지 못했다"[18]라고 말했는데, 『논어』에 비해 "음학지音學之"라는 세 글자가 더 많다. 주희는 정자程子가 "석 달三月"은 "음音"자를 잘못 쓴 글자이고 위로 붙여 읽어야 한다고 하면서 "음악을 배울 때 고기맛을 알지 못했다學之音, 不知肉味"라고 한 말을 인용했지만, 믿지 못했다.(『논맹혹문論孟或問』)[19] 주자 본인은 믿지 않았지만, 그는 "문소聞韶" 아래 "학지學之" 두 글자를 보충해야 한다고 생각했다. 그는 공자가 고기 맛을 알지 못한 것은 주로 음악 자체의 아름다움 때문이 아니라 배우는 데 너무 전념했기 때문이라고 생각했다.(『집주』) 불난 집에 부채질하는 것 같은 이런 식의 말은 필요 없다. 사마천이 인용한 글은 그저 대의를 개략적으로 말한 것이지 그것이 반드시 원문이었던 것은 아니다. 사람의 관능은 한 가지 관능이 지나치게 흥분하면 다른 한 가지 관능을 가려버린다는 것은 상식적이다. 아래 7.19에서 "공부에 빠져들면 밥 먹는 것마저 잊는다"라고 말한 것이 바로 이와 같은 것이다. 공자가 음악 때문에 고기를 포기했는데, 이는 고아한 선비만이 비로소 할 수 있는 것이다. 사람의 관능에는 저급과 고급의 구분이 있다. 저급한 것은 물론 저급한 것이지만, 그런 것은 없더라도 큰 문제가 될 것은 없다. 예를 들어 공기를 들이마셨는지 아닌지 물을 마셨는지 아닌지 밥을 먹었는지 아닌지 섹스 대상이 있는지 없는지 하는 것들은 모두 기본적으로 필요한 것이다. 고아한 것은 모두 이러한 기본적인 필요를 충족시키고 나서야 비로소 중요성이 드러날 수 있는 것이다.

공자는 「소」에 매혹되었고, 그것을 듣고 나서 "석 달 동안 고기 맛을 알지 못했다." 이 평가는 매우 높은 것이다. 배가 고파보지 않고서는 고기의 위력이 얼마나 큰지 알지 못한다.

　나는 예전에 내몽고부대에 편입되었을 때 단숨에 8개의 찐빵을 먹어치울 수 있었다. 그 뒤 우연히 도시에 들어가서 궈여우러우過油肉라는 요리를 한 접시 먹고서는 모든 생각이 다 사라져버렸다.

석 달 동안 고기 맛을 알지 못하다

염유가 물었다.

"선생님께서 위나라 임금을 도와주실까?"

자공이 대답했다.

"좋아, 내가 여쭤보도록 하지."

그는 들어가서 물었다.

"백이와 숙제는 어떤 사람입니까?"

"옛날의 현인이시다."

"원망했습니까?"

"인을 추구하다가 인을 얻었는데, 또 무엇을 원망했겠느냐?"

자공은 나와서 말했다.

"선생님께서는 그렇게 하지 않으실 거야."

冉有曰, 夫子爲衛君乎. 子貢曰, 諾. 吾將問之. 入, 曰, 伯夷 叔齊何人也. 曰, 古之賢人也.
曰, 怨乎. 曰, 求仁而得仁, 又何怨. 出, 曰, 夫子不爲也.

기원전 492년에 위나라 영공이 죽고 위나라 출공出公이 즉위하자 공자는 위나라를 떠났는데, 이것은 위나라를 떠나기 전에 한 말이다. 염유와 자공은 모두 자를 불렀다. 염유가 계씨의 가신이 된 것은 이 다음의 일이다.

염유는 "선생님께서 위나라 임금을 도와주실까"라고 물었는데, "위군衛君"은 출공出公이며, "위爲"는 돕는다는 뜻이다. 자공은 좋다, 내가 스승님께 여쭤보겠다고 말했다. 그는 공자에게 직접적으로 물은 것이 아니라 백이와 숙제의 고사를 이용하여 공자의 의중을 떠보았다. 즉 공자가 계속 위나라에 남아 있고 싶어하는지 아닌지를 알아보았다. 백이와 숙제는 고대의 가장 유명한 비협력주의자였다. 그들의 의지의 결연함은 우리와는 비교가 되지 않는다. 우리 모두는 속인으로 "생계수단稻粱謀"에서 벗어날 수 없다. 공자진龔自珍은 「영사詠史」에서 이렇게 읊었다. "도중에 자리를 뜬 것은 필화사건에 대한 이야기를 듣는 것이 두려워서였고, 책을 쓰는 것은 그저 생계수단이었을 뿐이다."[20] 자공은 백이와 숙제가 어떤 사람인지 물었다. 공자는 고대의 현인이라고 대답했다. 자공은 또 그들이 원망의 말을 했는지 물었다. 공자는 그들은 인을 추구하다가 인을 얻었는데, 원망할 것이 뭐가 있겠느냐고 말했다. 자공은 그 말을 듣고서 곧 공자는 남아 있을 생각이 없음을 알아차렸다. 그 뒤 그들은 정말로 위나라를 떠나갔다.

공자가 말한 성인은 모두 지위가 있는 사람이고, 어진 사람仁人은 꼭 그렇지 않았다. 예를 들어 백이와 숙제는 어진 사람의 대표자이다.

인을 추구하다가 인을 얻었는데 무슨 원망이 있을까

스승님께서 말씀하셨다.

"잡곡밥을 먹고 물 마시고, 팔 베고 누우면 즐거움이 그 속에도 있더라. 불의로 얻은 부와 귀는 나에게는 뜬구름만 같아라."

子曰, 飯疏食, 飮水, 曲肱而枕之, 樂亦在其中矣. 不義而富且貴, 於我如浮雲.

"반소사飯疏食"는 잡곡밥을 먹는 것이다. "소사疏食"에 대한 이전 사람의 이해에는 일치하지 않는 면이 있었다. 맷돌이 발명되기 전에 고대에는 분식이 없었다. 좁쌀, 메기장, 밀, 쌀 등 모든 곡물은 낟알 형태로 먹었고, 거기에는 "부드러움精"과 "거침粗"의 구분이 있었는데, 그것은 도정 정도를 보고 결정하는 것이다. 이것이 한 가지 이해이다. 다른 한 가지 이해는 맛이 있는가 혹은 맛이 없는가에 따른 구분이다. 그러나 맛이 있고 없고의 기준을 정하는 것은 매우 어렵다. 과거에 우리는 쌀과 밀가루를 "부드러운 양식細糧"이라고 했고, 좁쌀·옥수수·수수·콩 등을 "거친 양식粗糧"으로 분류했다. 농촌에서 나는 조(소미)는 황제에게 진공했는데 그것을 "심주황沁州黃"이라 불렀다. 다자이大寨 배우기 운동[21]을 벌일 때는 높은 생산성을 추구하느라 동북 지역의 수수와 교잡하여 품종을 개량했다. 당시에 어떤 순커우류順口溜[22]에 "진晉의 동남쪽(산시山西의 동남쪽) 지역에선 '강요綱要를 달성'하고 나

380

니, 먹을 것이라고는 모두 돼지 사료뿐이네"라는 말이 있었는데, 모두 수수가 매우 맛이 없다고 생각하고 있었다. 옥수수 가루는 역시 오늘날과는 달리 모두 먹기 싫어했다. 중국에는 원래 옥수수가 없었고 수수도 없었다. 따라서 당시의 거친 양식은 "곽식藿食", 즉 콩잎으로 여기에 조는 포함되지 않았다. 조는 좋은 것이었다. 이밖에 『석문』에서는 어떤 책을 인용하여 "소식蔬食"이라고 쓰기도 했다. "소식"의 의미는 "채식"으로, 대체로 채소류를 곁들인 먹거리이다. 3년 곤란 시기[23]에 양식이 절대적으로 부족하여 밥에 물을 부어 죽과 같이 만들어 먹었다. 워터우窩頭[24]에는 파뿌리나 나뭇잎 혹은 채소를 섞어 넣었다.

"음수飮水"는 찬물을 마시는 것이다. 따뜻한 물은 "탕湯"이라고 부르고 찬물은 "수水"라고 부른다.

"팔 베고 누우면"에 해당되는 원문 "곡굉이침지曲肱而枕之"에서 "굉肱"은 위팔이며, "곡굉이침지"는 위팔을 구부리고 그 위로 머리를 얹어 베는 것이다. 즉 베개 대신 팔을 베는 것이다.

안빈낙도

스승님께서 말씀하셨다.
"내가 몇 년 동안 틈을 내서 50세의 나이로『역』을 배워
큰 잘못이 없게 할 수 있었다."

子曰, 加我數年, 五十以學易, 可以無大過矣.

이 문단의 말은 매우 유명하다. 학자들은 이것이 공자가 47세 이후 50세 이전에 한 말일 것이라고 추측한다.『역』은 고대에는 "운수天數"를 가르쳐주는 것이었다. 공자는 아마도 이 기간에『역』을 배웠고 그 다음 벼슬에 나아갔을 것이라는 점에 대하여 나는 앞에서 설명했다. 그는『역』을 배운 뒤에 비로소 벼슬에 나아갔다. 이른바 "쉰이 되어서는 천명을 알았다"는 것은 아마도 이것과 관련이 있을 것이다.[25]

"내가 몇 년 동안 틈을 내서"에 해당되는 원문 "가아수년加我數年"은 『사기』「공자세가」와『풍속통의風俗通義』「궁통窮通」에서는 모두 "가아수년假我數年"으로 인용하고 있는데, 더할 가加자와 빌릴 가假자는 서로 통용되었다. "가假"자로 쓰는 것이 맞는 것 같다.

과거에는 학자들이 "50세의 나이로『역』을 배웠다"는 것을 의심하면서 믿을 수 없다고 생각했다. 그 이유는 사마천이 "공자는 만년에『역』을 좋아했다"[26]고 했기 때문이다. 50세를 어떻게 만년이라고 할 수 있

겠느냐는 것이다. 그들은 공자가 『역』을 배운 것은 공자 생애 최후의 몇 년, 즉 공자가 위나라에서 노나라로 돌아온 뒤의 그 몇 년 동안에 해당되며, 『역』을 배운 것은 70세였을 것이라고 생각했다. 그러나 문제는 사마천이 이 구절을 쓰고 나서 인용한 것이 바로 『논어』의 이 장이었다는 점이다. 이 장에서 말하고 있는 것은 매우 분명하다. 공자는 "50세에 『역』을 배웠다." 만약 이 설명을 취소하고자 한다면 반드시 원문을 고쳐야 한다. 예를 들어 주희는 유빙군劉聘君의 주장에 따라 "오십五十"을 "졸卒"로 바꾸었는데, 그 결과 이 구절은 "마침내 『역』을 배웠다"고 말한 것과 같이 의미가 바뀌어버렸다.**27** 또 청대의 혜동惠棟은 "오십五十"을 "칠십七十"으로 바꾸었고(왕숙王肅의 『시전詩傳』에 의거함), 어떤 이는 뒤의 두 구를 "오십에 배웠더라면 또한 큰 잘못이 없도록 할 수 있었을 것이다"(『노론魯論』에 의거함)**28**로 읽기도 했다. 이것들은 모두 잘못된 주장이다.**29**

오늘날 50세는 늙은 축에 들지 않지만, 공자의 시대에는 이미 만년이었다.

공자는 "50세의 나이로 『역』을 배웠고" "쉰이 되어서는 천명을 알았는데", 둘 다 "오십五十"인 것은 우연의 일치가 아니다. 우리는 옛사람들이 천명을 아는 것은 주로 술수術數에 의존했다는 것을 알아야 한다. 공자가 천명을 안 것은 주로 『역』에 의한 것이다. 옛사람들은 천도天道를 말하기 좋아했고, 공자는 당시의 사상적 환경에서 벗어날 수 없지만, 그가 관심을 가졌던 것은 천도 자체가 아니라 운명이 어떻게 전개될 것인가 하는 것이었다. "풍당馮唐은 쉬이 늙어버렸고 이광李廣은 관직을 받기 어려웠다"**30**든가 "이 장군이 고조 황제를 만났더라면"**31**

하는 아쉬움이 있듯이 관건은 때를 만날 것인가 만나지 못할 것인가에 달려 있다. 한대 유자들이 천天과 역易을 이야기하고 천인天人의 관계를 설명할 때 관심을 가졌던 것 역시 국가의 운명이었다.

공자가 『역』을 배운 것은 운명을 알기 위함이었고, 자기가 세상으로 나와서 관리가 되어야 할 것인가 아닌가를 알기 위함이었다.

50세에 『역』을 배우다

스승님께서 표준말로 삼으신 것은 『시』와 『서』였다.
예를 집행하실 때는 모두 표준말을 쓰셨다.

子所雅言, 詩書. 執禮, 皆雅言也.

　　"표준말"에 해당되는 원문은 "아언雅言"이다. 고서에 나오는 아雅자
는 하夏자와 관련이 있다. 『시경』의 「대아」와 「소아」의 아雅자는 『상박
초간』에서는 모두 하夏자로 썼다. 하夏는 삼대三代의 첫째로서 고대에
는 문명의 표지였다. 옛사람들은 이夷(중국 주변국)와 하夏(중국)의 구별
은 주로 문명과 야만의 구별이라는 것을 분명하게 알고 있었다. "아언
雅言"은 바로 "하언夏言"이고 "하언"은 바로 고대의 표준어이다. 이 단
락에서는 공자가 예를 집행할 때 쓰는 말은 모두 당시의 표준어였고,
『시』와 『서』를 당시의 표준어로 인용하여 낭송했다는 것을 말하고 있
다. 고대의 하남河南 말(주어周語) 혹은 산서山西 말(진어晉語)은 고대의
섬서陝西 말(진어秦語) 혹은 고대의 산동山東 말(노어魯語)과는 크게 달랐
을 것이다.

공자가 쓰는 표준말

섭공葉公이 자로에게 공자에 대해 물었는데,
자로는 대답하지 못했다. 스승님께서 말씀하셨다.
"너는 왜 그분은 공부에 빠져들면 밥 먹는 것마저 잊고,
즐기느라 근심마저 잊으며, 늙음이 찾아오는 것마저도
모른다고 말하지 않았느냐?"

葉公問孔子於子路, 子路不對. 子曰, 女奚不曰, 其爲人也, 發憤忘食, 樂以忘憂,
不知老之將至云爾.

공자는 스스로 총명하다고 자랑하지 않았고, 그저 열심히 공부한다
고 자부했다. 그는 안회를 칭찬할 때도 그가 열심히 공부하는 것을 칭
찬했다.

"섭공葉公"은 초나라 섭현의 수장이었다. 초나라에서는 큰 현의 우
두머리를 공公이라 불렀고, 작은 현의 우두머리를 윤尹이라 불렀다. 큰
현은 대부분 다른 나라를 멸망시킨 지역에 설치했고 중신을 파견하여
군대를 주둔시키고 요새를 지키게 한 군사적 요충지였다. 공자가 만난
섭공은 심제량沈諸梁이고, 자는 자고子高이다. 공자가 섭공 자고를 만
난 것은 기원전 489년이다. 당시에 공자는 이미 63세였다. 섭공은 자
로에게 공자는 어떤 사람이냐고 물었지만, 자로는 대답하지 못했다.
공자는 너는 왜 그 사람에게 나는 "공부에 빠져들면 밥 먹는 것마저

잊고, 즐기느라 근심마저 잊으며, 늙음이 찾아오는 것마저도 모르는" 사람이라고―즉 그에게 나는 아직 늙지 않았다고 설명하지 않았느냐고 말했다. 앞 장에서 말한 "불의로 얻은 부귀는 나에게는 뜬구름만 같아라" 그리고 이 장의 마지막 구절은 모두 명언이다. 두보는 "단청은 늙을 줄 모르고, 부귀는 나에게 뜬구름 같다"[32]라고 말했는데, 바로 이 두 부분을 시에 넣은 것이다.

늙음이 오는 줄도 모른다

스승님께서 말씀하셨다.
"나는 나면서부터 아는 사람이 아니라, 옛것을 좋아하고
부지런히 탐구한 사람이다."

子曰, 我非生而知之者, 好古, 敏以求之者也.

「계씨」 16.9를 참고하기 바란다. 공자는 배우기 좋아하는 것과 배우기 좋아하지 않는 것을 기준으로 하여 사람의 지력을 네 가지 등급으로 나누었다. "나면서부터 아는 자"가 상등급이고, "배워서 아는 자"가 중상등급이고, "곤란을 겪고 나서 배우는 자"가 중하등급이고, "곤란을 겪고 나서도 배우지 않는 자"가 하등급이다. 그는 자기는 상등급이라는 점을 승인하지 않았고, 다만 자기는 배우기를 좋아한다는 점을 인정했다. 배우기 좋아하는데, 무엇을 배운다는 것일까? 고대의 것을 배우는 것이다. 그는 부지런함으로 우둔한 부분을 보충했고, 고대의 것에 대하여 몹시 간절한 마음으로 지식을 탐구했으며, 배우는 것을 매우 즐겼다. 이것뿐이다. 이를 통해 그는 중상등급이라고 자처했음을 알 수 있다.

나는 나면서부터 아는 사람이 아니다

스승님께서는 초자연적인 것이나 강압적인 것이나
질서를 어지럽히는 것이나 귀신에 대한 것 등에 대해서는
말씀하시지 않았다.

子不語怪力亂神.

"스승님께서는 …말씀하시지 않았다"에 해당되는 원문 "자불어子
不語"는 공자가 이야기하기 싫어한 것들을 가리킨다. 청대의 원매袁枚
는 『자불어子不語』라는 책을 썼는데, 원대의 사람이 쓴 소설에도 『자불
어』가 있다는 것을 나중에 발견하고서는 결국 『신제해新齊諧』라고 이름
을 바꿨다. 공자는 "괴력난신怪力亂神"에 대해 이야기하는 것을 좋아하
지 않았다. "괴怪"는 초자연적이고 반자연적인 각종 기적을 가리킨다.
옛날에는 이른바 수기搜奇(이상한 것을 수집함)·지괴志怪(괴이한 것을 기
록함) 종류의 책이 있었는데, 항상 이런 초자연적인 현상을 기록했다.
"역力"은 포악하고 위세를 부리는 것, 힘으로 사람을 굴복시키는 것
등을 가리킨다. "난亂"은 도리나 질서를 어지럽히는 것을 가리킨다. "신
神"은 귀신에 대한 일을 가리킨다.

공자가 말하지 않은 것

스승님께서 말씀하셨다.

"세 사람이 길을 가면, 그 가운데 반드시 나의 스승이 있기 마련이다.
그 가운데 좋은 점은 따르고 좋지 않은 점은 고친다."

子曰, 三人行, 必有我師焉. 擇其善者而從之, 其不善者而改之.

공자는 배우는 데 일정한 스승이 없었고, 갖가지 종류의 사람에게서 배우는 데 능했다.

"세 사람이 길을 가면, 그 가운데 반드시 나의 스승이 있기 마련이다"는 죽간본과 송대 이전의 기타 고본에는 대부분 "나는 세 사람이 길을 가면 반드시 나의 스승을 얻을 것이다我三人行, 必得我師焉"라고 쓰고 있다. "아我"자는 아마도 오대五代 때 비로소 없앤 것 같다. 그러나 "유有"자는 이른 시기의 책에도 이렇게 쓴 것이 있다. 예를 들어 당사본의 『논어정씨주論語鄭氏注』가 바로 그렇다. 이 단락의 의미는 세 사람, 즉 내가 다른 두 사람과 함께 길을 간다면 그 가운데 반드시 내가 배울 만한 점을 가진 사람을 찾을 수 있을 것이며, 그의 장점을 찾아내서 나 자신의 귀감으로 삼고, 그의 결점을 찾아서 나 자신에게도 그런 점이 있는지 살펴보고, 있으면 바르게 고쳐야 한다는 것이다.

왕숴王朔(중국 현대 소설가)는 이 말을 비웃으면서 허튼소리라고 말했다. 나는 이 말은 평범하고 특별할 것이 없지만, 조금 재미있다고 생각한다. 뭐가 재미있는가? 주로 지식인을 비판하는 데 쓸모가 있다. 지식인은 지식의 분업 체계 아래 있는 정신적인 불구자로서 절름발이는 장님을 무시하고, 장님은 절름발이를 무시하며, 개 구狗자 두 개만 알면[33] 곧 누구도 자기처럼 통찰력을 지니고 있지 못하다고 생각하며, 수중에는 진리를 지니고 있으면서 사람을 죽이는 칼이라고 잘못 생각하여 특히 자기 스스로를 총蔥[34]이라고 여기는 사람에 대해서는 누구든 가리지 않고 잡히는 대로 없애버린다. 사실 자세히 생각해보면 누가 나보다 강하지 않을까? 나는 특수한 기능을 가진 여러 종류의 사람, 특히 지식인 이외의 노동자, 농민, 운동가, 예술가 등을 대단히 존경한다.

오경재吳敬梓는 『유림외사儒林外史』를 썼는데, 거기서 최고의 경지는 금琴, 바둑, 서예, 그림 등에 정통한 네 사람으로서 이들은 모두 시정의 서민이다. 이 책은 지식인의 그런 점을 간파하고 있었다. 내가 가장 싫어하는 것은 바로 권력이나 재물에 빌붙는 지식인이다.

세 사람이 길을 가면, 그 가운데 반드시 나의 스승이 있기 마련이다

스승님께서 말씀하셨다.
"하늘이 나에게 덕을 주었는데,
환퇴桓魋 그 자가 나를 어떻게 하겠느냐?"

子曰, 天生德於子, 桓魋其如子何.

기원전 492년에 있었던 일로 공자는 당시에 이미 60세였다. 커다란 나무 아래서 강의하고 있을 때 사마환퇴가 사람을 보내 강의하고 있던 곳을 휘저어놓고 나무를 넘어뜨리도록 했다. 공자는 노령에 들어서도 여전히 이러한 폭력의 위협을 받았는데, 이것은 공자 수난기 중에서 매우 유명한 일이다. 공자는 4년 전에도 광匡에서 포위당했다.**35** 그때는 "광의 사람이 나를 어떻게 하겠느냐?"라고 말했다. 천명을 받은 몸을 어떻게 할 수 있겠느냐는 것이다.

이 구절은 매우 고전적이다. 정통 유가 출신인 왕망은 한의 군사에 포위되었을 때 "한의 병사가 나를 어떻게 할 수 있겠느냐"**36**라고 중얼거렸다. 그것은 바로 공자를 모방한 것이다. 그러나 그는 공자와는 달리 휘두르는 칼날에 죽었다.

환퇴 그 자가 나를 어떻게 하겠느냐

스승님께서 말씀하셨다.
"그대들은 내가 숨긴다고 생각하느냐? 나는 너희에게
숨기는 것이 없다. 나는 그대들과 함께 하지 않는 것이
아무것도 없다. 이것이 나다."

子曰, 二三子以我爲隱乎. 吾無隱乎爾. 吾無行而不與二三子者, 是丘也.

진심어린 말은 날카로운 칼날과 같아서 거기에 닿으면 상처를 입는다.

공자는 몸으로 가르치는 것을 말로 가르치는 것보다 중시했고, 강의를 죽통에 든 콩을 거꾸로 쏟듯이 한 것이 아니었다. 그는 묻지 않으면 말하지 않았다. 중점은 계발하는 데 있었다. 그런 그의 태도가 사람으로 하여금 뭔가 감추거나 숨기고 있는 것 같은 생각이 들게 했다. 그 때문에 그가 이렇게 해명한 것이다.

"나는 그대들과 함께 하지 않는 것이 아무것도 없다"는 말은 나는 너희 학생들을 속이는 어떤 행위도 한 적이 없다는 것이다. 나는 "다른 사람에게 말하지 못할 것이 아무것도 없는 것"은 매우 좋은 품성이지만, 사회에서는 대단히 위험하고 생각한다. 즉 자기에게 매우 위험하다고 생각한다. 나는 어렸을 적에 「마법의 의자」라는 외국 영화가 있었던 것을 기억하고 있다. 사람이 그 위에 앉으면 곧 진실을 말하는

것이었다. 그 결과 어떤 거짓이든 모두 폭로되었는데, 무척 통쾌하다고 느꼈다.

그러나 사람이 정말 털끝만큼도 속이는 것이 없을 수 있을까? 몹시 의문이 든다. 진실한 말은 말하지 않을 수 있고, 거짓된 말은 결코 말하지 말아야 한다고 말한 사람이 있는데, 그 역시 매우 어렵다. "알고 있는 것은 말하지 않을 수 없고, 말을 할 때는 남김이 없어야 한다"는 것은 바로 혈육에 대해서도 지킬 수 없다.

왜냐하면 그것은 나와 내가 사랑하는 사람에 대해서도 똑같이 살상력을 가지기 때문이다.

숨기거나 속이는 것이 없다

스승님은 네 가지를 가르치셨다.
그것은 문文과 행行과 충忠과 신信이다.

子以四敎. 文行忠信.

"문文"은 학문을 가리키고 "행行"은 덕행을 가리킨다.

공자의 네 가지 가르침

스승님께서 말씀하셨다.
"성인을 내가 보지 못하더라도 군자를 볼 수 있다면,
그것으로 좋겠다." 스승님께서 말씀하셨다.
"선한 사람을 나는 보지 못하더라도, 한결같은 사람을 볼 수 있다면,
그것으로 좋겠다. 사람은 없어도 있는 척하고,
비었으면서도 차 있는 척하고, 가난하면서도 부자인 척하니,
한결같음을 유지하기가 어렵구나!"

子曰, 聖人, 吾不得而見之矣. 得見君子者, 斯可矣. 子曰, 善人, 吾不得而見之矣.

得見有恒者, 斯可矣. 亡而爲有, 虛而爲盈, 約而爲泰, 難乎有恒矣.

좋은 사람은 희귀동물이고 봉황의 털이나 기린의 뿔처럼 진귀하다. 공자는 좋은 사람을 네 가지로 구분하여 이야기했다. "성인聖人"은 최고이고, 품덕과 능력을 가지고 있으며 권력과 자리를 가지고 있기 때문에 천하를 두루 구제할 수 있는 사람이다. 공자가 인정한 성인은 매우 적다. 주로 요임금이나 순임금과 같은 성왕뿐이다. 이런 사람은 모두 죽었고, 상고의 태평성대에 살았기 때문에 근본적으로 만나볼 수 없다. "군자君子"는 그렇지 않다. 적기는 적지만 그래도 살아 있다. 예를 들면 위나라의 거백옥蘧伯玉, 노나라의 복부제宓不齊 등은 모두 공자 당시의 사람(뒤의 사람은 그의 제자였음)이었고, 공자의 말에 따

르면 그들은 모두 군자이다. "선인善人"은 『논어』에 다섯 번 나오며, 이곳 외에 「선진」 11.20, 「자로」 13.20, 「자로」 13.29, 「요왈」 20.1 등에 나온다. 선인은 좋은 사람이다. 예를 들어 『묵자』 「상동하」에 따르면 선인의 반대는 포악한 사람이고, 포악한 사람은 나쁜 사람이며, 선인은 좋은 사람이다. 그러나 공자가 선인은 좋다고 했을 때 어느 정도 좋다는 것인가? 이점에 대해 검토해볼 필요가 있다. 이전 사람의 말은 각기 달랐다. 『황소』에서는 선인을 "현인"이라고 말했는데 사실에 가깝다. 그러나 비교적 모호하다. 주주朱注에서는 선인을 "바탕은 아름답지만 배움이 없는 사람質美而未學者"이라고 말했는데 너무 낮게 평가하고 있다. 『형소邢疏』에서는 선인을 "군자"라고 말했지만 역시 옳지 않다. 위의 글에 이미 "군자"라는 말이 있는데, 여기서 또 군자를 가리킨다면 바로 중복되기 때문이다. 게다가 군자는 살아 있는 사람일 수 있기 때문에 만나볼 수 없는 사람이 아니다.

　사람들은 세상에 아직도 좋은 사람이 많다고 자주 이야기한다. 어떤 사람을 좋은 사람이라고 하는 것일까? 옛날부터 지금까지 기준이 없고 척도가 없으며 아무도 조사한 적이 없고 또 아무도 통계를 낸 적이 없다. 그런데도 모든 사람이 그렇게 말하면서 그것을 불변의 진리로 여긴다. 오직 『장자』만이 반대의 목소리를 높이면서 "세상에 선인은 적고 선하지 않은 사람은 많다" "성인이 천하를 이롭게 하는 것은 적고 해를 끼치는 것은 많다"라고 말하고, 심지어는 "성인이 죽지 않으면 큰 도둑이 그치지 않는다"(「거협胠篋」)라고까지 말한다. 사람은 소삼蘇三과 같은 심문을 받는 지경까지 몰리지만 않는다면 누구든 "홍동현洪洞縣에는 좋은 사람이 없다"고 말할 수 없을 것이다.[37]

공자의 어록집에서 성인은 태어나면서부터 총명하고, 그것도 절대적으로 총명한 사람으로 일등급에 속하는 사람이다. 선인은 이에 비해 조금 낮다. 그러나 그 역시 대단히 높다. 살아 있는 사람 중에서는 찾아볼 수 없을 정도로 높고 그와 가까운 사람은 어진 사람仁人밖에 없다. 어진 사람은 세속에 물들지 않고 자신을 깨끗하게 돌볼 뿐만 아니라 다른 사람이 즐겁게 살도록 돕지만, 성인보다는 낮고 군자보다는 높으며, 죽지 않고서는 그런 사람이 될 수 없으니 오늘날의 자선사업가가 감히 받아들일 수 있는 칭호가 결코 아니다. 뒤의 7.34에서는 "성스러움과 인 같은 것을 내가 어떻게 감히 자임할 수 있겠는가"라고 말했다. 성인과 어진 사람은 모두 대단히 높은 경지로서 공자마저도 감히 그에 해당될 수 없다고 했던 것이다. 한결같은 사람은 평생 동안 좋은 일을 하고, 그런 일을 즐기면서 피곤하게 여기지 않는 사람으로서 등급으로 따지면 성인이나 선인보다 낮고 대체로 군자와 비슷하거나 혹은 군자가 지녀야 할 덕목의 하나일 것이다. 예를 들어 "배우는 데 싫증을 내지 않고, 남을 가르치는 데 피곤해하지 않는다"[38]고 한 공자가 바로 한결같은 사람에 속한다.

공자는 성인은 모두 옛날 사람으로서 이미 일찍이 죽어버리고 없기 때문에 근본적으로 만나볼 수 없으며, 몇몇 군자를 만나기만 해도 괜찮은데, 당시 사람은 덕을 가지고 있으면서도 지위가 없는 것이 아니라 자리에 앉아 있으면서도 덕이 없으며, 한 사람도 성인이라는 칭호에 어울릴 만한 사람이 없다고 생각했다. 선인도 매우 적다. 바로 우리가 "레이펑雷鋒 아저씨는 죽었어"라고 말하는 것처럼 공자 역시 선인을 만나보지 못했다. 꿋꿋하게 좋은 일을 하는 사람이 몇 명 있으면 그것으로 괜찮다. "성인"과 "선인"은 이상적인 목표이고, "군자"와 "한결같은 사람"은 현실적인 목표이다.

마오쩌둥은 "한 가지 좋은 일을 해보는 것은 결코 어렵지 않다. 어려운 것은 평생 동안 좋은 일을 하면서 나쁜 일을 하지 않는 것이다"라고 말했다.**39** 좋은 일을 꾸준히 하는 데 어려움은 무엇일까? 공자는 주로 세 가지 조건이 있음을 말했다. "없어도 있는 척하고, 비어 있으면서도 차 있는 척하고, 가난하면서도 부자인 척하는 사람." 이 세 마디에 대한 일반적인 해석은 사람이 허영심이 있으면 주머니 속에는 분명히 돈이 없고, 그러면서 다른 사람에게는 부유한 척하고, 그 때문에 계속 버티지 못한다는 것이다. 그러나 나는 꼭 그렇게 이해하지 않는다. 나는 사람이 계속해서 좋은 일을 하지 못하는 데 있어 특히 더 큰 난제는 돈을 본 적이 전혀 없는 사람조차 때려 죽여도 돈을 향해 달려간다는 데 있다고 생각한다. 없는 사람부터 있는 사람까지, 빈털터리부터 부유한 사람까지, 찢어지게 가난한 사람부터 돈을 물 쓰듯이 쓰는 사람까지 이런 것은 본능적인 충동에서 나온 것으로서 막으려 해도 막을 수 없고, 헤어나고 싶어도 헤어날 수 없다. 없는 사람부터 있는 사람까지 뭔가가 있다는 것은 바로 모든 것이며, 무엇이 있든 상관없이 전혀 없는 것보다는 항상 조금이라도 낫다고 생각한다. 없음의 관문을 어떻게 넘을까? 오직 하나의 방법밖에 없다. 그것은 바로 있음이다. 즉 가질 때는 아주 실컷 갖게 하는 것이다. 과거에 간식을 파는 어떤 사람이 있었는데 그는 점원이 훔쳐 먹지나 않을까 걱정했다. 어느 날 그는 점원이 들어오자마자 먼저 그에게 간식만 먹게 하고 밥을 먹지 못하게 했다. 점원이 토하고 설사를 할 때까지 먹였다. 그 결과 그 점원은 간식을 보기만 해도 무서워했다고 한다. 서양에는 경찰이 강간범을 교육할 때도 역시 방문을 걸어 잠그고 음란 포르노물을 틀어주는 방법이 있는데 효과가 있다고 한다. 즉 아주 빨리 기력을 잃어버린다는 것이다.(적어도 짧은 기간이나마 효과는 있다.) 『금병매』에도 그런 것이 있다. "선음宣淫", 즉 노골적으로 음란한 짓을 함으로써 "계색戒色", 즉 여색을 경계하는 방법이다. 사람은 이렇게 좀 발전하여 있음의 문제를 해결하여야만 비로소 그와 더불어 무엇이 꼭 좀 있어야 하는지 혹은 없으면 안 되는 것이 무엇인지를 토론할 수 있다. 예를 들어 아무개가 아니면 장가가지 않겠다든가, 아무개가 아니면 시집가지 않겠다는 것과 같은 것이다. 그때 우리는 "전혀 없는 것보다는 조금이라도 낫다"는 것이 무엇인지, 어떤 사람은 왜 불문佛門에 귀의하거나 목을 매 자살하는지 등을 비로소 깨달을 수 있을 것이다. 아니면 더 좋은 방법이 또 한 가지 있다. 그것은 바로 애초부터 못보게 하는 것이다. 욕심 낼 만한 것을 보지 않으면 마음이 흐트러지지 않을 것이다. 『노자』가 중시한 것은 바로 이런 방법이었다.

공자의 고뇌는 매우 심각했다.

좋은 사람은 희귀동물이다

스승님께서는 낚시를 하시지만 그물을 쓰지는 않으셨고,
주살을 쓰되 잠든 새는 쏘지 않으셨다.

子釣而不網, 弋不射宿.

공자는 낚시와 새 사냥을 좋아했다.

"낚시를 하시지만 그물을 쓰지는 않으셨고"에 해당되는 원문 "조이불망釣而不綱"에서 "조釣"는 낚시 바늘로 낚시하는 것이고, "망綱"은 큰 줄로 그물바구니를 엮어 물밑을 훑는 것이다. 공자가 낚시를 할 때 그는 낚시 바늘을 가지고 낚시를 했고 한 번에 세 마리를 잡았으며, 커다란 그물로 훑는 짓은 하지 않았다. 물고기를 모두 잡아버리면 나중에 먹을 물고기가 없어질까 걱정이 되어서였다.

"주살을 쓰되 잠든 새는 쏘지 않으셨다"에 해당되는 원문 "익불사숙弋不射宿"에서 "익弋"은 긴 끈을 묶은 화살을 사냥감을 향해 쏘는 것으로서 쏘고 나서 화살과 사냥감을 함께 회수하는 것이다. "숙宿"은 둥지로 돌아온 새다. 공자가 쏘지 않은 것은 아마도 불인지심不忍之心 때문이었을 것이다.

고대에 동물 보호 문제가 있었다. 예를 들어 언제 사냥을 하고, 어떤 동물을 잡고, 암컷인지 수컷인지, 늙은 것인지 어린 것인지 등에 대하여 매우 중시했다. 중국 고서에 많은 기록이 있고, 다른 나라에도 있다. 이런 보호는 모두 인간 본위, 즉 자원을 절약해야 한다는 데서 나온 발상이지 동물을 위한 고려에서 나온 것이 아니다.

공자의 사냥

스승님께서 말씀하셨다.

"아마도 알지 못하면서도 책을 쓴 사람이 있을 터이지만,
나는 그런 적이 없다. 많이 듣고 그 가운데서 좋은 것을 선택하여
따랐고, 많이 보고 기억한 것이며, 지능은 그다음 일이다."

子曰, 蓋有不知而作之者, 我無是也. 多聞, 擇其善者而從之. 多見而識之. 知之次也.

이것은 무지하면서도 함부로 쓰는 것을 경계한 것이다. 공자는 나
에게는 그런 폐단이 없다고 말했다. 그는 많이 듣고 많이 보고 열심히
공부하고, 좋은 사람의 좋은 일을 듣고 또 보면 바로 그것을 따라 하
고, 기록할 가치가 있는 것을 보면 서둘러 기록했다. 그는 그저 차일
등급次一等級의 지력을 지니고 있었기 때문이다.

공자는 자기가 총명하지 않다고 말했다

7.29

호향互鄉에서 말붙이기 어려운 소년이 찾아왔는데, 제자들이
의아하게 생각했다. 스승님께서 말씀하셨다.
"그가 진보하는 것이 그가 퇴보하는 것보다는 좋다.
이것이 뭐 그렇게 심한 것이냐? 사람이 자신을 깨끗이 반성하고
앞으로 나아가면 우리는 그의 깨끗한 반성을 인정해야지
그의 과거의 잘못을 붙들고 늘어져서는 안 된다."

互鄉難與言童子見. 門人惑. 子曰, 與其進也, 不與其退也, 唯何甚.
人潔己以進, 與其潔也, 不保其往也.

이 장의 배경은 자세히 알 수 없다.

"호향互鄉에서 말붙이기 어려운 소년이 찾아왔다"에서 "호향互鄉"은
동네 이름이다. 이전 사람의 고증에 따르면 이렇게 부르는 지방은 매
우 많은데, 허난河南 루이鹿邑라고 말하는 사람이 있고, 장쑤江蘇 쉬저
우徐州라고 말하는 사람도 있지만, 모두 믿을 수 없다.⁴⁰ 이전 사람 중
어떤 사람은 이 구절을 "호향 사람은 말붙이기가 어려웠는데, 한 소년
이 찾아왔다互鄉難與言, 童子見"로 끊어 읽기도 한다. 그러나 이 지방이
말붙이기 어렵더라도 어떻게 한 동네 사람 모두가 그렇게 괴팍한지 이
해할 수 없다. 내 생각에는 정말로 말붙이기 어려운 사람은 아마도 한
사람, 바로 공자를 찾아와 뵙고자 한 사람으로서 자발적으로 공자를

보려고 한 젊은이였을 것이라고 생각한다. 그래서 나는 중간을 끊지 않고 하나의 구로 붙여 읽는다.

"호향에서 말붙이기 어려운 소년"은 무엇 하러 왔을까? 분명하지 않지만 사과하기 위해 온 것 같다. 우리는 살아가는 동안 말붙이기 어려운 사람과 마주치는데, 그가 우리에게 말하지 않으면 우리는 절대로 적극적으로 먼저 나서서는 안 된다. 그러나 주동적으로 앞으로 나오면 또 당연히 환영해야 한다. 이 사람은 스스로 찾아왔다. 제자들은 이해하지 못했지만, 공자는 내가 찬성하는 것은 그의 진보이지 그의 퇴보가 아니며, 여기에 무슨 잘못이 있느냐고 말했다. 사람이 제 자신을 깨끗이 반성하고 앞으로 나아갈 것을 추구하면, 우리는 마땅히 그 점에 대하여 찬성해야지 그 사람의 과거를 외곬으로 파고들어서는 안 된다. "보保"는 사수한다는 의미이다.

이것은 비교적 관용적인 태도이다.

호향의 말붙이기 어려운 아이

스승님께서 말씀하셨다.
"인이 멀리 있는가? 내가 인을 원하면 인은 바로 나에게 다가온다."

子曰, 仁遠乎哉. 我欲仁, 斯仁至矣.

공자는 "인"을 매우 높이 걸어놓았고, 살아 있는 사람은 한 명도 인정하지 않았기 때문에 바랄 수는 있어도 다가갈 수 없는 것으로 느끼게 했다. 그래서 공자는 인이라는 것이 정말로 우리와 멀리 떨어져 있을까라고 묻고, 우리가 마음속으로 인을 생각하고 있으면 인은 곧 다가온다고 말했다. 이것은 바로 "즉석 수리" 식의 격려 방법이다. 그것은 마치 많은 세속적 승려가 아미타불을 한번 소리 내어 읽으면 바로 극락왕생할 수 있다고 생각하는 것과 같다.

내가 인을 생각하면 인은 내게로 온다

진사패陳司敗가 물었다. "소공은 예를 알았습니까?"

공자께서 대답하셨다. "예를 알았습니다."

공자께서 물러나자 무마기巫馬期에게 읍하고 들어오라 하고서는
이렇게 말했다. "나는 군자는 편을 가르지 않는다고 들었는데,
군자 역시 편을 가르는가요? 노나라 임금은 같은 성인 오吳씨를
아내로 맞아들이고서도 그를 오맹자吳孟子라고 부릅니다.
그 임금이 예를 안다면 누가 예를 모르겠소?"

무마기가 그 말을 전해주자 스승님께서 말씀하셨다.
"나는 운이 좋아. 만약 잘못이 있으면 다른 사람이 반드시
알아차리거든."

陳司敗問, 昭公知禮乎. 孔子曰, 知禮. 孔子退, 揖巫馬期而進之, 曰, 吾聞君子不黨,

君子亦黨乎. 君取於吳, 爲同姓, 謂之吳孟子. 君而知禮, 孰不知禮. 巫馬期以告.

子曰, 丘也幸, 苟有過, 人必知之.

이 장에서 서술한 것은 기원전 491년에서 기원전 489년 사이 공자
가 진나라 민공 밑에서 벼슬하던 때의 일이다.

"진사패陳司敗"에 대하여, 진陳나라와 초나라에서는 사구司寇를 "사
패司敗"라 불렀는데, 여기서는 누구를 가리키는지 알 수 없다.

"무마기巫馬期"는 공문 제2기의 제자이다. "무마巫馬"는 말을 치료하
는 무의巫醫인데, 관직명으로 씨를 삼았으며 그것이 복성으로 변했다.

그의 이름은 시施이고 자는 자기子期였으며, 여기서는 자를 불렀다.

"공자께서 물러나자 무마기巫馬期에게 읍하고 들어오라 하고서는 이렇게 말했다." 공자가 물러나고 진사패가 무마기에게 읍을 하고 그를 들어오게 하면서 그에게 말한 것이다.

"군자는 편을 가르지 않는다"에 해당되는 원문 "군자부당君子不黨"에서 "당黨"은 본래 향당鄕黨 즉 동향의 관계를 가리키는 말이었는데, 그로부터 뜻이 확장되어 불법적으로 결탁하는 모든 부당한 관계를 가리킨다. 진사패는 공자가 노나라 군주를 위해 그 치부를 숨겼다고 비판했다. 이런 태도는 "당", 즉 "당동벌이黨同伐異(같은 무리끼리 한패가 되어 다른 무리를 배척하는 것)"와 같은 의미의 "당"에 속하는 것으로 자기편 사람이면 어떻든 다 좋게 보는 그런 것이라고 생각했다. 「위영공」15.22의 "무리에 섞이되 파벌을 만들지 않는다"를 참조하기 바란다.

"노나라 임금은 같은 성인 오吳씨를 아내로 맞아들이고서도"에서 말하는 "임금"은 노나라 소공이다. 고대에는 동성끼리 혼인을 하지 않았고, 아내를 얻을 때는 반드시 성을 따져야 했다. 노나라는 주공의 후예이고, 오나라는 태백의 후예로서 모두 희성姬姓이었기 때문에 본래는 통혼해서는 안 되었다. 춘추 시대에 이런 종류의 금기는 느슨해져서 진晉나라에서 융녀戎女를 아내로 맞이하고, 노나라에서 오녀吳女를 아내로 맞이한 것은 모두 예외였다. 출토 동기銅器는 채나라에서도 오녀를 아내로 맞이했음을 증명해주고 있다. 그들은 아마도 야만족 혹은 낙후된 민족은 관대하게 용서할 수 있다고 생각했을 것이다. 그러나 당시 이런 일은 여전히 그리 영예로운 것이 아니었다. 노나라 소공은 자기의 부인을 "오희吳姬"라고 부르는 것을 원하지 않았기 때문에 "오맹자吳孟子"라 불렀다. 진사패는 오나라에서 오희를 아내로 맞이한 것은 "예를 모르는 것"이고, 공자는 소공을 위해 그것을 은폐했기 때문에 사리에 맞지 않다고 보았다.

여기서 우리는 공자가 생각한 예 속에 들어 있는 한 가지, 즉 자식은 아버지를 위해 감추어주어야 하고, 신하는 군주를 위해 숨겨주어야 한다는 것을 알 수 있다. 여기서는 바로 신하가 군주를 위해 숨겨주는 것이다. 공자는 일부러 이렇게 한 것이다. 무마기는 진사패의 비판을 공자에게 전했고, 공자 역시 진사패의 비판이 옳고 자기의 말이 틀렸다는 점을 인정했다. 그러나 공개적인 장소에서 그는 반드시 그렇게 이야기할 수밖에 없었다. 이것은 마음속으로는 분명히 알고 있으면서도 겉으로는 어리석은 척하는 것이다.

노나라 임금을 위해 숨기다

스승님께서는 다른 사람과 노래하다가 좋으면
반드시 한 번 더 하도록 하시고 그런 다음에 화답하셨다.

子與人歌而善, 必使反之, 而後和之.

공자는 다른 사람과 노래를 부를 때 만약 노래를 잘 부르면, 반드
시 한 번 불러달라고 요청했고, 자기는 따라 불렀다.

공자가 다른 사람과 노래하다

스승님께서 말씀하셨다.

"노력하는 것은 나나 다른 사람이나 같다.

몸소 군자처럼 행동하는 것은 나는 아직 할 수 없다."

子曰, 文莫, 吾猶人也. 躬行君子, 則吾未之有得.

"문막文莫"은 "민막忞慔"으로 읽으며 노력한다는 의미이다.

공자가 분류한 인물 등급에서 군자는 인자仁者보다 낮으며, 성인보다 더욱 낮다. 그러나 군자마저도 노력해야만 이 칭호에 걸맞게 될 수 있다. 공자는 노력이야 나나 다른 사람이나 아무런 차이가 없다고 말했다. 그러나 자기에게 군자와 똑같이 하라고 요구한다면 자기 역시 꼭 그렇게 할 수 없다는 것이다.

공자의 겸손

스승님께서 말씀하셨다.

"성스러움과 인 같은 것을 내가 어떻게 감히 자임할 수 있겠는가?

다만 그런 것을 실천하는 데 싫증 내지 않고,

다른 사람 가르치는 것을 피곤하게 여기지 않는 것은

그렇다고 말할 수 있을 뿐이다."

공서화가 말했다.

"그것이 바로 제자들이 배울 수 없는 부분입니다."

子曰, 若聖與仁, 則吾豈敢. 抑爲之不厭, 誨人不倦, 則可謂云爾已矣.

公西華曰, 正唯弟子不能學也.

공자는 "성스러움"과 "인"이라는 두 가지에 대해 내가 어떻게 감당할 수 있겠느냐고 말했다. 나도 비교적 노력하고 비교적 열심이고, 내 모든 능력을 다해 이런 경지를 추구하고 있다는 것이며, 아울러 그 두 가지 태도를 가지고 다른 사람을 가르치는 것뿐이라는 것이다.

겸손하게 하는 말 가운데 어떤 것은 그저 겸손일 뿐이기 때문에 진짜로 여겨서는 안 된다. 그러나 여기서 한 말은 그렇게 보면 안 된다. 우리는 "성스러움"과 "인"은 모두 공자 마음속의 가장 높은 경지로서 다른 사람이 그런 경지에 있음을 절대로 가볍게 인정하지 않았다는 점을 알아야 한다. 자신의 제자뿐만 아니라 누구든 자격이 충분하지 않았고, 공자 자신마저도 감히 거기에 해당된다고 할 수 없었다.

공자는 왜 이렇게 이야기해야만 했을까? 나는 한번 해명해보고 싶다. 공자 자신의 말로 한번 해명해보고 싶다.

⑴ 무엇을 "성스러움"이라 부르고, 무엇을 "인"이라고 부르는 것일까? 간단하게 말하면 "성스러움"은 총명한 사람("성聖"의 본뜻은 총명함이다)이고, 일반적인 총명함이 아니라 태생적으로 총명한 것이고, 절대적으로 총명한 것(이것은 혈통론의 개념이다)으로서 "지智"의 개념에 속한다. 공자는 "인이라는 것은 자기가 일어서고 싶으면 남을 일으켜주고, 자기가 이루고 싶으면 남을 이루게 해주는 것"[41]이라고 말했다. 자기만 잘 수양하는 데서 그치는 것이 아니라 또 자기에 대한 마음을 다른 사람에게까지 미루어나가고, 다른 사람을 자신으로 여기며 그 인애仁愛의 마음을 자기의 주변 사람, 상류 사회의 사람에게 베푸는 것이다.

⑵ "성스러움"과 "인"을 구별하는 것은 무엇일까? 주된 것은 "성스러움"이 "인"보다 높은 단계라는 것이다. "인"은 도덕적 범주에 속하고, 덕을 쌓고 선을 행하는 것이고 또 다른 사람에게 베푸는 것으로서 오직 상류층 사람에게만 한정된다. "성스러움"은 그와는 다르다. 그것은 절대적으로 총명한 사람이 천하의 정무를 보는 것으로 정치적 범주에 속한다. 성인은 자기를 다른 사람에게 적용하는데, 그 대상은 결코 친척이나 친구 혹은 주변 사람이 아니라 온 천하의 백성이 그 대상이다. 공자는 백성을 편안하게 하고 뭇 사람을 구제하는 것은 이미 "인"의 범위를 초월하여 성스러움에 속하고, 그런 일은 말처럼 쉬운 것이 아니기 때문에 요임금이나 순임금도 고민하던 것이었다고 말했다.[42] 요임

금과 순임금은 성인으로서 권력이 있고 지위가 있었음에도 고민했는데, 권력도 지위도 없는 어진 사람仁人은 도저히 어떻게 해볼 수 없는 것이다.

(3) 공자는 군자는 "공경하는 마음으로 자신을 수양하고", 인자仁者는 "자기를 수양하여 다른 사람을 편안하게 해주고", 성인은 "자기를 수양하여 백성을 편안하게 해준다"고 하여 세 가지 층차로 나누었다.[43] 첫 번째 층차는 자기를 도덕적으로 합격한 군자로 배양한 것이다. 두 번째 층차는 자신의 인애의 마음을 다른 사람에게까지 확장하고, 다른 사람을 안정시키는 것이다. 세 번째 층차는 자기의 인애의 마음을 민중에게까지 확장하여 민중을 안정시키는 것이다. 여기서 성인이 가장 높고, 어진 사람이 그다음이고, 군자가 그다음 다음이라는 것을 알 수 있다.

(4) 공자 마음속의 성인과 어진 사람은 모두 만나볼 수 없는 사람이다. 그는 성인을 만나볼 수 없다면 군자라도 좀 만나볼 수 있다면 좋겠다고 말했고, 선인善人(어진 사람과 비슷함)은 만나본 적이 없고, 한결같은 마음을 가진 사람을 좀 만나보기만 해도 좋겠다고 말했다. 그에게 성인은 군자보다 높고, 어진 사람은 한결같은 마음을 가진 사람보다 높다.[44] 앞의 경우에 해당되는 사람은 예를 들어 요임금과 순임금이고, 뒤의 경우에 해당되는 사람은 예를 들어 미자微子·기자箕子·비간比干·백이伯夷·숙제叔齊 등으로 모두 다 죽은 사람이다. 살아 있는 사람은 그 자신이고, 그 자신의 제자로서 그저 군자나 한결같은 마음을 가진 사람이 될 뿐이다. 예를 들어 여기서 말하는 "그런 것을 실천하는 데 싫증 내지 않고, 다른 사람 가르치는 것을 피곤하게 여기지

않는 것"이 실은 바로 한결같은 마음을 가진 사람이다.

(5) 공자는 자기가 성인이라고 인정하는 것을 거절했는데 그 이유는 매우 간단하다. 첫째, 그의 출신은 비천했지만 배우고 깊이 생각하기를 좋아했으며, 그의 많은 능력은 모두 민간으로부터 배운 것 즉 완전히 후천적인 학습을 통해 얻은 것이며, 그는 결코 자기가 총명하다고 인정하지 않았고 특히 그는 자기 자신이 천성적으로 총명한 사람 즉 절대적으로 총명한 사람이라고 인정하지 않았다. 둘째, 그는 비록 관직을 맡은 적이 있지만 그 기간이 매우 짧았고, 아무런 권력도 없었기 때문에 백성을 안정시킨다거나 민중을 구제할 수 없었다. 공자는 "성스러움"과 "인"이라는 두 단어는 그가 감당할 수 없다고 말했는데, 그것은 일부러 겸손한 척하는 것이 아니었다. 당시 사람은 오직 요임금이나 순임금 같은 총명하고 성스러운 군주만이 비로소 성인이라고 부르기에 어울린다고 생각했다. 공자는 귀족이 아니었고 권력이 없었기 때문에 근본적으로 성인이라고 부를 수 없었다. 그는 자신을 요임금이나 순임금 등과 비교할 만큼 멍청하지 않았다. 그를 그렇게 부른다면 그것은 그를 욕하는 것과 같고, 그를 웃음거리로 만드는 것과 같다.

(6) 공자를 성인화한 것은 제자들의 걸작이다. 자공은 대대적인 선전을 시작했고, 재여와 유약은 그에 협조했으며, 맹자와 순자 역시 부채질하고 선동했다. 공자는 민간인으로서 권력도 없었고 세력도 없었으며 백성의 구세주가 될 수 없었다. 자공은 그 점을 당연히 알고 있었다. 그러나 그는 참을 수 없었다. 자기 스승이 전혀 이름이 알려지지 않고, 그의 제자보다 오히려 중시되지 않는 것을 절대로 차마 보

고만 있을 수 없었다. 그는 우리 선생님은 비록 권력도 세력도 없지만 학문은 굉장히 높고 총명하셔서 충분한 자격이 있다고 마음속으로 생각했다. 그 때문에 태재太宰가 자공에게 "선생님은 성자聖者이신가? 어찌 그리 다방면에 재능이 있으신가?"라고 물었을 때 그는 공자는 "하늘이 내리신 위대한 성인이시고 또 많은 능력을 갖고 계십니다"라고 대답했던 것이다.[45] 중요한 것은 이 구절마저도 그 자리에서 공자의 거부에 직면했다는 점이다.[46] 공자는 사람이 배우기 좋아하는지 아닌지에 따라 네 등급으로 나누었는데, "나면서부터 아는 자"는 1등급이고, "배워서 아는 자"는 2등급이고, "곤란을 겪고 나서 배우는 자"는 3등급이고, "곤란을 겪고 나서도 배우지 않는 자"는 4등급이라고 말했다.[47] 그는 그저 자기는 다른 사람보다 배우기를 좋아하고 각고의 노력을 기울이며 한결같이 그런 상태를 유지하고 있다는 점을 승인했을 뿐이다.

"그런 것을 실천하는 데 싫증내지 않고, 다른 사람 가르치는 것을 피곤하게 여기지 않는다"는 앞의 7.2에서 말한 "배우는 데 싫증을 내지 않고, 남을 가르치는 데 피곤해하지 않는다"는 것과 비슷하고, 공자가 한결같은 마음을 가지고 있다는 점을 강조하고 있기도 하다. 여기서 말하는 "그런 것을 실천한다"는 것은 자기가 "성스러움과 인"을 추구하고자 하는 포부를 지니고 있음을 가리키고, "다른 사람 가르치는 것을 피곤하게 여기지 않는다"는 것은 "성스러움과 인"을 추구하도록 다른 사람을 가르치는 데 피곤한 줄 모른다는 것이다. 『맹자』「공손추상」에서는 다음과 같이 말했다.

옛날에 자공이 공자에게 물었다.

"선생님께서는 성인이십니까?"

공자가 대답했다.

"성인은 내가 할 수 있는 것이 아니다. 나는 배우는 데 싫증내지 않고 가르치는 데 피곤한 줄 모른다."

자공이 말했다.

"배우는 데 싫증내지 않는 것은 지혜로우시기 때문이고, 가르치는 데 피곤한 줄 모르는 것은 어지시기 때문입니다. 어질고 또 지혜로우시니 선생님께서는 성인이십니다."⁴⁸

바로 이 일에 대하여 이야기하고 있다. 자공은 나의 스승은 배우는 데 싫증을 내지 않으니 지혜가 이미 충분하고, 남을 가르치는 데 피곤한 줄 모르니 인仁도 충분하여 성인의 기준에 완전히 도달했는데, 무엇 때문에 성인이 아닌가 하고 생각했다. 이것은 맹자의 수정주의이다.

"공서화公西華"는 여기서 자를 불렀다. 그는 이것이 바로 제자들이 배울 수 없는 부분이라고 말했다.

자공은 스승을 성인으로 수립하려 했고, 공자는 대답하지 않았다. 제자들은 모두 그것을 스승의 겸손이라고 생각했다. 공자가 죽고 난 뒤 자공은 계속하여 공자를 성인으로 수립해나갔는데, 공자는 이미 말을 할 수 없는 상태였고 발언권은 자공의 손 안에 있었다. 스승이 성인에 해당되지 않는다면 누가 그에 해당된단 말인가? 자공은 대답하지 않았고, 그 밖의 제자들도 대답하지 않았다.

공손추가 똑같은 문제로 맹자에게 어르신께서는 이미 "성스러움"의 경지에 도달하지 않았는가 하고 묻자, 맹자는 이봐, 자네 지금 무슨 말을 하고 있는 겐가, "성스러움"은 공자조차도 감히 그에 해당되지 않는다고 생각했는데, 자네는 지금 무슨 말을 하고 있는 거냐고 말했다. 그러나 맹자는 공자를 언급할 때 이미 그의 입에서는 "성인, 성인" 하는 말이 끊어지지 않았다. 제자들은 곧 선생님이 어차피 자신의 스승에 대하여 그렇게 부르고 계신데, 제자들 역시 마땅히 일찍 계획을 세워두어야 한다고 생각했다. 그가 살아 있을 때도 그를 성인으로 수립할 것을 고려하는 사람이 이미 있었고, 죽은 뒤에는 과연 성인이 되었다. 스승이 성인에 해당되지 않는다면 제자가 어떻게 그에 해당되겠는가?

스승을 대대적으로 선전한 결과 자기 자신도 성인이 되었다. 전후의 논리가 완전히 같았다.

공자는 성인이 아니다

스승님께서 병이 나시자 자로가 기도할 것을 요청했다.

스승님께서 말씀하셨다.

"그런 적이 있느냐?"

자로가 대답했다.

"있습니다. 기도문에 '당신을 위해 천지의 신명神明께

기도드립니다'라고 씌어 있습니다."

스승님께서 말씀하셨다.

"나를 위해 기도드린 지 오래되었구나."

子疾病. 子路請禱. 子曰, 有諸. 子路對曰, 有之. 誄曰, 禱爾于上下神祇. 子曰, 丘之禱久矣.

이 장은 「자한」 9.13과 같은 일을 다루고 있다. 서로 참고해볼 만하다.

"기도문에 '당신을 위해 천지의 신명께 기도드립니다'라고 씌어 있습니다"에서 앞부분의 원문에 해당되는 뇌왈誄曰을 『설문』 제3권에는 뇌왈讄曰로 인용했고, 아울러 뇌讄를 "기도드리는 것이다"라고 풀이했으며, 뇌誄를 "시호를 주는 것이다"라고 풀이했다. 앞의 것은 살아 있는 사람을 위해 복을 구하는 것이고, 뒤의 것은 죽은 자를 위해 시호를 짓는 것이다. 유보남劉寶楠은 이점에 대해 『고론』과 『노론』이 다르게 기록되어 있다고 생각했다.[49]

옛사람은 병이 나서 의약이나 침 등이 아무 효과가 없으면 기도에 의지하여 신령에게 질병과 재앙을 없애줄 것을 호소했는데, 오늘날 암에 걸리면 병원으로 달려갔다가 치료법이 없으면 그저 기공사를 찾을 수밖에 없는 것과 같다. 출토된 초간에는 점복간占卜簡이 한 가지 있는데, 바로 병이 난 것에 대해 점을 친 다음 기도하고 제사지내는 것이다. 여기서 말하고 있는 것은 공자가 병이 나자 자로가 조급해져서 스승에게 기도하고 제사지내자고 요청한 것이다. 공자는 그렇게 해서 병을 고친 적이 있느냐고 물었다. 자로는 있다고 대답하면서, 뇌서誄書에는 모두 "당신을 위해 천지의 신명께 기도드립니다"라고 쓰여 있다고 했다. 공자는 거절의 의사를 나타내면서 "나를 위해 기도드린 지 오래되었구나"라고 말했다.

이 단락을 어떻게 이해해야 할까? 검토해볼 가치가 있다. 전통적인 해석은 공자는 천명을 믿었지만 귀신을 추구하는 것은 반대했고, 귀신에게 기원하는 모든 것은 귀신에게 죄를 사하여주기를 바라는 것인데, 그는 사함을 받아야 할 죄가 없다고 생각했으며, 따라서 신에게 기도하는 것을 거절했다고 보는 것이다. 그런데 그는 거절의 뜻을 나타내면서도 왜 또 기도를 드려본 적이 있느냐고 물었을까? 공자의 말은 풍자의 말이 아닐까 하는 의문이 든다. 뇌서誄書는 죽은 뒤에 애도를 표시하는 글이고, 그곳에 씌어 있는 기도와 제사 등은 모두 죽은 자의 생전의 일에 관한 것인데, 당시 공자는 아직 살아 있었음에도 불구하고 자로는 그것을 가져다 쓰려고 했으니 대단히 어울리지 않는 것이었다. 그 때문에 공자는 그 말을 듣고 굉장히 화가 났다. 그래서 그는 그러냐, 그럼 너는 나를 위해 병을 낫게 해달라고 기도한 것은 아주 오래전의 일이었나보구나, 너는 내가 죽기를 바라고 있구나 하는 뜻으로 말했다. 이것은 자로를 비꼰 것이다. 나는 『설문』에서 뇌誄를 뇌讄로 쓴 것은 아마도 원문을 이해하지 못하여 아예 가차자로 바꿔 버리고 나서 기도문에서 이렇게 설명했다고 말한 것이 아닐까 하는 의문이 든다.

자로가 공자를 위해 기도하다

스승님께서 말씀하셨다.
"사치하면 불손해지고, 검소하면 고루해진다. 불손한 것보다는
차라리 고루한 것이 낫다."

子曰, 奢則不孫, 儉則固. 與其不孫也, 寧固.

"사치하면 불손해진다." 사치는 사람을 불손하고, 한없이 기어오르게 만들고, 뜻을 이루면 곧 미쳐 날뛰게 만든다.

"검소하면 고루해진다." 절검은 사람을 고루하고, 식견이 짧고, 안목이 좁고, 옹졸하고, 완고한 사람으로 만든다.

"불손한 것보다는 차라리 고루한 것이 낫다." 사치에는 사치 나름의 병폐가 있고, 절검에는 절검 나름의 병폐가 있다. 공자는 불손한 것보다는 차라리 고루한 것이 낫다고 했고, 그는 차라리 검소할지언정 사치하지는 않았다.

검소할지언정 사치하지 말라

스승님께서 말씀하셨다.
"군자는 평탄하고 넓으며, 소인은 항상 근심걱정에 싸여 있다."

子曰, 君子坦蕩蕩, 小人長戚戚.

이것은 군자와 소인이 정신 상태의 측면에서 같지 않다는 것을 설명한 것이다. 군자는 사람에 대하여 받아들이지 않는 것이 없다. 그러므로 마음에 거리낌이 없다. 소인은 하루 종일 다른 사람을 이리저리 따져본다. 그러므로 항상 뱃속이 불만으로 가득하다.

군자와 소인

스승님께서는 온화하면서도 엄격하셨고, 위엄이 있으면서도
사납지 않으셨고, 정중하면서도 편안하셨다.

子溫而厲, 威而不猛, 恭而安.

공자는 온화하면서도 또 엄격했고, 위풍당당하면서도 또 기세등등
하지 않았고, 공손하고 경건하면서도 또 편안한 모습이었다. 이것은
공문의 제자가 공자에 대해 느낀 인상이다.

공자의 풍도

제8편
태백 泰伯

이 편은 8.4에서 8.7까지의 네 장을 제외하면 증자의 말을 기록했고, 그 밖의 것은 모두 공자의 말이다.

이 편은 재미있는 이야기가 별로 없지만, 비교적 주의해볼 만한 가치가 있는 것은 "백성들은 따르게 할 수는 있지만, 그들에게 알게 할 수는 없다"(8.9)이다. 이 말은 우민 정책이라고 비판받더라도 억울해할 것이 없지만, 그러나 이것은 고대 통치자들이 다 알고 있는 일반적인 상식으로서 당시의 역사적 환경에 놓고 볼 때 오히려 하나도 이상할 것이 없다. 또 공자는 주나라 무왕의 "유능한 신하 열 명이 있다" "천하의 3분의 2를 차지하고 있으면서도" 등을 언급했는데, 그와 관련된 역사적 사실은 대단히 중요하다.

스승님께서 말씀하셨다.

"태백泰伯은 최고의 덕을 가졌다고 할 수 있을 것이다.
세 번이나 천하를 양보했는데,
백성들은 그를 어떻게 칭송해야 할지 알지 못했다."

子曰, 泰伯, 其可謂至德也已矣. 三以天下讓, 民無得而稱焉.

"태백泰伯"은 바로 오나라 태백이다. 태백은 주나라 태왕의 장자였다. 주나라 태왕에게는 세 명의 아들이 있었는데, 장자는 태백이고, 차남은 중옹仲雍이고, 그다음은 계력季歷이었다. 태백과 중옹은 계력이 현명하기 때문에 아버지가 계력에게 왕위를 물려주려는 것을 알고서는 결국 오나라로 도망가서 그에게 왕위를 양보했으며, 오나라에서는 그를 시조로 받들었다. 태太자와 태泰자는 모두 대大자에서 나온 것이다. 전국 시대의 문자는 육국六國이 각각 모양을 달리했는데, 초楚나라 계통의 문자에서는 "태太"를 "亣"로 썼고, 진秦나라 계통의 문자에서는 흔히 "태泰"자를 가지고 "태太"를 나타냈다. 『사기』와 『한서』에서 "태泰"는 "태太"로 간주되었는데, 진나라 계통의 문자 특징이 아직 남아 있었다.

"세 번이나 천하를 양보했다." 태백이 세 번 양보했다는데, 도대체 어떻게 세 번 양보했다는 것일까? 이전 사람에게는 여러 가지 전설이 있었다. 일설은 태백이 세 번 양보한 것은 살아서 한 번 양보했고(태왕이 병이 들자 약을 캐러 갔다가 돌아오지 않음), 죽어서 한 번 양보했고(죽었을 때 상에 달려가지 않음), 상이 끝나고 또 한 번 양보했다(머리를 빡빡 밀고 몸에 문신을 해서 쓸모없음을 보여주면서 죽을 때까지 돌아가지 않음)는 것이다. 이것은 정현鄭玄의 주와 범령范寧의 설명 중 두 번째에 보이는 것이다. 일설은 태백이 세 번 양보한 것은 첫 번째는 계력에게 양보했고, 두 번째는 문왕에게 양보했고, 세 번째는 무왕에게 양보했다는 것으로서 범령의 설명 중 첫 번째 것이다. 송대 유자들 사이에는 또 주周나라에 양보했다는 설과 상商나라에 양보했다는 설 등의 논쟁이 있었다. 주나라에 양보했다는 것인즉슨, 주나라가 아직 천하를 얻기 전에 "세 번에 걸쳐 천하를 양보한 것"은 오직 나중에 천하를 얻기 위해 계력에게 양보한 것으로서 이는 상을 차지하기 위한 음모라는 주장인데, 이정二程이 이 주장을 견지하고 있다. 상나라에 양보했다는 것은 태왕에게 상을 없애려는 뜻이 있었는데, 태백은 그것이 합법적이지 않다고 생각하여 상나라가 존속하도록 하기 위해 오월吳越로 도망갔다는 것이다. 이는 "백이와 숙제가 말을 못 가게 하는 심정"과 같은 종류에 속하며, 가슴 뭉클한 충성스러운 이야기인데, 주희의 주가 이러한 주장을 견지하고 있다.[1] 잘못된 주장이 무성하게 나타난 것은 대부분 도덕의 문제로 인해 혼란이 생겼기 때문이다. 그러므로 깊이 탐구할 필요가 없다. 사실 선양은 이른바 상고上古의 지덕至德으로서 요임금과 순임금과 우임금이 모두 선양을 통해 천하를 얻었다는 것에 대해서는 유독 공자만이 아니라 옛사람 모두 흥미진진하게 이야기했다. 공자는 그것을 극찬했지만, 그러나 태백은 상나라에서 주나라로의 전환 시기에 살았기 때문에 여전히 그와 같은 구도덕을 말한다는 것이 정말로 쉽지는 않았을 것이다.

"민무득이칭언民無得而稱焉"은 백성들이 무슨 말로 그들을 칭송해야 할지 알지 못했다는 것이다. 『석문』에는 "득得"이 "덕德"으로 되어 있다. 옛날 책에서 "득"과 "덕"은 자주 가차자로 통용되었다. 「계씨」 16.12에 "민무덕이칭언民無德而稱焉"이라고 한 것은 이곳에 의하면 마땅히 "민무득이칭언民無得而稱焉"으로 읽어야 한다. 그러나 여기서는 말로 표현할 수 없을 만큼 좋은 것을 나타내고, 「계씨」 편에서는 말로 표현할 수 없을 만큼 나쁜 것을 나타낸다.

주나라 사람이 전하는 말에 따르면 그들의 선조인 태왕太王(당연히 죽은 뒤에 지어 부른 이름에서 나온 것)에게는 가장 큰 아들인 태백太伯(즉 여기서 말하는 태백泰伯)과 둘째인 중옹仲雍과 계력季曆이라고 부르는 막내 등 세 명의 아들이 있었다. 속담에 "세상의 아버지들은 막내 아이를 사랑한다"(전 세계의 동화는 모두 이러한 현상을 이야기하고 있음)는 말이 있다. "막내 아이를 사랑하는" 이유는 첩을 사랑하기 때문이다. 남성들은 한 여자에게만 정을 쏟지 않고, 새로운 여자를 좋아하고 오래된 여자를 싫어한다. 그런 것을 어떤 사람은 "수소(소의 수컷) 효과"라고 부른다. "수소 효과"는 남권의 상징이다. 고대의 통치자들은 대부분 수소였고, 나이가 많으면 많을수록 어린 여자 아이를 사랑했다. 『좌전』의 분쟁들은 왕왕 이 때문에 생겨난 것이다.

태왕은 계력과 계력의 아들, 즉 문창왕("문왕文王"은 아마도 죽은 뒤에 지어 부른 이름에서 유래했을 것)을 사랑했다. 그는 계력을 세워 자신의 뒤를 잇게 하고 싶어했다. 태백과 중옹은 아버지의 마음을 깊이 깨닫고 오월 지방으로 도망갔다. 그들은 일부러 머리를 매우 짧게 자르고, 온몸에 청색 꽃 문신을 새겨 넣음으로써 태왕으로 하여금 자신들은 이미 "남만南蠻 놈들"이 되어버렸다고 느끼게 하여 감히 중용하지 못하도록 했다.[2] 이런 이야기는 춘추 시대에 전해져 아름다운 이야기가 되었다. 공자는 현명한 사람에게 왕위를 양보하는 것은 매우 숭고한 미덕이라고 생각했다. 오늘날 사람은 안 되고, 오직 고대에서만 가능했다. 태백의 덕행은 대단히 높았고, 백성들은 그를 어떻게 찬미해야 할지 알 수 없었다. 그래서 "백성들은 그를 어떻게 칭송해야 할지 알지 못했다"고 말한 것이다.

태백은 오나라의 시조이고, 최초로 우虞에 봉해졌다. 장쑤성 단투丹徒에서 출토된 의후궤宜侯簋의 명문 내용은 바로 오나라의 분봉과 건국에 대해 설명한 것이다. 의후는 최초에는 우에 봉해졌지만, 나중에 "의宜의 임금으로 바꾸었다." 바오지寶雞에는 우산虞山(즉 吳山)이 있었고, 산시성山西省에는 우虞나라가 있었다. 오吳나라와 이 두 개의 "우虞"는 관련이 있을 것이다. 태백은 장쑤성江蘇省 사람이 자랑스럽게 생각하는 인물이다. 『유림외사』 제36회와 제37회에서는 "창수常熟는 인문人文을 극히 많이 배출한 곳"이라고 말했다. 그곳에서 우박사虞博士를 배출했는데, 이름은 육덕育德이고 자는 과행果行이다. 그는 남경에서 태백사대제泰伯祠大祭를 거행했는데, 주제主祭는 우박사였고 아헌亞獻은 장정군莊征君이었고 종헌終獻은 마이선생馬二先生이었다. 『유림외사』 제48회와 마지막 회(제55회)에서도 이 일에 대해 언급하고 있다.

최근 들어 각 지역에서 뿌리찾기를 벌이면서 도처에서 이런저런 제

왕에 대해 제사를 지내고 있는데, 장쑤성 창저우常州에서도 오나라 태
백에게 제사를 지내고 있다.

태백이 세 번 천하를 양보했다

스승님께서 말씀하셨다.

"공손하면서 예가 없으면 수고롭고, 신중하면서 예가 없으면
소심해지고, 용감하면서 예가 없으면 문란해지고,
정직하면서 예가 없으면 융통성이 없다.
군자가 친족들에게 돈독한 감정을 가지면 백성들에게는
인이 유행할 것이다. 군자가 옛 친구를 빠뜨리지 않으면,
백성들 사이에서는 인심이 야박해지지 않을 것이다."

子曰, 恭而無禮則勞, 愼而無禮則葸, 勇而無禮則亂, 直而無禮則絞.

君子篤於親, 則民興於仁. 故舊不遺, 則民不偸.

"신중하면서 예가 없으면 소심해지고"의 원문에서 "사葸"는 담력이 작아 일을 겁낸다는 뜻이다.

"정직하면서 예가 없으면 융통성이 없다"의 원문에서 "교絞"는 지나칠 정도로 극단적이라는 뜻이다. 「양화」17.8의 "정직을 좋아하면서 배우기를 좋아하지 않으면 그 폐해는 날카로운 말로 공격하는 것으로 나타난다"라는 구절을 살펴보자. 이 글자의 의미는 베이징인이 말하는 "억지부리다矯情" "융통성 없음死心眼" "고집불통軸" 등과 유사하다. 이러한 사람은 대놓고 꾸짖는 것을 좋아하고, 하는 말마다 귀에 거슬리고, 말로 사람에게 상처를 입힌다. 마융馬融은 찌르다는 의미의 "자

刺"로 해석했는데, 확장된 의미에 속한다고 할 수 있을 것이다.

이 문단은 예의 중요성을 말한 것이다. 예는 행위규범이고 중화中和와 절제節制의 효능이 있다. 공자는 만약 예에 의한 절제가 없다면 아무리 좋은 미덕이라도 맛이 변할 것이라고 생각했다. 예를 들면 공경은 미덕이지만 일률적으로 허리를 굽혀 읍을 한다면 얼마 안 가 금방 피로해질 것이며, 근신은 미덕이지만 일률적으로 근신하고 조심한다면 소심해지고 일하는 데 겁을 낼 것이며, 용기는 미덕이지만 일률적으로 용기를 좋아하고 다투기를 일삼는다면 재앙을 불러들일 것이며, 솔직함은 미덕이지만 일률적으로 속마음을 털어놓고 입바른 소리를 한다면 극단적인 입장에 빠질 것이다. 군자가 자기의 친속에 대하여 깊은 감정을 가지면 일반 백성들은 날마다 인에 근접해갈 것이며, 자기와 친숙한 사람을 버리지 않는다면 일반 백성들은 인정머리 없어지지 않을 것이다.

미덕은 예를 떠나서는 안 된다

증자가 병들었을 때 문하의 제자를 불러 말했다.

"나의 다리를 들어올려 보아라, 나의 손을 들어올려 보아라.

『시』에서는 '두려워하고 조심하라. 깊은 연못가에 있는 것처럼,

살얼음 위를 걷는 것처럼'이라고 했는데,

이제 죽음의 위험에서 벗어났음을 알겠노라. 제자들아."

曾子有疾, 召門弟子曰, 啓子足. 啓子手. 詩云, 戰戰兢兢, 如臨深淵, 如履薄氷. 而今而後,

吾知免夫. 小子.

이것은 증자가 큰 병에 걸렸다가 죽음에서 살아났을 때의 느낌을 매우 생동감 있게 묘사한 것이다.

"나의 다리를 들어올려 보아라, 나의 손을 들어올려 보아라"를 살펴보자. 『설문』 「언부言部」를 보면 "치診는 헤어지는 것이다. 언言부에 속하고 다多의 음을 가지고 있었다. 『논어』의 '다여지족趁予之足(내 발에 이별의 의식을 행하라)'과 같이 읽는다. 주나라 경왕은 낙양에 치대診臺를 만들었다"라고 했다. 어떤 사람은 허신이 인용한 것을 『고론古論』의 다른 글이라고 말했다.

이 구절에 대해 과거에는 다음과 같은 두 가지 해석이 있다. 하나는 이불을 걷고 손과 발이 드러나게 하라는 것으로 풀이하는 것이고(정현의 주), 다른 하나는 "계啓"와 같은 것으로, 즉 살펴본다는 의미로 해석

하는 것인데(유보남이 왕염손의 학설을 인용),³ 아무래도 모두 맞지 않는 것 같다. 원문은 그저 나의 다리를 들어올려 보아라, 나의 손을 들어 올려 보아라고만 말하고 있는 것으로서(그래서 "啓"라고 쓴 것) 실제로 는 나의 손을 만져보고, 나의 다리를 만져보라는 것이다. 그러므로 다 른 글異文에서는 "다跢"라고 썼다.(다跢는 발걸음을 한 발짝씩 옮기면서 걷 는 것으로 어린애가 걸음마를 배우는 모습을 형용한 글자이다.) 그가 이렇 게 말한 것은 제자들에게 가까이 와서 자신의 손을 보게 하고, 자신 의 다리를 보게 하면서 모두 다 몸에 잘 간직되어 있지 않느냐고 확인 한 것이다. 그때 그는 죽음에서 살아나는 심정이었을 것이다. 예를 들 어 대수술을 받고 나서 방금 마취에서 깨어났다면 주위 세계는 마치 완전히 딴 세상처럼 보일 것이며, 자기는 신생아처럼 생각될 것이다. 그렇다면 나의 눈은 볼 수 있고, 나의 귀는 들을 수 있고, 나의 손과 다리는 움직일 수 있으니 얼마나 좋겠는가? 똥 싸고 오줌 누고 방귀 뀌는 것까지 모두 시시각각 행복감으로 충만할 것이다. 잃었다가 다시 얻었으니 비로소 모든 것이 귀하다는 것을 아는 것이다.

"두려워하고 조심하라. 깊은 연못가에 있는 것처럼, 살얼음 위를 걷 는 것처럼"은 『시경』「소아小雅·소민小旻」에 나오는 것을 증자가 인용한 것이다. 이는 목숨이 한 가닥 끈에 매달려 있는 느낌을 형용한 것으로 그가 죽음의 문턱에서 막 벗어났을 때의 느낌이다.

"이제 죽음의 위험에서 벗어났음을 알겠노라"는 이제 나는 목숨을 건졌다는 것이 무엇인지를 알았다는 것을 말한 것이다.

이러한 체험은 큰 병을 앓아보지 않은 사람은 결코 알 수 없다.

생로병사에서 늙음과 질병은 삶과 죽음 사이에 있다. 큰 병은 한 발은 삶에, 다른 한 발은 죽음에 두고 있는 상태로서 매우 갑작스럽다. 즉 늙음으로 인해 죽어가는 것과는 달리 충분한 예고도 없고, 따라서 병이 낫는다는 느낌이 각별하게 좋다.

옛사람에게 어느 쪽으로 가야 할지 고려하도록 충고해주는 주된 수단은 두 가지가 있었다. 즉 점을 치는 것과 의사의 진료를 받는 것이다. 중병은 죽음의 문턱이다. 사람이 죽음을 모르고 어떻게 삶을 이해할 수 있을까? 많은 사람이 큰 병을 한 차례 앓고 나서야 비로소 사는 것에 대해 분명하게 깨닫는다. 즉 무슨 명예라든가 이익이라든가 하는 따위들이 모두 헛것이라는 것을 깨닫는다. 당연한 말이지만 어떤 사람은 병에 걸렸을 때 분명하게 깨닫고 있다가도 바로 며칠만 지나면 곧 희미하게 잊어버린다.

증자는 유명하고 큰 효자였다. 오늘날 『대대례』에는 「증자본효曾子本孝」 「증자입효曾子立孝」 「증자대효曾子大孝」 등의 편이 있는데, 모두 효를 설명한 것이다. 악정자춘樂正子春은 그의 스승인 증자에게서 "하늘이 낳는 것과 땅이 기르는 것 가운데 사람이 가장 위대하다. 부모가 온전히 낳아준 것을 자식이 온전하게 간직했다가 돌아가는 것을 효라고 할 수 있을 것이다. 제 몸을 손상하지 않는 것을 온전하다고 할 수 있을 것이다"[4]라는 가르침을 받았다. 증자의 저작이라고 전해져오는 『효경』에서도 "몸과 터럭과 피부 등은 부모로부터 받았다. 함부로 훼손해서는 안 된다"[5]라고 말했다. 유가에서는 생명을 중시하고, 생명은 부모가 주신 선물이기 때문에 오직 몸을 잘 보호해야만 부모에게 떳떳한 것이라고 생각한다. 오늘날의 아이들은 가정과 사회가 번갈아가면서 가하는 학대 속에 놓여 있기 때문에 생명경시 풍조를 피하기 어렵다. 부모는 어린아이의 자살을 방지하려고 "면부免夫"(송대에 노역 대신 돈을 납부할 수 있게 한 제도에서 유래한 말로 면부는 "노역에서 벗어난 사람"이라는 뜻이다—옮긴이)라고 이름을 짓는다. 당연한 이야기지만, 이런 이름을 가장 싫어하는 사람은 여자아이다. 이런 이름을 지어놓으면 시집갈 수가 없다.

증자가 중병에 걸리다 1

증자가 병들었을 때 맹경자孟敬子가 문병을 갔다.

증자는 다음과 같이 말했다.

"새가 죽어갈 때는 그 울음소리가 구슬프고,

사람이 죽음에 임해서는 그가 하는 말이 착하다.

군자가 도道보다 소중하게 여기는 것이 세 가지 있다.

몸을 움직일 때는 조급함과 게으름을 멀리하고,

표정을 바로잡을 때는 믿음에 가깝게 하고,

말을 내뱉을 때는 비속하거나 사리에 맞지 않는 것을 멀리한다.

그리고 예의의 세부적인 사항은 유사에게 맡겨둔다."

曾子有疾, 孟敬子問之. 曾子言曰, 鳥之將死, 其鳴也哀. 人之將死, 其言也善. 君子所貴乎道
者三. 動容貌, 斯遠暴慢矣. 正顔色, 斯近信矣. 出辭氣, 斯遠鄙倍矣. 籩豆之事, 則有司存.

"증자가 병들었을 때 맹경자가 문병을 갔다." 맹경자는 중손첩仲孫捷
으로, 맹무백孟武伯의 아들이며 태어난 해와 죽은 해는 알 수 없다. 증
삼은 공자보다 46세 어리다. 그러므로 이 일은 기원전 480년 이후의
일일 것이다.

"몸을 움직임"과 "표정을 바로잡음"은 사람의 겉모양에 속한다. 옛
날 책 속의 "용容"과 "색色"은 관련이 있는데, 모두 사지를 가리키는 말
이다. 오늘날 사람이 말하는 "체면"이라는 말 속에는 몸(체)과 얼굴

(면)이 있지만, 중요한 것은 얼굴이다. 사람은 체면을 지키고, 나무는 껍질을 지킨다. 얼굴은 존엄한 것이다. 그러나 지나치게 강조해서는 안된다. 중국에는 체면문화가 있다. 필사적으로 체면을 차리느라 고생을 사서 하는 일이 잦은데, 그것은 바로 지나치게 체면을 중시하기 때문이다. "표정"에 해당되는 원문 "안색顏色"은 오늘날 말로 하면 그림을 그리는 색깔을 가리킨다고 할 수 있지만, 고어에서는 이 말과는 다르다. 안顔자는 머리 혈頁부에 속하는데, 본래는 양미간을 가리키며 거기에 색色자를 더하면 사실 얼굴빛(표정)을 가리킨다.

이 장 역시 증자가 병이 난 것을 이야기하고 있다. 아마도 앞에서 말한 바로 그 중병일 것이다. 그때 맹경자가 그를 보러 갔는데, 증자는 자기가 곧 죽을 것이라고 생각했다. 그래서 "새가 죽어갈 때는 그 울음소리가 구슬프고, 사람이 죽음에 임해서는 그가 하는 말이 착하다"라고 말한 것이다. 이 말은 매우 유명하다. 사람이 죽음을 눈앞에 두고 있을 때는 평상시와는 다르다. 사마천은 이러한 임계상태를 체험했던 사람이다. 예를 들어 그의 「임안에게 보내는 편지報任安書」는 바로 살아 있는 사람과 죽음을 앞둔 사람의 대화이다. 그는 그러한 체험을 했기 때문에 "사람이 죽음에 임한人之將死" 심경을 매우 훌륭하게 묘사했다. 예를 들어 이사李斯는 객관적으로 보면 아주 나쁜 놈이다. 그는 일생을 통해 무수한 사람을 죽였다. 그러나 그 역시 죽음에 임할 때 착한 말을 남겼다. 그는 자기 아이들에게 "나는 정말로 너희와 함께 예전에 그랬던 것처럼 노란 개를 끌고 상채上蔡 동문을 나가 교외에 이르러 토끼 사냥을 하고 싶은데, 그런 일이 다시 있을 수 있을까?"라고 말했다. 그런 다음 부자는 머리를 끌어안고 통곡을 했다.[6]

육기陸機 역시 죽음에 임할 때 "화정華亭의 학 울음소리를 듣고 싶은데, 다시 들을 수 있을까?"라고 말했다.[7]

"예의의 세부적인 사항"에 해당되는 원문 "변두籩豆"에서 변籩은 제기의 이름인 보簠의 별칭(보통의 보가 아니기 때문에 그런 종류의 것을 보로 부르는 것은 잘못이다)이다. 청동보는 일반적으로 깊이가 얕은 접시이고, 교校(허리를 감싸고 있는 손잡이)가 짧고, 권족圈足에 투조를 했으며, 죽기竹器를 본뜬 것으로 혹은 덮개를 덮기도 했는데, 그릇의 모양이 콩과 비슷하며 곡식을 담는 데 썼다. 두豆는 앞의 것과 비슷하지만 대개 높은 교校가 달려 있고 간장류를 담는 데 썼다.

죽음이 임박하면 마음속에 감춰두었던 말이나 진심 어린 말, 그리고 의미 있는 말을 하기 마련이다. 그러나 증자의 말은 유난히 맥 빠지는 소리이고 온통 군자의 풍모에 대해 말한 것이다. 그가 맹경자에게 남겨준 세 마디는 다음과 같다. 첫째는 자기의 감정이 새나가는 것을 통제하여 다른 사람이 난폭하다고 느끼거나 성가시다고 느끼게 해서는 절대로 안 된다는 것이다. 둘째는 얼굴 가득 바른 기상이 나타나도록 하여 반드시 사람이 충분히 믿을 수 있다고 느끼도록 노력해야 한다는 것이다. 셋째는 격에 맞는 말을 하는 것으로 저속하거나 이치에 맞지 않는 구석이 있어서는 절대로 안 된다는 것이다. 무슨 제기를 배열할 것인지, 그리고 어떻게 배치할 것인지에 대해서 그는 의식을 주관하는 "담당자"에게 물어보라고 말했다. 어떻게 배치할 것인가는 바로 상례의 예행연습과 같은 것이다.

유가는 본래 다른 사람의 홍백紅白의 희사喜事[8]를 처리해주었다. 나는 시골에서 선생을 할 때 늘 불려가곤 했는데, 예를 들어 만장을 쓴

다거나 예식의 장부를 기록한다거나 했고, 그런 것들이 끝나야만 밥을 먹을 수 있었다. 증자는 이런 것들을 배웠다. 그것도 한평생이나 배웠는데 자신의 죽음을 통해 마지막으로 한번 연습하려고 했던 것일까?

증자가 중병에 걸리다 2

증자가 말했다.

"능력이 있으면서도 능력이 없는 이에게 묻고,

많이 알고 있으면서도 적게 알고 있는 이에게 물으며,

배운 것이 있어도 없는 듯이 행동하고,

가득 차 있으면서도 비어 있는 듯이 행동하며,

다른 사람이 나를 속일지라도 반항하지 않는 것,

예전에 나의 친구가 이렇게 행동했다."

曾子日, 以能問於不能, 以多問於寡. 有若無, 實若虛, 犯而不校, 昔者吾友嘗從事於斯矣.

"능력이 있으면서도 능력이 없는 이에게 묻고, 많이 알고 있으면서도 적게 알고 있는 이에게 물으며, 배운 것이 있어도 없는 듯이 행동하고, 가득 차 있으면서도 비어 있는 듯이 행동하는" 것은 "아랫사람에게 묻는 것을 부끄러워하지 않는 것不恥下問"이 아닌가? 공자는 공문자가 "문文"이라는 시호를 얻게 된 주요 원인에 대하여 공문자가 "배우는 데 부지런하고 또 배우는 것을 좋아했으며, 아랫사람에게 묻는 것을 부끄러워하지 않았기" 때문이라고 설명했다.[9] 이것은 일종의 배움을 좋아하는 태도이다.

"범이불교犯而不校"는 다른 사람이 나를 속일지라도 조금도 반항하지 않는 것이다. 여기서 말하는 "교校"는 저항하는 것이지 따지는 것이 아니며, "보복하다"의 의미를 포함하고 있다. 『사마법』「인본」에서는 "비록 건장한 사람을 만난다 하더라도 반항하지 않고 적으로 여기지 않는다"[10]고 했는데, 그 문장에서 말하는 "교校" 역시 이와 같은 뜻이다. 이 문장은 그저 저항만 하지 않는다면, 설령 장년의 사람이라 하더라도 그를 적으로 여겨서 죽임을 당하게 하지 않을 것임을 말하고 있다.

"나의 친구"에 대해 마융은 안회를 가리킨다고 말했고, 그 앞에 "옛날에"라는 말을 추가한 것은 지난 일을 추억하면서 이야기하고 있음을 설명하는 것으로, 이 말을 한 시기는 안회가 죽은 뒤 즉 기원전 481년 이후라고 했다. 증자는 공문의 제자 중에서 나이가 비교적 어린 학생이었고, 그가 이 말을 한 것은 안회가 죽은 뒤였을 것이라는 주장은 사실과 이치에 부합한다.

안회의 미덕

증자가 말했다.

"여섯 자 크기의 어린 군주를 맡길 수 있고,

백 리 정도 되는 작은 나라의 운명을 맡길 수 있으며,

나라의 중대한 일을 처리할 때는 그 뜻을 빼앗을 수 없다면,

그는 군자다운 사람일까? 군자다운 사람이다."

曾子曰, 可以託六尺之孤, 可以寄百里之命, 臨大節而不可奪也, 君子人與. 君子人也.

이 장 역시 증자의 말을 기록하고 있다.

"여섯 자 크기의 어린 군주"에 해당되는 원문 "육척지고六尺之孤"에서 "육척六尺"은 약 138.6센티미터이고 15세 전후의 어린아이의 키에 해당되는데, 여기서는 나이 어린 군주를 가리킨다.

"백 리 정도 되는 작은 나라의 운명"에 해당되는 원문 "백리지명百里之命"에서 "백 리百里"는 일 동一同의 땅(일 동은 가로와 세로가 각각 100리)인데, 고대의 작은 나라는 일반적으로 이 정도 크기였다.

여기서 말하는 "군자다운 사람"은 현명한 군주를 보필하는 충신으로서 첫째, 나이 어린 군주를 맡길 수 있고, 둘째 국토를 맡길 수 있고, 셋째 국가의 안위가 걸린 큰일을 처리할 때는 시련을 겪더라도 지조를 훼손하지 않을 수 있는 그런 사람이다. 임칙서林則徐는 "만약 국

가의 이익 및 생사 등과 관련된다면 어떻게 화복을 따져 피하거나 쫓아가겠는가"(「서북방 임지로 떠나면서 식구들을 위해 읊는 시赴戍登程口占示家人」)라고 말했는데, 이것이 바로 그런 의미이다.

증자가 군자에 대해 논하다

증자가 말했다.

"선비는 굳세고 단호하지 않으면 안 된다. 임무는 무겁고 갈 길은
멀기 때문이다. 인을 자기의 임무로 삼고 있으니 무겁지 않은가?
죽고 나서야 끝나니 멀지 않은가?"

曾子曰, 士不可以不弘毅, 任重而道遠. 仁以爲己任, 不亦重乎. 死而後已, 不亦遠乎.

이 장 역시 증자의 말이다. "굳세고 단호하다"의 "홍의弘毅"에서 "홍
弘"은 강强자의 잘못일 것이다. 양보쥔은 장타이옌章太炎의 설을 인용하
여 "홍의"를 "강의强毅"라고 해석했는데, "강의强毅"는 곧 "강의剛毅"이
다.[11] 「자로」13.27에서 "스승님께서 말씀하셨다. 강하고, 굳세고, 질박
하고, 어눌한 사람이 인에 가깝다"라고 했다.

선비는 굳세지 않을 수 없는데, 임무는 무겁고 가야 할 길은 멀기
때문이다. 중요하다는 것은 인을 추구해야 하기 때문이며 그 임무는
매우 무겁다. 평생 추구해야 하며 죽어서야 비로소 그치는 것이기 때
문에 그 길은 매우 멀다는 것이다. "임무는 무겁고 길은 멀다" "죽어서
야 끝이 난다"는 모두 오늘날 관용어가 되었다.

증자가 굳셈에 대하여 논의했다

스승님께서 말씀하셨다.

"시로써 시작하고, 예로써 근간을 세우고, 음악으로써 완성한다."

子曰, 興於詩, 立於禮, 成於樂.

공자가 새로운 군자를 길러낼 때 세 가지 가르침에 중점을 두었다. 즉 시에 대한 가르침에서 시작하고, 예에 대한 가르침을 통해 근간을 세우고, 음악에 대한 가르침을 통해 완성했다. "흥興"은 시작이고, "입立"은 중간이고, "성成"은 종결이다. 이 세 가지는 서로 관련이 있다. 당시에 예의를 차려야 할 상황에서는 시를 읊는 풍속이 있었고, 시를 배우지 않으면 이러한 상황에서 말을 할 수 없었다. 시는 예에 사용되는 것이었고, 예와 분리될 수 없는 것이었다. 예는 풍모와 행동을 특히 중시하기 때문에 일거일동이 모두 군자의 풍도에 맞게 하는 것이 당연히 매우 중요하지만, 예는 악과도 분리될 수 없다. 고대 궁정에서 거행되던 대부분의 의식에서 음악 반주는 장엄하고 엄숙한 분위기를 이끌어내는 도구로 쓰여 사람으로 하여금 몸가짐을 바로잡게 했다. 음악이 없더라도 몸을 음악 속에 맡기듯이 곧바로 법도에 맞추었는데, 군자의 풍도에 무척 잘 맞았다. 시에는 가사가 있다. 본래는 그것으로 노래를 불렀다. 읽기만 하고 노래를 부르지 않는 것을 송誦이라고 했고, 음악에 맞추어 노래를 부르는 것을 가歌라고 했다. 군자가 예를 익힐 때는 가사를 암기하는 것부터 시작하여 유창하게 암송하는 단계까지 이르러야 하는데 이것이 첫 번째 단계이다. 두 번째 단계는 각종 의식에 참가하여 자신의 생각을 발표할 기회가 생기면 이들 시를 능숙하게 인용하여 자신의 뜻을 펼쳐야 한다. 이러한 시는 완벽한 시가 아니다. 완벽한 시는 반드시 음악과 가사 외에 악기의 반주를 곁들이고 음악에 맞추어 창을 해야 하며, 심지어는 손과 발로 춤을 추는 것, 즉 노래하면서 춤을 추어야 한다. 여러 가지 시가는 노래로 구현되어야 하고, 여러 가지 예악은 음악에서 구현되어야 한다.

공자는 음악을 몹시 좋아했다. 그는 사람의 마음을 움직이고, 사람의 본성을 변화시킬 수 있는 것 중에 음악보다 더한 것은 없다고 생각했다. 그러므로 음악을 통한 교육을 최고의 단계로 삼았다. 수업을 할 때는 항상 악기가 곁에 있었다. 그의 교육은 일종의 미의 교육이었다. 공자 주변에서는 항상 현가 소리가 들려 귀에서 떠난 적이 없었던 것도 이상할 것이 없다.

시의 가르침과 예의 가르침과 음악의 가르침

스승님께서 말씀하셨다.
"백성들은 따르게 할 수는 있지만, 그들에게 알게 할 수는 없다."

子曰, 民可使由之, 不可使知之.

『곽점초간』「존덕의」에 "백성들은 이끌어갈 수는 있지만 그들에게 알게 할 수는 없다"[12]라는 말이 있는데 이 장의 구절과 비슷하다. "유지由之"는 일반적으로 사용하다의 의미로 생각한다. 이 말은 이미 「학이」 1.12에서 나왔다. 「학이」 1.12의 "선왕의 도에서는 이것을 보배로 여겼다. 큰일이든 작은 일이든 모두 그것을 기준으로 처리했다"에 해당되는 원문 가운데 "유지由之"는 도를 따라 행동하는 것을 가리키는데, 여기에서는 통치자의 의지에 따라 일을 처리하는 것, 즉 하라는 대로 하는 것을 가리킨다.

통치자는 불평등에는 합리성이 있다고 말한다. 그것은 주로 인류에게 실제로 존재하는 불평등, 예를 들어 출신, 재화, 권력, 도덕 등과 또 체력, 지적 능력, 성별의 차이, 특히 지적 능력 등에 착안하고 있다. 부모의 입장에 있는 사람은 흔히 어린아이가 자질구레하고 하찮은 일에 대해서는 알고 있지만, 거창한 이치를 어린아이에게 이야기할 수 없다고 생각한다. 남편의 입장에 있는 사람은 흔히 여자는 모두

머리가 길고 견식이 짧으며, 어르고 달래는 거야 할 수 있지만 거창한 도리에 대해서는 이야기할 수 없다고 생각한다.[13] 고대의 통치자들은 자신들이 다스리는 백성들에 대해 역시 종종 그렇게 생각했다. 누가 그들을 그렇게 어리석게 만들었을까.

공자는 일반 백성은 "중인 이하"의 멍텅구리 놈들로서 그저 다른 사람이 시키는 대로만 할 수 있기 때문에 상등의 총명한 놈들, 즉 귀족 통치자의 지시에 따르면서도 왜 그렇게 해야 하는지를 알지 못한다고 생각했다. 그래서 "소인이 도를 배우면 부리기 쉽다"[14]고 했던 것이다. 맹자 역시 "죽을 때까지 따르면서도 그러한 이치를 모르는 자는 민중이다"[15]라고 말했다. 이 말은 귀에 매우 거슬리지만, 매우 솔직하고 또 고대 세계에서는 공인된 상식이었다. 누구라도 법가의 책을 읽어보면 다들 유사한 말을 발견할 수 있을 것이다. 예를 들어 『상군서』「갱법」의 "백성들에게 일의 처음을 생각하게 허용하지 말고, 완성을 즐기도록 허락해야 한다"[16]라는 명언은 이와 같은 관점을 드러내고 있으며, 『손자』「구지」에서는 "병사를 어리석게 만들어 험지로 몰아넣는다"는 기술에 대한 것이 있는데, 병사를 이끌고 적국에 들어가 작전을 펴는 것을 양치는 것에 비유했다. 즉 "마치 높은 곳에 올라가서는 사다리를 없애버리는 것과 같다. (…) (양 떼를 몰듯) 저리 몰아가고 이리 몰아오면서 어디로 가는지 알지 못하게 한다"[17]라고 했는데, 이 역시 그와 같은 생각에서 나온 것이다. 우민정책을 말하는 사람이 어찌 진시황 한 사람에서 그치겠는가? 지식인이라고 불리는 총명한 사람도 많이 포함된다.

루쉰은 우민정책을 토론한 적이 있다. 그는 옛날부터 지금까지의 통치자들은 모두 백성들이 온힘을 다하면서 아무런 생각을 하지 않기 바랐지만, 백성들이 정말로 대뇌를 없애버린다면 전력을 다해 일할 수 없을 것이라고 말했다.[18] 말이 뛰기를 바란다면, 말은 풀을 먹어야 하고, 다른 사람이 힘써주기를 바란다면, 두뇌가 없어서는 안 된다.

독재는 마치 자식을 단번에 저당잡히듯이 부모가 독단적으로 정해버린 혼인과 같다. "내가 그에게 시집가는 것은 평생의 기쁨이리라. 어느 날 무정하게 버려지더라도 부끄러워하지 않으련다."[19] 오늘날은 두 사람이 진정으로 서로를 원할 때 결혼하고 서로 맞지 않다고 생각되면 아무 때나 헤어진다. 그러나 현대사회라 하더라도 민의는 또 가장 강력한 권력을 가진 이익집단에 의해 조종되며, 우민의 그림자는 떨쳐버리려야 떨쳐버릴 수 없다.

독재는 고대의 우민정책이다. 민주라는 이름 아래서도 우민정책은 존재하는데, 기만당하는 쪽은 항상 일반 백성들이다.

백성들을 따르게 할 수는 있지만, 그들에게 알게 할 수는 없다

스승님께서 말씀하셨다.

"용기를 좋아하고 가난을 싫어하면 혼란이 생긴다. 사람 됨됨이가
어질지 못한 사람을 지나치게 미워하면 혼란이 생긴다."

子曰, 好勇疾貧, 亂也. 人而不仁, 疾之已甚, 亂也.

이 말은 누구에게 한 것일까? 통치자에게 한 것일까, 아니면 자기
제자들에게 한 것일까? 아마도 제자들에게 한 말일 것이다. 공자에게
는 가난한 제자가 매우 많았다.

"용기를 좋아하고 가난을 싫어하"는 것은 주로 가난한 사람은 그 가
난함을 편안하게 받아들이지 못하고 불평을 거대하게 쌓아간다는 것
을 말하고 있다. "용기를 좋아하"는 것은 폭력적인 경향이고, "가난을
싫어하"는 것은 자기가 극도로 가난한 것을 원망하는 것이다. 고생이
크고 원한이 깊으면 폭력에 호소하기 마련이기 때문에 당연히 혼란이
일어난다. 고대에도 그렇고 현대에도 그렇다. "사람 됨됨이가 어질지
못한" 것은 주로 부자로서 어질지 못한 것을 말하고 있다. 가난한 사
람을 사람으로 취급하지 않는 것이 부자이면서 어질지 못한 것이다.
가난한 사람은 부자를 원망하면서도 더할 수 없이 자연스럽게 지내지
만, 원망이 지나치게 커지면 바로 혼란이 일어난다. 가난한 사람은 그

고통을 하소연할 데가 없다. 용기를 좋아해서도 안 되고 자기의 가난을 원망해서도 안 되며 부자들의 부를 원망해서도 안 된다. 이런 것들은 모두 혼란을 조성할 수 있다. 그러면 어떻게 해야 할까? 공자는 그 점에 대해 설명하지 않았다.

내가 공자 대신 말한다. 참아라.

용기를 좋아하고 가난을 원망하는 것은 혼란의 근원이다

스승님께서 말씀하셨다.

"주공과 같은 훌륭한 재능을 지녔다 하더라도, 만약 교만하고
인색하다면 그 밖의 것에 대해서는 볼 가치가 없다."

子曰, 如有周公之才之美, 使驕且吝, 其餘不足觀也已.

여기서 말하는 "주공"은 주공 단旦을 가리킨다. 공자는 비록 주공과
같이 뛰어난 재능이 있다고 해도 만약 오만함과 인색함이라는 결점이
있다면 장점이 아무리 많아도 볼만한 가치가 없다는 것을 말하고 있
다. 주공이 유명한 것은 큰일을 위해 치욕을 참아냈기 때문이다.

교만하고 사치스럽고 음란하고 방탕한 것은 부자로서 어질지 못한
것이다. 그런 것을 공자는 몹시도 미워했다. 공자는 어렸을 적에 가난
하고 천했다. 귀족의 오만과 편견은 그의 뼈에 사무쳐 잊을 수가 없었
다. 『논어』에서 그는 항상 이러한 오만과 편견을 비판했는데, 왜 그랬
을까? 그의 말 속에 심리적 상처가 있다는 것을 지금 나는 분명히 알
고 있다.

귀족을 원망하고 모방하고 보복하는 것은 줄리앙(스탕달의 소설 『적
과 흑』의 주인공)의 비극이었다. 공자는 진정한 군자가 되고 싶었다. 주
공과 같은 훌륭한 재능도 있었으며, 큰일을 위해 치욕을 참아냈지만,

양화陽貨와 같은 오만함이 없었기 때문에 세력을 믿고 남을 속이는 것도 쉽지 않았다.

교만과 인색함을 경계하라

8.12

스승님께서 말씀하셨다.
"3년을 배우고도 관직에 나아가지 못한 사람은
쉽게 찾아볼 수 없다."

子曰, 三年學, 不至於穀, 不易得也.

　"3년을 배우고도"와 관련하여 『주례』에 "3년에 한 번씩 전국적으로 관리 시험을 치렀다三年大比"라는 말이 있는데(「소사도」 「향대부」 등), 각 주에서 3년마다 한 번씩 큰 시험을 치러 우수한 인재를 선발하도록 한 것을 말한다.

　"관직에 나아가지 못한 사람"에 해당되는 원문 가운데 곡穀에 대해 공주孔注에서는 착할 선善으로 풀이했지만 옳지 않다. 정현은 녹봉을 의미하는 녹祿으로 풀이했다. 곡은 녹봉이다. 「헌문」 14.1을 참고하기 바란다. 고대에 봉급은 소미小米(좁쌀)로 계산했기 때문에 녹미祿米라 불렀다. 해방(1949년 국민당 통치를 몰아낸 것을 가리킴) 직후에 공급제를 시행했는데 그때 소미를 지급했다. 당시 정부에 문화재(예를 들어 서주 왕조 시절의 청동 예기인 괵계자백반虢季子白盤)를 헌납하면 정부에서 상으로 준 것도 소미였다. 공자진龔自珍은 "글을 쓰는 것은 모두 도량稻粱을 얻기 위함이다(「영사詠史」)"라고 말했는데, "도량"이 바로 "곡"이다.

이전 사람이 이 장을 해석할 때 모두 공부할 때는 마음을 집중해야 하며, 지나치게 이익을 추구하면서 한편으로는 책을 읽고 다른 한편으로 녹봉을 생각해서는 안 된다고 말했으며, 주희는 심지어 "이를 지至"자를 "뜻 지志"자로 바꾸기까지 했다. 그렇게 말하면 당연히 매우 고결하다. 그러나 다음의 문장을 보면 공자는 결코 벼슬에 나아가 녹봉을 추구하는 것을 부끄럽게 생각하지 않았고, 이와는 반대로 그는 좋은 정부에서 관리가 되지 못하는 것은 재능이 부족한 것이라고 생각했다. 나는 이 문장의 의미는 3년을 배우고도 벼슬에 나아가려고 하지 않는 것은 좀처럼 보기 드물다는 것을 말하려 한 것 같다고 해석한다.

오늘날 대학원생 가운데 3년을 배우고도 먹고살 길을 생각하지 않는 사람이 있을까? 없지 않을까? 3년째가 되면 일자리를 찾느라 모두 바쁘다. 이번에 찾지 못하면 다음에는 기회가 더욱 적어진다.

시간을 다투어 일자리를 찾아라

스승님께서 말씀하셨다.

"신념을 굳게 지키고 배우기를 좋아하면서 죽음으로써
선도善道를 지킨다. 위험한 나라에는 들어가지 말고,
혼란한 나라에는 살지 않는다. 천하에 도가 있으면 나타나고,
도가 없으면 숨는다. 나라에 도가 있는데도
빈천한 상태에 있는 것은 부끄러운 것이고,
나라에 도가 없는데도 부귀를 누리는 것은 부끄러운 것이다."

子曰, 篤信好學, 守死善道. 危邦不入, 亂邦不居. 天下有道則見, 無道則隱.
邦有道, 貧且賤焉, 恥也. 邦無道, 富且貴焉, 恥也.

"신념을 굳게 지키고 배우기를 좋아하면서 죽음으로써 선도善道를
지킨다"는 것은 죽기 살기로 학문을 하고, 죽기 살기로 진리를 추구하
는 것이다.

"위험한 나라에는 들어가지 말고, 혼란한 나라에는 살지 않는다"는
구절과 관련하여 생각나는 것이 있다. 내 친구 중에 이스라엘 교수가
한 명 있는데 한학자이다. 그는 나에게 편지를 썼는데 자기가 중국으
로 이민 와 살고 싶으니 중국에서 일자리를 하나 찾아달라고 했다. 그
는 편지에서 이 구절을 인용했다.

"천하에 도가 있으면 나타나고, 도가 없으면 숨는다"에 대해서는

「헌문」 14.1을 참조하기 바란다. 공자는 봉급과 지위는 좋은 것이지만, 어떤 상황에서 관직에 나아가고, 어떤 상황에서 관직에 나아가지 말아야 할 것인가 하는 것이 문제라고 생각했다. 그는 나라에 도가 있으면 당연히 관직에 나아가 정부의 돈을 받아야 하는데, 그렇지 않으면 대단히 수치스러운 것이라고 생각했으며, 나라에 도가 없으면 마땅히 집에 숨어서 생명을 보전해야 하는데, 그렇지 않으면 몹시 부끄러운 것이라고 생각했다.

세상에 도가 있으면 나오고 도가 없으면 숨는다

스승님께서 말씀하셨다.

"그 지위에 있지 않으면 그에 해당되는 정사를 의론하지 않는다."

子曰, 不在其位, 不謀其政.

중국의 독서인에게는 벼슬 중독증과 정치 중독증이 있다. 정치에 종사하고, 정치에 간섭하고, 정사를 의론하는 등에 대하여 열정이 유별나게 강하다. 마음이 온통 정치 쪽에 가 있고, 독서를 하면 반드시 관리가 되어야 하고, 관리가 되지 못하거나 혹은 관직에서 물러나더라도 정치에 대한 미련을 떨쳐버리지 못했다. 그들은 몸은 자연에 있더라도 마음은 조정에 두고 있어, 마음에 정치에 대한 욕정이 끓어올라 마치 "바람을 피우고 싶어도, 상대를 찾지 못하여" 몸살이 나는 격이었다.

공자는 정치광이었지만, 그는 "그 지위에 있지 않으면 그에 해당되는 정사를 의론하지" 말아야 한다는 것을 알고 있었다.

이것은 명언이다. "모정謀政", 즉 정사에 대한 의론의 전제는 그에 상응하는 지위를 갖는 것이다. 그에 상응하는 지위가 없다면 조작 상태에 들어가서 여러 가지 실행 가능성에 대한 연구를 진행해서는 안 된다. 예를 들면 내가 총장이 아니라면 총장의 일을 나는 간섭할 수 없다. 내가 그것에 대해 관심을 가진다면 그저 보통 교원의 입장에서 한번 관심을 가져볼 수 있을 뿐이다. "지위"가 없는 것은 곧 "지위"의 입장에서 생각하지 않는 것이고, "지위"의 속박을 받지 않는 것이다.

여기서 우리는 공자가 왜 자기가 성인이라는 것을 인정하지 않았는지를 분명히 알아야 한다. 그 이치는 매우 간단하다. 성인은 "소왕素王"(천자의 자리에 오르지는 않았지만, 천자의 덕과 능력을 갖추고 있었다는 의미로서 공자를 높이기 위해 후대에 만들어낸 말—옮긴이)이 아니고, 플라톤의 "철인왕"이 아니며, "유아독존"의 부처도 아니고, "왕 중의 왕"인 예수도 아니다. 성인은 반드시 지위가 있어야 한다. 지위가 없다면 성인이 될 수 없다.

그 지위에 있지 않으면 그 정사를 의론하지 않는다

스승님께서 말씀하셨다.

"태사 지摯가 처음 연주를 할 때 들었던 「관저」의 마지막
악절 소리가 내 귀에 쟁쟁하게 남아 있구나."

子曰, 師摯之始, 關雎之亂, 洋洋乎盈耳哉.

이것은 공자가 사지가 연주한 음악을 듣고 그 느낌을 설명한 것이다.

"태사 지摯가 처음 연주를 할 때"에 해당되는 원문 "사지지시師摯之
始"는 사지가 연주를 시작하는 것이다. "사지師摯"는 바로 「자장」18.9의
"태사였던 지摯"이다. 대사大師는 곧 태사太師로서 고대 악관樂官의 우
두머리이다. "태사" 혹은 "사"는 그의 관씨官氏(관직으로 성씨를 삼은 것)
이고, 지는 그의 이름이다. 이 사람의 태어난 해나 죽은 해는 알 수
없다.

"관저지란關雎之亂"은 「관저」에 대한 연주를 마치는 것이다.

고대에 음악은 대개 네 개의 악절로 이루어져 있었다. "승가삼종升
歌三終"이 제1절이고, "생입삼종笙入三終"이 제2절이고, "간가삼종間歌三
終"이 제3절이고, "합악삼종合樂三終"이 제4절이다. 여기서 말한 "시始"
는 제1절 즉 악곡의 시작이고, "난亂"은 제4절 즉 악곡의 종결이다. 마
지막 절에서는 「주남周南」의 '관저關雎' '갈담葛覃' '권이卷耳', 「소남召南」의

'작소鵲巢''채번采蘩''채평采萍' 등을 노래 부른다. '관저'는 「주남」에 들어 있는 여섯 편의 시에 대한 생략된 명칭이다. 사부辭賦의 결미에 붙이는 말도 "난"이라고 부른다.

음악의 마력은 듣는 사람으로 하여금 그 속으로 녹아들어가게 하여 오래도록 잊지 못하게 하고, 잊지 못할 뿐만 아니라 기억 속에서 언제나 떠올려 귀와 뇌리에 빙빙 맴돌게 하면서 당시의 정경과 그림과 감정, 심지어는 온도와 냄새에까지 휩싸이게 한다는 데 있다.

공자가 음악을 논하다

스승님께서 말씀하셨다.

"자유분방하면서 솔직하지 못하고,

흐리멍덩하면서 성실하지 못하고, 무지하면서도 신용이 없으면,

나는 그런 사람을 어떻게 해야 될지 모르겠다."

子曰, 狂而不直, 侗而不愿, 悾悾而不信, 吾不知之矣.

이 단락의 말은 인심이 예전 같지 않고, 오늘날은 옛날보다 못하다는 것을 말하고 있다. 「양화」 17.16을 참고할 것.

"광이부직狂而不直"은 자유분방하면서 솔직하지 못한 것이다.

"동이불원侗而不愿"은 흐리멍덩하면서 성실하지 못한 것이다. "동侗"에 대해서 옛날 책에는 두 가지 해석이 있다. 하나는 성실이고 다른 하나는 무지이다. 앞의 것은 긍정적인 의미이고 뒤의 것은 부정적인 의미이다. 여기서는 부정적인 의미로 쓰였다. "원愿"은 근후謹厚, 즉 성실한 것이다.

"공공이불신悾悾而不信"은 무지하면서도 신용을 중시하지 않는 것이다. "공공悾悾"의 뜻은 「자한」 9.8의 "머릿속이 텅텅 빈 것 같다空空如也"와 같다. 즉 무지의 의미이다. 공悾은 동侗과 비슷한 말이고 글자 역시 비었다는 의미의 공空 혹은 어리석다는 의미의 공倥으로 만들어졌다.

이 글자 역시 성실과 무지 등 두 가지로 해석된다. 그 용법은 동侗과 비슷하다.

"오부지지의吾不知之矣"의 의미는 이것에 대해서 나는 알지 못한다는 의미이다. 공자는 "알지 못한다"는 말로 불만을 표시하는 습관이 있었다.

인심은 예전 같지 않다

스승님께서 말씀하셨다.

"배울 때는 미치지 못할 것처럼, 잃어버릴까봐 두려워하듯이 한다."

子曰, 學如不及, 猶恐失之.

공부는 항상 앞과 뒤를 살펴야 한다. 앞을 살피는 것은 배우지 못할까봐 두려워하는 것이고, 뒤를 살피는 것은 금방 배운 것을 잃어버릴까봐 두려워하는 것이다.

앞과 뒤를 살핀다

스승님께서 말씀하셨다.
"높고도 높구나! 순임금과 우임금은 천하를 갖고서도
그에 간섭하지 않았다."

子曰, 巍巍乎, 舜禹之有天下也而不與焉.

이것은 순임금과 우임금을 찬미한 것이다. "높고도 높구나"에 해당되는 원문 "외외호巍巍乎"는 가장 높은 것을 형용한 것이다.

순임금은 우虞의 군주인데, 앞에서 이미 설명했다. 우임금은 하나라의 첫 번째 국왕이다. 여기서는 유능한 신하의 보필을 받아 직접 정사에 임하지 않고 무위정치를 했다는 것을 말하고 있다. 고대의 전설에서는 요임금과 순임금은 선양을 행했고, 우임금이 비로소 왕위를 자식에게 물려주었는데, 그들은 모두 무위하면서 다스렸다. 요임금은 다음 장에 나온다. 유가는 이러한 통치를 찬미했고, 묵가와 도가도 찬미했다. 그러나 묵가에서는 우임금만 찬미했고, 도가에서는 황제黃帝만찬미했다. 선양과 무위의 정치는 상고 시대에는 공동의 정치적 이상이었다.

높고도 높구나! 순임금과 요임금이여

스승님께서 말씀하셨다.

"크도다, 요임금의 군주 됨됨이여. 높고도 높도다.

오직 하늘이 큰데, 요임금만이 그것을 본받았다.

넓고 넓어서 백성들이 뭐라고 이름을 붙일 수 없었다.

높고도 높도다, 그 공적을 이룸이여.

눈부시도다, 그 예악법도여."

子曰, 大哉堯之爲君也. 巍巍乎. 唯天爲大, 唯堯則之. 蕩蕩乎, 民無能名焉.

巍巍乎其有成功也, 煥乎其有文章.

이것은 요임금을 찬미한 것이다. "대재大哉"는 위대한 것이고, "외외호巍巍乎"는 가장 높은 것이고, "탕탕호蕩蕩乎"는 끝없이 넓은 것이고, "환호煥乎"는 휘황찬란한 것이다. 공자는 요임금을 찬미할 때 한꺼번에 네 번의 감탄사를 썼다.

"오직 하늘이 큰데, 요임금만이 그것을 본받았다." 요임금은 하늘의 이법을 따랐는데, 하늘의 이법은 가장 큰 것이다. 『서경』「요전」에 다음과 같은 말이 있다. "이에 희씨와 화씨에게 명하여 하늘의 질서를 엄숙하게 따라 일월성신의 운행 법칙을 계산하여 역법을 만들고 시령을 사람에게 알려주도록 했다."[20] 고대의 전설에서 요임금의 미덕은 주로 하늘을 공경한 것이라고 말했다.

"백성들이 뭐라고 이름을 붙일 수 없었다"는 바로 앞의 8.1에서 말한 "백성들은 그를 어떻게 칭송해야 할지 알지 못했다"는 것이다.

"문장文章"은 예악법도禮樂法度를 가리킨다.

높고도 높구나 요임금이여

순임금은 다섯 명의 신하가 있었기 때문에 천하가 다스려졌다.

무왕은 "나는 유능한 신하 열 명이 있다"고 말했다.

공자께서 말씀하셨다.

"재능 있는 사람을 구하기 어렵다. 그렇지 않은가? 요순 이후로
이때 번성했다. 부인이 한 명 포함되어 있으니 신하는 아홉 명이었을
뿐이다. 천하의 3분의 2를 차지하고 있으면서도 여전히 은나라를
섬겼다. 주나라의 덕은 최고의 덕이라고 할 만할 것이다."

舜有臣五人而天下治. 武王曰, 予有亂臣十人. 孔子曰, 才難, 不其然乎. 唐虞之際, 於斯爲盛.

有婦人焉, 九人而已. 三分天下有其二, 以服事殷. 周之德, 其可謂至德也已矣.

"순임금은 다섯 명의 신하가 있었다." 공주孔注에 따르면 『서경』『순
전』 등의 책에서 말한 순임금의 다섯 대신은 바로 우禹(사공司工)·기棄
(후직后稷)·설契(사도司徒)·고요皋陶(이李)·백익伯益(우虞) 등이다.

"나는 유능한 신하가 열 명 있다"에 해당되는 원문 "여유난신십인予
有亂臣十人"의 "난亂"은 옛날 의미로는 다스리다는 뜻의 치治이고, 따라
서 "난신亂臣"은 세상을 다스린 유능한 신하이다. "십인十人"에 대해 마
융은 문모文母(문왕의 처 태사太姒)·주공周公·소공召公·태공太公·필공畢
公·영공榮公·대전大顚·굉요閎夭·산의생散宜生·남궁괄南宮适이라고 말
했다. 옛날 책에는 "신臣"자가 없고, 당나라 석경石經에서 처음으로 "난

亂"자 아래에 "신臣"자를 방주旁注로 붙였고, 그 뒤로 본문 속으로 끼어 들어갔다. 이 열 명 가운데 문모가 여성이고, 그 외엔 모두 남성이다. 고서에서는 흔히 여색으로 인해 국정을 망친 것 때문에 여자를 낮추보았지만, 각 왕조의 개국 군주는 종종 처가 쪽 사람의 도움을 받았다. 북방 소수민족이 부상할 때는 특히 이런 경향이 강했다.[21]

"재난, 불기연호才難, 不其然乎"란 인재는 얻기 어렵다, 그렇지 않은가라는 말이다. "요순 이후로"에 해당되는 "당우지제唐虞之際"는 요순 이후이지 요순 교체기가 아니다.

삼대에 하나라 사람은 진남晉南과 예서豫西에서 일어나 천하의 3분의 1을 차지했고, 상나라 사람은 그 동쪽에서 일어나 핵심 지역 기남冀南과 예동豫東에서 역시 천하의 3분의 1을 차지했는데, 그들은 세력이 커진 뒤에는 또 하나라의 세력 범위를 점령했으며, 주나라 사람은 그 서쪽에서 일어났고 핵심 지역 섬서 서부에서 역시 천하의 3분의 1을 차지했다. 주나라 사람은 세력이 커진 뒤에 섬서陝西 서부부터 산서 중부까지 넓혀갔는데, 하나라의 옛 지역을 다시 탈취하여 천하의 3분의 2를 차지했기에 상나라의 핵심 지역을 포위한 것이나 마찬가지였다. 이것이 바로 이른바 "천하의 3분의 2를 차지했다"는 것이다. 예전에는 구주의 지역 가운데서 육주를 먼저 빼앗은 것이라고 말했지만 (정현), 결코 옳지 않다.[22] 여기서는 주나라가 천하의 3분의 2를 차지하고 있으면서도 여전히 신하로서 은왕을 섬겼는데, 이는 도덕의 고상함이 극에 도달했음을 보여주는 것이라고 말하고 있다.

순임금의 신하와 무왕의 신하

스승님께서 말씀하셨다.

"우임금에 대해 나는 트집을 잡을 것이 없다. 간소하게 먹고
마시면서 귀신에게 효를 다했고, 나쁜 옷을 입으면서 예복禮服과
예관禮冠에 대해서는 아름다움을 다했으며, 궁실은 누추하게 하면서도
물길을 트는 데는 힘을 다 쏟았다. 우임금에 대해서
나는 트집을 잡을 것이 없다."

子曰, 禹, 吾無間然矣. 菲飲食而致孝乎鬼神, 惡衣服而致美乎黻冕, 卑宮室而盡力乎溝洫.
禹, 吾無間然矣.

"간間"은 이의를 제기하는 것이다. 「선진」 11.5에서 "사람은 그의 부
모나 형제들의 이 말에 트집을 잡지 않는구나"라고 할 때의 "트집을
잡다間"와 같다.

"비음식菲飲食"은 음식이 매우 간단한 것을 가리킨다. "비菲"는 빈약
하다는 의미이다.

"보면黻冕"의 보黻는 예복이고, "면冕"은 예모禮帽이다.

"구혁溝洫"은 밭과 밭 사이의 수로이다. 대우가 치수할 때 중국 전역
을 아홉 개 부분으로 나눈 것은 우와 관련된 이야기의 주된 부분이
다. 『서경』「우공」을 참조하기 바란다.

우임금의 주된 미덕은 검소함이다. 첫째 그가 먹은 음식은 매우 간

단했고, 맛있는 음식들은 모두 귀신을 공경하는 데 썼다. 둘째 그가 입은 것은 매우 조악한 것이었지만, 예를 행할 때 사용한 옷과 모자는 오히려 대단히 화려했다. 셋째 그의 집은 매우 협소했지만, 수리시설을 건조하는 데는 힘을 쏟았다.

우임금은 결점을 찾을 수 없다

이상의 네 장은 요임금, 순임금, 우임금에 대해 이야기한 것이다.

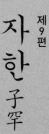

제 9 편

자한 子罕

이 편은 공통의 주제가 있다. 그 가운데 몇 개의 장절은 비교적 흥미롭고 또 비교적 중요하다. 첫째는 9.2로, 공자가 활쏘기와 수레몰기의 비유를 통해 자기는 박식으로 기울어지는 경향이 더 강하다고 말한 것이다. 둘째는 9.6과 9.7로 공자는 자기가 성인임을 부정하고 자기는 능통한 것이 많은데, 모두 출신이 비천하고 관직을 맡은 적이 없기 때문이라고 설명한 것이다. 셋째는 9.26으로 "삼군三軍에게서 장수를 빼앗을 수는 있지만, 필부匹夫에게서 그 뜻을 빼앗을 수는 없다"라는 공자의 명언이다. 넷째는 9.27로 낡고 해진 도포를 입고서도 가죽 외투를 입은 사람과 함께 서 있더라도 조금도 얼굴이 붉어지지 않을 사람은 오직 자로밖에 없다고 공자가 말한 것이다.

스승님께서는 재물에 대해서는 드물게 말씀하셨고,
운명이나 인에 대해서는 허용하셨다.

子罕言利, 與命與仁.

이 문단은 어떻게 이해하고, 어떻게 읽어야 할 것인가에 대하여 역
대로 논쟁이 있었다. 한 가지는 "재물利"과 "운명命"과 "인仁"을 모두 공
자가 정면으로 부정한 것으로 여기는 것이다. "여與"자를 "화和"나 "이
급以及(하안何晏이 제기한 것)" 등과 같은 접속사連詞로 보고, 이 때문에
여덟 글자를 붙여 읽으면서 이 세 글자는 공자가 매우 적게 말했다고
해석한다. 다른 한 가지는 공자가 "재물利"을 부정한 것으로 여기고,
"여與"는 찬동 혹은 허락의 뜻(황간皇侃이 제기한 것)이라고 생각하는 것
이다. 그러므로 "자한언리子罕言利"와 "여명여인與命與仁"을 나누어 읽
고, 공자는 "재물利"에 대해 이야기하는 것은 좋아하지 않았지만, "운
명命"과 "인仁"에 대해 말하는 것은 좋아했다고 해석한다. 두 가지 해
석에서 어떤 것이 좋을까. 한번 검토해보기로 하자.

검토에 들어가기 전에 우리는 이 세 글자가 『논어』에서 얼마나 자주
나오는지 그 빈도를 설명함으로써 모두에게 숫자 개념을 조금 제공하
는 것도 무방할 것이다.

『논어』 전체에서 공자가 "재물利"을 이야기한 것은 비교적 적다. 전부 다 합해도 겨우 여섯 곳, 즉 「이인」 4.12, 4.16, 「자한」 9.1, 「자로」 13.17, 「헌문」 14.12, 「요왈」 20.2 등이다. 이 6곳의 대부분은 "재물"을 부정적인 것으로 여겨 이야기한 것들이거나 혹은 "의義"의 한정 아래서 이야기한 것이다. 공자가 재물에 대해 이야기하지 않은 것은 아니지만, 그저 재물을 보고 정의를 망각하거나 정당한 방법이 아닌 방법으로 재물을 얻는 것을 반대했을 뿐이다.

공자가 "운명命"을 이야기한 것 역시 적다. 모두 7곳뿐이다. 즉 「위정」 2.4, 「옹야」 6.10, 「자한」 9.1, 「안연」 12.5, 「헌문」 14.36, 「계씨」 16.8, 「요왈」 20.3 등이다. 공자가 말한 "운명"은 천명으로서 신비감을 띠고 있고, 그는 이를 매우 적게 언급했다. 그리고 언급하더라도 대부분은 경외스러운 말투나 감탄의 말투였고, 일반적으로 긍정적인 측면을 말했다.

공자는 "인仁"을 매우 많이 말했다. 모두 59곳이다. 즉 「학이」 1.2, 1.3, 1.6, 「팔일」 3.3, 「이인」 4.1-7, 「공야장」 5.5, 5.8, 5.19, 「옹야」 6.7, 6.22, 6.23, 6.26, 6.30, 「술이」 7.6, 7.15, 7.30, 7.34, 「태백」 8.2, 8.7, 8.10, 「자한」 9.1, 9.29, 「안연」 12.1-3, 12.20, 12.22, 12.24, 「자로」 13.12, 13.19, 13.27, 「헌문」 14.1, 14.4, 14.6, 14.16, 14.17, 14.28, 「위영공」 15.9, 15.10, 15.33, 15.35, 15.36, 「양화」 17.1, 17.6, 17.8, 17.17, 17.21, 「미자」 18.1, 「자장」 19.6, 19.15, 19.16, 「요왈」 20.1, 20.2 등이다. "인"은 공자가 가장 숭상하던 도덕이었고, 그는 다른 사람에 대한 평가에서 "인"을 허용하는 경우가 거의 없었으며, 특히 절대적으로 긍정적인 측면에서 말했다.

『논어』에 나오는 글자의 빈도는 그저 참고용일 뿐이다. 우리는 결코 공자가 말한 것의 전모를 알 수 없다. 세상에 전해져 내려오는 옛날 책 중에 공자의 말은 아직 매우 많다. 예를 들어『대대기』『소대기』등의 책에서 서술하고 있는 것이 그것인데, 설령 이런 것들을 더한다 하더라도 역시 공자가 말한 것의 전모는 아니다. 공자는 "인"을 많이 말했고, "재물"을 말한 것이나 "운명"을 말한 것이 적다는 것은 그저 대체적인 추측일 뿐이다.

공자가 재물을 적게 이야기한 것은 그가 정의를 중시하고 재물을 경시했기 때문이며, 운명에 대해서도 적게 이야기한 것은 천명을 말하는 것이 어렵기 때문이었다. 인을 대단히 많이 말한 것은 그가 인을 숭상했기 때문이다.『후한서』「방술열전」에서 공자는 "괴신怪神에 대해 말하지 않았고, 성명性命에 대해 드물게 말했다"[1]라고 했는데, 후대의 사람은 공자가 애초부터 천도나 성명에 관심이 없었다고 생각했다. 그러나『곽점초간』은 공자가 이런 문제에 대해서도 대단히 관심이 많았음을 우리에게 알려준다. 다만 그가 더욱 관심이 많았던 것은 천명으로서의 명命이고 인성으로서의 성性이지 천도의 운행이나 삶과 죽음 혹은 오래 사는 문제 따위가 아니었을 뿐이다.

이 구절은 얘기를 많이 했는가 적게 했는가 하는 점을 중심으로 논한다면, "공자가 드물게 이야기한 것孔子罕言"은 재물利에서만 그치는 것이 아니라 운명命까지도 해당될 것이다. 그렇다면 마땅히 "스승님께서는 재물을 말씀하시는 것이나 운명을 말씀하시는 경우가 드물었다 子罕言利言命"고 말했어야 했고, 운명命과 인仁을 함께 두지 않음으로써 재물利과 대조가 되도록 했어야 했거나, 혹은 세 가지를 같은 것으로 여겼어야 했다. 만약 긍정한 것인가 부정한 것인가를 중심으로 논한다면 "스승님께서는 재물에 대해서는 드물게 말씀하셨지만, 운명과 인에 대해서는 찬동하셨다子罕言利, 但贊同命和仁"라고 말했어야 했다. 나중의 것은 얘기를 많이 했는가, 적게 했는가 하는 점과는 크게 관계가 없다.

두 가지를 서로 비교해볼 때 나는 나중의 말이 좀 더 좋다고 생각한다.

공자는 이익에 대해 드물게 말했다

달항達巷의 시골 사람이 말했다.

"위대하십니다. 공자님이시여, 박학하시면서도 명성을 이룬 분야가

없으시구나." 스승님께서 들으시고 제자들에게 말씀하셨다.

"내가 무엇에 종사할까? 수레 모는 일에 종사할까,

아니면 활 쏘는 데 종사할까, 나는 수레 모는 일에 종사할까보다."

達巷黨人曰. 大哉孔子. 博學而無所成名. 子聞之, 謂門弟子曰. 吾何執.

執御乎. 執射乎. 吾執御矣.

"달항의 시골 사람"에 해당되는 원문 "달항당인達巷黨人"에서 "달항"
은 거리 이름이고 "당인"은 시골 사람이다. 『주례』「지관地官·대사도大
司徒」에는 500가구를 하나의 당黨이라 했는데, 당은 주州나 향鄕보다
는 아래이고, 여閭나 이里보다는 위에 속하는 행정 단위이다. 『사기』
「공자세가」에서는 "달항당인"을 언급한 부분에 "달항당인동자達巷黨人
童子"로 적고 있으며, 뒷부분에 "동자童子"가 많이 나온다. 『한서』「동중
서전」에서도 "달항당인"을 언급했는데, 맹강孟康의 주에서는 특히 "달
항당인"은 바로 항탁項槖이라고 말했다.

첸무錢穆는 「항탁에 대한 고찰項槖考」이라는 글을 썼다. 그는 "달항
達巷"과 "대항大項"은 옛날 음이 같았고, "당黨"과 "탁槖"은 글자 모양이
비슷하다고 하면서 "달항당인"은 바로 옛날 책에서 언급한 "대항大項"

혹은 "대항탁大項橐"이라고 말했다.[2]

항탁은 흥미로운 어린이다. 전국 시대 진한의 전설 가운데서 그는 "배우지 않아도 저절로 아는" 신동이었다. "일곱 살 때 공자를 스승으로 삼았다"고 안연과 함께 거론되었다고 한다. 그러나 공문의 제자 중에는 아예 이런 사람이 없다. 이는 고대 민간 전설 속의 인물이다. 한대 화상석畫像石의 「공자가 노자를 만난 그림孔子見老子圖」에서 공자와 노자 중간에는 항상 작은 어린이가 있는데 그가 바로 항탁이다. 돈황변문敦煌變文에도 「공자와 항탁이 서로 질문하는 글孔子項托相問書」[3]이라는 것이 있는데, 그것은 어린아이가 공자를 난처하게 만드는 형식으로 쓰인 것이다. 항탁은 한대에 매우 유명했지만, 우리는 사마천과 맹강이 주장한 바의 근거가 도대체 무엇인지 전혀 알 수 없다.

고대 전설에서 공자와 관련 있는 것에는 항상 이런 어린아이가 있고, 모두 공자의 학문이 높았는데, 어린아이까지 찾아가 그를 괴롭혔다는 것이 몹시 재미있다고 생각했다. 예를 들어 『열자』 「탕문」에 어린아이가 해를 변론하는 이야기가 있는데, 그것이 바로 이런 종류에 속한다. 나는 비린비공 시절에 많은 사람이 자주 이 고사를 가져다가 공자를 조롱하면서 "공자는 스스로 천재라고 생각했지만 총명이 지나쳐서 실제로는 어린아이보다도 못했다"고 말한 것을 기억한다. 당시에 그런 이야기가 있지 않았던가? 교수는 어땠는가? 끌려나와 몇 번이고 시험을 쳐도 여전히 불합격이었다. 과거에 공자를 비판한 것 중 어떤 것은 타당했고, 어떤 것은 타당하지 않았으며, 어떤 것은 겉모습이 그럴듯해 보였고 맞는 것 같았지만 틀렸다. "천재론天才論"을 예로 들어 보면 공자는 당연히 그런 생각이 있었으며, 틀림없이 그랬다. 그러나 그는 자신이 천재라고 말하지 않았다. 『논어』를 읽을 때 그가 자기 자신에 대한 평가를 결코 높이 하지 않았다는 점을 우리는 어렵지 않게 발견할 수 있다. 그는 그저 자기는 다른 사람보다 배우기를 좋아한다는 점을 인정했지, 결코 자기가 대단히 총명하다고 생각하지 않았다.

여기서 달항당인이 한 이야기는 무슨 뜻인지, 공자의 대답은 또 무슨 뜻인지 아마도 다시 고려해볼 만한 가치가 있는 것 같다. 과거에는 모두 달항당인이 한 말은 공자를 굉장히 박학다식하고 육예六藝에 두루 통했기 때문에 한 가지 기예만 가지고서는 이름을 부를 수 없다고 칭송한 것이라고 보았으며, 활쏘기와 수레몰기에서 수레몰기는 활쏘기보다 비천한데, 공자는 겸손하게 오히려 만약 그 가운데서 하나를 선택하게 한다면 그는 차라리 더욱 천한 수레몰기를 택하겠다고 말한 것이라고 설명했다.(예를 들어 정현, 주희) 나는 그와 다르게 이해하고 있다. 나는 달항당인이 한 말은 분명히 비꼰 것이고, 그 내용은 공자가 그렇게 박학다식한데도 오히려 한 전문 분야에서 일가를 이루어 이름을 내지 못했으니 그것은 헛공부 한 것이 아니냐고 말한 것이라고 생각된다. 공자의 대답은 매우 교묘하다. 그는 활쏘기와 수레몰기를 비교했다. 고대 전차에는 사수射手와 어수御手가 한 조를 이루어 각기 하는 일이 달랐는데, 사수는 고정된 목표를 주시하면서 활을 쏘아야 하기 때문에 응시하고 있는 것은 하나의 점이지만, 어수는 그렇지 않다. 그는 사수를 끌고 이리저리 달렸으며, 오직 이리저리 달려야만 비로소 적절한 목표를 찾을 수 있다. 박학과 정통 두 가지를 다 완전하게 하는 것이 가장 좋다. 그러나 박학과 정통함 가운데 한 가지를 선택해야 한다면 그는 차라리 박학을 선택하겠다는 것이다. 이것은 박학에 대한 변호이다.

공자는 열린 사람이지 하나만 파고드는 폐단에 빠진 전문가는 아니었다. 나는 이런 학자를 좋아한다.

사수가 될 것인가, 어수가 될 것인가

스승님께서 말씀하셨다.

"마면麻冕이 예에 맞다. 오늘날에는 순면純冕을 쓰는데,

검소하기 때문에 나는 여러 사람이 하는 대로 따르겠다.

나는 여러 사람이 하는 것을 따르겠다.

아래쪽에서 절하는 것이 예이다.

지금은 위에서 절을 하는데, 거만하다. 비록 여러 사람의 경우와는

위배되지만 나는 아래서 하는 쪽을 따르겠다."

子曰, 麻冕, 禮也. 今也純, 儉, 吾從衆. 拜下, 禮也. 今拜乎上, 泰也. 雖違衆, 吾從下.

공자는 예에서 절약을 주장하고 검박한 것을 영예롭게 생각하여 사치스럽게 하느니 차라리 검박한 것이 좋다고 생각했다. 여기서 면冕, 즉 모자와 절하는 방식을 가지고 예로 들었다.

"면冕"은 예모禮帽인데, 마면麻冕과 순면純冕이 있었다. 여기서 말한 "마면"은 마포를 가지고 만든 예모이다. 순모는 『예기』「제통」에 나온다. 여기서는 앞에서 "순"이라는 말을 생략한 예를 따랐는데, 그것은 비단으로 만든 예모이다. "오늘날"은 공자 당시이다. 공자 이전에는 마면이 유행했고, 나중에 많은 사람이 마면은 세밀하여 만들기 어렵기 때문에 그것을 꺼려서 마면 대신 순면을 사용했다. 앞의 것은 사치스럽고 뒤의 것은 검박하다. 공자는 모자 문제에서 당시의 시류에 따라

순면을 쓰고 검박함을 따르겠다고 말했다. 중국 초기의 마는 주로 대마(Cannbis sativa L.), 즉 마약 중독자들이 피우는 대마이다. 비단 옷이 마포 옷보다 비싼 것은 재료가 비싸기 때문이다. 그러나 마면은 만드는 과정이 복잡하고 도리어 사치스럽다.

"배拜"는 무릎을 꿇고 큰절을 하는 것이다. 먼저 손을 모으고 머리를 구부려 손에 닿도록 하는 것을 배수拜手라고 부르고 그 뒤에 두 손을 땅에 대고 엎드려 머리를 땅에 닿도록 조아리는 것을 계수稽首라 불렀다. "아래쪽에서 절하는 것"은 공자 이전의 오래된 예로서 감사드릴 때 대청 아래서 절하고 그런 다음에 비로소 대청에 올라 술잔을 받을 수 있었다. "지금은 위에서 절을 한다"는 것은 공자 당시의 새로운 예로서 대청 아래서 절하지 않고, 대청 위에서 절하는 것으로 바뀌었다. "태泰"는 사치하는 것이다. 여기서는 앞의 경우가 검소하고 뒤의 경우가 사치스러워 "면"의 예와는 상반된다. 공자는 대청 위에서 절하는 것을 반대하고 대청 아래서 절할 것을 주장했는데, 이것은 당시의 시류에 역행하는 것이다.

그는 시류와는 상관없이 검소한 것만을 따랐다.

검박할지언정 사치하지 않는다

9.4

스승님께서는 네 가지를 절대 하시지 않았다.
억측을 부리지 않으셨고, 독단을 부리지 않으셨고,
고집을 부리지 않으셨고, 주관적 편견에 사로잡히지 않으셨다.

子絶四. 毋意, 毋必, 毋固, 毋我.

이 문단의 내용은 『곽점초간』 『어총』 제3권의 '간簡 64a, 65a'에는 "억측을 부리지 않으셨고, 고집을 부리지 않으셨고, 주관적 편견에 사로잡히지 않으셨고, 독단을 부리지 않으셨다毋意, 毋固, 毋我, 毋必"로 되어 있어 순서가 다르다.

"의意"는 추측으로, 까닭 없이 추측하고 상상하는 것이며, 전혀 근거 없는 것이다.

"필必"은 독단으로, 결론이 지나치게 절대적이고 대단히 단호하고 여지를 전혀 두지 않는 것, 혹은 무엇이 아니면 절대 안 되는 것으로 기존의 방법에 얽매여 융통성을 모르는 것이다.

"고固"는 고집 부리는 것, 타협할 줄 모르고 쓸데없거나 불가능한 일에 기를 쓰고 매달리는 것이다.

"아我"는 주관이다. 모든 것을 주관적 상상에서 출발하며 객관적 상황을 고려하지 않는 것이다.

이것은 공자가 경계했던 네 가지이다. 그의 생각은 매우 좋다. 그러나 실제로 실천하기란 매우 어렵다. 어떤 과학적 연구든 간에 상상과 떨어질 수 없고 전체와도 떨어질 수 없지만, 사소한 부분에 결사적으로 매달리면 잘못을 저지르는 것은 피할 수 있다. 옛날 사람은 그것을 "쇄의도난碎義逃難,"[4] 즉 시시콜콜한 의미를 탐구함으로써 비난을 피해 가는 것이라 불렀다. 예를 들어 고문자에 대해 어떤 사람은 뻔한 학문이라고 생각하며, 그중에서도 이 네 가지를 가장 눈꼴사나운 것으로 생각한다. 실제로 이런 폐단은 그것이 너무 많다는 데, 다른 영역에 비해 특히 더 많다는 데 있다.

공자가 하지 않은 네 가지

스승님께서 광匡 지역에서 포위되셨을 때 이렇게 말씀하셨다.

"문왕이 이미 죽었지만, 문文은 여기 있지 않은가?

하늘이 이 문文을 버리려 했다면, 뒤에 태어난 자가 이 문文에

간여할 수 없었을 것이다. 하늘이 아직 이 문文을 버리지 않았으니

광 지역 사람이 나를 어떻게 하겠느냐?"

子畏於匡, 日, 文王旣沒, 文不在玆乎. 天之將喪斯文也, 後死者不得與於斯文也.

天之未喪斯文也, 匡人其如予何.

이는 「선진」 11.23에도 보인다. 공자가 주유열국하던 기간에 발생한 일로서 그 연대는 기원전 496년이다. "외畏"는 무슨 뜻일까? 손작孫綽·주희 등은 글자 그대로 읽으면서 조심한다는 의미의 계戒 혹은 두려워한다는 의미의 구懼로 해석했다. 그러나 옛날 사람이 이 고사를 언급하면서 『순자』와 『사기』 「공자세가」에서는 모두 붙잡다는 의미의 "구拘"라고 말했으며, 『장자』 「추수」에서도 그것을 포위하다는 의미의 "위圍"라고 표현했다. 청대의 유월은 왕숙의 "법을 어겨 감옥에서 죽는 것을 외라고 한다"[5]는 주를 인용하여 "외畏"에 '구금하다'라는 뜻이 있다고 했다.(『군경평의』)[6] "외畏"는 성모가 영影이고 운모가 미微인 글자이고, "위圍"는 성모가 갑匣이고 운모가 미微인 글자로서 옛 음이 서로 비슷하기 때문에 "위圍"로 읽어도 된다.

「공자세가」에서는 공자가 광에서 "닷새 동안 구금되었다"고 말했는데, 그 원인은 양화의 생김새가 공자와 비슷했기 때문이라는 것이고, 과거에 양화가 광 지역 사람을 속였는데, 광 지역 사람은 그를 양화로 오인했다는 것이다. 이런 이야기는 『장자』 「추수」에 보인다.

"문왕이 이미 죽었지만, 문文은 여기 있지 않은가?" 문왕은 "문文"을 시호로 받는데, 『일주서』 「시법」에서는 "문"자에는 여섯 가지 해석이 있다고 했다. "천지를 다스리는 것을 문이라고 한다, 도덕이 넓고 두터운 것을 문이라고 한다. 부지런히 배우고 묻는 것을 좋아하는 것을 문이라고 한다, 자애롭고 백성을 사랑하는 것을 문이라고 한다. 백성을 걱정해주고 예로써 대우하는 것을 문이라고 한다, 백성들에게 작위를 내리는 것을 문이라고 한다." 문은 무武와 상대되며, 주로 인은仁恩과 자애慈愛를 가리킨다. 서주 금문에서는 앞서 죽은 사람을 "전문인前文人"이라 불렀는데, 오늘날의 자애로운 아버지慈父나 자애로운 어머니慈母와 비슷하다. "몰沒"은 "몰歿"이라고도 쓰는데, 죽었다는 뜻이다. "여기玆"는 공자 자신을 가리킨다.

"사문斯文"에서 사斯는 영어의 "the"와 비슷하고, 이것 혹은 저것을 가리키는데, 오늘날에는 주로 이 두 글자를 하나의 단어로 간주한다.

"뒤에 태어난 자後死者" 역시 공자 자신을 가리킨다.

공자는 문왕이 죽은 뒤 "문"을 계속 전수하는 중임이 전부 자기 어깨에 내려져 있기 때문에 하늘이 이 "문"을 단절하려고 하지 않는다면 광 지역의 사람이 나를 어떻게 할 수 없을 것이라고 생각했다.

광 지역 사람이 나를 어떻게 하겠는가?

태재太宰가 자공에 물었다.
"선생님은 성자聖者이신가? 어찌 그리 다방면에 재능이 있으신가?"
자공이 대답했다.
"선생님은 정말로 하늘이 내리신 위대한 성인이시고
또 많은 능력을 가지고 계십니다."
스승님께서 그것을 들으시고 말씀하셨다.
"태재가 나를 알겠는가? 나는 어려서 천하게 자랐기 때문에
여러 가지 비천한 일에 능숙하다. 군자는 많은 재능이 있어야
하는가? 많을 필요가 없다."

太宰問於子貢曰, 夫子聖者與. 何其多能也. 子貢曰, 固天縱之將聖, 又多能也.
子聞之, 曰, 太宰知我乎. 吾少也賤, 故多能鄙事. 君子多乎哉. 不多也.

자공이 수업을 받은 것은 공자가 주유열국하던 때이고, 이 대화는
공자 만년(기원전 484~기원전 479) 노나라로 돌아간 뒤에 이루어진 것
으로 보인다. 왕충은 자공의 나이 30~40세 때의 대화라고 추측했다.[7]
"태재太宰"는 어느 나라의 태재일까? 예전에는 오나라·송나라·노
나라·진陳나라 등 네 가지 설이 있었는데 모두 추측일 뿐이다. 정현은
이 태재를 오나라 태재 비嚭라고 주장하면서 주요 근거로 자공이 오
나라에 사신으로 가서 그를 만났다[8]는 것을 들었다. 그러나 청수더는

노나라 태재로 보는 것이 더 믿을 만하다고 생각했다.⁹ 태재가 자공에게 공자는 "성자"인지의 여부를 물으면서, 만약 공자가 성자가 아니라면 그는 어째서 그렇게 많은 재능이 있느냐고 했다. 자공은 그분은 당연히 하늘이 내린 총명한 사람이고 온몸에 능력을 지니고 있다고 말했다.

"천종지장성天縱之將聖"은 하늘이 전심전력을 다해 만들어낸 성인이라는 뜻이다. 자공은 자기 스승은 매우 완벽하여 본래부터 총명함을 타고났을 뿐만 아니라 또 다재다능하다고 말했다. 이러한 평가는 지나치다. 손오공은 스스로 "제천대성齊天大聖"이라 불렀다. "제천齊天"은 옥황상제와 지위나 권력이 동등하다는 것이다. "대성大聖"은 굉장히 총명한 사람이라는 뜻이다. "성聖"은 본래 상고의 제왕을 찬미하던 말로서 오늘날의 말로 하면 "대단히 슬기롭다英明"는 말에 해당된다. 오직 요임금·순임금·우임금·탕왕·문왕·무왕만이 이러한 칭호에 어울릴 수 있었다.¹⁰ 옛날 사람은 흔히 "하늘이 내린 총명聰明"이라는 말로써 당시의 군주를 추켜세웠다. 예를 들어 당태종과 이정李靖이 병법을 토론할 때 이정은 "폐하께서는 하늘이 내린 성무聖武이시지 배워서 재능을 쌓으신 것이 아닙니다"¹¹라든가 "성왕의 생각은 하늘이 내린 것으로서 하나를 들으면 열을 아십니다"¹²라고 말했는데 이것은 바로 당태종을 추켜세운 것이다.

"태재가 나를 알겠는가?" 반드시 물음표를 붙여야 한다. 자공은 유능한 사람으로서 그는 자기 스승이 다재다능하다는 것을 자랑스럽게 생각했다. 그러나 공자는 오히려 그런 점을 전혀 자랑스럽게 생각하지 않았다. 그는 이들이 주고받은 대화를 전해 듣고서는 바로 자공에게

"그 태재라는 분이 정말로 나를 이해하고 있느냐"라고 말했다. "나는 어렸을 때 출신이 비천했기 때문에 그런 재능들을 갖게 되었다. 군자는 많은 재능을 필요로 하느냐?" 아니다. 공자의 이 말은 태재의 추측을 간접적으로 부정한 것이다. 공자는 "많은 재능多能"과 "성자聖者"는 아무런 직접적인 관계가 없고, 자기 개인적인 입장을 말하자면 자신은 고귀한 출신과는 아무 관련이 없으며, 오히려 그와는 반대로 소년 시절의 비천함이 자신을 그렇게 만들었다고 말했다.

여기서 주의해야 할 것은 자공이 맹자보다 더 일찍 이미 공자를 대대적으로 선전했고, 다행히도 때에 맞춰 스승으로부터 규정糾正을 받았다는 점이다.

공자는 자기가 성인이라고 한 번도 인정한 적이 없었는데, 그것은 고의로 겸손을 부린 것이 아니었다. 여기엔 두 가지 이유가 있었다. 첫째로 자기는 권력도 없고 세력도 없기 때문에 요임금이나 순임금처럼 전국 인민의 위대한 구세주가 될 수 없다는 것이었고, 둘째로 그는 굉장히 노력을 했을 뿐이지 결코 자기가 총명함을 타고났다고는 생각하지 않았다. 앞의 이유는 「옹야」 6.30, 「술이」 7.34, 「헌문」 14.42 등에 보이고, 뒤의 이유는 「술이」 7.20에 보인다. 여기서는 두 번째 이유에 대해 말하고 있다.

사람은 대부분 위인에 대한 숭배에서 차라리 위인 그 자신의 바람을 거스르고 싶어한다. 특히 위인이 죽은 뒤에는 위인이 더 이상 말을 할 수 없기 때문에 누군가 감히 반대 의견을 내놓았다가는 거센 압력에 시달릴 수 있다. 이것은 위인의 비극이다. 공자에 대한 공자 제자들의 숭배 역시 이와 같았다. 그들은 공자의 책을 공부하고, 공자의 말을 듣는 공자의 착한 제자였지만, 공자의 명예와 관련된 일에 이르러서는 단호하게 그 어르신의 지시에 따라 일을 처리하지 않았다.

재능이 많은 것은 군자가 아니고 성인은 더욱 아니다

금뢰琴牟가 말했다.

"스승님께서 '나는 시험을 보지 않았기 때문에 재능이 많다'라고
말씀하셨지."

牢曰, 子云, 吾不試, 故藝.

공자의 재능은 어디에서 온 것일까? 관리가 되지 않고 일반 백성으
로 있었던 데서 온 것이다.

"뇌牢"는 금뢰琴牢이고, 자는 자개子開 혹은 자장子張이다. 옛날 책에
서 그는 공자의 제자라고 말하는 경우가 많은데, 청대 학자들은 오히
려 의심했다. 그들의 의심은 그저 추측일 뿐이고 아무런 증거가 없다.

"나는 시험을 보지 않았기 때문에 재능이 많다." "시試"는 정밀하게
조사하고 채용하고 벼슬길에 나아가 관리가 되는 것, 즉 후세 사람이
말하는 "시험"을 의미하는 말이다. "예藝"는 기능, 즉 앞 장에서 말한
"다능多能"의 "능能"이다. 공자는 출신이 비천하여 51세 이전에는 관리
가 될 기회가 없었고 아주 많은 시간 공부했다. 때문에 많은 재능을
쌓게 되었다. 이 장은 앞의 장과 관련이 있는 것 같다.

관리가 되지 않았기 때문에 능력이 많다

스승님께서 말씀하셨다.

"내가 아는 것이 있는가? 나는 아는 것이 없다. 어리석은 사람이
나에게 와서 물으면 나는 머릿속이 텅텅 빈 것 같다.
그러나 나는 내 지식의 양쪽 끝을 두드려 몽땅 쏟아낸다."

子曰, 吾有知乎哉. 無知也. 有鄙夫問於我, 空空如也. 我叩其兩端而竭焉.

이 장의 내용은 앞의 두 장과 관련이 있는 것 같다.

"내가 아는 것이 있는가? 나는 아는 것이 없다" 이 말은 앞에서 "군
자는 많은 재능이 있어야 하는가? 많을 필요가 없다"라고 한 말과 같
은 형식을 취하고 있다. "지知"는 지식이다. 공자는 자기가 무지하다고
말했다. 앞의 두 장에서 공자는 자기가 태어날 때부터 총명하다는 것
을 부인하고 오직 자기가 다재다능하다는 점만 인정했는데, 여기서 또
자기가 무지하다고 말하고 있다. 스스로에 대해 대단히 분명하게 알고
있다.

"어리석은 사람이 나에게 와서 물으면 나는 머릿속이 텅텅 빈 것 같
다." "비부鄙夫"는 시골뜨기, 촌놈, 멍청이란 뜻이다. "머릿속이 텅텅 빈
듯하다"의 "텅텅 비다空空"는 「태백」 8.16의 "무지하면서도 신용이 없으
면"의 "무지하다悾悾"이다. 이 단어는 이중의 의미가 있다. 긍정적인 의

미는 성실하다는 것이고, 부정적인 의미는 무식하다는 것이다. 이 두 구절은 앞의 "아는 것이 없다"는 구를 받고 있다. 내가 이해하는 바로 공자 자신은 무지하고 머릿속에 아무것도 없다는 것을 말하고 있는 것이지, 하안이 말한 것처럼 무식한 사람을 형용한 말로서 "그의 생각이 텅텅 빈 듯하다其意空空然"는 것을 의미하는 것도 아닌 것 같고, 혹은 정현·포함·주희 등이 말한 것처럼 무식한 사람이 충실하고 정직하고 겸손하게 공자에게 가르침을 청한 것을 의미하는 것도 아닌 것 같다.[13] 공자는 자기가 아는 것이 없다고 말했는데, 그것이 어떻게 가능하겠는가? 오직 멍청한 사람만 무지할 뿐이고, 그들은 그저 이쪽을 그리워할 수 있을 뿐이다. 사실 여기서 말하는 "텅텅 빈 듯하다"는 부정적인 뜻으로 사용한 것으로서 「태백」 8.16과 같다.

"나는 내 지식의 양쪽을 두드려 몽땅 쏟아낸다." "고叩"는 두드리다 혹은 여쭙다의 의미가 있다. "양단兩端"은 글자 그대로 보면 한 가지 물건의 양쪽 끝이다. 옛날 주에서는 "근본과 지엽本末"(정현) 혹은 "끝과 시작終始"(하안) 등으로 설명했다. 일반적으로 이것은 공자가 무식한 사람을 깨우치도록 돕는 것으로서 긍정적인 측면과 부정적인 측면 등 두 방면에서 그를 일깨우는 것이라고 생각한다. 나는 공자 자신을 말하고 있는 것이라고 생각한다. 공자가 가르칠 때 강조한 것은 "마음에 배움에 대한 열정이 가득하지 않으면 깨우쳐주지 않고, 표현하려고 애쓰지 않으면 표출하도록 해주지 않는다. 한 귀퉁이를 예로 들어줄 때 세 귀퉁이로써 대답하지 않으면 더 이상 계속하지 않는다"는 것이다.[14] 무식한 사람은 극도로 바보 같은 사람인데, 공자가 어떻게 자진해서 그를 가르칠 수 있겠는가?

이 장의 내용을 어떻게 이해해야 할 것인가는 줄곧 문제가 있었다. 옛날 주의 해석은 공자가 지나치게 겸손하다는 문제였다. 즉 그는 내가 지식이 있는가, 없다, 만약 촌뜨기가 나에게 물어온다면 엉망진창으로 멍청하더라도 진심과 성의를 다해 그를 이끌어 그로 하여금 철저하게 깨닫도록 한다는 것이었다.

나는 이런 해석이 의심스럽다. 왜냐하면 공자는 알고 있는 것을 다 말했고, 남을 가르치는 데 피곤해하지 않았고, 인내심을 가지고 무식한 사람을 가르쳤다고 말하는데, 그런 말들이 "내가 아는 것이 있는가? 나는 아는 것이 없다"는 것과 무슨 관계에 있는 것일까? 오늘날의 독본은 매우 재미있다. "머릿속이 텅텅 빈 것 같다"는 말은 "공자의 머릿속이 텅텅 빈 것 같다"는 점을 인정한다. 그런데 공자는 "나는 머릿속이 텅텅 빈 것 같다"고 하면서도 왜 여전히 다른 사람을 가르치려 했을까? 그는 또 자기 자신보다 더 "머릿속이 텅텅 빈 것 같은" 멍청이를 가르치려 했던 것일까? 공자가 한 말은 나는 무지하지만 나보다 더욱 무지한 사람이 있고, 나는 총명하지 않지만 무식한 사람을 가르치는 데는 아직 충분히 여유가 있다는 것을 뜻한다는 말인가? 이것이 멍청이가 멍청이를 가르치는 것이 아니란 말인가? 양보쥔 선생을 예로 들어보면, 그는 이 문장을 다음과 같이 번역했다. "공자가 말했다. 내가 지식이 있느냐? 없다. 만약 어떤 농부가 나에게 묻는다면, 나는 본래 조금도 알지 못하는 것이라도 그가 질문한 그 문제의 처음과 끝의 두 방향에서 꼬치꼬치 캐물을 것이고, 그런 다음 온 정성을 다해 그에게 알려줄 것이다."[15] 그러나 이러한 이해에서 공자는 소크라테스(플라톤이 묘사한 소크라테스)가 되고 만다. 소크라테스는 어떤 문제를 두고 사람과 토론할 때 항상 시작하자마자 자기는 무지하다고 말하고서는 상대방의 말을 이끌어냈다. 그리고 상대방을 대신해서 긍정과 부정 등 두 가지 측면에서 분석하고, 상대방의 모순이 드러나도록 하면서 상대방이 스스로 정확한 결론에 도달하도록 한 발짝 한 발짝 이끌어갔다. 철학사에서는 이러한 이야기 방식을 "산파술"이라고 부른다. 늙은이는 아이를 낳을 수 없다. 그러나 아이를 낳아본 적이 없는 젊은 부인이 순조롭게 아이를 낳을 수 있도록 도울 수는 있다.

공자의 이야기가 "산파술"일까? 꼭 그렇다고 할 수는 없을 것이다.

나는 공자가 한 말은 모두 자기의 무지를 이야기하는 것이라고 이해하고 있다. 무식한 사람이 찾아와 물을 때 그 무식한 사람이 "머릿속이 텅텅 빈 것 같다"는 것이 아니라, 공자 자신이 "머릿속이 텅텅 빈 것 같다"는 것이다. "나는 그 양쪽 끝을 두드려 몽땅 쏟아낸다"는 말은 멍청한 사람을 두드리는 것이 아니라 자기 자신을 두드리는 것으로 자기를 속이 텅텅 빈 항아리 같은 것이라고 여기고, 마술사가 자신이 가지고 나온 도구를 두드리는 것처럼 하는 것이다. 다시 말하면 마술사가 빈 항아리의 양쪽 끝, 즉 위쪽을 탁탁 두드리고 아래쪽을 탁탁 치면서 관중에게 그 속에 아무것도 없다는 것을 말하는 것과 같다.

공자는 "하우下愚"는 바꿀 수 없는 것이라고 생각했다.[16] 나는 그가 멍청한 사람 앞에서 아무것도 아는 것이 없다고 한 말에 대해 의심한다.

멍청한 사람 앞에서 나는 아무것도 아는 것이 없다

스승님께서 말씀하셨다.

"봉황새는 날아오지 않고, 황하에서는 그림이 나오지 않는구나.

내가 끝났다는 것이겠지."

子曰, 鳳鳥不至, 河不出圖, 吾已矣夫.

"봉황새鳳鳥"는 「미자」 18.5의 초나라 미치광이 접여가 공자를 봉황에 비유한 것을 참조하기 바란다.

"하도河圖"는 황하에서 나왔다는 그림이다. 『상서』 「고명顧命」에서는 서주 궁실에 보관하던 보물을 이야기했는데, 그 가운데 하도가 있다. 그 하도는 어떤 것일까? 공자가 말한 하도는 어떤 것일까? 알 수 없다. 그것들이 반드시 후세의 역학가들이 이야기하는 하도라고 할 수는 없다.

일반적인 해석에 따르면 "봉황새鳳鳥"와 "하도河圖"는 모두 상서로운 조짐이다. 이 이야기는 「술이」 7.5의 "꿈에 다시 주공을 못 뵌 지 오래됐어"라는 것과 비슷하고, 이 역시 공자가 임종하기 전에 내뱉은 서글픈 탄식으로서 기원전 479년에 한 말이다.

봉황은 오지 않고 황하에서는 그림이 나오지 않는다

스승님께서는 재최齊衰를 입은 사람이나 면류관과 의상 등
예복을 입은 사람이나 장님 등과 마주치면, 비록 나이가 어려도
보자마자 반드시 일어나셨고, 그들 곁을 지날 때는 반드시
빠른 걸음으로 지나가셨다.

子見齊衰者 冕衣裳者與瞽者, 見之, 雖少必作. 過之必趨.

"재최齊衰"는 상복의 일종이며, 삼베로 만든다.

"면류관과 의상"에 해당되는 원문 "면의상冕衣裳"에서 "면冕"은 모자
이고, "의衣"는 상의이며, "상裳"은 하의로서 예복에 속한다.

"고자瞽者"는 장님이다. 장님에는 두 종류가 있다. 안구가 있고 눈동
자가 없는 눈뜬장님을 맹盲이라 부르고, 눈을 감은 장님을 고瞽라고
부른다.

"비록 나이가 어려도 반드시 일어서셨고, 그들 곁을 지날 때는 반드
시 빠른 걸음으로 지나가셨다." "작作"은 일어나는 것으로, 앉아 있던
자세(무릎을 꿇은 자세)에서 일어선 자세로 고치는 것이다. "추趨"는 빠
르게 앞으로 가는 것이다.

공자의 예의

안연이 아! 하고 탄식하면서 말했다.

"우러러보면 더욱 높으시고, 파헤쳐보려고 하면 더욱 견고하시구나.
바라보면 앞에 계시다가 어느 순간에 뒤에 계신다.
선생님께서는 차근차근 사람을 잘 이끌어주시고,
문文으로써 나를 넓혀주시고, 예禮로써 나를 다잡아주시니 그만두려
해도 그럴 수가 없다. 내 있는 재주를 다하면
마치 홀로 서 있는 것 같기도 하지만, 우뚝 앞을 가로막고 서 계시니
비록 따르고 싶어도 어떻게 시작해야 할지 길이 없다."

顔淵喟然歎曰, 仰之彌高, 鑽之彌堅. 瞻之在前, 忽焉在後. 夫子循循然善誘人, 博我以文,
約我以禮, 欲罷不能. 旣竭吾才, 如有所立, 卓爾, 雖欲從之, 末由也已.

"우러러보면 더욱 높으시고, 파헤쳐보려고 하면 더욱 견고하시구나.
바라보면 앞에 계시다가 어느 순간에 뒤에 계신다." 이 말은 안연이
스승을 찬양한 것으로 스승의 학문이 넓고 깊어 포착하기가 어렵다는
것을 형용한 것이다.

"문文으로써 나를 넓혀주시고, 예禮로써 나를 다잡아주시니"는 「옹
야」 6.27을 참조하기 바란다. 여기서는 "글을 널리 배우고, 예로써 제
약하는 것"을 나에게 요구한다는 것을 말한 것이다.

"비록 따르고 싶어도 어떻게 시작해야 할지 길이 없다." 비록 따르

고 싶지만 어떤 길로 가야 할지조차 모르겠다는 것이다. 이에 해당되는 원문 가운데 "말末"은 "멸蔑"과 통한다. 「공자세가」에서는 "멸요야이蔑繇也已"로 쓰고 있다. 『사기』 「자객열전」에 나오는 조말曹沫의 "말沫"을 『상박초간』에서는 "멸蔑"로 쓰고 있다. "멸蔑"은 완전히 아무것도 없다는 의미이다. 옛날 책에서 말末에 속하는 글자를 간혹 미未자로 쓰고 있는데, 예를 들어 거품 말沫자는 자주 어두울 미沫자로 잘못 쓰고 있다. 말末과 미未는 다르다. 미자의 위쪽에 있는 한 개의 가로 획이 옛 글자에서는 구부려져 있다. 말末자와 본本자도 서로 반대가 된다. 옛 글자에서 본本자의 짧은 가로획은 나무의 뿌리에 붙어 있고, 말末자의 짧은 가로획은 나무의 끄트머리에 붙어 있다.

안회가 공자를 찬미하다

스승님께서 병이 나시자 자로가 문하의 제자를 장례를 집행할 신하로 삼았다. 병이 조금 차도가 있을 때 스승님께서 말씀하셨다. "자로의 거짓 행동이 오래되었구나! 신하도 없는데 신하가 있는 것으로 하다니. 내가 누구를 속일까? 하늘을 속일까? 그리고 나는 신하의 보살핌 속에서 죽는 것보다는 오히려 너희 제자들의 보살핌 속에서 죽는 것이 좋지 않겠느냐? 내가 거대한 장례식을 치르지는 못한다 해도 길바닥에서 죽기야 하겠느냐?"

子疾病, 子路使門人爲臣. 病間, 曰, 久矣哉, 由之行詐也. 無臣而爲有臣. 吾誰欺. 欺天乎. 且予與其死於臣之手也, 無寧死於二三子之手乎. 且予縱不得大葬, 予死於道路乎.

　자로는 공자에 대하여 무한히 충성했고, 특히 감정이 풍부했다. 그러나 공자로부터 자주 욕을 먹었다. 왜 그랬을까? 그 이유는 그가 성격이 급했고, 열성적이었으며, 자주 불난 집에 부채질을 해댔고, 선의를 가지고 돕는다는 것이 오히려 일을 망치기 일쑤였기 때문이다.

　예를 들어 이 사건에서 공자는 병이 들어 아마도 병이 가볍지 않았던 것 같다. 공자는 아직 죽지 않았는데, 자로는 장례위원회[17]를 구성하고 "제자"들을 조직했다. 그는 아마도 그보다 연배가 낮은 제자들에게 장례를 준비하는 "신하"를 맡게 하고, 공자 사후의 일을 처리하도록 했을 것이다. 이 이야기는 진짜 있었던 이야기 하나를 떠올리게 한다. 어떤 선생이 병이 났는데, 그 소식이 다른 지역에까지 퍼졌다. 그런데 죽은 것으로 잘못 전달되어 다들 서둘러 조전弔電을 치라고 말했다. 운 좋게도 누군가 전화를 걸어 사실이 확인되었고 소동은 그것으로 끝났는데, 하마터면 큰 웃음거리가 될 뻔했다. 자로의 이 일 역시 확실히 황당하다. 그는 반나절 동안 분주하게 준비했지만, 도저히 생각지도 못했는데 스승의 병이 갑자기 호전되었다. 공자는 이 일을 듣고서는 너무나도 화가 났다. 그는 자로에게 화를 내면서 말했다. 네이 잘난 놈 자로야, 너는 줄곧 진실하지 못했고 항상 거짓을 일삼고 있어. 나는 분명히 이런 대접(제후만이 그런 신하의 보살핌을 받음)을 받을 만한 자격이 없는데, 너는 스스로 똑똑하다고 생각하고 기어코 이런 일을 벌였구나. 너는 내가 누구를 속였으면 좋겠느냐? 하늘을 속일까(나에게 하늘 앞에서 죽은 척하라고)? 게다가 나는 죽더라도 이렇게 죽을 수는 없다. 나는 네가 보내온 이 "신하들"의 보살핌 속에서 죽는 것보다 "너희"(공문의 가장 핵심적인 제자를 가리킴)의 보살핌 속에서 죽는 것이 더 낫다. 그리고 또 나는 성대한 장례를 치르게 할 생각이 없지만(전문적으로 장례를 담당하는 "신하"에게 장례를 치르게 하는 것), 그렇다고 길바닥에서 죽기야 하겠느냐. 또 설령 길바닥에서 죽더라도 이것보다는 좋겠다.

자로는 좋은 마음으로 한 것이지만 일을 망쳐버렸고, 공자가 엄청나게 화를 냈기 때문에 그는 분명 굉장히 속이 상했을 것이다.

공자가 병이 나다

자공이 물었다.

"아름다운 보석이 있다면 잘 싸서 상자에 보관하시겠습니까?
값을 잘 쳐주는 사람을 찾아 파시겠습니까?"

스승님께서 말씀하셨다.

"팔아야지! 팔아야지! 나는 제값을 쳐줄 사람을
기다리고 있는 것이다."

子貢曰. 有美玉於斯. 韞櫝而藏諸. 求善賈而沽諸. 子曰. 沽之哉. 沽之哉. 我待賈者也.

"잘 싸서 상자에 보관하다"에 해당되는 원문 "온독이장저韞櫝而藏諸"에서 "온韞"은 잘 싸서 보관한다는 뜻이다. "독櫝"은 보물을 보관하는 목갑인데, 이 글자는 독匵이라고 쓰기도 하며, 금속으로 만든 것은 또 독鑟으로 쓴다. 독匵은 항상 갑匣·궤匱 등과 호훈互訓, 즉 같은 글자로 해석한다. 옛날 사람들은 주옥이나 머리 장신구 등 특히 옥으로 만든 물건을 담아두는 상자를 일반적으로 독櫝 혹은 독匵이라 불렀고 가끔은 궤匱라고도 썼다. 그러나 궤는 흔히 큰 상자이고, 독은 비교적 작다. 옛날 사람들은 독櫝 혹은 독匵이라고 부르는 경우가 특히 많았다. 예를 들어 "매독환주買櫝還珠(상자만 사고 내용물인 진주는 되돌려줌)"의 독櫝은 이런 종류의 기물이다. 이런 종류의 기물 가운데 동제품은 고고학적 발굴을 통해 출토된 것이 매우 많고, 대부분은 여성의 묘에서

출토되었다. 학자들은 그것을 정鼎이라 부르기도 하고, 격鬲이라 부르기도 하고, 합盒이라 부르기도 하고, 염奩이라 부르기도 하고, 궤匱라 부르기도 하지만, 사실은 바로 독匵이다.[18]

공자는 줄곧 정치에 대한 미련을 버리지 못하고 있었다. "옥은 상자 안에서 좋은 값을 기다리고 있고, 옥비녀는 함 속에서 하늘로 날아갈 기회만 엿보고 있다"(『홍루몽』 제1회)는 구절이나 "값이 오르기를 기다렸다 판다待價而沽"는 말의 출전은 여기이다.

제값을 기다렸다가 팔다

스승님께서 구이九夷에서 살고 싶어하셨다.
그러자 누군가 이렇게 말했다.
"누추할 텐데 어떻게 사시겠습니까?"
스승님께서 대답하셨다.
"군자가 사는데, 무슨 누추할 것이 있겠느냐?"

子欲居九夷. 或曰, 陋, 如之何. 子曰, 君子居之, 何陋之有.

사람은 높은 곳을 향해 달려가고 물은 낮은 곳을 향해 흐른다. 서로 상반되는 상황이 아닌가?

오늘날 정치적으로 뜻을 이루지 못하거나 혹은 부정부패가 발각되었을 경우 모두 유럽이나 미국으로 간다. 그러나 공자는 뜻을 이루지 못하자 오히려 낙후된 지역으로 가고 싶어했다. 체 게바라의 "끊임없는 혁명" 역시 아시아, 아프리카, 라틴아메리카, 쿠바, 베트남, 콩고, 볼리비아 등을 선택했다.

"구이九夷"는 『서경』「여오旅獒」(이른바 『고문상서』에 속함) 및 『예기』「명당위明堂位」, 『이아』「석지釋地」, 『일주서逸周書』「명당해明堂解」, 『국어』「노어하魯語下」 등에서는 모두 융戎·적狄·만蠻을 병렬하고 있는데, 야만족이 살고 있는 낙후된 지역을 가리킨다. 그러나 상주商周 시기에는 일반적으로 오늘날 산둥 지역의 동이東夷와 회수淮水 유역의 회이淮夷를 가리켰다. 전국 시대의 어떤 문헌에서 "구이九夷"를 초나라와 구분되는 각종 이족夷族[19]을 가리키기도 했다. 『후한서』「동이열전」에서는 공자가 가고 싶어했던 "구이"는 바로 견이畎夷·우이于夷·방이方夷·황이黃夷·백이白夷·적이赤夷·현이玄夷·풍이風夷·양이陽夷라고 보다 구체적으로 말한다. 이 주장은 『죽서기년』에 근거한 것으로 "구이"는 하대夏代의 아홉 종류의 이족으로 여겨졌다. 마융은 여기서 말한 "구이"는 "동방의 구이로서 아홉 종족이 있었다"고 말했다. 나는 여기서 말한 "구이"는 하남河南·안휘安徽 일대에서 활동한 회이淮夷의 후예가 아닐까 하는 의문이 든다. 그는 주유열국에서 마지막으로 진나라와 채나라 및 초나라의 섭현에 들렀는데 바로 이 일대이다. 공자는 중원의 제후국들 혹은 예의의 나라에 실망하고 남쪽의 진나라와 채나라까지 갔고, 심지어는 초나라에서 일자리 찾는 것을 고려했다.

"군자가 사는데, 무슨 누추할 것이 있겠느냐?" 당대의 문집에서는 이것을 전거로 사용한 문장이 많다. 예를 들어 유우석의 「누실명陋室銘」에서 "군자는 '무슨 누추할 것이 있겠느냐'라고 말했다"의 출전은 바로 이 부분이다.

공자는 구이에서 살고 싶어했다

스승님께서 말씀하셨다.
"내가 위나라에서 노나라로 돌아오고 나서야
「아」와 「송」이 각기 제 모습을 찾았다."

子曰, 吾自衛反魯, 然後樂正, 雅頌各得其所.

공자는 음악광이었다. 그는 특히 고전음악을 좋아했으며, 아울러 그런 음악으로 제자들을 가르쳤다. 그가 말한 예교禮敎는 시에 대한 가르침으로 시작하여 음악에 대한 가르침으로 끝난다.[20] 음악에 대한 가르침은 최고의 단계이다.

공자가 위나라로부터 노나라로 돌아온 것은 기원전 484년이었다. 여기서 "「아」와 「송」이 각기 제 모습을 찾은 것"을 "악정樂正", 즉 음악이 바로잡혔다고 부른다. 이런 점에서 볼 때 그가 음악을 정리한 것은 기원전 484년 이후, 즉 그의 만년의 일인 것 같다.

그는 만년을 금琴 소리 속에서 보냈다.

아와 송이 제 모습을 찾다

스승님께서 말씀하셨다.

"밖에 나가면 지체 높은 사람을 섬기고, 집에 들어오면 아버지와 형을 섬기며, 장례에서는 감히 힘쓰지 않으면 안 되고, 술주정하지 않아야 한다. 이런 것들이 나에게 무슨 어려움이 있겠느냐?"

子曰, 出則事公卿, 入則事父兄, 喪事不敢不勉, 不爲酒困, 何有於我哉.

옛날에 교류의 중심은 남성이었다. "밖에 나가면 지체 높은 사람을 섬기고, 집에 들어오면 아버지와 형을 섬기고"에서는 모두 남자만 등장한다.

공자는 술을 마실 때 매우 절제했다. "불위주곤不爲酒困"은 술주정하지 않는 것이다. 공자는 자신에게 있어 술 마시는 것은 문제가 될 수 없다고 말했지만, 다른 사람은 어떤가? 이야기하기가 참 거북하다. 상대商代의 주紂는 교만과 사치를 일삼고 제멋대로 방종하고 술주정하느라 나라를 잃어 비참한 교훈을 남겼는데, 공자는 그것을 매우 잘 알고 있었다. 강숙康叔은 위衛나라에 봉해졌고, 위나라는 주紂의 도읍이 있던 곳이었기 때문에 주공은 주공 가문의 자제들이 상나라 후예들로부터 나쁜 것을 배울까 걱정이 되어 「주고酒誥」를 썼다. 그러나 주나라 초기의 금주는 그저 한때일 뿐이었다. 그 한때가 지나자 그전과 똑같이 마셔댔다. 중국에서는 역대의 모든 왕조와 모든 시대를 통틀어 술을 마시는 풍조가 한 번도 끊어진 적이 없었다. 금할수록 더 마셨고, 마실수록 더 많이 마셨으며, 오늘날에는 최고조에 이르렀다. 현마다 술을 만들고 집집마다 마신다. 마시는 양이 강하江河(양쯔강과 황허)를 거꾸로 흐르게 할 정도다.

술주정하지 않는다

스승님께서 냇가에서 말씀하셨다.
"흘러가는 것은 이와 같구나. 밤이고 낮이고 그치지 않아!"

子在川上曰, 逝者如斯夫, 不舍晝夜.

공자는 어떤 강을 보고서 탄식한 것일까? 여기서 말한 "냇물川"은 어떤 강일까? 확실하게 알 수는 없다. 노나라 국경 안의 하천으로는 수수洙水, 사수泗水, 기수沂水 등이 있다. 공자는 주유열국하면서 황하 강변에 이르렀다고 한다.[21]

흔히들 "시간은 흘러가는 물과 같다"거나 혹은 "물과 같이 흘러가는 세월"이라고 말한다. 공자는 아마도 시간이 쉬 흘러가는 것을 탄식한 것 같다.

공자가 강가에서

10.6

재계할 때는 반드시 음식을 바꾸셨고,

앉는 곳도 반드시 바꿔 앉으셨다. 곡식은 고운 것을 싫어하시지

않았고, 회는 가느다란 것을 싫어하시지 않았다.

음식이 습기가 차고 쉰내가 나거나 생선이 상했거나 고기가 부패한

것 등은 드시지 않았다. 색깔이 안 좋은 것은 드시지 않았다.

냄새가 나쁜 것은 드시지 않았다. 덜 익은 것은 드시지 않았다.

정해진 식사 때가 아니면 드시지 않았다.

바르게 자르지 않은 것은 드시지 않았다.

요리에 맞는 장(소스)이 아니면 드시지 않았다.

고기가 비록 많더라도 곡기를 이기도록 하시지는 않았다.

술만은 양을 한정하시지 않았으나 술주정하는 데까지는

이르시지 않았다. 밖에서 산 술과 밖에서 산 육포는 드시지 않았다.

생강은 상에서 치우지 않고 드셨으나 많이 드시지는 않았다.

齊必變食. 居必遷坐. 食不厭精. 膾不厭細. 食饐而餲, 魚餒而肉敗, 不食. 色惡, 不食. 臭惡,

不食. 失飪, 不食. 不時, 不食. 割不正, 不食. 不得其醬, 不食. 肉雖多, 不使勝食氣.

唯酒無量, 不及亂. 沽酒市脯不食. 不撤薑食. 不多食.

이것은 먹고 마시는 것에 대하여 설명한 것이다.

먼저 긍정적인 면에서 먹는 것에 대해 설명한 것.

⑴ "재계할 때는 반드시 음식을 바꾸셨고, 앉는 곳도 반드시 바꿔

스승님께서 말씀하셨다.
"나는 여색을 좋아하듯이 유덕한 사람을 좋아하는
사람을 보지 못했다."

子曰, 吾未見好德如好色者也.

이 말은 「위영공」 15.13에도 보인다. "여색을 좋아하는 것"은 생리적
반응으로서 때때로 자기 스스로 억제하지 못하기도 한다. "유덕한 사
람을 좋아하는 것"은 그것과 다르다. 때때로 본능을 억압해야 한다.
공자는 모든 사람이 "여색을 좋아하듯이 유덕한 사람을 좋아하기"를
원했지만, 그렇게 되기는 어렵다.

여색을 좋아하듯이 유덕한 사람을 좋아하다

스승님께서 말씀하셨다.

"예를 들어 산을 쌓을 때 한 삼태기 때문에 완성하지 못하고
그만두는 것은 내가 그만두는 것이다. 예를 들어 땅을 고를 때 비록
한 삼태기를 쏟아 붓고 나아가더라도 내가 가는 것이다."

子曰, 譬如爲山, 未成一簣, 止, 吾止也. 譬如平地, 雖覆一簣, 進, 吾往也.

주희는 『고문상서』「여오」의 "아홉 길 높이의 산을 만드는데, 한 삼
태기 때문에 성공을 망친다"[22]는 말을 인용하여 주석으로 삼았다.

"궤簣"는 흙을 담아 짊어지는 광주리다. 비유를 들어보자면 흙을
쌓아 산을 만드는데, 눈으로 보기에 거의 다 쌓았다 해도 오직 한 광
주리의 흙이 부족한 상태에서 그 일을 멈춰버린다면 산을 쌓는 그 일
은 완성될 수 없을 것이다. 또 평평한 땅 위에 비록 금방 한 광주리의
흙을 갖다 부었다 해도 계속해서 앞으로 부어나간다면 조만간 흙을
쌓아 산을 완성할 수 있을 것이다. 무슨 일이든지 계속해나가는 것이
중요하며, 성공하고 못하고는 전적으로 자기에게 달려 있다는 것이다.
그가 말한 "오吾"는 모든 주체를 가리킨다.

한 삼태기 때문에 성공을 망치다

스승님께서 말씀하셨다.
"설명해주면 게으름 피우지 않고 익힐 사람은 안회가 아닐까?"

子曰, 語之而不惰者, 其回也與.

이것은 공자가 안연을 칭찬한 것이다. 안연은 가장 우수했는데, 어떤 점이 우수했을까? "설명해주면 게으르지 않다"는 데 있었다. 스승이 이야기하는 것을 들으면 들을수록 그는 더욱 힘이 솟았다. 다른 제자들은 그를 따를 수가 없었다. 공자가 많은 것을 말해주면 그들은 "게으르기" 십상이었다.

안회는 게으르지 않다 1

스승님께서 안연에 대하여 말씀하셨다.
"아깝구나. 나는 그가 앞으로 나아가는 것은 보았어도,
그가 멈추는 것을 보지 못했다."

子謂顏淵, 曰, 惜乎. 吾見其進也, 未見其止也.

안연은 "생명이 남아 있는 한 전투는 계속된다"는 확고한 태도를
지니고 있었다. 이 장 역시 그의 "게으르지 않음"에 대해 이야기하고
있다.

안회는 게으르지 않다 2

스승님께서 말씀하셨다.
"싹이 나도 이삭을 피우지 못하는 것이 있더라!
이삭이 피어도 열매를 맺지 못하는 것이 있더라!"

子曰, 苗而不秀者有矣夫. 秀而不實者有矣夫.

이것은 아마도 학생들을 이야기한 것일 것이다. 우리의 학생에게도 반제품이 무척 많다. 싹을 틔우기는 해도 이삭을 피우지는 못하고, 이삭을 피우기는 해도 열매를 맺지 못한다.

싹을 틔우기는 해도 이삭을 피우지는 못하고

이상의 네 장은 하나의 세트로서 모두 꿋꿋하게 지키는 것이 중요하고, 끝까지 밀고 나가는 노력이 중요하다는 것을 강조한 것이다.

스승님께서 말씀하셨다.

"젊은이들이 두렵다. 새로 자라나는 사람이 지금 한창때인
사람만 못하리라는 것을 어찌 알겠는가?
그러나 나이 마흔 혹은 쉰이 되어도 이름이 알려지지 않으면
그 역시 두려워할 만한 가치가 없다."

子曰, 後生可畏, 焉知來者之不如今也. 四十五十而無聞焉, 斯亦不足畏也已.

이것 역시 제자들에 대해 이야기한 것이다. 오늘날의 풍조는 제자
들은 스승에 의지하여 이름을 내고, 스승 역시 제자에 의해 이름을
낸다. 스승과 제자가 서로 제휴하여 함께 영광을 만들어간다.

"젊은이들이 두렵다"는 오늘날 항상 탁월하고 생각이 깊은 젊은 신
예가 자주 쓰는 상투적인 말이다. 이 말은 특히 자기 제자를 추켜세
우는 데 자주 쓴다. 공자는 무엇을 두려워한 것일까? 그를 흠모하여
계속해서 찾아주는 사람이 없어지고, 늙어서 물러난 뒤에 돌봐줄 사
람이 아무도 없고, "뛰어남了不起"이 "늙어서 일어서지 못함老不起"으로
변하는 것 등을 두려워했다. 과거에 루쉰은 새로운 것이 항상 오래된
것보다 좋고, 젊은 사람이 항상 나이 많은 사람보다 좋다고 믿었다.
그러나 반드시 그렇다고 할 수는 없다. 나중에 그 역시 이 말을 후회

했다. 왕희지는 "나중에 지금을 보면 역시 지금 옛날을 보는 것과 같을 것이다"**23**라고 말했다. 젊은이들이 두렵다는 것은 그저 전도가 양양하다는 것 말고 그 밖에 무슨 두려워할 만한 것이 있겠는가? 늙으면 또 어떤가? 그 역시 원래는 젊지 않았던가? 젊으면 또 어떤가? 그역시 조만간 늙을 것인데. 누구에게든 젊은 시절이 있다. 나는 특히시대마다 각 시대의 좋은 사람과 훌륭한 사람이 있고, 그 시대의 멍청이와 나쁜 놈이 있다고 믿는다. 늙음과 젊음이 무슨 화젯거리가 되겠는가? 나는 기본적인 인성과 지능이라는 측면에서 사람은 다들 비슷비슷하다고 생각한다.

"새로 자라나는 사람이 지금 한창때인 사람만 못하리라는 것을 어찌 알겠는가?" 이 말은 옛것을 높이고 오늘의 것을 낮게 여기는 시대마다에, 특히 대보수파였던 공자가 한 말이었다는 점에서 대단히 귀중하다. 우리는 "새로 자라나는 사람"을 하나로 싸잡아서 부정할 수없고, 또 "새로 자라나는 사람"을 하나로 싸잡아 치켜세우면서 미래는무엇이든 현재보다 좋다고 말할 수 없다.

"나이 마흔 혹은 쉰이 되어도 이름이 알려지지 않으면 그 역시 두려워할 만한 가치가 없다." 옛날 사람은 수명이 짧았기 때문에 마흔 살이나 쉰 살은 나이가 매우 많은 축에 속한다. 우리는 1949년 중국인의 평균수명은 겨우 35세였고, 세계인의 평균수명은 겨우 47세였다는것을 알 수 있다. 공자는 만약 마흔 살이나 쉰 살이 되어도 여전히 전도가 없고, 조금도 이름이 나지 않았다면, 그런 부류의 "후생後生", 즉새로 자라나는 사람에 대해서는 두려워할 필요가 없다고 말했다. 북방 사람은 항상 "후생後生"을 젊은 사람을 가리키는 말로 썼다. 예를 들어 "이 후생後生은 일을 참 잘해"라는 말은 젊은이가 기꺼이 온힘을 다 기울여 일하는 것을 가리키는 말로 좋은 젊은이라는 뜻이다.

늙은 티를 내면서 거만하게 행세하는 것은 꼴사납고, 젊음만 믿고 경솔하게 행동하는 것 역시 꼴사납다. 젊은이들이 두렵지만, 젊은이들 중에도 꼴사나운 사람이 있다. 집안을 망치는 자식은 모두 나쁜 짓에 습관이 든 어린애들이다. 그들을 베이징 말로는 홍당무(후뤄부, 胡蘿卜)·토끼새끼(투짜이쯔, 兎崽子)라고 한다.

젊은이들이 두렵다

스승님께서 말씀하셨다.
"엄정한 말은 따르지 않을 수 있는가?
그에 따라 고치는 것이 중요하다. 공손하고 정중한 말은
기뻐하지 않을 수 있겠는가? 음미하고 연구하는 것이 중요하다.
기뻐하기만 하고 연구하지 않으며, 따르기만 하고 고치지 않으면
나는 그런 사람에 대하여 어떻게 할 도리가 없다."

子曰, 法語之言, 能無從乎. 改之爲貴. 巽與之言, 能無說乎. 繹之爲貴. 說而不繹, 從而不改,
吾末如之何也已矣.

"엄정한 말"에 해당되는 원문 "법어지언法語之言"은 "정언正言"이라고
한다.(『집해』『집주』) 즉 "엄정한 말과 엄숙한 표정正言厲色"의 "엄정한 말
正言"이라는 것인데, 비평적 어감을 가진 말로서 비교적 곧으면서도 날
카롭고 또 비교적 귀에 거슬리는 말인 것 같다. 이런 종류의 말은 맞
기만 하다면 듣지 않을 수 없고, 듣고 난 다음에 가장 중요한 것은 그
에 따라 고칠 수 있는 것이다.

"손여지언巽與之言"은 "공손하고 정중한 말"(마융)이다. 그것은 앞의
것과는 달리 비교적 정중하고 비교적 완곡하다. 이런 종류의 말은 상
대방이 들으면 비교적 편안하다. 그러나 그가 이런 종류의 말을 듣고
나서 그저 기뻐하기만 해서는 안 된다. 중요한 것은 말한 사람의 생각

에 따르고, 말한 사람의 뜻에 따라 자신을 연마해나가는 것이다. 좋은 말을 들으면 그저 기뻐하기만 하면서 연마하지 않고, 나쁜 말을 들으면 그저 대답만 하면서 바로잡지 않는 사람에 대하여 공자는 "어떻게 할 도리가 없다"라고 했다. 그것은 나도 그를 어떻게 해볼 방법이 없다는 뜻이다. 그런 사람은 정말로 구제할 약이 없다. "역繹"은 되풀이하여 음미하고 연구한다는 뜻이다. "말末"은 멸蔑과 같고, 전혀 없다는 의미이다.

좋은 말과 나쁜 말

스승님께서 말씀하셨다.

"충신을 위주로 하되 자기만 못한 사람을 친구로 삼지 말며,

잘못이 있으면 고치는 것을 꺼리지 말아야 한다."

子曰, 主忠信, 毋友不如己者, 過則勿憚改.

이 장은 「학이」 1.8의 뒤쪽 세 구와 중복된다.

9.26

스승님께서 말씀하셨다.

"삼군三軍에게서 장수를 빼앗을 수는 있지만, 필부匹夫에게서
그 뜻을 빼앗을 수는 없다."

子曰, 三軍可奪帥也, 匹夫不可奪志也.

이것은 『논어』 가운데서 내가 가장 좋아하는 말이다.

완난사변皖南事變 이후 예팅葉挺 장군은 감옥에 들어갔다. 그는 감옥
에서 생일을 맞으면서 이 한 구절로 스스로를 위로했다. 량수밍梁漱溟
이 문혁 시기 비판을 받을 때 그 역시 이 구절의 말을 가지고 스스로
를 격려했다.

『손자』「군쟁」에서는 "삼군은 기氣를 빼앗을 수 있고, 장군은 마음을
빼앗을 수 있다"²⁴라고 말했다. 이는 격렬한 전쟁 중에 사병의 심리와
장수의 의지는 삽시간에 붕괴될 수 있고, 그에 따라 산이 무너지듯이
군대는 패배하게 된다는 것을 말한다. 공자는 그와 반대다. 공자는 삼
군에게서 비록 그 장수를 사로잡는다 해도 한 명의 보통 사람이 자기
신념을 굳게 지키고 있다면 굴복시킬 수 없다는 것을 강조한 것이다.

사람은 대단히 취약한 존재이다. 대개는 환경을 지배할 수 없고, 특
히 운명과 대결할 방법이 없으며, 어찌할 수 없는 상황에서는 항상 패

배를 인정하고 그에 복종하며, 굴복하거나 타협한다. 때로는 현실을 인정하기도 하고 때로는 현실을 회피하면서 신이나 귀신을 찾고 불교에 빠져들기도 한다. 만약 현실에서 어쩔 수 없는 상황이고 무지몽매한 사람처럼 신이나 귀신을 찾을 수 없다면 어떻게 해야 할까? 오직한 가지 길, 즉 이 한 구절밖에 없다. 그것은 아큐阿Q정신이 아니고, 정신승리법이 아니다. 그것은 정신적인 저항이다. 설령 아무 데도 의지할 데가 없고 아무런 지원이 없다 해도 나쁜 세력에게 머리를 숙이지 않는 것이다.

심각한 비판은 영원히 실행할 수 없는 데 속하고, 그것은 정위精衛[25]가 바다를 메우려 한 것과 조금 비슷하여 나는 "헛수고의 비장함"이라고 부른다.[26]

삼군에게서 장수를 빼앗을 수는 있지만,
필부에게서 그 뜻을 빼앗을 수는 없다

스승님께서 말씀하셨다.

"낡고 해진 온포縕袍를 입고 여우 가죽 옷을 입은 사람과

나란히 서 있어도 부끄러워하지 않을 사람은 자로일 것이다.

'원망도 않고 탐내지도 않으니, 무엇이든 좋지 않으랴'라는

말이 있지 않더냐?"

자로는 죽을 때까지 이 말을 외우고 다니려고 했다.

그것을 보고 스승님께서 말씀하셨다.

"이 정도의 도리만으로 어찌 충분히 좋다고 할 수 있겠느냐?"

子曰, 衣敝縕袍, 與衣狐貉者立, 而不恥者, 其由也與. 不忮不求, 何用不臧. 子路終身誦之.

子曰, 是道也, 何足以臧.

청대의 공광삼孔廣森은 이 장이 뒤의 9.30, 9.31과 비슷하고, "원망
도 않고 탐내지도 않으니"에 해당되는 원문 "불기불구不忮不求" 앞부분
이 하나의 장이며, 그 뒷부분은 다른 하나의 장이라고 생각했다.(『경학
치언經學卮言』)**27**

"낡고 해진 온포縕袍를 입고"에 해당되는 원문 "의폐온포衣敝縕袍"에
서 "의衣"는 동사로서 옷을 입는다는 뜻이다. "폐敝"는 본래 몽둥이로
"수건巾"에 묻어 있는 먼지를 때리는 것을 형상화한 글자이다. 그것은
먼지를 통해 "수건"이 매우 낡고 허름하다는 것을 표시하고 있다.**28** 고

대의 옷은 세 종류로 구분되는데, 홑옷을 "선의襌衣"라 불렀고, 두 겹으로 된 옷을 "습의褶衣"라 불렀으며, 속에 솜을 집어넣은 옷을 "복의複衣"라 불렀다. "포袍"는 두 종류로 나뉜다. 속에 누에고치 솜을 집어넣은 것을 "견포繭袍"라 불렀고, 속에 삼베 솜을 집어넣은 것을 "온포縕袍"라 불렀다. 여기서 말한 "폐온포敝縕袍"는 비교적 값싼 것으로 후세의 낡은 면포棉袍에 해당된다.[29]

"여우 가죽 옷을 입은"에 해당되는 원문 가운데 "호학狐貉"은 여우 가죽 혹은 오소리 가죽으로 만든 도포이다. 공자는 온포를 입고서 가죽으로 만든 겉옷을 입은 사람과 감히 함께 서 있으면서도 얼굴이 붉어지지 않을 사람은 아마도 자로뿐일 것이라고 말했다. 자로는 대단한 사람이어서 나는 자로를 매우 존경한다. 요즘 아이들은 브랜드를 쫓아가고, 유행을 따르기 때문에 이런 점에 대해서는 아예 이해할 방법이 없다.

"원망도 않고 탐내지도 않으니"에 해당되는 원문 "불기불구不忮不求"에서 "기忮"는 원망한다는 의미이다. "구求"는 탐을 내서 추구하는 것이다. "하용부장何用不臧"은 무엇을 하든 상관없이 모두 좋은 결과를 가져온다는 것을 가리킨다. 이것은 『시』「패풍邶風·웅치雄雉」에서 인용한 것이다. 공자의 생각은 다른 사람이 아무리 부자라도 샘을 내지 않고, 자기가 아무리 가난해도 탐내서 추구하지 않는데, 만약 이런 것을 해낼 수 있다면 무엇을 하든 순조롭게 잘된다는 것이다. 이 말은 자로를 칭찬한 것이다.

자로는 스승으로부터 칭찬받기가 매우 어려웠다. 이 장에서 한 말을 그는 죽을 때까지 잊을 수 없어서 항상 입에 달고 다녔다. 공자는 그에게 항상 자극을 주는 것을 잊지 않았다. 자로가 의기양양해하자마자 바로 꾸짖었다. 그는 이 정도의 덕행이 항상 입에 달고 살 만한 가치가 있느냐고 말했다.

듣기 어려운 칭찬

스승님께서 말씀하셨다.
"세한歲寒이 되고 나서야 소나무와 잣나무가
늦게 시든다는 것을 알 수 있다."

子曰, 歲寒, 然後知松柏之後彫也.

"세한歲寒"은 24절기에서 가장 뒤에 속하는 두 절기, 즉 "소한"과 "대한"이고, 1년 중에서 날씨가 가장 추운 시기이다. 30절기에도 "시한始寒" "중한中寒" "한지寒至" "대한지음大寒之陰" "대한종大寒終" 등이 있다.

"소나무와 잣나무가 늦게 시든다"에 해당되는 원문 가운데 "조彫"는 시들 조凋와 같다. 리아오李敖는 TV 프로그램에서 소나무와 잣나무가 어떻게 시드냐고 말했다. 좋은 문제 제기이다. 사람들은 모두 이 구를 "날씨가 크게 추워져야 비로소 소나무와 잣나무가 마지막으로 낙엽이 진다는 것을 알 수 있다"고 번역하는데, 이 번역은 너무 경직되었다. 그러나 리아오는 "후後"는 "불不"의 의미라고 말했는데, 역시 맞지 않다. 예를 들어 그는 공자의 "불문마不問馬"[30]를 예로 들면서 "말에 대해서는 묻지 않으셨다不問馬"는 것은 바로 "말에 대해서는 나중에 물으셨다後問馬"는 것이라고 말했다. 나는 리아오를 매우 존경한다. 그러나 이런 해석은 해서는 안 된다. 과거에 첸무 역시 이 문제에 주목했다.

그는 "소나무와 잣나무는 시들지 않는 것이 아니다. 다만 오래된 잎이 아직 떨어지기 전에 새로운 잎이 이미 싹트기 때문에 시들어도 시들지 않는 것 같다"[31]라고 말했다. 나는 공자가 많은 나무가 낙엽을 떨어뜨린 뒤에 오직 소나무와 잣나무만이 울창하고 무성하다는 것, 그와 같은 것을 말한 것일 뿐이지 결코 자연과학적인 관찰을 필요로 하는 그런 것은 아닐 것이라는 생각이 든다. 후대 사람은 항상 "송백과 같은 사람"이라는 말로 지조가 있는 사람을 형용했다.

날이 추워져야 소나무와 잣나무를 알아본다

스승님께서 말씀하셨다.
"지혜로운 사람은 흔들리지 않고, 어진 사람은 근심하지 않고
용감한 사람은 두려워하지 않는다."

子曰, 知者不惑, 仁者不憂, 勇者不懼.

어진 사람의 경지는 "근심하지 않음"이다. 오늘날 우리는 그와는 반대로 "우환의식"을 입에 달고 산다. 불가에서는 사람이 살아가는 것은 바로 번뇌이고, 생로병사가 모두 번뇌 아닌 것이 없다고 설명한다. 사람의 한평생에는 근심스러운 일이 매우 많다. 직함, 칭호, 돈, 집, 아내, 아이, 사회적 교류, 인사 갈등 등등 근심걱정을 털어버린다는 것은 말하기는 쉽지만, 실제로 그렇게 하기가 어렵다.

"근심하지 않음"은 매우 평범한 말이고, 또 매우 높은 경지이다.

지혜로운 자는 흔들리지 않는다

스승님께서 말씀하셨다.

"함께 배울 수는 있지만, 반드시 함께 도에 나아갈 수 있는 것은
아니고, 함께 도에 나아갈 수 있다고 해도 반드시
함께 지켜갈 수 있는 것은 아니고, 함께 지켜갈 수 있다고 해도
반드시 함께 응용할 수 있는 것은 아니다."

子曰, 可與共學, 未可與適道. 可與適道, 未可與立. 可與立, 未可與權.

이것은 학습 환경에 대해 이야기한 것이다. 첫째는 도를 배우는 것,
즉 이른바 "함께 배우는 것共學"이고, 둘째는 "도에 나아가는 것適道",
즉 도를 추구하는 것이고, 셋째는 도를 지키는 것, 즉 이른바 "자립立"
이고, 넷째는 도를 쓰는 것, 즉 이른바 "응용權"이다. 똑같은 학생이라
도 많은 사람이 그저 앞쪽의 몇몇 단계까지만 도달할 수 있고, 마지막
단계까지 도달하지 못한다.

학습의 네 경지

"채진목 꽃잎 나부끼는 이때, 그대를 어찌 그리워하지 않으리,
그대의 집이 멀 뿐이다."
스승님께서 말씀하셨다.
"그립지 않은 것일 테지, 멀기는 뭐가 멀단 말인가?"

唐棣之華, 偏其反而. 豈不爾思. 室是遠而. 子曰, 未之思也, 夫何遠之有.

옛날 주에서는 본래 이 장과 앞 장을 합하여 하나의 장으로 간주했
는데, 주희는 그것을 두 개 장으로 나누었고, 현재 나오는 책들은 모
두 주주朱注의 장 나눔을 따르고 있다.

"채진목 꽃잎 나부끼는 이때, 그대를 어찌 그리워하지 않으리, 그대
의 집이 멀 뿐이다." 이 시는 사라지고 없다. 그것은 "채진목 꽃 나부
끼며 날고 있는 이때"로부터 시적 감흥이 일어난 것이다. 이 시는 내
가 어떻게 그대를 그리워하지 않겠는가, 다만 그대가 너무 먼 곳에 있
을 뿐이라는 것을 말하고 있다. "채진목"에 해당되는 원문 "당체唐棣"
는 이시진李時珍의 『본초강목本草綱目』의 고증에 따르면 백양목에 속하
는 나무로 채진목이고, 『시』「소아·상체常棣」에서 말한 "상체常棣"가 아
니다. "상체"는 산앵두나무로 그것과 다른 식물이다. "편偏"은 『진서晉
書』「유교전劉喬傳」에서는 나부끼다는 의미의 "편翩"으로 쓰고 있고, 주

췌이朱熹는 "반反"과 날다 혹은 뒤집어진다는 의미의 "편翻"은 같으며, 꽃이 흔들거리는 것을 형용한다고 보았다.

"그립지 않은 것일 테지, 멀기는 뭐가 멀단 말인가?" 공자는 뭐가 너무 멀다는 것인가, 아마도 그리워하지 않았을 테지라고 말했다. 정말로 그립다면, 멀다는 것이 어떻게 있을 수 있겠냐는 것이다. 고대에는 교통이 불편해서 비록 오늘날 보기에 그다지 멀어 보이지 않는 지역도 길에서 많은 시간을 보내야 했고, 서신을 보내기도 매우 어려웠으며 보낸다 해도 매우 늦었고, 때로는 이국이나 타향에서 죽기도 했다. 이별의 고통, 그리움의 고통은 옛날 시에서 자주 보인다. 먼 곳으로 떠나는 것은 공간적 단절이고, 사람이 죽는 것은 시간적 단절이다. 사람은 죽음을 먼 길을 떠나는 것에 비유했다. 한대인들은 흔히 "오래오래 서로를 그리워하고, 서로를 잊지 말자長相思, 毋相忘"라고 말하면서 거울에 그리고 기와에 모두 이런 말을 새겨놓았다.

그립지 않은 것일 테지, 멀기는 뭐가 멀단 말인가

이 편은 비교적 특수하다. 다른 편과는 다르다. 편 전체에 걸쳐 대화가 없고 완전히 서술체이다. 그 가운데 10.1에서 공자를 언급한 것, 10.14~15에서 계강자가 약을 내렸지만, 공자는 먹지 않았다고 언급한 것 등을 제외하면 어떤 인물도 나오지 않는다. 근대에 공자를 비판할 때 사람은 흔히 공자는 안빈安貧한다면서 왜 또 그렇게 사치를 추구했는가라고 말했다. 사실 예는 상류사회에서 쓰이는 것으로 아무리 검소하게 하려고 해도 적지 않은 돈을 필요로 한다.

이 편의 각 장은 모두 예를 중심으로 해서 사군자가 여러 상황에서 무엇을 입고 무엇을 쓰고 무엇을 먹고 무엇을 마셔야 하는지, 앉고 눕고 가고 걷는 것, 말하는 것과 행동거지 등을 어떻게 해야만 비로소 가장 적절하다고 할 수 있을까에 대하여 이야기하고 있다. 이런 오래된 예禮는 일찍이 아무도 중시한 적이 없다. 오늘날에도 아직 쓸모가 있는 것은 그저 먹고 마시는 것에 대해 이야기한 몇 가지 구절, 예를 들어 "곡식은 고운 것을 싫어하시지 않았고, 회는 가느다란 것을 싫어하시지 않았다"와 같은 것뿐이다.

과거에 유향은 『별록別錄』(한나라 조정의 장서叢書 목록집)에서 『예』에 대한 대소대大小戴의 『기記』를 "제도制度" "통론通論" "명당음양기明堂陰陽記" "세자법世子法" "자법子法" "상복喪服" "제사祭祀" "길례吉禮" "길사吉事" "악기樂記" 등 10종류로 나누었다. 이 10종류는 사실 두 종류로 귀납된

다. 한 종류는 예의禮儀를 설명한 것으로 그 속에는 "제도" "명당음양기" "세자법" "자법" "상복" "제사" "길례" "길사" 등이 포함된다. 다른 한 종류는 공문 사제의 대화로서 그 속에는 "통론"과 "악기"가 포함된다. 『논어』 역시 두 부분으로 나뉜다. 예를 들어 앞의 아홉 편은 바로 두 번째 종류를 위주로 하고, 이 편은 바로 첫 번째 종류를 위주로 한다. 예전에는 "곡례曲禮"의 주장이라 불렸다. 고례를 연구할 때 이 편은 여전히 참고할 만한 가치가 있다.

공자의 예는 주로 관혼상제 등 "가정의 예" 및 관리 사회에서 교제하는 여러 가지 예의 규정으로서 진정으로 국가의 제도, 즉 이른바 대례大禮와 관련된 것을 이야기한 부분은 비교적 적다. 공자는 국가 제도로부터 착수하여 이상 국가를 건설하려던 것이 아니라 사군자의 도덕 수양으로부터 시작했다. 즉 개개인이 모두 나부터 시작하여 부모에게 효도하는 마음으로 나라에 충성하고, 나라의 군주를 아버지로 여긴다면 국가는 바로 잘 다스려질 것이라고 생각했다.

이 편은 몹시 무미건조하고 어려운 부분이 매우 많기 때문에 인내심이 없으면 읽어 내려갈 수 없다. 독자들의 편의를 위해 나는 많은 단어를 자세하게 고찰하고, 그런 다음 통속적인 해석을 내리지 않을 수 없다. 나는 인내심을 갖고 쓰고자 한다. 독자들 역시 인내심으로 읽어주기를 바란다.

공자께서는 고향에 계실 때는 떠듬떠듬해서 마치 말을 못하는 사람 같았다. 종묘나 조정에 계실 때는 청산유수였지만 그러나 신중했다. 조정에서 하대부下大夫들과 말씀하실 때는 즐거워하셨고, 상대부上大夫들과 말씀하실 때는 부드럽고 엄숙하셨다. 임금님이 계실 때는 긴장하면서 떠는 듯하시면서도 품위를 잃지 않으셨다.

孔子於鄕黨, 恂恂如也, 似不能言者. 其在宗廟朝廷, 便便言, 唯謹爾. 朝, 與下大夫言, 侃侃如也. 與上大夫言, 誾誾如也. 君在, 踧踖如也, 與與如也.

이것은 말하는 것에 대하여 이야기한 것이다.

말을 한다는 것은 상황이 다르거나 신분이 다른 사람과 말을 할 때는 매우 신중해야 한다. 상황은 두 가지로 분류할 수 있다. 하나는 "향당鄕黨"이고 다른 하나는 "종묘"나 "조정"이다. 앞의 경우는 어른들이나 동네 사람이나 이웃 사람과 함께 이야기하는 것이다. 뒤의 경우는 입조하는 대신 혹은 군주와 이야기하는 것이다. 대신에는 하대부와 상대부의 구분이 있다. 서로 다른 사람을 만나면 표정이나 말투가 다르다. 만약 임금이 그 자리에 있으면 대단히 공손해야 하고 무척 조심해야 한다.

"고향"에 해당되는 원문 "향당鄕黨"의 "당黨"자의 옛 글자는 두 가지가 있다. 하나는 읍邑부와 상尙부에 속하는 글자이고,[1] 다른 하나는 인人부와 역易부에 속하는 글자이다.[2] 앞의 모양으로 쓰는 것은 천성관초간天星觀楚簡과 포산초간包山楚簡에 보인다. 그러나 실제 용법은 다르다. 고대의 주민 조직은 국國과 야野로 구분되었고, 국은 다시 향鄕과 수遂로 나뉘었다. 『주례』「지관·대사도」에서는 "향"을 다음과 같이 설명했다. 5가구를 비比라 했고, 5비를 여閭라 했고, 4여를 족族이라 했고, 5족을 당黨이라 했고, 5당을 주州라 했고, 5주를 향鄕이라 했다. "향당"은 이러한 주민 조직에 대한 총칭이다.

"순순恂恂"은 전전悛悛(신중하고 중후한 모습)과 같고 말을 잘하지 못하는 모양이다. 『사기』「이장군열전」에서 "내가 이장군을 만나봤는데, 촌사람처럼 공손했고, 입으로는 말을 잘 못했다"[3]라고 말했는데, 그 의미는 이광李廣이라는 사람은 성실하고 솔직해서 마치 촌뜨기 같았고 전혀 말재주가 없었으며, 하는 말도 불분명했다는 것이다. 『한서』「이광전」에 같은 설명이 있는데, "전전悛悛"을 "순순恂恂"으로 바로잡았다. 공자는 어른들과 마을 사람 혹은 이웃에 사는 사람 앞에서 이야기할 때는 이런 모습을 했다. 이것은 "향당"을 설명한 것이다.

"청산유수였지만"에 해당되는 원문 "변변便便"은 변변辯辯과 같고 앞의 "순순恂恂"과는 서로 반대된다. 말재주가 좋다거나 말을 잘한다는 의미인데, 『사기』「공자세가」에서는 이것을 인용하면서 "변변辯辯"으로 바로잡았다. 공자는 "종묘"나 "조정"에서는 "향당"에서 하던 것과는 달랐다. 이는 조상에게 제사지내는 곳이거나 혹은 군주가 정무를 보는 곳이기 때문에 말을 아무렇게나 해도 되는 것이 아니다. 이런 곳에 이르면 공자는 말을 능숙하게 잘했다. 다만 그는 비교적 신중하게 그리고 대단히 주의해서 말을 했다. "조朝"는 조정에 가는 것을 가리키는

데, 조정에 가는 것은 임금이나 그 외의 관리를 만나기 위한 것이다.

"즐거워하셨고"에 해당되는 원문 "간간侃侃"은 옛날 책에는 "간간衎衎"이라고도 썼으며, 『광아』「석훈」에서는 "화和"의 의미로 해석했는데, 홀가분하고 유쾌하다는 의미이다. 이것은 하대부와 이야기하는 것이다. 하대부는 지위가 비교적 낮기 때문에 조금 마음대로 말할 수 있다.

"부드럽고 엄숙하셨다"에 해당되는 원문 "암암誾誾"은 "치우치지 않고 올바른中正 모습"이다. 이에 대해 허신은 "화기애애하게 논쟁하는 것이다"4라고 말했다. "화기애애하게 논쟁하는 것"은 어떤 것일까? 분명하지 않다. 아마도 화기가 감돌면서도 조금 엄숙함이 느껴지는 그런 상태일 것이다. 어쨌든 "간간侃侃"보다는 엄숙하고 그렇게 마음대로 할 수 있는 것은 아닐 터이다. 우리는 그저 이것은 대관과 이야기하는 것이라는 점만 알면 된다. 대관과 이야기할 때 마음대로 함부로 할 수 없고, 항상 비교적 공손하고 비교적 엄숙해야 한다.

"긴장하면서 떠는"에 해당되는 원문 "축적踧踖"은 임금 앞에서는 부들부들 조금 떨리는 모양을 해야 한다는 것을 말하고 있다. 왜냐하면 공경해야 하고 두렵기 때문에 확실히 어색하고 불안할 것이며, 상대부와 이야기하는 것보다 훨씬 더 긴장될 것이다.

"품위를 잃지 않으셨다"에 해당되는 원문 "여여與與"에 대하여 마융은 "엄숙하고 장중함이 매우 적당한 모양"이라고 말했는데, 역시 의미가 불분명하다. 아마도 임금 앞에서 비록 긴장되더라도 여전히 풍도를 잃지 말아야 한다는 말일 것이다.

말하기

임금님의 명으로 손님을 접대하실 때는 금방 표정을 바꾸셨고,
발걸음을 빨리 옮기셨다. 함께 서 있는 사람에게 읍揖을 하실 때는
손을 왼쪽으로 그리고 오른쪽으로 향하게 하셨는데,
옷깃이 앞뒤로 펄럭이면서 나부꼈다. 달려 나갈 때는 조심조심하셨다.
손님이 돌아가고 나면 반드시
"손님께서 이미 떠나가셨습니다"라고 보고하셨다.

君召使擯, 色勃如也, 足躩如也. 揖所與立, 左右手, 衣前後, 襜如也. 趨進, 翼如也. 賓退,

必復命曰, 賓不顧矣.

이것은 손님 접대를 설명한 것이다.

손님 접대에서는 "체면"을 중시해야 한다. "체體"는 몸뚱어리이고,
"면面"은 얼굴이다. 즉 손과 발의 움직임이 적절해야 하고, 얼굴에 나
타나는 표정 역시 적절해야 한다.

"군소사빈君召使擯"은 임금의 명을 받아 손님을 접대하는 것이다.
"빈擯"은 손님을 맞이하는 예다.

"금방 표정을 바꾸셨고"에 해당되는 원문 "색발여야色勃如也"에서
"색色"은 얼굴색이다. 옛날 사람들은 그것을 안색이라 불렀다. 공주孔
注에서는 "반드시 얼굴색을 바꾼다必變色也"라고 말했다. "얼굴색을 바
꾸는 것"은 손님의 신분이나 지위 그리고 만나는 장소나 분위기 등에

따라 얼굴 표정을 바꾸는 것이다. 주변 사람이 즐거워하면 그들을 따라 즐거워해야 하고, 주위 사람이 슬퍼하면 그들을 따라 슬퍼해야 한다. 만약 큰 인물이라면 보다 더 극진히 공손해야 한다. 손님을 접대할 때 임기응변이나 얼굴 표정을 바꿀 줄 모르는 것을 베이징어로 "눈치 없다" 혹은 "분위기 파악을 못한다"고 한다. 그러나 추파를 던지거나 지나친 행동 역시 안 된다. 그런 것은 바로 공자가 싫어하는 "아부하는 표정"이다. "발여勃如"와 같이 『논어』에서 "여如"자를 달고 있는 홑글자는 중첩어에 매우 가깝다. 예를 들어 여기서 말한 "발여勃如"는 "발발勃勃"에 해당된다. 발勃에는 발發의 뜻이 있다. 여기서는 얼굴 표정이 풀어져 있는 상태에서 갑자기 싹 떨어버리고 새로운 표정으로 바꾸는 것을 가리킨다. 「태백」8.4에서는 그것을 "몸을 움직임動容貌"이라 불렀다.

"발걸음을 빨리 옮기셨다"에 해당되는 원문 "족곽여야足躩如也"에서 "곽躩"은 발걸음이 매우 빠른 것을 형용한 말이다. 『황소皇疏』에서는 강희江熙의 설명을 인용하여 "한가롭게 걸을 틈이 없다"고 말했다.

"함께 서 있는 사람에게 읍을 하실 때는 손을 왼쪽으로 그리고 오른쪽으로 향하게 하셨다"는 주변에 서 있는 사람에게 끊임없이 허리를 굽혀 읍을 하면서 왼쪽으로 한 번 공수하고, 오른쪽으로 한 번 공수하는 것이다.

"옷깃이 앞뒤로 펄럭이면서 나부꼈다"는 몸을 굽혀 읍할 때 몸을 한 번 굽히고 한 번 위로 우러르는 동작과 함께 옷이 앞뒤로 나부끼는 모습을 형용한 것이다. "펄럭이면서 나부꼈다"에 해당되는 원문 "첨여襜如"에서 "첨襜"은 명사로 쓰였는데, 본래는 앞치마 즉 무릎을 덮는 것을 가리키는 말이다. 거기에 여如자를 더한 것은 형용사로 "첨첨襜襜"과 같다. 주희는 "첨襜"은 "정모整皃(전체 모습)"라고 말했는데, 고대의 훈고에는 이런 해석이 없다. 『초사楚辭』「구가九歌」의 "치마가 펄럭펄럭 나부끼는데 바람을 품고 있도다"[5]에 대한 왕일王逸의 주에서 "첨첨襜襜"은 옷이 나부끼는 모습이라고 말했는데, 이것이야말로 정확한 해석이다.

"달려 나갈 때는 조심조심하셨다趨進, 翼如也." 『설문』「주부走部」에는 "칙趨"자가 있는데, 허신은 "걸어가는 소리다. 누군가는 가지 않고 있는 모양이라고 말하기도 한다. 달릴 주走부에 속하고 이異는 소리를 나타내는 부분이며, 칙敕처럼 읽는다"[6]라고 설명했다. 허개許鍇는 『계전系傳』에서 "오늘날 『논어』에서 익翼자로 쓰고 있는데 가차한 것이다"[7]라고 설명했다. 허신의 해석이 꼭 맞다고 할 수는 없다. 그러나 그것은 고문의 서법을 보존하고 있다. 고문자에는 "칙칙趨趨"이 자주 보이는데, 모두 "조심조심하다小心翼翼"라는 "익익翼翼"의 의미로 쓰였다. "익익翼翼"은 경건하고 삼가는 모습이다. 여기서는 손님 곁으로 가서 조심조심해야 한다는 것을 말한 것이다. 주희는 "새가 날개를 펴듯이 팔을 단정하게 다 편다"[8]라고 설명했는데, 글자만 보고 대강 짐작한 것이며 또 맞지 않다.

마지막 몇 구는 손님이 가고 나면 손님맞이 책임자는 반드시 손님이 이미 완전히 갔다고 임금에게 보고해야 한다는 것을 말하고 있다.

손님 접대

궁궐 문에 들어갈 때는 국궁鞠躬하듯이, 마치 문이 자신을 수용할
수 없을 것처럼 한다. 문 가운데 서지 않고 문지방을 밟지 않고
지나간다. 여러 신하가 있는 곳을 지나가실 때는 금방 표정을
바꾸셨고, 발걸음을 빨리 옮기셨다. 의상의 앞자락을 추켜들고
대청으로 오르실 때는 국궁하는 것처럼 하셨고, 마치 숨을 쉬지 않는
것처럼 숨소리가 나지 않게 하셨다. 나오셔서 한 계단을 내려오신
다음에 안색이 풀어지셨고 기쁘고 만족하신 모습이셨다.
계단을 다 내려오신 다음에는 달려가되 조심조심하셨다.
제자리로 돌아와서는 공손하고 불안한 모습이셨다.

入公門, 鞠躬如也, 如不容. 立不中門, 行不履閾. 過位, 色勃如也, 足躩如也, 其言似不足者.
攝齊升堂, 鞠躬如也, 屛氣似不息者. 出, 降一等, 逞顔色, 怡怡如也. 沒階, 趨進, 翼如也.
復其位, 踧踖如也.

이것은 입궐에 대하여 설명한 것이다.

"궁궐 문에 들어갈 때." 예서에서는 제후의 궁에는 세 개의 문, 즉
고문庫門·치문雉門·노문路門이 있다고 말한다. 공문公門은 어떤 길에
난 문 혹은 어떻게 생긴 문을 가리키는지에 대해 이전 사람의 언쟁이
있었는데 그 역시 즐겁지 아니한가? 어쨌든 여러 신하가 입궐할 때는
항상 하나의 길 위에 나 있는 궁궐 문을 거쳐야만 비로소 임금이 정

무를 보는 곳, 소위 노침路寢에 도달할 수 있었다.

"국궁여야鞠躬如也"는 머리를 숙이고 허리를 굽힌 모양이다.

"행불리역行不履閾"에서 "역閾"은 문지방이다. 따라서 "행불리역"은 문지방을 지날 때 문지방을 밟아서는 안 되며, 다리를 들고 성큼성큼 지나가야 한다는 것을 설명하고 있다.

"과위過位"는 여러 신하가 서 있는 곳을 지나가는 것이다. 여러 신하가 서 있는 곳은 대청 아래 뜰의 좌우측이다. 중간에는 대청 계단으로 통하는 통로가 있다. 서주 금문에서는 "대궐문을 들어가 뜰 가운데 선다"라는 말을 자주 하는데, "대궐문을 들어간다入門"의 "대궐문門"은 노문路門이고, "뜰 가운데 선다"는 뜰의 좌우 두 쪽에 서 있는 것, 즉 각자 자기 위치에 서 있는 것이다.

"섭제승당攝齊升堂"에서 "제齊"는 의상의 앞자락이며, "섭제승당"은 의상의 앞자락을 추켜들고 계단을 따라 대청으로 오르는 것을 말한다.

"마치 숨을 쉬지 않는 것처럼 숨 소리가 나지 않게 하셨다"에 해당되는 원문 "병기사불식屏氣似不息"에서 병기屏氣는 숨을 참는 것이다. 따라서 "병기사불식"은 마치 숨을 내쉴 수 없는 것처럼 호흡을 멈추고 있는 것이다.

이 장은 두 부분으로 나뉜다. 첫 번째는 먼저 들어가는 것을 설명하고, 나중에 나오는 것을 설명한 것이다. 두 번째는 먼저 올라가는 것을 설명하고, 나중에 내려오는 것을 설명한 것이다. 전체 과정은 다음과 같다.

⑴ 제후의 궁궐 문에 들어갈 때는 머리를 숙이고 허리를 굽혀 마치 문이 몹시 작아서 자기를 용납하지 않을 것처럼 해야 한다.

(2) 문지방을 지나갈 때는 문지방에 서 있어도 안 되고 문지방을 밟고 지나가도 안 되며, 문 오른쪽에 붙어서 문지방을 성큼 넘어서 안으로 걸어간다.

(3) 자기가 서 있던 위치를 떠날 때는 중간에 나 있는 통로를 따라 많은 신하가 서 있는 행렬을 통과하며, 얼굴 표정은 늠름해야 하고, 걸음걸이는 빠르게 해야 하며, 말을 할 때는 말하고 싶어서 참기 어려운 모습을 지어야 한다.

(4) 대청에 올라 임금을 배알할 때는 의상의 아래 앞자락을 추켜들고 머리를 숙이고 허리를 굽히며 큰 숨 소리가 감히 나오지 않도록 해야 한다.

(5) 대청을 내려와 밖으로 걸어갈 때 계단 한 층을 내려올 때마다 얼굴 표정에 변화가 있어야 한다. 즉 점점 풀어지고 기쁨과 만족의 모습을 띠어야 한다.

(6) 계단을 다 내려와서는 빠르게 걷되 조심조심한다.

(7) 원래 서 있던 자리로 돌아와서는 어색하고 불안한 모습을 짓는다.

입궐

규圭를 들고 있을 때는 국궁鞠躬하는 것 같으셨고, 마치 감당할 수 없는 것처럼 하셨다. 위로 올릴 때는 읍을 하듯 하셨고, 아래로 내릴 때는 물건을 주시는 것처럼 하셨다. 얼굴은 전전긍긍하는 표정으로 바꾸셨고, 발걸음은 작게 떼면서 마치 앞사람을 따라가는 것처럼 하셨다. 향례享禮를 거행하실 때는 몹시 기쁜 표정을 지으셨다. 사적으로 만나실 때는 매우 즐거운 것처럼 하셨다.

執圭, 鞠躬如也, 如不勝. 上如揖, 下如授. 勃如戰色, 足蹜蹜如有循. 享禮, 有容色. 私覿, 愉愉如也.

이것은 집규執圭, 향례享禮(임금에게 예물을 바치는 것), 그리고 비공식적인 만남에서의 예의 규정을 설명한 것이다.

먼저 자세는 "국궁鞠躬하는 것 같으셨고", 즉 「선사공자행교상先師孔子行教像」 속의 공자와 같이 몸은 약간 앞쪽으로 기울고 두 손을 위로 받쳐 올려 마치 들어올릴 수 없는 모양이 되게 한다. 손 모양에는 두 종류가 있다. 하나는 위로 잡는 것으로 손의 위치는 읍의 위치와 같이 명치 위쪽에 두는 것이다. 다른 하나는 아래로 잡는 것으로 손의 위치는 물건을 다른 사람에게 건네는 위치로서 명치 아래쪽에 두는 것이다. 『노론魯論』에서는 "하여수下如授"를 "추여수趨如授"로 쓰고 있다.

다음으로 얼굴 표정과 길을 걷는 모양이다. 얼굴은 "전전긍긍하는 표정으로 바꾸셨고"에 해당되는 원문 가운데 "발여勃如"는 앞의 10.2를 참조하기 바란다. "전색戰色"은 전전긍긍하는 모양이다. 걸음걸이는 "작게 떼면서 마치 앞사람을 따라가는 것처럼 하셨다." 경극에서 무대 위를 걷거나 원형의 무대를 뛰어다닐 때 발가락은 땅에서 떨어지게 하고 발뒤꿈치는 땅에서 떨어지지 않게 하며, 발가락이 발뒤꿈치를 끌어당기듯 발을 질질 끌면서 이동하는 것과 비슷하다. 즉 "발걸음 가볍게 움직이면서 앞발과 뒷발을 번갈아가며 바꾸고" 한 줄로 서 종종걸음을 걸으면서 앞으로 나가는 것이다. 그에 해당되는 원문 가운데 "축축踏踏"은 조금씩 종종걸음으로 걷는 것을 형용한 말이다.

"향례享禮"는 외국 사절이 내방하여 빙례를 거행한 다음 손님이 예물을 대청 아래 내려놓는 의식이다. "유용색有容色"은 매우 기쁜 표정을 드러내는 것이다. 마치 오늘날 서양인이 선물을 받을 때 반드시 그 자리에서 열어보고 놀랍고도 기쁜 듯한 표정을 짓는 것과 같다.

"사적私覿"은 사적으로 만나는 것이다. "유유여야愉愉如也"는 경쾌하고 즐거운 마음이 드러나게 하는 것이다.

집규와 향례와 사적인 마남

이상의 네 장은 몸가짐을 설명한 것이다.

군자는 감색과 흑적색 천으로 옷을 장식하지 않고, 홍색과 자색으로 일상복을 만들지 않는다. 여름에는 거칠거나 가는 갈포로 만든 홑겹의 옷을 입고, 반드시 겉옷을 입고서 외출한다. 검은색 옷은 양가죽과 어울리고, 흰색 옷은 사슴 가죽옷과 어울리고, 노란색 옷은 여우 가죽옷과 어울린다. 일상생활에서 입는 가죽옷은 길고 오른쪽 소매는 짧다. 잠옷은 반드시 키보다 한 배 반 길어야 한다. 두텁게 털이 나 있는 여우나 담비 가죽 방석을 깔고 앉는다. 상복을 벗고 나면 어떤 패물이든 착용하지 못할 것이 없다. 예복이 아니면 반드시 소기를 줄인다. 검은 옷을 입거나 검은 관을 쓰고서는 조문하지 않는다. 고월告月(음력 초하루에 사당에서 선조에게 알리는 예) 때는 반드시 조복을 입고 입조한다. 재계할 때는 반드시 명의明衣(목욕복)를 입는데, 베布로 만든다.

君子不以紺緅飾, 紅紫不以爲褻服. 當署, 袗絺綌, 必表而出之. 緇衣, 羔裘. 素衣, 麑裘. 黃衣, 狐裘. 褻裘長, 短右袂. 必有寢衣, 長一身有半. 狐貉之厚以居. 去喪, 無所不佩. 非帷裳, 必殺之. 羔裘玄冠不以弔. 吉月, 必朝服而朝. 齊, 必有明衣, 布.

이것은 입고 쓰는 것에 대한 설명이다.

(1) 의복의 색깔. 군자의 의복에서 가장 금기로 여기는 것은 자주색과 홍색이다. 첫째, 감색紺과 흑적색緅으로 옷깃과 소매의 색깔을 삼아서는 안 된다. 둘째, 홍색과 자색으로 속옷의 색깔을 삼아서는 안

된다. "감추紺緅"는 자색에 가까운 두 가지 색깔이다.[9] "설복褻服"은 평소에 집에서 입는 옷이다.

(2) 여름 옷. 여름철에는 갈포옷을 입어 시원하게 공기가 통하도록 한다. 그러나 그것만 입고 사람을 만나서는 안 된다. 외출할 때는 반드시 겉옷을 한 겹 껴입어야 한다. 홑겹으로 된 옷을 진袗이라고 부른다. "치격絺綌"에서 치絺는 고운 갈포이고, 격綌은 거친 갈포이다.

(3) 겨울 옷. 겨울철에는 가죽옷을 입고, 겉에는 역시 옷을 껴입어야 한다. 껴입는 옷의 색깔은 가죽옷의 색깔과 어울려야 한다. 검은색 옷은 양가죽옷(검은색)과 어울리고, 흰색 옷은 사슴 가죽옷(흰색)과 어울리고, 노란색 옷은 여우 가죽옷(노란색)과 어울린다. 구裘는 모피의 털이 붙어 있는 가죽옷이고, 고羔는 검은 양이고, "예麑"는 작은 사슴이다.

(4) 집에서 입는 가죽옷. 이런 가죽옷은 비교적 길다. 그러나 오른쪽 소매는 왼쪽보다 짧다. 일하는 데 편리하기 때문이다.

(5) 이불. 청수더는 "오늘날 일본의 이불은 옷깃도 있고 소매도 있으며, 오직 길이가 평상시에 입는 옷보다 1.5배가 되는데, 덮는 것은 옛날 잠옷의 규격을 따랐다"고 말했다.[10] "평상시에 입는 옷"의 길이는 목 아래까지의 높이이고, "1.5배"라는 것은 이 높이의 1.5배라는 것이다. 만약 키가 170센티미터라면 이불은 210센티미터가 되어야 하는 것이다. "잠옷"은 즉 이불이다. 큰 이불을 "금衾"이라 불렀고, 작은 이불을 "피被"라 불렀다. 이불은 침구류에 속한다. 어떤 사람은 이 말(이불)은 품위가 없다면서 마땅히 일본말에 따라 침구寢具로 고쳐 불러야 한다고 말했다.

(6) 방석. 털이 두터운 여우나 담비 가죽으로 만든다. "거居"에는 앉

는다는 의미가 있다.

(7) 장신구. 복상을 이미 다 마친 뒤에는 어떤 장신구라도 다 패용할 수 있다. 『예기』「옥조玉藻」에서는 "옛날의 군자는 반드시 옥을 찼다" "군자는 까닭 없이 옥을 몸에서 없애지 않는다"라고 말했다. 오직 복상 기간에만 옥을 차지 않았다.

(8) 옷의 치수. 입궐과 제사 때 입는 예복이 가장 큰데, 그것을 "유상帷裳"이라 불렀다. 이외의 것은 점차로 줄여간다. "쇄殺"는 점차 줄여 간다는 의미이다.

(9) 상복. 조문할 때는 흰색 옷을 입어야 하며, 서양의 관습처럼 온통 검은색의 옷을 입어서는 안 된다. "고구현관羔裘玄冠"은 검은 가죽옷과 검은색 모자로 좋은 일일 때 입을 수 있으며, 서양과는 반대이다.

(10) 조복朝服. "고월에는 반드시 조복을 입고 입조한다"에 해당되는 원문 가운데 "길월吉月"이란 무엇일까? 이에 대해서는 논쟁이 있었다. 일설은 월삭, 즉 매월 첫 번째 날(공주孔注 이후의 구주는 모두 이렇게 말함)이라는 것이고, 다른 일설은 정월이라는 주장으로 길吉자는 시작할 시始자로 해석할 수 있고, 시일始日과 시월始月은 모두 길吉자로 바꿔 쓸 수 있다(청대 하기夏炘의 『하계관석學禮管釋』)는 것이다. 또 다른 일설은 "고월告月"의 잘못이라는 주장이다. 예를 들어 『예기』「치의緇衣」에 "윤고尹告"를 "윤길尹吉"로 잘못 쓴 것과 같으며, "고월告月"이라는 말은 『춘추경春秋經』과 『공양전公羊傳』에 보이는데, 월삭月朔, 즉 음력 초하루에 고묘告廟, 즉 사당에 가서 선조에게 알리는 예라는 것이다.(청대 왕인지王引之의 『경의술문經義述聞』)[11] 이 세 가지 학설 가운데 첫 번째 학설은 믿을 수 없고, 옛날 책에서는 월삭月朔을 "월길月吉"이라 불렀지만,

월삭을 "길월吉月"이라고 부른 예는 없다. 두 번째 학설에 대해 청수더는 가장 합리적이라고 생각했지만,[12] 역시 근거가 없다. 세 가지 학설을 비교해보면 마지막 학설이 보다 좋다. 청대 유월俞樾은 왕인지의 학설을 받아들였지만, 또 고월은 고삭이 아니고, 고삭은 한 해의 끝 무렵에 천자가 제후들에게 반삭수력頒朔授曆(다음 해의 각 달의 삭일과 역법을 반포하는 것)하는 것이고, 고월은 매월 끝 무렵에 유사有司가 다음 달의 삭일을 제후국의 임금에게 알리는 것이라고 변론하여 말했다.(『군서평의群經平議』)[13] 어떤 날이든 상관없이 한 나라의 임금을 알현할 때는 반드시 조복을 입어야 한다는 것은 어쨌든 틀림이 없다.

(11) 재복齋服. "제齊"는 재계할 재齋와 같은 의미로 쓰였고, "명의明衣"는 목욕할 때 입는 옷이다. 고대에 재계할 때는 반드시 목욕을 해야 했는데, 목욕이 끝나면 반드시 목욕옷을 입어야 했다. 목욕옷은 베布로 만든 것이다. 옛날에는 면포가 없었기 때문에 이른바 베는 삼베 혹은 갈포를 의미했다. 청수더는 "일본의 풍속에는 목욕할 때 목욕옷을 입는 사례가 있는데, 이는 오히려 옛날 규정이다. 청대 초기의 학자들은 목욕옷에 대한 규정을 몰랐기 때문에 이로부터 여러 가지 잘못된 학설이 발생했다"[14]고 주장했다.

마지막 한 구절에 대하여, 주희는 아래의 "재계할 때는 반드시 음식을 바꾸셨고, 앉는 곳도 반드시 바꿔 앉으셨다"는 구절과 연결하여 별도의 장(재계에 대해 말하는 것)으로 만들었다. 그러나 『황소』와 『형소』에서는 지금처럼 장(옷에 대해 말하는 것)을 나누었다.

입는 것과 쓰는 것

앉으셨다." 재계하는 기간에는 반드시 평상시에 먹던 특정 음식과 음료(예를 들어 파, 마늘, 부추, 술 등)를 바꿔야 하고, 평상시에 앉던 곳도 위치를 바꿔야 한다. "제齊"는 재齋와 같은 의미로 쓰였다. "변식變食"은 음식을 바꾸는 것을 가리킨다. "거居"는 앞의 "두텁게 털이 나 있는 여우나 담비 가죽 방석을 깔고 앉는다"의 용법과 같이 앉는 위치를 가리킨다. "천遷" 역시 변환의 의미이다.

(2) "곡식은 고운 것을 싫어하시지 않았고 회는 가느다란 것을 싫어하시지 않았다"는 식물의 가공에 매우 신중해야 함을 강조한 것으로 가늘수록 더 좋다는 것이다. "식食"은 벼나 수수와 같은 종류의 곡물, 특히 좁쌀小米이다. "정精"은 봄에 얻는 매우 가는 쌀이다. 고대의 봄쌀 중에서 껍질을 벗기지 않은 것을 속粟이라 불렀다. 속 16과 3분의 2말斗에서 쌀 10말이 나오는데, 그것을 여미糲米(현미)라 불렀고, 여미 10말에서 쌀 9말이 나오는데, 그것을 착미鑿米라 불렀고, 쌀 8말이 나오면 그것을 훼미毁米 혹은 패미粺米라 불렀고, 쌀 7말이 나오면 그것을 지어持御 혹은 어미御米라 불렀다. 여미는 조粗, 즉 거칠고, 착미·훼미·어미는 정精, 즉 곱다.[15] "회膾"는 날생선 조각 혹은 날고기 조각이다. "인구에 회자하다"라는 관용어의 회膾는 날고기이고, 자炙는 구운 고기로서 가장 맛있는 것이다. 타이완의 학자 샤오야오蕭瑤는 "회"는 날생선 조각 혹은 날고기 조각, 특히 날생선 조각인데, 중국에서는 "어생魚生"이라 불렀다는 점을 고증했다. 그는 날생선을 먹을 때 찍는 청겨자 가루(고추냉이)는 일본 고유의 것이 아니라 중국 역사에서 줄곧 먹었고, 중국에서도 역시 겨자 가루에 찍어 먹었다고 말했다. 예를 들어 시인들이 찬미한 "송강松江의 농어회鱸魚膾"는 바로 생으로 만든 농어 조각이

라는 것이다.**16** 네이멍內蒙·칭하이青海·시장西藏 지역 사람 역시 겨울에 저장했다가 봄에 녹인 날쇠고기와 날양고기를 먹었다.

그런 다음에는 "일곱 가지 먹지 않는 것七不食"에 대하여 설명한 것이다.

⑴ "음식이 습기가 차고 쉰내가 나거나 생선이 상했거나 고기가 부패한 것 등은 드시지 않았다." "의饐"는 밥에 습기가 찬 것을 형용한 말이다. "애餲"는 밥이 쉰내가 나는 것을 형용한 말이다. "뇌餒"는 생선이 부패한 것을 형용한 말이다. "패敗"는 고기(쇠고기, 양고기, 돼지고기 등)가 부패한 것을 형용한 말이다.

⑵ "덜 익은 것은 드시지 않았다." 삶아서 익힌 것을 "임飪"이라 하고, 익지 않은 것을 "실임失飪"이라고 한다.

⑶ "색깔이 안 좋은 것은 드시지 않았다." "색악色惡"은 색깔이 보기 안 좋은 것이다.

⑷ "냄새가 나쁜 것은 드시지 않았다." "취악臭惡"은 냄새가 안 좋은 것이다.

⑸ "정해진 식사 때가 아니면 드시지 않았다." "불시不時"는 정상적인 밥 때에 맞춰 밥 먹지 않는 것을 가리킨다. 옛날 사람은 하루에 몇 끼의 밥을 먹었는데, 밥 때는 어떻게 배정했는지 아마도 그다지 고정되어 있지 않았을 것이다. 고대의 시제 이름에서 볼 때 그것은 두 가지로 나누어졌다. 하나는 12시제로서 오직 두 끼, 즉 반오전(8~10시 사이)에 한 끼, 반오후(16~18시 사이)에 한 끼만 먹었다. 다른 한 가지는 16시간제로 세 끼를 먹었다. 즉 아침 한 끼를 둘로 나눠 6~12시 사이에 두 끼를 먹었고, 저녁 식사 시간은 대체로 서로 같았다. 오전

식사를 "식食"이라 불렀는데, 만약 두 끼로 나눈다면 한 끼를 "조식蚤食" 혹은 "조식朝食"이라 불렀고, 다른 한 끼를 "모식暮食" 혹은 "안식晏食"이라 불렀으며 오후에 먹는 것을 "포餔"라 불렀다. "불시不時"를 계절에 맞지 않는 곡식이나 채소나 술이나 고기를 먹지 않는다고 해석하는 사람이 있는데, 맞지 않다. 그렇게 본다면 공자의 입은 너무 까다로운 것이다.

(6) "바르게 자르지 않은 것은 드시지 않았다." 옛날 사람은 고기를 먹을 때 주로 큰 덩어리의 고기를 먹었다. 후세 사람처럼 고기를 반드시 얇은 조각으로 썰거나 가늘고 길게 썰거나 토막으로 내거나 하지 않았고, 가축의 고기를 가르는 방법을 중시했는데, 방법이 옳지 않으면 결코 먹지 않았다.

(7) "요리에 맞는 장(소스)이 아니면 드시지 않았다." 장醬은 서양인이 말하는 소스sauce 비슷한 것인데, 육장肉醬과 겨자장 등이 있었다. 생선을 먹거나 고기를 먹을 때 어떤 장과 함께 먹을 것인가는 매우 중요했으며, 조합이 적절하지 않은 것이 바로 "요리에 맞지 않는 장"이다. 장의 효과는 맛을 내는 데만 있었던 것이 아니라 양생養生과 치병治病의 효과, 특히 날생선과 날고기 속의 기생충을 방지하는 효과가 있었던 것이다.

마지막에 있는 네 구절 역시 금기에 관한 것이다. 하나는 고기를 아무리 많이 먹더라도 육식과 주식의 합리적인 배합을 초과해서는 안 되며, 둘은 술을 마시는 데 양이 한정되어 있는 것은 아니지만, 흐리멍덩하게 취하여 아무 말이나 함부로 지껄이거나 술주정을 부릴 정도로 마셔서는 안 되며, 셋은 밖에서 사온 술이나 고기는 써서는 안 되며, 넷은 생강은 상에 그대로 두고 치우지 않는데, 가깝게 놓여 있다고 해서 끊임없이 먹어서는 안 된다는 것 등이다.

이 네 구절 중 몇 가지 단어에 대해서는 설명이 좀 필요하다.

"식기食氣"는 "식희食餼"로 읽어야 한다. "희餼"는 선물로 받은 식품이다.

"고沽"는 고酤와 같은데, 물건을 사는 것을 가賈라 하고, 술을 사는 것을 고酤라고 한다. "포脯"는 육포, 즉 말린 고기이다. 이런 술과 고기에 대해 공자는 위생적이지 않고 신선하지 않다고 생각했다.

"생강은 상에서 치우지 않고 드셨다"에 대해 예전에는 여러 가지로 해석했다. 진대晉代의 도홍경陶弘景은 생강은 항상 상 앞에 놓아두는 간식인데, 먹을 수는 있지만 많이 먹어서는 안 된다(『본초경』의 주)고 말했다.[17] 청대의 왕부지는 저녁 식사 후에 생강은 정신을 맑게 해주고 밤에 졸리는 것을 방지해준다. 그러나 많이 먹어서는 안 된다(『사서패소四書稗疏』)고 말했다.[18] 생강은 다른 음식을 다 치운 뒤에도 그대로 남겨두는 식품이다. 오늘날의 음식에도 여전히 생강이 있다.

중국인이 먹고 마시는 데 신경 쓰는 것은 매우 많은 장점이 있다. 그러나 오늘날 무절제하게 먹고 마시는 것, 술자리에서 가위 바위 보를 통해 벌주를 마시게 하는 것, 돌아가면서 술을 권하는 것敬酒(사람을 억지로 곤란하게 하면서 어떻게 경敬이라고 부르는지 모를 일이다), 술기운을 빌려 주정하는 것, 소란을 피우지 않으면 밥을 먹은 것으로 치지 않는 것 등은 정말로 싫다.

먹는 것과 마시는 것

임금이 주관하는 제사에서 고기는 하룻밤을 묵혀서는 안 된다.
제육은 3일을 넘겨서는 안 된다. 3일을 넘기면 드시지 않았다.

祭於公, 不宿肉. 祭肉不出三日. 出三日, 不食之矣.

이것은 제육祭肉에 대해 설명한 것이다.

"임금이 주관하는 제사에서 고기는 하룻밤을 묵혀서는 안 된다"는
것은 임금이 거행하는 제사에 참여하고, 제사가 끝난 뒤에 제육을 나
누어줄 때 절대로 밤을 넘겨서는 안 된다는 것을 말한 것이다.

"제육은 3일을 넘겨서는 안 된다"는 것은 이런 종류의 제사는 두
차례로 나뉘는데, 유사는 3일째 되는 날 비로소 제육을 받을 수 있다.
제육은 이틀 지나면 신선하지 않기 때문에 "3일을 넘기면 드시지 않
았다"고 말한 것이다.

제육

먹을 때는 말씀을 하시지 않았고,
잠잘 때는 말씀을 하시지 않았다.

食不語, 寢不言.

이것은 밥 먹을 때와 잠잘 때 말하지 말라는 것을 설명한 것이다.

밥 먹을 때 말을 하지 않고, 침상에서 말을 하지 않는 것은 너무 답답하다. 나는 술기운을 빌려 술주정하는 것을 싫어하지만, 침묵을 지키면서 밥을 먹는 것도 좋아하지 않는다. 밥을 먹는 것은 즐기는 것이지, 자동차에 기름을 넣듯이 그저 에너지를 보충하는 것이 아니다. 식탁에서 이야기하는 것 역시 즐기는 것으로 먹으면서 이야기하면 장과 위가 즐겁고 대뇌 역시 즐겁다. 당연한 말이지만 이야기하는 시간과 밥 먹는 시간을 어떻게 안배할 것인가, 그 템포는 어떻게 관리할 것인가 하는 것 역시 중시되어야 한다. 영양학자들은 위와 대뇌는 서로 싸울 수 있는데, 싸움의 결과 위는 상처를 입지만, 뇌는 오히려 아무 일이 없다고 말한다. 말은 할 수 있는 것이지만, 한 나절 만에 한 입 먹으면서 말을 시작했다 하면 한도 끝도 없이 주절대서는 안 된다. 오늘날 사업 이야기를 하고 관계를 구축하는 일 등은 모두 식탁 위에서 벌어지고 어떤 사람은 오직 말하는 데만 열중하고, 또 끊임없이 휴대

폰을 받고 또 휴대폰으로 전화를 걸면서 반나절 동안 식사를 하면서도 무엇을 먹었는지 알지 못하고 얼마나 먹었는지도 알지 못한다. 이런 식사 역시 재미없다.

식사 때와 잠자리에서는 말을 해서는 안 된다

비록 거친 밥과 채소국일망정, 참외 꼭지로 제사를 지냈으며,
반드시 엄숙한 태도로 임하셨다.

雖疏食菜羹, 瓜祭, 必齊如也.

"소사疏食"는 거친 밥이고, "채갱菜羹"은 채소국이며, "과제瓜祭"는 참
외를 먹기 전 꼭지로 신에게 제사지내는 것이다. 비교적 질 낮은 음식
이다.

"제여齊如"는 "제제齊齊"와 같고, "제齊"는 엄숙·공경하는 모양이다.
안 좋은 음식을 먹을 때도 엄숙한 표정을 지어야 한다는 것.

중국을 원산지로 한 과瓜는 참외(Cucumis, Melo L.), 즉 오늘날 향과
香瓜라 불리는 것이다. 중국에서 과瓜자가 붙은 식물은 대부분 중국을
원산지로 하고 있지 않다. 예를 들어 남과南瓜(호박), 북과北瓜(호박, 우
리 고향에서는 서호로西葫蘆), 서과西瓜(수박), 동과冬瓜(동아), 황과黃瓜(오
이, 옛날의 호과胡瓜) 등은 모두 외국에서 온 것이며, 어떤 것은 일찍부
터 어떤 것은 뒤늦게 정착했다. 포과匏瓜(박)는 조롱박葫芦이고 목과木
瓜는 마르멜로인데, 이것들은 과瓜라고 부르지 않는다.

안 좋은 음식을 먹을 때도 엄숙해야 한다

자리가 올바르지 않으면 앉지 않으셨다.

席不正, 不坐.

이것은 자리에 앉을 때는 똑바로 앉아야 한다는 점을 강조한 것이다. 이 장의 위치에서 볼 때 그것은 밥 먹는 것과 관계가 있을 것이다.

자리에 앉기

마을 사람과 함께 술을 마실 때 어른이 나가면
곧 뒤따라 나가셨다.

鄕人飮酒, 杖者出, 斯出矣.

향음주례鄕飮酒禮에서 어른이 나가면 바로 나간다.

이것은 향음주에 대해 이야기한 것이다.

"마을 사람과 함께 술을 마시는 것"은 향음주례를 가리킨다. 『의례』
「향음주례」를 참고하기 바란다.

"장자杖者"는 지팡이를 짚은 노인으로 옛날 책에서는 "장인丈人"이라
고도 불렀다. 옛날 문자 중 "고考"자의 자형은 지팡이를 짚은 노인을
형상화한 것이다. 중국 고대에는 50세면 노인으로 여겼지만, 현재 보
면 별로 늙은 나이가 아니다. 영국 신사는 과거에 지팡이 짚는 것을
좋아했고, 채플린이 연기한 인물이 바로 지팡이를 짚고 있는데, 그들
의 지팡이stick를 우리는 '문명 지팡이文明棍'라 불렀다. 중국에서는 젊
은이가 지팡이를 짚는 경우는 없었고, 지팡이를 짚은 사람은 모두 노
인이었다. 술 모임이 끝나면 노인에게 먼저 나가게 했다.

향음주례

마을 사람이 잡귀를 쫓는 제사를 거행하면
조복을 입고 계단에 서 계셨다.

鄕人儺, 朝服而立於阼階.

이것은 잡귀 쫓는 제사에 대해 이야기한 것이다.

"나儺"는 동네에서 잡귀와 사기邪氣를 물리치기 위해 거행하는 의식을 가리킨다. 『예기』「교특생」에서 "마을 사람이 양禓제를 올릴 때 공자는 조복을 입고 자기 집 계단에 서 있었는데, 이는 자기 집 안방의 신을 보호하기 위함이었다"[19]라고 말했는데, 이와 유사한 말이다. 정현의 주에서는 "양禓은 헌獻이라고도 하고 나儺라고도 한다"고 설명했다. 『석문釋文』에서는 "나儺는 노나라에서는 헌獻으로 읽었는데, 지금도 옛날 방식을 따른다. 어조於阼는 본래 어조계於阼階로 되어 있었다"라고 설명했다. 『고론古論』에서는 "나儺"라고 썼고, 『노론魯論』에서는 "헌獻"이라고 썼는데, 그 의미는 "양禓"과 같다. 양禓은 요절한 귀신을 물리치는 제사 의식이다. "조계阼階"에서 "조阼"는 건물로 올라가는 계단이고, 주인이 서 있는 곳이다.

잡귀 쫓는 제사

사람을 다른 나라에 사신으로 보낼 때는
두 번 절한 다음 보낸다.

問人於他邦, 再拜而送之.

이것은 사자를 보내는 것에 대하여 이야기한 것이다.

"문問"은 방문한다는 뜻이다. 초간楚簡에는 어떤 나라의 손님이 어떤 나라를 "방문했다問"는 말이 자주 보이는데, "문問"은 모두 어떤 나라에 사신으로 가거나 어떤 나라를 방문한 것을 가리킨다. 여기서는 다른 나라에 사신을 보낼 때 출발 전에 두 번 절한 다음 보내야 한다는 것을 말하고 있다.

사자를 전송함

계강자季康子가 약을 내리자 절을 하고 받았다.
그리고 다음과 같이 말씀하셨다.
"저는 아직 명확하게 알지 못해서 감히 먹을 수 없습니다."

康子饋藥, 拜而受之. 曰, 丘未達, 不敢嘗.

이것은 거물급 인사가 주는 선물을 받는 것에 대해 이야기한 것이다.

"강자康子"는 계강자季康子이다. 계강자가 공자에게 약을 선물로 보내온 것은 공자 만년 그가 노나라로 돌아온 뒤인 기원전 484~기원전 479년 사이에 있었던 일이다. 약을 내리는 것과 먹을 것을 내리는 것은 다르다.

"저는 아직 명확하게 알지 못해서 감히 먹을 수 없습니다." 거물급 인사가 먹을 것을 주면 반드시 먼저 맛을 본다. 그러나 약을 내릴 경우에는 그것과 다르다. 금방 맛을 볼 수 없다. 계강자가 공자에게 약을 선물로 보냈고, 공자는 절을 한 다음 그것을 받았다. 그러나 맛을 보지 않았는데, 그가 말한 이유는 "아직 명확하게 알지 못해서未達"였다. 하나는 자기 몸이 어떤 상태인지 짐작해야 하고, 둘은 보내온 약에 대하여 약성이 어떤지 연구해보아야 했다. 공자는 이런 종류의 선물에 대해 받지 않는 것은 옳지 않고, 함부로 맛을 보는 것도 옳지 않으며, 정확한 방법은 우선 받아두고 맛을 보지 않는 것이라고 생각했다. 이것은 예의에 부합하고, 또 상대방의 체면을 세워주는 방법이다.

계강자가 약을 보내다

마구간에 불이 났다.
스승님께서 퇴조하시고 말씀하셨다.
"사람이 다쳤느냐?"
그러나 말에 대해서는 묻지 않으셨다.

廏焚. 子退朝, 曰, 傷人乎. 不問馬.

|

이 장은 공자가 노나라 사구를 지내던 시기(기원전 500~기원전 498)
의 일을 기록한 것이다. 당시에 마구간에 불이 났었다. 이 이야기는
간단해 보이지만, 논쟁이 매우 많다.

먼저 여기서 말한 "마구간廏"은 무슨 마구간일까? 과거에는 "공구
公廏", 즉 공실의 마구간이라거나 혹은 "가구家廏", 즉 개인적인 마구간
이라고 하는 두 가지 설이 있었다. "공구公廏"라는 설은 『염철론』「형덕
刑德」, 『공자가어』「자공문子貢問」이 대표적인데, 앞의 책에는 "노나라의
마구간에 불이 났다魯廏焚"로 되어 있고, 뒤의 책에는 "나라의 마구간
에 불이 났다國廏焚"로 되어 있다. 즉 "공구公廏"는 노나라 임금의 마구
간이다. "가구家廏"설은 『황소皇疏』에 보인다. 『황소』에는 "공자가 양을
기르는 곳"이라고 했다. 그리고 청대의 환무용宦懋庸의 주장도 여기에
속하는데 그는 공자가 노나라 사구로 있을 때 작위가 상대부였기 때

문에 당시의 대우에 따르면 그의 집에 마구간이 있었을 것이며, 5량의 수레와 20필의 말이 있어야 마땅했다고 말했다.(『논어계論語稽』) 이것이 하나의 논쟁이다.[20]

그리고 또 다른 하나의 논쟁이 있는데, "주주朱注"와 관련이 있다. 주희는 공자는 "사람을 귀하게 여기고 가축을 천하게 여겼기 때문에 당연히 이렇게 해야 한다"고 말했다. 이러한 이해는 한대의 구설이다. 『염철론』「형덕」에서는 "사람에 대해 물어보고, 말에 대해서는 묻지 않았다"고 말했고, 정현은 "사람을 중시하고 가축을 천하게 여긴 것이다"라고 말했는데, 이것들은 모두 주주朱注가 근거로 삼고 있는 것이다. 그러나 그는 공자가 "말을 사랑하지 않은 것은 아니지만 사람이 다치는 것을 두려워하는 마음이 더 컸기 때문에 물어볼 틈이 없었다"라고 설명함으로써 필요 이상의 짓을 했다. 그래서 곧바로 이런 의문이 들게 만들었다. 설마 성인이 정말로 말에 대해 관심을 두지 않았을까? 예를 들어 청수더는 다음과 같이 문제를 제기했다. "성인이 사람을 사랑하고 만물을 아끼는데, 비록 선후先後와 친소親疎의 구별이 있을망정 귀천貴賤의 구분은 없다"면서 어떻게 사람을 귀하게 여기고 말을 천하게 여기며, 하나의 "이理"자를 들고 나와 "이치상 당연히 이렇게 해야 한다理當如此"라고 말할 수 있을까? 소나 말이 사람을 위해 봉사하는 것은 틀림없다. 그러나 결코 그렇게 되어야만 한다고 운명이 정해진 것은 아니다. 예를 들어 『열자』에는 모기가 사람을 물고 호랑이와 이리가 고기를 먹는다고 해서 하늘이 결코 모기를 위해 사람을 만들고 호랑이나 이리를 위해 고기를 만든 것이 아니라고 한 것과 같다. 그는 이 문장은 당연히 고쳐 읽어야 한다고 말했다.[21] 어떻게 고쳐야 할까? 당대에 바로 이설이 있었다. 예를 들어보자.

(1) 당대의 육덕명陸德明은 『경전석문經典釋文』에서 "호乎"자 아래서 구를 나눈 것 외에 또 다른 독법이 한 가지 더 있다고 말했다. 즉 "불不"자 아래서 구를 나누어 공자가 "다친 사람이 있는가, 아닌가傷人乎不"를 물었다는 것으로 그 의미는 먼저 다친 사람이 있는지 없는지를 묻고, 그에 대한 물음을 끝내고 나서 말에 대해 물었다는 것이다.

(2) 당대의 이광의李匡義는 『자가집資暇集』에서 한유는 "불不"자를 "부否"자로 읽었다며 "성인이 어찌 사람에게는 어질고 말에 대해서는 어질지 않았겠는가"라고 생각했다.[22] 청수더는 "상인호불傷人乎不"과 같은 독법은 아주 어색하고, "불不"자를 "부否"자로 읽는 것도 맞지 않다고 말했다. 그는 주목할 만한 가치가 있는 것으로 청대 무억武億의 『독경고이讀經考異』에서 제기한 또 하나의 독법을 소개했다. 즉 무억은 양웅揚雄의 「태부잠太仆箴」에서 "마구간이 불탔는데 사람에 대해서만 묻고 나서 중니는 매우 부끄러워했다"라고 한 말을 인용하면서 공자가 어차피 "사람에 대해서만 물은 것을 부끄러워했다면, 사람에 대해서만 묻지는 않았을 것이다. 한대는 옛날에 가까워 가르침에는 반드시 그 근거가 있었을 것이니 이 '불不'자는 마땅히 하나로 읽고, '말에 대해 물었다問馬' 또한 하나로 읽어야 할 것이다"라고 말했다. 무억은 원문의 앞쪽에 있는 몇 개의 구를 "호乎"에서 끊고, "마구간에 불이 났는데, 스승님께서 퇴조退朝하시어 '사람이 다쳤느냐'라고 물으셨다"라고 읽고, 뒤쪽의 "불不"자는 사실 묻는 말에 대하여 상대방[23]이 대답한 말이라고 보았는데, 그 사람의 대답은 "아닙니다不"라는 한 글자이고, 공자는 다친 사람이 아무도 없다는 말을 듣고서 비로소 말에 대해 물었

다는 것이다.²⁴ 리아오는 TV프로그램에서 "말에 대해서는 묻지 않았다不問馬"는 "나중에 말에 대해 물었다後問馬"라고 해석해야 한다고 했는데, 그것 역시 이런 생각의 연장선상에 있다. 그러나 그가 "불不"자를 "후後"자의 의미라고 말한 것은 아무런 훈고적 근거가 없다.

이와 같은 이해들은 매우 흥미롭다. 그러나 그 점에 대해 깊이 탐구해봤자 공자가 도대체 어떻게 생각했는지는 귀신도 알 수 없다.

말에 대해서는 묻지 않았다

임금이 음식을 하사하면 반드시 자리에 똑바로 앉아서 맛보셨다.
임금이 날 생선을 하사하면 반드시 익혀서 조상에게 바치셨다.
임금이 살아 있는 것을 하사하면 반드시 키우셨다.
임금을 모시고 식사를 하실 때 임금이 제사를 올리면
먼저 맛을 보셨다.

君賜食, 必正席先嘗之. 君賜腥, 必熟而薦之. 君賜生, 必畜之. 侍食於君, 君祭, 先飯.

이것 역시 식사하는 것에 대해 이야기한 것이다.

"식食"은 익힌 음식이다. 익힌 음식은 직접 먹을 수 있다. 임금이 음식을 하사하면 반드시 자리를 똑바로 정리하고 먼저 맛을 보아야 한다.

"성腥"은 날고기다. 날고기를 임금이 먹으라고 하사하면 끓여 익힌 다음 먹는다.

"생生"은 살아 있는 동물이다. 살아 있는 것을 임금이 먹으라고 하사하면 잠시 먹지 않고, 반드시 길러야 한다.

"임금을 모시고 식사를 하실 때 임금이 제사를 올리면 먼저 맛을 보셨다"는 것은 임금을 모시고 식사를 할 때 "임금이 제사를 올리기"에 앞서 임금을 위해 먼저 맛보는 것을 말한 것이다. "임금이 제사를 올리는 것君祭"은 "선식先食"에게 제사 올리는 것이다. "선식"은 음식을 발명한 신인데, 유사한 신으로 "선농先農" "선잠先蠶" "선목先牧" "선주先酒" 등이 있다.

임금이 먹을 것을 하사하다

병이 나시자 임금께서 방문하셨는데,
머리를 동쪽으로 하고 누워 조복朝服을 덮고 허리띠를
늘어뜨려놓으셨다.

疾, 君視之, 東首, 加朝服, 拖紳.

이것은 병자에 대한 문병을 이야기한 것이다.

『예기』「옥조玉藻」에서는 "군자는 가만있을 때는 항상 문 쪽을 바라
보며 있고, 잠을 잘 때는 항상 머리를 동쪽으로 향하게 한다"[25]라고
말했다. 임금이 병자를 방문할 때 병자는 서쪽에 누워 머리를 동쪽으
로 향하게 하며, 조복을 몸 위에 덮고 그 위에 큰 허리띠를 늘어뜨려
놓는다.

임금이 문병 오시다

10.18

임금이 부르면 말에 수레를 얹는 것이 끝나기를
기다리지 않고 가셨다.

君命召, 不俟駕行矣.

이것은 임금의 부름을 받는 것에 대해 이야기한 것이다.

임금이 부르면 꾸물거려서는 안 되고, 마구가 다 갖추어질 때까지
기다리지 않고 밖으로 뛰어나간다.

임금의 부름

태묘太廟에 들어가서는 매사를 물으셨다.

入太廟, 每事問.

「팔일」3.15와 중복된다.

친구가 죽었을 때 의지할 사람이 없자
"내가 장사지내주겠다"고 말씀하셨다.

朋友死, 無所歸, 曰, 於我殯.

이것은 친구 관계를 이야기한 것이다.

친구가 죽었을 때 염을 하고 장사지내줄 사람이 없자 자신이 나서서 처리하겠다고 말했다.

친구를 위해 장례를 치러주다

친구가 주는 선물에 대해서는 비록 수레나 말이라 하더라도
제육祭肉이 아니면 절하시지 않았다.

朋友之饋, 雖車馬, 非祭肉, 不拜.

이것 역시 친구 관계를 이야기한 것이다.

친구가 주는 선물이 제육이 아니면 비록 수레나 말처럼 비싼 것이
라 하더라도 절을 해서 감사의 뜻을 표시할 필요가 없다. 제육은 일반
적인 고기와는 다르다. 그것은 조상에게 제사를 지낸 것이기 때문에
수레나 말하고 비교할 수 없다.

친구의 선물

잠잘 때는 죽은 사람처럼 하시지 않았고,
평상시에는 손님을 맞이할 때처럼 하시지 않았다.

寢不尸, 居不容.

이것은 앉고 눕는 자세에 대해 이야기한 것이다.

"잠잘 때는 죽은 사람처럼 하시지 않았다." "시尸"는 주검 "시屍"와 같다. 잠잘 때 하늘 쪽으로 얼굴을 향하고 똑바로 꼿꼿하게 마치 죽은 사람처럼 누워 있는 것에 대하여 공자는 잠잘 때 이런 자세로 자서는 안 된다고 말했다. 오늘날 의사들 역시 잠잘 때 가장 좋은 자세는 마치 와불臥佛처럼 오른쪽으로 눕는 것이라고 말한다.

"평상시에는 손님을 맞이할 때처럼 하시지 않았다"에 해당되는 원문 "거물용居不容"은 『집해』와 『정주鄭注』와 『석문釋文』과 당대의 개성석경開成石經 등에서는 모두 "거불객居不客"으로 쓰고 있는 것으로 보아 용容은 객客의 잘못이다. 여기서는 평상시 집에서 앉아 있는 자세는 비교적 편하게 해야 하며, 손님을 맞이하는 것처럼 할 필요가 없다고 말한 것이다.

앉고 눕는 자세

상복을 입은 사람을 보면 비록 아주 가까운 사이라 할지라도 반드시
얼굴 표정을 바꾸셨다. 예모를 쓴 사람과 장님을 보면 비록 자주
만나는 사람이라 하더라도 반드시 예의를 차리셨다.
상복을 입은 사람을 만나면 수레의 횡목에 손을 짚고 몸을 구부려
조의를 표시하셨고, 물건을 등에 지고 가는 사람에 대해서도 수레의
횡목에 손을 짚고 몸을 구부려 인사하셨다. 성대한 연회에서는
반드시 얼굴 표정을 바꾸고 일어나셨다. 갑자기 천둥이 치고 바람이
매섭게 불면 반드시 얼굴 표정을 바꾸셨다.

見齊衰者, 雖狎必變. 見冕者與瞽者, 雖褻必以貌. 凶服者式之. 式負版者.

有盛饌, 必變色而作. 迅雷風烈必變.

이것은 어떤 상황에서도 반드시 얼굴 표정과 모습을 바꿔야 한다는
것을 이야기한 것이다.

"상복을 입은 사람을 보면 비록 아주 가까운 사이라 할지라도 반드
시 얼굴 표정을 바꾸셨다"는 것은 익숙한 사람인지 아닌지 상관없이
얼굴 표정과 모습을 바꿔야 한다는 것(슬프고 비통한 표정과 모습으로
바꿈)이다. "압狎"은 익숙하다는 의미이다.

"예모를 쓴 사람과 장님을 보면 비록 자주 만나는 사람이라 하더라
도 반드시 예의를 차리셨다"는 것 또한 아는 사람이든 아니든 상관없

이 모두 예의를 표시해야 한다는 것이다. "설藝"은 친밀하다는 의미이다. 이상의 내용은 「자한」 9.10과 대략 같다.

"상복을 입은 사람을 만나면 수레의 횡목에 손을 짚고 몸을 구부려 조의를 표시하셨고, 물건을 등에 지고 가는 사람에 대해서도 수레의 횡목에 손을 짚고 몸을 구부려 인사하셨다." "흉복凶服"은 상복 혹은 융복戎服(군복)이며, 만약 수레를 타고 있을 때 이런 사람과 마주치면 수레 앞의 횡목에 손을 짚고 몸을 구부려 인사한다. "식부판자式負版者"에 대해 예전 주에서는 "부판자負版者"는 "국가의 도서圖書를 가지고 있는 자"라고 하여 어리둥절하게 했는데 청대의 유월이 "부판負販"으로 읽어야 하지 않을까 하고 의문을 제기했다.(『군경평의群經平議』)[26] "부판負販"은 물건을 등에 짊어지고 팔러 다니는 사람이다.

"성대한 연회에서는 반드시 얼굴 표정을 바꾸고 일어나셨다"는 것은 성대한 연회에 가서 각종 큰 접시 요리가 올라오면 오늘날 서양이나 미국에서와 같이 얼굴 표정을 바꾸고(놀란 듯한 모양을 하고) 그와 함께 엉덩이를 한번 들썩여야 한다는 것이다.(무릎을 꿇고 앉은 대퇴부를 위로 한 번 들썩임.)

"갑자기 천둥이 치고 바람이 매섭게 불면 반드시 얼굴 표정을 바꾸셨다"는 것은 하늘에서는 깜짝 놀랄 만한 천둥 소리가 나고 집 밖에서는 엄청난 바람이 불 때는 얼굴 표정을 바꿔야 한다는 것을 말한 것이다.

얼굴 표정을 바꾸다

수레에 오를 때는 반드시 똑바로 서서 손잡이를 잡으셨다.
수레 안에서는 내부를 이리저리 돌아보지 않으셨고,
빠르게 말씀하시지 않았고, 직접 이것저것 가리키지 않으셨다.

升車, 必正立, 執綏. 車中不內顧, 不疾言, 不親指.

이것은 수레를 타는 것에 대해 이야기한 것이다.

하나는 수레에 오르는 것인데, 반드시 수레의 끝부분을 똑바로 향하고 손으로는 수레에 오를 때 쓰는 띠(즉 손잡이 끈)를 잡고서 위로올라야 한다. 둘은 수레 안에서 고개를 돌려 말을 하지 말아야 하며(서 있는 자세가 흐트러지는 것을 막기 위해서), 큰 소리로 말하지 말아야하며(품격을 잃거나 말을 모는 사람이 놀랄까 걱정되기 때문), 손가락으로여기저기 가리키지 말아야 한다.(이유는 앞의 것과 같음.)

수레 타기

얼굴 표정이 변하자 날아올라간 뒤 다시 내려와 앉았다.
"산골짜기 나무다리 암꿩은 시기를 아는구나, 시기를 아는구나!"
자로는 그물을 펴놓았지만,
꿩은 세 번 냄새를 맡아보다 말고 날아가버렸다.

色斯舉矣, 翔而後集. 曰, 山梁雌雉, 時哉時哉. 子路共之, 三嗅而作.

　　영문을 알 수 없는 이 장에 대해 어떤 이는 "위나 아래에 빠진 글이 있을 것이다"[27]라고 했고, 어떤 이는 "이 문장은 앞뒤가 도치되었다"[28]고도 했는데[29] 꼭 그렇지는 않을 것이다. 해석을 시도해보자.

　　"색사거의, 상이후집色斯舉矣, 翔而后集"에서 어떤 것이 주어일까? 일반적으로 "색色"은 사람의 안색이나 표정이라고 생각하고, "상翔"은 새가 날아가고 있는 것으로서 그 의미는 "산속 나무다리의 암꿩山梁雌雉"이 사람의 안색이나 표정이 좋지 않은 것을 보고서는 자신을 잡으려 한다는 것을 눈치채고 곧바로 날아가버렸지만, 한 바퀴 날아서는 다시 내려온다는 것을 말하고 있다. "색色"은 누구의 안색일까? 공자의 것일까, 자로의 것일까, 아니면 그들 두 사람의 것일까? 분명히 알 수 없다. 이 말은 좀 낯설다. 만약 여기서 말한 "색色"이 "조鳥"의 오자라면 오히려 비교적 합리적일 것이다.

"산골짜기 나무다리 암꿩은 시기를 아는구나, 시기를 아는구나!"에 서 "왈曰"은 누가 말한 것일까? 분명하지 않다. 일반적으로 이것은 공 자의 말이고 그가 사람이 새만도 못한 것을 슬퍼하고 한탄한 것이라 고 생각한다. "시재시재時哉時哉"는 글자만 두고 볼 때 또 자로가 한 말 인 것 같다. 옛날 책에서는 이 두 구를 인용할 때 "시재時哉"가 간혹 반복되지 않은 경우도 있다. "산량山梁"에 대하여 『황소皇疏』에서는 산 골짜기의 나무다리라고 설명했는데, 옛날 책에서는 산등성마루를 가 리키기도 했다. 여기서는 아마도 앞의 의미일 것이다.

"자로는 그물을 펴놓았지만, 꿩은 세 번 냄새를 맡아보다 말고 날아 가버렸다"에 해당되는 원문인 "자로공지, 삼후이작子路共之, 三嗅而作"에 서 "공共"은 두 종류의 해석이 있다. 하나는 "진열해놓은 장식품共具"[30], 즉 진열하다의 의미이다. 다른 하나는 "공집拱執"[31], 즉 공수拱手의 의 미이다. 한대와 당대의 옛 주들은 모두 앞의 학설을 채택했다. 주주 朱注에서는 두 설을 모두 존치시키면서 일설에는 형씨邢氏를 인용하 여 "공구共具"라고 말하고, 다른 일설에는 유빙군劉聘君의 설을 인용하 여 "공집拱執"이라고 말한다고 설명했다. 유보남은 뒤의 학설을 지지했 다.[32] 오늘날에는 많은 사람이 유보남의 설을 따르는데 아무래도 맞지 않는 것 같다. 이 말은 도대체 무엇을 얘기하려 한 것일까? 『여씨춘추』 「심기」에 주목할 만한 기사가 있다. 「심기」에서는 "그러므로 자로는 꿩 을 붙잡았다가 다시 풀어주었다"[33]고 했다. "엄치揜雉"의 "엄揜"은 그물 을 쳐서 음식을 장만하는 것, 덮쳐서 잡는 것을 가리키는 것으로 바 로 이 두 구를 해석한 것이다. "삼후이작三嗅而作"은 암꿩이 여러 차례 탐색하다가 그 냄새만 맡을 뿐 먹이를 먹지 않다가 끝내 감히 먹지 못하고 날개를 퍼덕이면서 날아가버렸다는 것을 말한다. 이것은 『순자』「예론」의 "세 번 냄새를 맡았지만 먹지 않았다三嗅之不食也"와 비슷한 말로 본래 틀리지 않았지만, 주주朱注에서는 유빙군의 학설을 인용하여 오히려 '냄새 맡다'는 의미의 후嗅를 호狊의 잘못이라고 설명했다.(호狊는 새가 두 날개를 펴는 것을 형용한 글자.) 원문의 후嗅자는 고본에서 구口부에 속하기도 하고 혹은 비鼻부에 속하기도 하지만, 호狊자로 쓴 경우는 전혀 없다. 글자가 틀렸다는 주장은 근거가 없다.

마지막으로 나는 이 장에 대해 축자 번역을 시도해보기로 하겠다. 이 장은 자로가(혹은 자로가 공자를 모시고서) 산속을 걷다가 산골짜기에 놓인 나무다리 위에서 암컷으로 보이는 산새 한 마리를 보았다. 산새는 하늘로 날아올랐다가 한 바퀴 돌고 나서 다시 내려왔다. 자로(혹은 공자)는 감탄하면서 "이 산새는 정말로 시기를 포착할 줄 아는구나"라고 말했다. 자로는 그물을 펴놓고 미끼를 뿌려놓았다. 그러나 산새는 몇 번 냄새를 맡아보고서는 날개를 퍼덕이면서 날아가버렸다.

이 문단이 의미하는 것은 의미심장하므로 자세히 음미해볼 만한 가치가 있다. 내 추측으로는 공자가 정치에 투신하고 싶어서 줄곧 기회를 엿보면서도 그 속에 빠지지나 않을까 두려워하는 마음을 암시하는 것 같다. 이는 마치 조조曹操가 "나무 위를 세 바퀴 돌아보았지만, 어느 가지에 앉을지 (찾지 못했다)"고 말했던 것과 같다. 만약 그렇다면 이 말이 놓인 위치가 마침 『논어』 전반부의 끝부분이라서 오히려 은은한 여운을 남겨주는 맛이 있다.

산속 나무다리에서 만난 암꿩

이 편은 「공야장」과 같이 인물 품평을 위주로 하고 있으며, 다른 점은 제자들에 대해 평가하고 있다는 것이다. 앞쪽의 세 장은 일반적인 논의로서 개요와 같고, 구체적인 평론은 뒤쪽에 있으며, 거의 전 편이 짧은 장으로 구성되어 있다. 마지막 한 장만 비교적 길며, 네 명의 제자가 공자를 모시고 앉아 각기 자신들의 포부를 말한 다음 의표를 찌르는 공자의 대답으로 재미있게 마무리를 짓고 있다. 공문의 제자들은 초기와 후기의 출신이 다르다. 초기에는 비천한 집안 출신들이었고, 후기에 이르러서야 비로소 부유한 집의 자제들이 있었는데, 공자는 가난한 집 자식들을 중시했다. 이들은 제각기 성격이 달랐다. 예를 들어 염구冉求·복상卜商·증삼曾參 등은 굼뜬 성격이었고, 중유仲由와 전손사顓孫師는 급한 성격이었다. 공자는 그들에게 각자의 자질에 따라 가르침을 베풀었다. 부족한 점을 격려하고 지나친 부분은 비판했다. 똑같은 문제라도 사람에 따라 대답이 달랐기 때문에 겉보기에는 모순되는 것 같지만 사실은 모순이 아니다.

스승님께서 말씀하셨다.

"예악의 배움에 먼저 들어온 자들은 야인이고, 예악의 배움에 나중에
들어온 자들은 군자이다. 만약 쓰고자 한다면
나는 먼저 들어온 자들을 따르겠다."

子曰, 先進於禮樂, 野人也. 後進於禮樂, 君子也. 如用之, 則吾從先進.

이 말은 아마도 공자 만년에 한 것으로 보이며, 회고적 성격을 띠고
있다. 그는 고개를 돌려 자기 제자들을 보면서 초기와 후기가 다르다
는 것을 알았다.

"선진先進"과 "후진後進"을 어떻게 이해해야 할지에 대해 논쟁이 있
다. 지금까지는 주로 두 가지 해석이 있다. 하나는 벼슬길에 나아가
는 순서에 따른 앞과 뒤, 즉 관리가 되는 순서(『집해』에서 포함包咸의 주
를 인용)라고 보는 것이고, 다른 하나는 진학의 순서에 따른 앞과 뒤,
졸업 순서(『정주鄭注』)라고 보는 것 등이다. 이 두 학설 중 뒤쪽의 것이
맞다.

"야인野人"과 "군자君子"에 대하여 예전에는 군자와 야인은 문文과 질
質의 구분이라고 생각했다. 그 외의 해석은 대부분 여기서 파생한 것
이다. 예를 들어 오제五帝를 "선진"이라 하고, 삼왕三王을 "후진"이라고

보는 견해,[1] 양공과 소공(공자 초기)을 "선진"이라고 보고, 정공과 애공을 "후진"이라고 보는 견해,[2] 은대를 "선진"이라고 보고 주대를 "후진"이라고 보는 견해,[3] 무왕과 주공을 "선진"이라고 보고, 춘추 시대마다를 "후진"이라고 보는 견해[4] 등이 있다.[5] 이들 견해는 모두 공허하고 실제와는 거리가 멀다. 공자는 제자 이야기를 한 것이지 다른 사람 이야기를 한 것이 아니었다.

그리고 그것은 도시에 거주하는가, 시골에 거주하는가의 구분이기도 하다. 주희는 "선진과 후진은 선배와 후배라는 말과 같다. 야인은 교외에 거주하는 사람이다. 군자는 현사賢士와 대부大夫이다"라고 말했다.(『집주』) 리쩌허우李澤厚는 이 주장을 발전시켜서 "야인"은 교외에 거주하는 은나라의 후손을 가리키고, "군자"는 도성 안에 거주하는 주나라의 귀족을 가리킨다고 말했다.[6] 이런 주장은 일리가 있는 것처럼 보인다. 그러나 공자는 일관되게 주나라를 따랐는데, 어떻게 은나라의 선진을 따를 수 있겠는가 하는 문제에 대하여 그 자신도 이해할 수 없다고 말했다.

이전 사람의 여러 학설 가운데 가장 주목할 만한 가치가 있는 것은 유보남劉寶楠이 인용한 노변盧辯의 설과 송상봉宋翔鳳의 설이라고 생각한다. 그에 따르면 "선진"과 "후진"은 제자들이 문하에 들어온 순서를 가리킨다. "야인"은 먼저 예악을 배운 다음 능력이 있을 때 비로소 관리가 되는 것, 즉 이른바 "배우다가 여유가 있으면 벼슬에 나아간다"는 것이고, "군자"는 예악을 배우지 않고 세록世祿(세습적 녹봉)에 의하여 관리가 된 사람으로서 그에게 있어 예악에 대한 학습은 오히려 관리가 된 뒤의 일에 속한다.[7] 이 학설은 『형소』에서 변형되어 나온 것으로서 나중에 양보쥔에 의해 채택되었는데,**8** 다른 학설들보다 합리적이다.

그 밖에 유봉록劉逢祿은 또 다른 학설을 제기했다. "이 장은 제자의 언행에 대해 선생님께서 판단하고 바로잡은 것들을 모아놓은 기록이다. 선진은 먼저 문하에 들어온 사람으로서 예를 들어 자로 등이 여기에 속하는데, 난세를 바로잡고자 하는 데 뜻을 둔 자들이다. 후진은 자유·공서화 등과 같은 사람으로서 태평한 세상을 만드는 데 뜻을 둔 자들이다."(『논어술하論語述何』)**9** 즉 특히 "선진"과 "후진"을 문하에 들어온 시기의 선후로 보았다는 점에서 역시 주목할 만한 가치가 있다.

내가 이해하고 있는 것은 이렇다. 고대의 대학에서는 주로 예악을 배웠다. 공자가 제자를 길러내는 데 있어 최고의 목표 역시 예악을 배우는 데 두었다. "예악의 배움에 먼저 들어온 자들"은 먼저 고등교육을 마친 제자이고, "예악의 배움에 나중에 들어온 자들"은 나중에 고등교육을 마친 제자이다. "야인"과 "군자"는 이 두 종류의 제자들을 가리킨다. 그들의 출신 가정과 신분 혹은 사회적 지위는 다르다.

『논어』의 "군자"에는 두 가지 의미가 있다. 하나는 출신이 고귀한 사람을 의미하고, 다른 하나는 도덕이 고상한 사람을 뜻한다. 옛날 사람은 배가 부르고 나서야 문명이나 예의를 논할 수 있다고 생각했다. 귀족 사회에서는 신분이 높으면 도덕성은 자연히 좋고, 신분이 낮으면 도덕성 또한 자연히 낮다고 생각했다. 그러나 춘추 시대마다 이후로 상황이 변했다. 부귀한 사람이 반드시 도덕적이라고 볼 수 없게 되었다. 공자가 강조한 것은 여전히 도덕의 높고 낮음이었다. "군자"의 반대편에 있는 것은 "소인"이고 "야인"이다. "소인"은 신분이 천하고 낮은 것을 가리키고 또 도덕이 낮은 것을 가리키기도 한다. 그러나 "야인"은 "군자"와 상대되는 말이고 신분이 천하고 낮은 것을 가리킨다. 주희의 해석은 대체로 맞다. "야인"은 "교외"에 사는 촌뜨기이고, "군자"는 도성 안에 살면서 작록爵祿과 지위가 있는 사람이다. 그런데 나는 공자의 제자 가운데 초기에 졸업한 사람 대부분은 비천한 집안 출신이고 지위가 낮고 천했다든가, 후기에 졸업한 제자의 대부분이 명문가 출신이고 관리가 된 사람이 매우 많았다는 것 등이 이 장에서 말하고자 하는 것이 아닐까 하는 의문이 든다.

"만약 쓰고자 한다면 나는 먼저 들어온 자들을 따르겠다"는 공자는 가난한 아이를 특히 더 중시하고, 가난한 집 아이를 쓸망정 부잣집 아이를 쓰지 않겠다고 말한 것이다.

공자가 학당을 열고 제자들을 가르쳤는데, 그것은 후세의 비밀결사와 비슷했다. 한비자는 "유자는 글로 법을 문란하게 하고, 협객은 무술로 금령을 위반한다"[10]고 말했는데, 무사 집단이 협俠이고, 문사 집단이 유儒로, 모두 민간 조직이었다. 당시에는 빈천한 집안 출신이나 공부에 목말라 하던 제자들만 찾아와 배우기를 요청했다. 협객과 힘쓰는 사람도 있었고, 부랑자의 기풍을 지닌 사람도 있었으며, 심지어는 전과자로 등재되어 있는 사람도 있었다. 부유한 제자는 공자의 이름이 널리 알려진 뒤에야 비로소 명성을 흠모하여 찾아온 사람이다. 그러나 이것은 그저 대략적인 추측일 뿐이다. 왜냐하면 공자의 제자들 가운데 많은 사람은 대부분 출신이 불분명하기 때문이다.

공자가 초년에 노나라에 있을 때(35세 이전) 받아들인 제자는 거의 대부분 가난한 집 출신이었다. 예를 들면 안씨 가족의 제자 안무요는 안회의 아버지였고, 안회는 빈민촌에서 가난하게 살면서 그저 입에 풀칠 정도만 할 수 있었으니 부자 아버지가 아니었다는 것을 알 수 있으며, 염경과 염옹과 염구는 친족이었는데 "천인賤人" 출신이었으며, 중유는 "비인鄙人" 혹은 "야인野人", 즉 촌뜨기였고, 칠조계는 "형잔刑殘", 즉 노동교화 형벌을 받은 적이 있는 범죄자였고, 민손의 출신은 분명하지 않지만 아마도 부귀한 집안은 아니었을 것이다.

공자가 제나라와 주나라에 갔다가 노나라로 돌아온 뒤(36~54세)에 받아들인 제자 중에서 염옹과 염구와 안회는 가난한 집 자식들이었다. 그러나 단목사는 "위衛나라의 상인"으로서 돈이 매우 많았다. 무마시와 고시와 복부제는 출신을 알 수 없다.

공자가 주유열국할 때(55~68세) 받아들인 제자들 중 원헌은 매우 가난했고, 번수와 공서적과 유약은 출신을 알 수 없으며, 복상은 집안 형편이 빈한했으며, 담대멸명과 언언과 증삼의 집안 형편은 아마 조금 좋았을 것이다.

공자가 만년에 노나라에 있을 때(69~73세) 주변에는 공손사가 있었는데, 그 역시 출신이 비천했고 범죄를 저지른 전과자였다. 그러나 송나라의 사마우는 공자보다 2년 먼저 죽었지만 대귀족이었다.

그 밖에 공자의 제자들은 초기에는 모두 은둔하여 할 만한 벼슬이 없었고, 후기에 이르러서야 비로소 줄줄이 벼슬길에 올랐다. 예를 들어 중유는 먼저 노나라 계씨의 가신이 되었고, 나중에 위나라 포대부가 되었으며, 염옹과 염구 역시 계씨의 가신이 되었으며, 단목사는 노나라에서 벼슬을 했는데, 외교 방면에 뛰어났다. 언언은 무성의 읍재가 되었고, 복상은 거보䀆父의 읍재가 되었으며, 복부제는 단보單父의 읍재가 되었고, 고사는 비費의 읍재가 되었는데, 이것들은 거의 모두 공자 만년에 속한다.

"선진"과 "후진"의 개념은 오늘날에도 쓰인다. 그러나 의미는 완전히 상반된다. 예를 들어 문文과 질質에 대한 구분에서 문이 질보다 뛰어난 것은 진화론이고 질이 문보다 뛰어난 것은 퇴화론이다. 옛날 사람들의 주장은 모두 퇴화론에 속한다. 그들이 말한 "선진"은 선배이고, "후진"은 후배이지만(『집주』), 오늘날 우리가 말하는 "선진적인 사람"이라는 말은 새로운 세대가 낡은 세대를 앞서거나 이전의 지식인을 크게 뛰어넘는 사람을 가리킨다. 그런 사람은 이 말의 원 뜻에 따르면 오히려 "후진적인 사람"에 속한다. 이처럼 의미가 전도된 "선진"과 "후진"은 모두 일본어에서 빌려온 거짓 중국어로서 중국인들이 원래부터 사용하던 것과는 완전히 상반된다. 우리가 현재 사용하는 선진적인 무기는 GPS로 제어하는 유도탄이다. 그러나 옛날 사람의 말에 따른다면 돌멩이야말로 가장 선진적인 무기인 것이다.

선진과 후진

스승님께서 말씀하셨다.
"진나라와 채나라에 갈 때 나를 따랐던 이들은
아무도 문하에 남아 있지 않구나."

子曰, 從我於陳蔡者, 皆不及門也.

이 말은 분명히 공자 만년에 한 것으로 보이며, 역시 회고적 성격을 띠고 있다. 감상적인 내용의 말이다.

"진나라와 채나라에 갈 때 나를 따랐던 이들"은 주유열국 중 진나라와 채나라에서 재난을 당했을 때 함께 있었던 제자들을 가리킨다. 이 제자들은 누구일까? 명확하게 살펴볼 수 없지만, 아마도 안회와 중유와 단목사뿐이었을 것이며, 어떤 사람은 재여와 전손사도 있었다고 말하기도 한다.

"아무도 문하에 남아 있지 않구나"에 해당되는 원문 "개불급문야皆不及門也"에 대하여 이전에 두 가지 주장이 있었다. 하나는 벼슬의 문턱에 들어서지 못한 사람(『정주』)이라는 것이다. 유보남은 또 "군자께서 진나라와 채나라 사이에서 재앙을 만난 것은 위아래의 교섭이 없었기 때문이다"[11]라는 맹자의 말을 인용하여, 이 구절은 공자에게는 진나라와 채나라에서 관리를 지낸 제자가 없었기 때문에 사적으로 청탁을

넣을 만한 채널을 찾지 못했음을 가리키는 것이라고 생각했다.[12] 다른 하나는 스승의 문하에 이르지 못했다, 즉 이들 충성심이 불타오르던 제자들은 아무도 공자 근처에 없고 모두 스승의 문하를 떠났다는 것으로 보는 것이다.(『집주』) 나는 뒤쪽의 주장이 더 낫다고 생각한다. 이 장에서 말하고 있는 것은 공자의 서글픈 탄식으로서 기원전 484년, 즉 공자가 68세 되던 해에 한 말이거나, 심지어는 안회와 자로가 죽은 공자 최후의 2년, 즉 기원전 480년 혹은 기원전 479년에 한 말일 것으로 추측된다.

공자의 제자는 아무도 공자 주변에 없었다

...

11.3

덕행德行은 안연과 민자건과 염백우와 중궁이다.
언어言語는 재아와 자공이다. 정사政事는 염유와 계로다.
문학은 자유와 자하다.

德行, 顔淵閔子騫冉伯牛仲弓. 言語, 宰我子貢. 政事, 冉有季路. 文學, 子游子夏.

이 장은 매우 유명한데, "4과10철四科十哲"을 설명한 것이다. 왕망은 네 분과로 인재를 뽑았고,[13] 당 개원 8년(720)에 공자를 제사하는 제도를 제정했는데, 이때 이 10명을 배향하면서 "10철"이라 불렀다.[14] 어떤 사람은 공문은 많은 계층의 조직체계로서 그 아래 마치 비밀결사와 같이 네 개의 부문을 설치했고, 아래에 설치한 비밀결사에는 각각 책임자가 있었다[15]고 말하기도 한다. "10철"은 오늘날 우리가 선진적인 대표적 인물을 평가할 때 자주 쓰는 베스트 텐이라는 말과 같다. 그들은 공문을 대표하는 열 명의 인물이다. 그러나 오늘날 남아 있는 책들에는 모두 "스승님께서 말씀하셨다子曰"는 말이 빠져 있다. 이 장의 말을 공자가 한 것인지 아닌지에 대해 예전부터 논쟁이 있었다. 『사기』「중니제자열전」과 『신서新序』「잡사雜事」 및 『후한서』「문원전文苑傳」 등에서는 모두 이 장이 공자로부터 나온 것이라고 말하고 있는데, 이런 자료를 통해 한대에 이런 주장이 있었음을 알 수 있다. 『황소』역시

이것은 공자가 승낙한 기록이라고 말했다. 그러나 청대 적호翟灝는 한 대 사람이 이 장과 앞 장을 하나로 연결하여 읽은 나머지 이 장을 공자의 말이라고 잘못 지적했다.(『사서고이四書考異』)**16** 사실 문장만 놓고 보더라도 이 장은 앞의 장과는 분리해서 읽어야 한다. 10철에 대해 모두 자를 불렀다는 점을 볼 때 공자의 말이 아님을 알 수 있다. 당대에 이미 이점에 대해 주의를 기울인 사람이 있었다.**17**

"덕행德行"은 개인의 수양이다. 주요 지표는 안빈낙도安貧樂道, 침묵하면서 말을 적게 하는 것, 전심전력하여 고난을 이겨내는 것 등이고 또 '큰 효자大孝子'이기도 하다. 안연(안회)·민자건(민손)·염백우(염경)·중궁(염옹) 등이 대표적인 인물로 모두 가난한 집안 출신이다. 그 가운데서 염백우의 나이가 가장 많았고(공자보다 7세 아래), 민자건이 다음으로 많았고(공자보다 15세 아래), 중궁이 그다음이었고(공자보다 29세 아래), 안연이 가장 어렸다.(공자보다 30세 아래.) 그러나 안연은 공자가 가장 좋아했고, 여기서 첫 번째에 놓여 있다.

"언어言語"는 말재주와 외교적 재능이다. 재아(재여)는 안연보다 한 살 많았고, 자공(단목사)은 안연보다 한 살 적었다.

"정사政事"는 관리의 재능이다. 염유(염구)는 계씨의 가신을 지내면서 이재理財에 통달했고, 계로(중유, 즉 자로)는 계씨의 가신을 지냈고 위나라에서 포읍蒲邑의 대부(읍재)를 지냈는데, 치국治國과 용병用兵의 재능이 있었다. 계로의 나이는 비교적 많았고(공자보다 9세 아래), 염유는 재아와 동갑이었다.

"문학文學"은 오늘날 말하는 문학이 아니다. 문학은 방술方術을 말하는 것이다. 방술은 고대의 자연과학(각종 미신까지 포함)이고, 문학은 고대의 인문학술이다. 자유(언언)와 자하(복상)는 공자 문하에서 나이가 가장 어린 사람이고(자유는 공자보다 45세 아래, 자하는 공자보다 44세 아래), 그들은 유가 경전에 대한 전수에 가장 큰 공헌을 했다.

이것은 공문의 4과에서 10명의 대표적인 인물이다. 그러나 그것이 전부는 아니다. 예를 들어 유약·증삼·전손사 등은 그 속에 들어가지 않는다.

고대에 관리를 뽑을 때 선발 방법은 끊임없이 변해왔다. 그러나 대체로 이 4과의 범위를 벗어나지 않았다. 공자는 말보다 행동이 뛰어났고, 그가 가장 중요하게 여기는 것은 덕행이었으며, 그다음이 정사였다. 덕행과 정사는 모두 행동에 해당된다. 그는 말솜씨가 능수능란한 것을 싫어했다. 그러나 말을 잘하면 시를 암기할 수 있고, 적어도 손님을 접대할 수 있고, 사방에 사신으로 갈 수 있으니 역시 정치와 관련이 있고, 적어도 문학보다는 중요하다. 문학은 언어와는 다르다. 언어는 말로 하는 것이지만, 문학은 쓰는 것이다. 그는 독서를 무척 좋아했고, 책을 통해 지식을 전수하는 데 커다란 공을 세웠다. 그러나 후세에 "모든 것이 다 저급하고, 오직 독서만이 고상하다"[18]라고 말한 것과 같은 것은 결코 아니다.

공자가 가장 마음에 들어 하던 제자는 안연으로 4대 도덕샘님의 한 사람이었고, 죽은 뒤에 묵묵히 아무런 명성이 없었다. 명성이 있었다 해도 그것은 허명虛名으로 성격도 좋고, 정치적 업적도 뛰어나고, 많은 사람에게 깊은 인상을 남겨준 자로보다 못했다. 바로 영화에서 보는 것처럼 좋은 사람은 기억에 남아 있지 않고, 기억되는 사람은 모두 나쁜 사람이거나 문제가 있는 사람이다. 공자는 죽은 뒤에 커다란 명성을 얻었지만, 주로 언어과에 속한 재아와 자공, 문학과에 속한 자유와 자하, 그리고 굉장히 극단적이었던 자장 등의 노력에 의한 것으로 공자 자신은 도저히 생각하지 못했을 것이다.

다시 계속해보면 역대의 관리 채용은 공자의 방안과는 반대로 시행되었다. 초기에는 효자와 '청렴한 사람孝廉'의 천거, 그리고 책문策問(과거시험)을 통해 재덕을 겸비한 사람을 뽑았고, 추천에 면접이 추가되어 도덕과 정치적 능력을 평가했다. 나중에는 완전히 문장에 의거하고 시험 성적에 의거했다.

공자가 지하에서 이것을 안다면 어떤 느낌일까?

위진 시기에는 인물 품평이 유행했다. 『세설신어世說新語』를 예로 들어보면 앞부분의 4편은 4과를 주제로 삼고 있다. 이것은 그 이후의 글을 읽기 위한 전체적인 개요이다.

4과 10철

스승님께서 말씀하셨다.
"안회는 나를 돕는 사람이 아니다. 내가 한 말에 대해
기뻐하지 않는 것이 없다."

子曰, 回也非助我者也, 於吾言無所不說.

공자가 안회를 비판했는데, 그는 그저 스승의 말을 듣기만 하고 하는 말마다 다 좋아하고 전혀 이견이 없었다. 이것은 겉으로는 비판하면서도 속으로는 칭찬한 것이다.

안회

스승님께서 말씀하셨다.
"'효자로다, 민자건이여!' 사람은 그의 부모나 형제들의 이 말에
트집을 잡지 않는구나."

子曰, 孝哉閔子騫. 人不間於其父母昆弟之言.

"효자로다, 민자건이여"는 민손의 자를 부른 것이다. 공자는 제자들에 대하여 일반적으로는 모두 이름을 불렀는데, 여기서는 왜 자를 불렀는지에 대해 논쟁이 있었다.

한 가지는 이것은 인용하여 기록한 사람의 말로서 공자가 한 말이 아니라는 주장이다.[19] 다른 한 가지는 옛날 책에서 "왈曰"자를 쓸 경우 만약 구체적인 "말言"을 예로 드는 것이라면 "왈曰" 뒤에는 다른 사람이 공자의 말을 인용하여 기록한 것이라는 주장이다.(청대 최술의 『논어족징기論語足徵記』)[20] 여기서는 잠시 앞의 주장에 따른다. 나는 이 다섯 글자는 공자가 직접 한 말이 아니고 공자의 말을 인용한 사람의 말이라고 생각한다. 그래서 따옴표로써 묶어둔다.

"불간不間"은 사람이 아무런 다른 말을 하지 않는 것이다.

민자건은 효자로 이름이 났다. 그는 초년에 어머니를 잃고 계모의 학대를 받았다고 한다. 엄동설한에 계모의 아이는 따뜻한 옷을 입었

지만, 그는 도리어 갈대꽃을 솜으로 넣은 낡은 옷을 입고 있었는데, 얼어서 아버지가 탈 수레와 말을 준비할 수 없게 되자 그 아버지는 크게 화를 내면서 그 계모를 친정으로 쫓아버리려고 했다. 그러자 그는 극구 말리면서 절대로 그렇게 할 수 없다고 했고, 만약 계모를 친정으로 쫓아버린다면 나 한 사람만 어는 것이 아니라 계모가 데리고 온 두 명의 동생도 얼 것이라고 말했다. 그의 아버지는 무척 감동했고, 계모도 이때부터 뉘우쳐 자애로운 어머니로 바뀌었다.[21]

민자건은 효자로서 유명했고, 당시에 그 집안사람의 "민자건은 참 효자야"라는 말에 대해 누구든 동의했다.

효자로다, 민자건이여

남용이 백규白圭(희고 맑은 옥)라는 시구를 매일 세 번씩 반복해
읊조렸는데, 공자는 자기 형의 딸을 그에게 시집보냈다.

南容三復白圭, 孔子以其兄之子妻之.

"남용南容"은 즉 남궁괄[22]이고, 자는 자용子容이다. 여기서는 자를
불렀다. 공자가 자기 형의 딸을 남용에게 시집보냈다는 것은 이미 「공
야장」 5.2에서 나왔다. 『논어』에서 그는 오직 세 번만 나온다. 세 번 나
왔지만, 모두 같은 이미지다. 그는 지나치게 신중하여 소심하기까지
한 사람이고 자중자애하면서 오직 잘못을 범하지나 않을까 두려워한
사람이다. 공자는 이런 사람을 좋아했다. "삼복백규三復白圭"는 고문본
古文本에서 "삼복백규지점三復白圭之玷"으로 되어 있다. 『시경』 「대아·억
抑」에 "백규 위에 더러운 점이 있다면, 그것을 갈아 없애버릴 수 있지
만, 우리가 한 말에 결점이 있다면, 그것을 바로잡을 수 없다"[23]라는
시가 있는데, 남용은 매일 이 편을 몇 번이고 읊조림으로써 스스로 경
계하면서 말하는 것을 반드시 조심하려고 했으며, 이런 점을 통해 이
사람이 지나치게 신중하여 소심하기까지 했다는 것을 알 수 있다.

남용은 지나치게 신중하여 소심했다

계강자가 물었다.

"제자들 중에서 누가 배우기를 좋아합니까?"

공자께서 대답하셨다.

"안회라는 제자가 있었는데 배우기를 좋아했으나 불행히도 명이 짧아

죽어버리고, 지금은 없습니다."

季康子問, 弟子孰爲好學. 孔子對曰, 有顔回者好學, 不幸短命死矣, 今也則亡.

공자는 안회를 가장 좋아했는데, 계강자가 "제자들 중에서 누가 배
우기를 좋아합니까"라고 묻자 그는 "안회라는 사람이 있었는데 배우
기를 좋아했습니다"라고 대답했다.

똑같은 문제를 애공이 물은 적이 있다. 앞의 「옹야」 6.3을 참조하기
바란다.

"불행히도 명이 짧아 죽어버리고"를 보자. 안회는 겨우 41년을 살았
다. 한대에는 단명하여 일찍 죽은 것을 "불행사不幸死"라고 부르는 습
관이 있었다. "불행"에 대하여 『황소』에서는 손작孫綽의 말을 인용하여
"살지 않아야 하는데도 사는 것을 다행이라 하고, 죽지 말아야 하는
데도 죽은 것을 불행이라고 한다"라고 말했다.

여기서 안회의 죽음을 언급했다는 점으로 미루어 이 대화는 공자

가 세상에 있던 마지막 3년(기원전 481~기원전 479)에 있었던 것임을 알 수 있는데, 아마도 안회가 죽은 지 오래되지 않은 시점이었을 것이다.

안회의 죽음 1

안연이 죽자 안로顔路가 스승님의 수레로 그의 곽槨을 마련하자고
요청했다. 스승님께서 말씀하셨다.
"재능이 있든 없든 역시 각기 자기 자식을 말하기 마련이다.
이鯉가 죽었을 때 관은 있었고 곽은 없었지만,
나는 곽을 마련하기 위해 걸어다니는 쪽을 선택하지 않았다.
나는 대부의 뒤를 따르는 사람이라서 걸어다닐 수 없기 때문이다."

顔淵死, 顔路請子之車以爲之槨. 子曰, 才不才, 亦各言其子也. 鯉也死, 有棺而無槨.
吾不徒行以爲之槨. 以吾從大夫之後, 不可徒行也.

"안연"과 "안로顔路"는 모두 그들의 자를 불러 존중했는데, 아래의
세 장도 같다.

안로는 안회의 아버지고 이름은 무요無繇이며 자는 노路다. 요繇자
와 유由자는 서로 통용된다. 그는 중유仲由(자로)와 이름이 같고 자도
같다. 그리고 둘 다 공문 제1기의 제자였고, 안연이 죽을 때 그는 이
미 67세였다.

"재능이 있든 없든 역시 각기 자기 자식을 말하기 마련이다"라는
것은 우리 자식이 재능이 있든 없든, 너의 자식이 재능이 있든 없든
관계없이 너의 자식이 자식이면 나의 자식도 자식이다, 라는 뜻이다.

"종대부지후從大夫之後"는 대부의 뒤를 따라 가는 사람이다. 이것은

대부의 직을 떠난 것에 대한 일종의 완곡어법이다.

"공리孔鯉"는 공자의 아들이다. 그는 공자가 20세 때 태어나서 공자가 69세 되던 때 죽기까지 겨우 49년을 살았다.

이것은 안로가 안연을 위해 장례를 치르면서 공자에게 수레를 팔아 안연의 곽을 사자고 요구했다는 것을 기록한 것이다. 곽은 목재로 제작한 것으로 속에 약간의 공간을 나누고 가운데에 관을 놓고 바깥쪽에 부장품을 넣는다. 이러한 장례용품은 오직 신분이 높은 사람만이 구비하며 비교적 귀중하다. 공자는 안로의 청을 거절했는데, 그 이유는 두 가지다. 하나는 공자가 안로의 아들을 자신의 아들과 똑같이 간주하면서 공리가 죽었을 때 오직 관만 있었고 곽은 없었다는 것이고, 다른 하나는 공자 자신은 노나라의 대부를 지냈기 때문에 현재 신분이 대부와 같으며, 대부는 모두 수레가 있는데, 그 자신은 신분을 고려하지 않고 걸어다닐 수 없다는 것이다. 이 장의 대화가 진행된 시간 역시 매우 명확하다. 바로 안회를 장사지내기 이전, 즉 기원전 481년이다.

안회의 죽음 2

안연이 죽었다. 스승님께서 말씀하셨다.
"아, 하늘이 나를 죽이는구나! 하늘이 나를 죽이는구나!"

顏淵死. 子曰. 噫. 天喪予. 天喪予.

안연의 죽음이 공자에게 준 충격은 엄청나게 컸다. 그는 이렇게 외쳤다. 아! 하늘이 나의 목숨을 빼앗으려는구나! 하늘이 나의 목숨을 빼앗으려는구나!『공양전』「애공」 14년에는 이렇게 기록하고 있다. "안연이 죽자 스승님께서 말씀하셨다. '아! 하늘이 나를 죽이는구나.' 자로가 죽자 스승님께서 말씀하셨다. '아, 하늘이 나를 절단내는구나.'"[24]

안회의 죽음 3

안연이 죽자 스승님께서 곡을 하시는데 통곡을 하셨다.
모시고 있던 제자가 말했다.
"스승님 통곡하시는군요."
"내가 통곡한다고? 이 사람을 위해 통곡하지 않으면
누구를 위해 통곡하겠느냐?"

顔淵死, 子哭之慟. 從者曰, 子慟矣. 曰, 有慟乎. 非夫人之爲慟而誰爲.

이것은 공자가 안회의 죽음에 곡한 것을 이야기한 것이다.

「자장」 19.4에서 "자유가 말했다. '상사喪事에서는 슬픔에 이르면 그만이다'"라고 했다. "통慟"은 극도로 슬퍼하고 지나치게 애달파하는 것이다. 공자는 내가 정말로 지나치게 슬퍼했느냐, 내가 이 사람을 위해 비통해하지 않으면 누구를 위해 비통해한단 말이냐고 되물었다.

안회의 죽음 4

안연이 죽자 문인들이 후하게 장사를 지내려고 했다.
스승님께서 말씀하셨다.
"안 된다."
문인들이 후하게 장사를 지내자 스승님께서 말씀하셨다.
"안회는 나를 아버지처럼 대했지만, 나는 아들처럼 대하지 못했다.
나 때문이 아니라, 저 제자들 때문이다."

顔淵死, 門人欲厚葬之. 子曰, 不可. 門人厚葬之. 子曰, 回也視予猶父也, 予不得視猶子也.
非我也, 夫二三子也.

여기서는 안회가 공자를 아버지처럼 대했고, 공자는 안회를 아들처럼 대했다는 것을 말하고 있다. 그는 자기 아들의 장례를 치를 때 모든 것을 간결하게 치른 이상, 안회의 장례에 대해서도 차별하지 않고 똑같이 간결하게 치르려고 생각했다. 문하의 제자들은 그 어르신의 염원을 저버렸다. 그래서 그는 그것은 나의 생각이 아니라 순전히 저 제자들이 그렇게 한 것이라고 말했다.

안회의 죽음 5

이상의 다섯 장은 모두 안회의 죽음에 대해 이야기한 것이다.

계로가 귀신 섬기는 문제에 대하여 질문했다.
스승님께서 말씀하셨다.
"사람을 섬기지도 못하면서 어떻게 귀신을 섬길까?"
"죽음이 무엇입니까?"
"삶도 모르는데 어떻게 죽음을 알겠느냐?"

季路問事鬼神. 子曰, 未能事人, 焉能事鬼. 曰, 敢問死. 曰, 未知生, 焉知死.

"계로季路"는 곧 자로인데, 앞에 서열을 의미하는 글자를 붙여 역시 자를 불렀다.

자로의 말은 자주 스승으로부터 비판을 받았는데, 측면에서 완곡하게 공격하는 것이 아니라 바로 심하게 욕을 퍼붓는 것이었고, 좋은 말이 거의 없었다. 여기서 한 말은 오히려 정중한 편에 속한다. 자로가 귀신에게 제사지내는 문제에 대해 묻자 공자는 정면으로 대답하지 않고 그저 "사람을 섬기지도 못하면서 어떻게 귀신을 섬길까"라고만 말했다. 또 죽음에 대하여 캐묻자 공자는 역시 정면으로 대답하지 않고 그저 "삶도 모르는데 어떻게 죽음을 알겠느냐"라고만 말했다. 자로는 애를 써보았지만 아무런 소득이 없었다.

사람은 살아 있는 사람이고, 귀신은 죽은 사람이며, 이 두 문제는 사실 관련이 있다. 공자는 귀신에 대하여 믿지 않았던 것이 아니고, 죽음에 대해서도 무덤덤하게 보지는 않았다. 그는 그저 비교적 초연했고 살아 있는 사람을 죽은 사람보다 더 중시했고, 생명을 죽음보다 더 중시했다. 이상은李商隱의 시에 이런 구절이 있다.

> "선실宣室에서 지식인을 구하면서 쫓아낸 신하까지 불러들였는데
> 가생賈生의 재능과 기품이 비할 데 없이 탁월했다
> 애석하게도 한밤중에 쓸데없이 가까이 다가앉아
> 백성에 대해서는 묻지 않고 귀신에 대해서만 물었다"[25]

공자의 태도는 한 문제文帝와는 완전히 상반된 것이다.

귀신과 죽음

민자건이 옆에서 모시고 있으면 공손하고 엄숙했고,
자로는 당당하고 굴셌으며, 염유와 자공은 자유롭고 편안했다.
스승님께서는 즐거워하면서 말씀하셨다.
"중유와 같이 행동하면 제 명에 못 죽을 것이다."

閔子侍側, 誾誾如也. 子路, 行行如也. 冉有子貢, 侃侃如也. 子樂. 若由也, 不得其死然.

이것은 자로를 민자건·염유·자공 등 세 사람과 비교한 것이다.

"민자閔子"는 고본古本에는 "건騫"자를 붙여 쓴 경우가 많다. 『논어』에서는 공자와 유자와 증자를 제외한 그 밖의 사람에 대해 스승님이라는 뜻의 자子자를 붙여 부르지 않았다. 여기서는 반드시 "건騫"자를 더해야 한다.

"시측侍側"은 제자가 옆에 앉아 있거나 서 있는 것이다.[26]

"자락子樂"은 고본에는 "자락왈子樂曰"로 되어 있는 경우가 많다. 옛날 책에 따라야 한다.

여기서 자로와 염유와 자공은 모두 자를 불렀고, 민자건은 고본에 따르면 역시 자를 불렀다. 그들은 스승을 모시고 담소했는데, 자세나 표정이 달랐다. 앞의 「향당」 10.1에서 이미 설명했듯이 "공손하고 엄숙했다"는 신분이 높은 사람과 이야기할 때의 모습으로 비교적 공손하고 또 비교적 엄숙한 것이고, "자유롭고 편안했다"는 신분이 낮은 사람과 이야기할 때의 모습으로 비교적 가뿐하고 또 비교적 자유로운 것이다. 민자건은 도덕샌님으로서 공자 곁에 있을 때는 매우 엄숙하고 매우 정중했는데, 그 모습이 몹시 잘 어울렸다. 염유와 자공은 나이가 비교적 어렸고 좀 자유로웠으며 또 편안하게 생각했다. 오직 자로만이 "당당하고 굳셌으며", 위풍당당하고 기세가 드높았고, 조금은 우스꽝스럽기까지 했다.

"스승님께서는 즐거워하면서"라는 말은 조소의 의미를 포함하고 있다. 그는 무엇을 즐거워했을까? 자로의 덤벙대면서 엄숙하지 않을 뿐만 아니라 홀가분하지도 못한 모습, 베이징 말로 뻔뻔스럽고 당돌한 모습을 보면서 즐거워했을 것이다. 그는 자로의 그와 같은 모습을 보면서 자로는 아마도 "부득기사不得其死", 즉 자연적 수명이 다할 때까지 살지 못할 것이라고 말했다. 옛날 사람은 "그러므로 강하고 굳센 자는 제 수명까지 살지 못한다[27]라고 말했다. 나중에 자로는 정말로 위나라에서 죽었으며, 몸은 잘게 토막나고 말았다. 공자는 몹시 괴로워하면서 저민 고기를 모두 내다 버렸다.[28] 이 장의 이야기는 아마도 공자가 주유열국하기 전후, 즉 공자 나이 50여 세 이후에 한 것으로 보인다.

비교: 민자건, 자로, 염유, 자공

노나라 사람이 장부長府를 고쳤다. 민자건이 그에 대하여 말했다.
"예전 모습대로 그냥 두는 것이 어떨까요? 왜 꼭 고쳐야 하나요?"
스승님께서 말씀하셨다.
"이 사람은 말을 하지 않는 편인데, 말을 하면 반드시 사리에 맞다."

魯人爲長府. 閔子騫曰, 仍舊貫, 如之何. 何必改作. 子曰, 夫人不言, 言必有中.

"노나라 사람이 장부長府를 고쳤다"에서 "노나라 사람"은 누구를 가리키는지, 누가 명령을 받은 것인지, 누가 집행한 것인지 분명하지 않다. "고쳤다"에 해당되는 원문 "위爲"는 다음에 이어지는 글을 볼 때 "개작改作", 즉 수리하고 개조하는 것을 가리킨다. "장부長府"는 노나라 소공의 대형 창고 혹은 그의 이궁離宮의 별관일 것이다. 옛날 사람은 재물을 보관하는 창고를 창倉이나 고庫라고 부르지 않고 부府라 불렀다. 창倉은 식량을 보관하는 창고이고, 고庫는 무기를 보관하는 창고로 부府와는 다르다. 『좌전』 소공 25년에 따르면 노나라 소공은 이것을 거점으로 삼아 계씨를 토벌했으나 실패하여 다른 나라로 도망갈 수밖에 없었고, 3년 뒤에 진晉나라에서 죽었다.

여기서 말한 노나라 사람의 장부長府 개조에 대한 시간과 배경은 분명하지 않지만 예전에는 여러 가지로 추측했다.[29]

일설에는 소공이 도망간 뒤 계씨(혹은 삼환씨)는 후계자(정공과 애공)가 계속 이 거점을 이용하는 것을 두려워하면서 유사한 사건이 일어나는 것을 방지하기 위해 장부를 철저하게 개보수하려고 하자 민자건이 반대 의견을 표시했다고 한다.[30]

다른 일설에는 소공이 도망간 뒤 계씨는 노나라 사람이 손가락질하고 의협심 강한 사람이 한탄하면서 눈물 흘리는 것을 두려워하여 그에 대한 기억을 말살하기 위해 개조했고, 민자건이 반대 의사를 표시했다고 한다.[31]

또 다른 일설에는 노나라 소공이 장부를 개보수하려고 했는데, 이 공사를 준비하고 있을 때 민자건이 그것으로는 계씨를 제압하기에 역부족이라는 것을 알고 완곡하게 저지한 것이라고 한다.[32]

이상의 추측들은 실증할 방법이 없다.

민자건이 장부의 개보수를 반대하면서, '철저하게 옛날 관습을 따르고 원래의 모양을 그대로 보존하는 것이 어떻겠습니까, 왜 꼭 개조하려고 하십니까'라고 말했고, 그리하여 공자의 칭찬을 받았다. 공자는 이 사람은 말하는 것을 좋아하지는 않지만, 입을 열기만 하면 요점을 정확하게 집어낸다(도덕샌님들은 모두 말하는 것을 좋아하지 않았음에 주의할 것)고 말했다.

이 장의 이야기는 분명히 기원전 517년 이후에 한 말일 것이며, 당시에 공자는 겨우 35세였고, 민자건도 겨우 20세였다.

이 사람은 말이 없지만, 말을 하면 반드시 적중한다

스승님께서 말씀하셨다.
"자로의 슬瑟을 왜 내 집 문 앞에서 타느냐?"
그 뒤로 문인들이 자로에게 공손하게 대하지 않자
스승님께서 말씀하셨다.
"자로는 대청까지는 올라왔지만, 방 안까지는 들어가지 못했다."

子曰, 由之瑟奚爲於丘之門. 門人不敬子路. 子曰, 由也升堂矣, 未入於室也.

"자로의 슬瑟"에 해당되는 원문 "유지슬由之瑟"은 고본에 "유지고슬由之鼓瑟"로 쓴 경우가 많다.

이것은 또 자로를 비아냥거린 것이다. 공자는 매우 가벼운 마음으로 이야기하고 있었고, 곁에는 현악기인 금琴 반주가 있었다.(자세한 것은 다음의 11.26을 참조할 것.) 자로는 본래 거친 사람으로서 음악에는 문외한이었다. 구설에서는 자로가 금을 연주하자 "북방의 촌스럽고 살벌한 소리"[33]가 났다고 한다. 그의 연주는 대체로 매우 격렬하여 담화하는 데 영향을 미쳤고, 듣기에도 별로 좋지 않았기 때문에 공자는 계속 듣고 있을 수 없어서 너도 내가 있는 이쪽으로 와서 연주하라고 함으로써 그 자리에서 자로를 난처하게 만들었다. 권위의 역량은 무한한 것이다. 스승마저 이렇게 말하니 그 밖의 제자들은 당연히 그를 무

612

시했다. 결국 다시 스승이 나타나 원만하게 수습했다. 그는 자로의 수준은 괜찮고, 적어도 마당에서 계단을 올라와 안방 밖에 있는 대청까지는 도달했고, 아직 안방에 못 들어갔을 뿐이라고, 즉 수준이 아직 최고의 경지에 이르지 못했을 뿐이라고 말했다. 안방에 들어가지 못한 이상 집 안에서 연주하지 말라는 것이고, 자로가 만약 풍류를 안다면 스승에게서 좀 멀리 떨어져 앉고 연주를 하더라도 밖에서 연주하라는 것이다.

자로의 현악기 연주

자공이 물었다.
"전손사와 복상 중에서 누가 더 똑똑합니까?"
스승님께서 말씀하셨다.
"전손사는 지나치고, 복상은 미치지 못한다."
"그렇다면 전손사가 더 낫습니까?"
"지나친 것은 모자란 것과 같다."

子貢問, 師與商也孰賢. 子曰, 師也過, 商也不及. 曰, 然則師愈與. 子曰, 過猶不及.

공자는 전손사(자장)와 복상(자하)에 대해 이름을 불렀고, 자공은 그들보다 10여 세가 많았기 때문에 역시 그들의 이름을 불렀다.

이것은 자장과 자하를 비교한 것이다. 자장은 성격이 과격하여 자로와 비슷했기 때문에 공자는 지나치다고 생각했다. 자하는 학문이 뛰어났고 사람됨이 겸손하고 온화했지만, 공자는 그의 병폐가 부족한 데 있다고 생각했다. 자공은 전손사가 복상보다 조금 나은 것이냐고 물었고, 공자는 지나친 것과 부족한 것은 똑같다고 말했다.

"지나친 것은 모자란 것과 같다"는 말은 오늘날 관용어가 되었다.

지나친 것은 모자란 것과 같다

계씨가 주공보다 부유함에도 불구하고 염구는 그를 위해
수탈하여 그의 부를 더욱 늘려주었다.
이를 보고 스승님께서 말씀하셨다.
"내 제자가 아니다. 그대들은 북을 울려 성토하는 것이 좋겠다."

季氏富於周公, 而求也爲之聚斂而附益之. 子曰, 非吾徒也. 小子鳴鼓而攻之, 可也.

염구가 모셨던 계씨는 분명히 계강자季康子였을 것이다. 당시의 주공
은 누구인지 고증할 수 없다.

계강자가 주공보다 더 부자로서 이미 참월한 상태인데 염구는 그를
도와 수탈을 자행하여 그의 부를 더욱 불려주었다. 공자는 크게 화가
치밀어 제자들에게 그는 자기 제자가 아니라고 말하면서 대대적으로
그를 토벌하라고 했다.

「옹야」6.4를 참고하면, 자화가 제나라에 사신으로 갈 때 염자는 그
의 어머니를 위해 양식을 요청했다. 공자는 그를 비판하면서 "군자는
다급한 사람을 도와주지만, 부자에게 보태주지 않는다"라고 말했다.
그러나 오늘날 은행을 경영하는 사람의 생각은 완전히 염구와 같다.

공자는 제자들에게 염구를 치라고 했다

고시는 어리석고, 증삼은 노둔하고, 전손사는 극단적이고,
중유는 거칠다.

柴也愚, 參也魯, 師也辟, 由也喭.

이 장에는 "자왈子曰"이라는 두 글자, 즉 스승님께서 말씀하셨다는 말이 없지만, 모든 사람에 대해 직접 이름을 부르면서 씨氏를 붙이지 않은 점으로 보아 분명 스승의 말투이다.

여기서 말한 "시柴"는 고시高柴이고, "삼參"은 증삼曾參이고, "사師"는 전손사顓孫師이고, "유由"는 중유仲由이다.

고시의 자는 자고子羔이고, 공문 제2기의 제자인데, 여기서 처음 나온다. 아래 11.25에서도 그를 언급하고 있는데, 『논어』에서 그는 오직 두 번만 나온다.

공자는 고시와 증삼과 전손사와 중유를 비교하면서 각각에 대하여 한 글자로 평가했는데, 모두 그들의 결점을 이야기한 것이다. "우愚"는 어리석은 것이고, "노魯"는 둔한 것이고, "피辟"는 극단적인 것이고, "언喭"은 거친 것이다.

앞의 글(11.16)에서 공자는 "전손사는 지나치고, 복상은 미치지 못한다" "지나친 것은 모자란 것과 같다"고 말했다. 고시의 어리석음과

증삼의 둔함은 "미치지 못함"에 속하며, 전손사의 극단적인 것과 자로의 거친 것은 "지나침"에 속한다.

비교: 고시, 증삼, 전손사, 중유

스승님께서 말씀하셨다.

"안회는 예측하는 것마다 자주 빗나갔고, 단목사는 운명을 그대로 받아들이지 않고 장사를 했는데, 예측하는 것들이 자주 적중했다."

子曰, 回也其庶乎屢空. 賜不受命而貨殖焉, 億則屢中.

『집해』에서는 위의 것과 합하여 한 장으로 만들었는데, 주주朱注에서는 그것을 나눠놓았다. 이 책에서는 주주를 따른다.

이것은 안회와 자공을 비교하여 안회는 가난하고 자공은 부유한 것을 말하고 있다.

"서庶"는 서기庶幾(거의 ~이다)로 해석할 수 있다.

"억億"은 여기서 억臆(추측하다)으로 읽는다.

일반적인 이해로 이 구절은 두 부분으로 나뉜다. 즉 윗부분은 안회에 대하여 이야기하고 있는데, 안회는 천명을 따르고 안빈낙도하면서 거의 도덕의 최고 경지에 도달했지만 주머니가 텅텅 빌 정도로 몹시 가난하다는 것을 말하고 있으며, 아랫부분은 자공에 대하여 이야기하고 있는데, 자공은 운명에 그대로 안주하지 않고 장사를 했고 시장 시세에 대한 예측이 모두 정확하게 맞아떨어져서 안회와는 반대로 거대한 재산을 모았다는 것을 말하고 있다는 것이다. 그러나 이와 같은 해석은 위아래에 대칭성이 없다. 명대의 학경郝敬은 "기서호루공其庶乎屢空"을 하나의 구로 읽어야 한다고 말했는데(『논어상해論語詳解』),**34** 매우 정확한 견해이다.

나는 "서庶"자는 "탁度"의 통가자通假字, 즉 서로 빌려 쓸 수 있는 글자가 아닐까 하는 생각이 든다. "탁度"은 헤아리다 혹은 추측하다의 뜻이며, 글자 형태가 서庶자와 관련이 있다. 『설문』「우부又部」에서 탁度은 우又부에 속하고 서庶의 생략형 부분이 소리를 나타낸다고 말했다. 서庶는 성모가 서書이고 운모가 어魚인 글자이고, 탁度은 성모가 정定이고 운모가 탁鐸인 글자로 독음이 매우 비슷하기 때문에 이 두 글자는 서로 빌려 쓸 수 있는 글자가 아닐까 하는 의문이 든다. "탁度"과 "억臆"은 같은 의미이고, "누공屢空"과 "누중屢中"은 상반된 뜻을 가지고 있다. 앞의 것과 뒤의 것이 완전히 대칭을 이루고 있는데, 그 의미는 안회는 운명이 어그러져 추측하는 일마다 자주 빗나갔고, 자공은 그와 반대로 추측하는 일마다 자주 적중했다는 것을 말한다.

비교: 안회와 단목사

11.20

자장이 선인善人이 되는 방법에 대하여 묻자,
스승님께서 말씀하셨다.
"예전의 발자취를 따르지 않는 것인데, 그 방법으로는 역시
성인의 안방에는 들어갈 수 없다."

子張問善人之道. 子曰, 不踐迹, 亦不入於室.

앞의 「술이」 7.26에서 우리는 "선인"은 매우 좋은 사람으로서 "인인仁人"과 같은 수준의 사람이라는 점을 검토했다. 이 말은 또 「자로」 13.11과 13.29 및 「요왈」 20.1에도 나온다.

자장이 선인善人이 되기 위해서는 어떻게 해야 하는가를 물었고, 공자는 "불천적, 역불입어실不踐跡, 亦不入於室"이라고 대답했다. 이 두 구는 비교적 난해하다. 과거에 두 가지 해석이 있었다. 한 가지는 예전의 발자취를 따르지 않으면 새롭게 창조하는 것은 있지만 성인의 안방에는 아직 들어가지 못하는 것이라는 해석[35]이고, 다른 한 가지는 만약 예전의 발자취를 따르지 않으면 역시 안방에 들어갈 수 없다는 해석[36]이다.[37] 이 두 가지 해석은 의미가 완전히 상반된다.

나는 앞의 해석이 뒤의 해석보다 조금 낫다고 생각한다. 공자가 쓴 어휘 중에서 선인은 비교적 높지만, 가장 높지는 않다. 그것은 성인보

다는 또 조금 낮다. 나는 선인은 일반의 세속적인 사람과는 같지 않고, 세속의 큰 유행을 따르지는 않지만, 그래도 가장 높은 경지는 아니라는 점을 여기서 말하고 있다고 생각한다.

자장이 선인이 되는 방법을 물었다

스승님께서 말씀하셨다.
"말이 솔직한 사람을 지지한다. 그러나 진짜 군자인지,
얼굴 표정만 엄숙한 척하는 것인지 살펴보아야 한다."

子曰, 論篤是與, 君子者乎. 色莊者乎.

"말이 솔직한 사람을 지지한다"의 원문 가운데 "논독論篤"은 말하는 것이 솔직한 사람이고, "여與"는 지지한다는 뜻이다. 양보쥔은 이 구가 "오직 너에게만 묻는다唯你是問"와 유사하다고 말했다.[38] 이 장의 의미는 너는 솔직한 말을 하는 사람에 대해서는 마땅히 지지해야 하지만, 그가 참된 군자인지 아니면 겉으로만 아주 솔직한 척 가장한 것인지 살펴보아야 한다는 것이다. 『집해』에서는 앞의 것과 합해서 하나의 장으로 보았지만, 주주朱注는 그것을 나누었다. 이 책에서는 주주를 따른다.

말하는 것이 솔직한 사람만 지지한다

자로가 물었다. "들은 것을 바로 실행해야 합니까?"
스승님께서 대답하셨다. "아버지나 형님이 계시면 어떻게 들은 것을
바로 실행할 수 있겠느냐?"
염유가 물었다. "들은 것을 바로 실행해야 합니까?"
스승님께서 대답하셨다. "들은 것을 바로 실행해라."
공서화가 물었다. "자로가 들은 것을 바로 실행해야 하느냐고
물을 때 스승님께서는 아버지와 형님이 계시다고 말씀하셨고,
염유가 들은 것을 바로 실행해야 하느냐고 물을 때
스승님께서는 들은 것을 바로 실행하라고 말씀하셨습니다.
저는 어떤 것이 맞는지 헷갈려서 질문 드립니다."
스승님께서 말씀하셨다.
"염유는 뒤로 물러나기 때문에 앞으로 나아가게 한 것이고,
자로는 다른 사람 몫까지 해치우기 때문에
뒤로 물러나게 한 것이다."

子路問, 聞斯行諸. 子曰, 有父兄在, 如之何其聞斯行之. 冉有問, 聞斯行諸. 子曰, 聞斯行之.
公西華曰, 由也問聞斯行諸, 子曰, 有父兄在. 求也問聞斯行諸, 子曰, 聞斯行之.
赤也惑, 敢問. 子曰, 求也退, 故進之. 由也兼人, 故退之.

"문사행저聞斯行諸"는 어떤 일에 대해 들으면 바로 시작해야 합니까?
라는 뜻이다. "사斯"는 어떤 일을 대신 가리키는데 내용은 자세히 알

수 없지만 아마도 어떤 모험적인 일, 생명의 위험이 따르는 일일 것이다. 그렇지 않다면 해서는 안 되는지의 문제를 놓고 "아버지와 형님이 계시다"는 것을 언급하지 않았을 것이다. 자로와 염유는 같은 것을 물었는데, 공자의 대답은 달랐다. 공서화는 헷갈려서 이해할 수 없었다. 그는 공자에게 왜 그렇게 대답이 다른지를 물었고, 공자는 염구는 소심해서 뒤로 물러서기를 좋아하며, 따라서 그를 한 번 밀어줘야 하고, 중유는 대담해서 앞으로 튀어나가는 것을 좋아하기 때문에 그를 한 번 잡아당겨줘야 한다고 대답했다.

한유韓愈의 자는 퇴지退之인데, 이 장에서 따온 것이다.

자로는 잡아당기고 염유는 나가게 한다

스승님께서 광匡 지역에서 포위되셨을 때
안연이 나중에 빠져나왔다. 스승님께서 말씀하셨다.
"나는 네가 죽은 줄 알았다."
"스승님께서 계신데, 제가 어떻게 감히 죽을 수 있겠습니까?"

子畏於匡, 顔淵後. 子曰, 吾以女爲死矣. 曰, 子在, 回何敢死.

"스승님께서 광에서 포위되셨을 때"는 「자한」 9.5에도 보인다. 이것은 공자가 주유열국하던 시기에 발생한 사건으로 그 연대는 기원전 496년이다. "외匡"는 겹겹이 포위하다 혹은 감금하다라는 뜻인데, 앞에서 이미 설명했다.

"자재, 회하감사子在, 回何敢死"는 스승님이 계신데 제가 어떻게 감히 죽을 수 있겠습니까? 라는 뜻이다.

이것은 공자에 대한 안회의 충심을 나타낸 것이다.

안회가 어떻게 감히 죽을 수 있는가

계자연季子然이 물었다.

"중유와 염구는 대신大臣이라고 할 수 있습니까?"

스승님께서 말씀하셨다.

"나는 자네가 별난 질문을 할 줄 알았는데, 겨우 자로와 염유에 대해
질문하는군. 이른바 대신이라는 사람은 도道로써 임금을
섬기다가 안 되면 그만두지.
지금 자로와 염유는 능력 있는 신하라고 할 만하지."

"그렇다면 하라는 대로 따르는 자들입니까?"

"아버지나 임금을 시해하는 것과 같은 일은 따르지 않을 것이네."

季子然問, 仲由冉求可謂大臣與. 子曰, 吾以子爲異之問, 曾由與求之問. 所謂大臣者, 以道事
君, 不可則止. 今由與求也, 可謂具臣矣. 曰, 然則從之者與. 子曰, 弑父與君, 亦不從也.

"계자연季子然"은 『논어』 가운데 오직 여기서만 보이는데, 공주孔注에
서는 계씨의 자제라고 보았고, 『사기』「중니열전」에서는 "계손季孫"이라
고 썼다.

그는 공자에게 중유와 염구는 대신 축에 드는지를 물었다. 공자는
계씨에게 호감이 없었지만 일부러 나는 또 네가 무슨 이상한 문제를
질문할 줄 알았는데 그들 두 사람에 대한 질문이냐고 말했다. 진정한
대신은 무엇일까? 도道로써 임금을 섬기고, 만약 도에 맞지 않는다면

차라리 사직해버리고 관여하지 않는 그런 사람이다. 그들 두 사람은 그저 "구신具臣", 즉 일 처리에 능숙하고 노련한 신하일 뿐이다. 이 장에서 계자연은 공자와 같이 자로와 염구를 언급할 때 모두 이름을 불렀다.

자로와 염구는 모두 정무 방면의 인재이고 아울러 앞뒤로 계씨의 가신을 지냈다. 그들에 대한 공자의 평가는 둘 모두 재간이 있는 사람이고, 근본적인 선악이나 시비 문제에 있어서도 역시 원칙을 지니고 있다고 평가했다.

「옹야」 6.8에 계강자의 물음을 기록하고 있는데, 어쩌면 이것과 관련이 있을 것이다.

중유와 염구는 모두 관리로서의 자질을 지니고 있다

자로가 자고子羔에게 비읍費邑의 읍재가 되라고 하자,
스승님께서 말씀하셨다.
"남의 집 자식을 해치려 하는구나."
자로가 말했다. "백성이 있고 사직이 있는데, 왜 꼭 책을 읽는 것만
배우는 것이라고 하겠습니까?"
스승님께서 말씀하셨다.
"이래서 말 잘하는 사람이 싫다."

子路使子羔爲費宰. 子曰, 賊夫人之子. 子路曰, 有民人焉, 有社稷焉, 何必讀書, 然後爲學.
子曰, 是故惡夫佞者.

"자고子羔"는 고시高柴의 자이다. 『상박초간』에는 「자고」 편이 있다.

"적賊"은 해친다는 의미이다.

자고는 비읍의 읍재가 되었는데, 그것은 공자가 삼도三都를 무너뜨린 해(기원전 498)에서 주유열국하던(기원전 497) 사이의 일이라고 한다. 당시에 자고는 겨우 24세였다. 자로는 이 직무를 담당하도록 그를 추천했다가 공자로부터 크게 욕을 먹었다. 공자는 너의 행동은 고의적으로 남의 집 자식을 해치려는 것 아니냐고 말했다. 자로는 학습의 최종 목표는 관리가 되는 것이고, 관리가 되면 일을 통해 배울 수 있다고 생각했다. 그는 백성과 사직이 있으면 백성을 다스리는 수완을 배

울 수 있기 때문에 반드시 독서만이 학문이라고 할 수 없다고 말대꾸했다. 공자는 그래서 나는 입만 살아 있는 사람을 싫어한다고 말했다. 자로의 말대꾸에 대해 그는 무척 기분 나빠 했다.

자로가 욕을 먹다

자로와 증석과 염유와 공서화가 모시고 앉았다.

스승님께서 말씀하셨다.

"나는 너희보다 조금 더 나이를 먹었으나 나를 개의치 말아라.

평소에 '나를 몰라준다'고 말하는데,

만약 누군가 너희를 알아준다면 어떻게 하고 싶으냐?"

자로가 엉겁결에 나서서 대답했다.

"천승의 나라가 대국들 사이에 끼어서 군사적 위협을 받고 있으며

연이어 기근이 든 상황에 처해 있을 때 제가 그 나라를 다스리면

3년 만에 용감해지게 하고 또 도리를 알게 하겠습니다."

스승님께서 코웃음을 치셨다.

"염구야, 너는 어떠냐?"

"사방 60~70리 혹은 50~60리 되는 나라를 제가 다스린다면 3년

만에 백성들을 풍족하게 할 수 있습니다. 예악禮樂과 같은 것은

군자를 기다려야겠지요." "공서적아, 너는 어떠냐?"

"할 수 있다고는 못하겠습니다. 배우고자 합니다. 종묘의 일이나 혹은

제후의 회맹에 예복을 입고 장보관章甫冠을 쓰고 소상小相(작은 의식을

진행하는 사람)을 하기를 원합니다."

"증점아 너는 어떠냐?" 슬 소리가 약해지는가 싶더니 쨍~하고

마무리한 다음 슬을 내려놓고 일어서서 대답했다.

"세 분이 말씀드린 생각과는 다릅니다."

"그게 무슨 문제가 되겠느냐? 각자 자기의 뜻을 말해보는 것이다."

"늦은 봄에 봄옷이 완성되면, 관을 쓴 어른 대여섯과 어린아이

예닐곱을 데리고, 기수에서 목욕하고, 무우에서 바람 쐬다가

노랫가락 읊조리면서 돌아오는 것입니다."

스승님께서는 아! 하고 감탄하시고 말씀하셨다.

"나는 증점과 함께하겠다."

세 사람이 나가고 나자 증석이 뒤에 남았다. 증석이 물었다.

"저 세 사람의 말은 어떠합니까?" 스승님께서 말씀하셨다.

"역시 각자 자기 뜻을 말한 것일 뿐이지."

"스승님께서는 왜 자로의 말에 코웃음을 치셨는지요?"

"나라를 다스리는 것은 예로써 하는 것인데, 그는 말하는 데
양보하지 않았다. 그래서 코웃음을 친 것이야."

"염구가 말한 것은 나라를 다스리는 것이 아닙니까?"

"사방 60~70리 혹은 50~60리라고 해서 어찌 나라가 아니겠느냐?"

"공서적이 말한 것은 나라를 다스리는 것이 아닙니까?"

"종묘에서 제사지내는 것이나 제후들의 회맹이 제후의 일이 아니면
무엇이겠느냐? 공서적이 소상小相을 한다면
누가 대상大相을 하겠느냐?"

子路曾晳冉有公西華侍坐. 子曰, 以吾一日長乎爾, 毋吾以也. 居則曰, 不吾知也.
如或知爾, 則何以哉. 子路率爾而對曰, 千乘之國, 攝乎大國之間, 加之以師旅, 因之以饑饉.
由也爲之, 比及三年, 可使有勇, 且知方也. 夫子哂之. 求. 爾何如.
對曰, 方六七十, 如五六十, 求也爲之, 比及三年, 可使足民. 如其禮樂, 以俟君子. 赤. 爾何
如. 對曰, 非曰能之, 願學焉. 宗廟之事, 如會同, 端章甫, 願爲小相焉. 點. 爾何如.
鼓瑟希, 鏗爾, 舍瑟而作, 對曰, 異乎三子者之撰. 子曰, 何傷乎. 亦各言其志也.
曰, 莫春者, 春服旣成, 冠者五六人, 童子六七人, 浴乎沂, 風乎舞雩, 詠而歸. 夫子喟然歎曰,
吾與點也. 三子者出, 曾晳後. 曾晳曰, 夫三子者之言何如. 子曰, 亦各言其志也已矣.
曰, 夫子何哂由也. 曰, 爲國以禮, 其言不讓, 是故哂之. 唯求則非邦也與 安見方六七十如
五六十而非邦也者. 唯赤則非邦也與. 宗廟會同, 非諸侯而何. 赤也爲之小, 孰能爲之大.

"자로와 증석과 염유와 공서화가 모시고 앉았다." 이 네 사람은 모두 공자의 제자로 증석曾晳만 빼고 앞에서 이미 다 언급했다. "모시고 앉았다"는 제자들이 공자를 모시고 앉은 것으로, 모든 사람이 다 앉아 있었다.[39] 증석曾晳의 이름은 점点이고 자는 석晳이며, 증삼의 아버지이고 태어나고 죽은 해는 자세히 알 수 없다. 그러나 증삼의 나이로부터 추단해보면 분명히 공자보다 20여 세 적었을 것이다. 『논어』에는 오직 여기에만 나온다. 맹자는 그가 "광사狂士"로서 고욤나무 열매, 즉 감 종류의 작은 열매를 즐겨 먹었다고 말했다.[40] 이어지는 다음 글에서 볼 때 그는 비교적 소탈한 사람이고, 그의 아들과는 달랐던 것 같다. 그들 네 사람 중에서 자로의 나이가 가장 많았고(공자보다 9세 아래), 증석은 아마 그다음쯤 되었을 것이며(공자보다 20여 세 아래), 염유가 또 그다음이고(공자보다 29세 아래), 공서화가 가장 어렸을 것이다.(공자보다 42세 아래.) 네 사람에 대해 설명하는 말에서는 모두 자를 불렀다. 그러나 공자는 바로 그들의 이름을 불렀다. 증석이 자로나 염유나 공서화를 언급할 때도 역시 이름을 불렀다. 주희는 그들이 앉은 순서가 "나이를 기준으로 한 순서"(『집주』)라고 말했는데, 매우 정확하다.

"나를 개의치 말아라"에 해당되는 원문 "무오이야毋吾以也"는 "무이오야毋以吾也"가 도치된 표현으로 바로 아래 글에 나오는 "불오지야不吾知也"가 실은 "부지오야不知吾也"의 도치인 것과 같다. 위의 글과 연결해서 읽어볼 때 여기서 말한 것은 내가 너희보다 연장자인 것을 마음에 두지 말라는 뜻이다.

"평상시에 말하다"에 해당되는 원문 가운데 거居는 평상시 혹은 '걸핏하면'이란 뜻이다.

"엉겁결에 나서서"에 해당되는 원문 "솔이率爾"는 『황소』 본에서는 "졸이卒爾"로 쓰고 있는데, 유보남은 『장자』 「인간세」와 『맹자』 「양혜왕」에서는 모두 "솔率"자를 "졸卒"자로 쓰고 있다고 말했다.**41** 여기서는 그래도 "솔率"자로 쓰는 것이 맞다. "솔이이대率爾而對"는 생각할 틈도 없이 혹은 엉겁결에 나온 대답이다.

"대국들 사이에 끼어서"에 해당되는 원문 가운데 섭攝은 끼어 있다는 뜻이다.

"가지加之"와 "인지因之"로 시작되는 구에 대하여 학자들은 모두 밖에는 적군이 있고 안에는 기근이 든다고 번역하는데, 의미는 맞지만 원문의 "가加"는 군사를 일으켜 협박하는 것을 가리키고, "인因"은 뒤이어 기근이 드는 것을 가리키는 것으로 그 자체로는 안팎의 의미가 전혀 없다. 옛날 사람은 "군대가 지나간 뒤에는 반드시 흉년이 든다"**42**고 했다. 즉 전쟁과 기근과 전염병은 확실히 관계가 있다.

"방륙칠십여오륙십方六七十如五六十"은 길이와 폭이 각각 60~70리 혹은 50~60리라는 뜻이다. "여如"는 '혹은或'의 의미이다. 고대에는 대체로 나라들이 사방 400리 이상 되는 것이 일반적이었기 때문에 여기서는 작은 나라를 가리킨다.

"종묘의 일이나 혹은 제후의 회맹"에 해당되는 원문 가운데 "종묘지사宗廟之事"는 제사를 가리키고, "회동會同"은 다른 나라와 맹약회를 거행하는 것이며, "여如"자는 혹은或의 의미이다.

"예복을 입고 장보관을 쓰고"에 해당되는 원문 가운데 "단端"은 예복이고, "장보章甫"는 예모禮帽이다.

"찬撰"은 공주孔注에서는 구具로 풀이했고, 정현은 전詮으로 읽고 선善의 의미로 풀이했다. 아마도 선選으로 읽고, 선택을 지향하는 것을 가리킨다고 보아야 할 것 같다.

"무우舞雩"에서 "우雩"는 기우제를 뜻한다. 무우는 춤추는 방식으로 기우제를 지내는 것이다. 노나라 도성이었던 취푸曲阜에 무우대舞雩臺가 있었다는 것은『수경주』「기수沂水」의 기록에 보인다. 지금의 취푸 문 밖 이허沂河 강 북쪽 기슭에 흙으로 높이 쌓아놓은 것이 있고, 명대 가정嘉靖 45년(1566)에 세운 "무우단舞雩壇" 비석이 있다.

"나라를 다스리는 것은 예로써 하는 것인데"에 해당되는 원문 "위국이례爲國以禮"와 앞에서 나온 "천승의 나라"에 해당되는 원문 "천승지국千乘之國"의 "국國"자는 모두 한나라 고조를 피휘하여 고친 글자로서 원래는 "방邦"으로 되어 있었다. 아래 글에 나오는 "방邦"이 바로 본래의 모습이다.

공서화의 나이를 통해 추론해보면 이 대화는 적어도 공자 나이 60세 이후에 이루어진 것으로 보아야 할 것이다. 다른 한 가지는 그가 위나라 출공出公 밑에서 벼슬하던 4년 사이(기원전 488~기원전 485 사이)일 가능성이 있고, 또 다른 한 가지는 그가 노나라로 돌아오고 난 뒤의 4년 사이(기원전 484~기원전 481)일 가능성이 있다. 왜냐하면 기원전 482년에 자로가 죽기 때문이다.

주의해야 할 것은 공자와 제자들이 담화하는 동안 증석이 곁에서 슬을 켜고 있었다는 점이다. 이를 통해 볼 때 공자는 담화할 때 누군가 반주해주는 것을 좋아했던 것 같다. 그러나 반주는 반주다. 너무 시끄러워서는 안 된다. 앞의 11.15에서 자로가 슬을 켤 때 공자로부터 견책을 받은 것은 아마도 너무 시끄러웠기 때문이었을 것이다.

이 대화에서 공자는 이렇게 말했다. 나는 너희보다 공연히 몇 살 더 먹긴 했지만, 다들 그 점은 마음에 두지 말고 내 앞에서 기탄없이 얘기해보아라. 평상시에 너희는 너희의 재능을 다른 사람이 알아주지 않는다고 늘 얘기했지. 만약 정말로 어떤 사람이 너희가 마음에 들어 너희에게 관직을 맡아달라고 한다면 너희는 무슨 일을 하고 싶으냐?

자로가 맨 처음으로 말했다. 그는 엉겁결에 이렇게 말했다. 저의 뜻은 큰 나라를 다스리는 데 있고, 대국들 사이에 끼어 있으면서, 강력한 군대가 국경을 압박하고 있을 뿐만 아니라 게다가 기근으로 곤란을 받고 있는 상황이라면 더없이 좋겠습니다. 그런 나라에서 저는 3년 안에 백성들에게 전투하는 법을 익히도록 가르치고 그들을 용감하게 만들어 적군에 어떻게 대처해야 하는지를 알게 할 것입니다. 공자는 그를 비웃었다.

이어서 염유에게 물었다. 염유는 저는 그저 작은 나라를 다스리기에 어울리니, 3년 안에 백성들이 넉넉하게 입고 충분히 먹을 수 있도록 만들겠지만, 예악禮樂과 같은 일은 제가 할 수 없으니 고명하신 분을 따로 모셔야겠지요, 라고 말했다.

그런 다음 공서적에게 물었다. 공서적은 나이가 가장 어렸기 때문에 말투가 더욱 겸손했다. 그는 이렇게 말했다. 저는 저 스스로 무엇을 할 수 있다고 말씀드릴 수는 없고, 그저 제가 배우고 싶은 것을 말씀드릴 수 있을 뿐인데, 저는 예악을 완전하게 배워서 종묘에서 제사를 지내거나 제후들의 회동 때 의관을 단정하게 차려입고 "소상小相",

즉 지위가 비교적 낮은 사의司儀(오늘날의 사회자)를 맡고 싶습니다.

증점은 곁에서 반주하고 있다가 자신의 차례가 되자 쨍 하는 소리를 한 번 내고서는 연주를 멈춘 다음 금을 한켠으로 밀쳐놓고 일어나 이렇게 말했다. 저는 앞의 몇 분의 고견과는 다릅니다. 제가 원하는 것은 늦은 봄날 온화한 봄 날씨에 꽃들이 피어나면 홑옷으로 갈아입고, 스무 살쯤 되는 젊은이 대여섯 명과 여남은 살 되는 어린이 예닐곱 등 열 명 남짓한 사람과 함께 도성 서쪽에 있는 기수에서 목욕을 하고, 목욕이 끝나면 도성 남쪽의 무우대에 가서 바람을 쏘이고, 따사로운 봄바람을 맞으면서 노래 부르다가 흥이 다하면 돌아오는 것입니다.

공자는 증석의 생각을 가장 마음에 들어 했다.

자로와 염유와 공서화 등이 돌아간 뒤 증석은 뒤쪽에 남아 있었다. 그는 공자에게 물었다. 금방 다른 사람이 한 말은 어떻습니까? 공자는 그들이 각자 자기 뜻을 가지고 있고, 각자 자기의 도리를 말했을 뿐이라고 대답했다. 증석이 다시 물었다. 그런데 선생님께서는 왜 중유가 한 말을 듣고 웃으셨는지요? 공자가 말했다. 나라를 다스리는 데는 예에 의지해야 하고, 예에서 중시하는 것은 양보인데, 그가 말하는 것을 보면 다른 사람에게 양보하는 마음이 너무 없었다. 그래서 그를 비웃은 것이다. 증석이 다시 물었다. 그렇다면 염구가 말한 것은 나라 다스리는 것이 아니었습니까? 공자가 말했다. 맞아. 그는 자기가 작은 나라를 다스리고 싶다고 했는데, 작은 나라라고 어찌 나라가 아니겠느냐? 증석이 또 물었다. 그런데 공서적이 말한 것 역시 나라 다스리는 일이 아닙니까? 공자가 말했다. 종묘에서 제사지내는 것과 제후들간의 동맹이 제후의 일이 아니면 그게 뭐란 말이냐? 당연히 나라를 다스리는 일이지. 공서적은 한나절 내내 예를 배우고 나서 겨우 소상 小相이 되고 싶다고 했는데, 그렇다면 대상大相은 누가 맡지?

이 장의 이야기는 매우 재미있다.

첫째, 공자는 모두에게 물었는데, 고대의 예의 규정에 비추어볼 때 대답하는 사람은 당연히 발언을 할 사람이 있는지 없는지 좌우를 살피면서 관망해야 한다. 그러나 자로가 "엉겁결에 나서서" 대답했는데, 그것은 마치 곁에 아무도 없다는 듯이 추호도 겸손하거나 양보할 기미도 없이 부지불식간에 발언했고, 그의 말하는 모양새는 매우 저돌적이었다. 공자는 입을 실룩거리면서 비웃음의 뜻을 드러냈고, 그 모습은 모두 제자들의 눈에 새겨졌다. 그래서 하나같이 모두 뛰어나게 겸손을 보였고, 먼저 대국에서 소국으로 바뀌더니 다음에는 소국에서 소상으로 바뀌었고, 계속해서 어떤 관직도 맡지 않겠다는 데까지 이르렀다.

둘째, 자로가 말한 "침략당하지 않는 것"은 "강병强兵"에 속하는 것으로 정말로 가장 위대한 만고불변의 진리[硬道理, 인간의 힘으로는 바꿀 수 없는 이치]이다. 염유가 말한 "굶어 죽지 않는 것"은 "부국富國"에 속하는 것으로 역시 만고불변의 진리이다. 그들이 모두 "예"에 대하여 언급한 것은 아니었다. 공서화가 말한 것은 "예"이고, 또 경제적으로 풍족해져야만 비로소 가질 수 있는 "예"인 것이다. 옛날 사람은 "창고가 차면 예절을 알고, 의식이 족하면 영욕을 안다"[43]고 말했다. 추위와 배고픔의 문제가 해결되어야만 비로소 예의를 이야기할 수 있다는 것이다. 도덕과 문명의 건설은 가변의 진리[軟道理, 바꿀 수 있는 이치]이다. 증석이 말한 도리는 더욱더 가변적이다. 아예 생활을 즐기는 것, 즉 평화를 즐기고, 경제적 풍족을 즐기고, 문명을 즐기는 것이다. 그것들은 앞의 세 사람의 이상 위에 세워지는 것들이다. 즉 평화는 자로가 뜻한 바에 의존하는 것이고, 경제적 풍족은 염유가 뜻한 바에 의존하는 것이고, 문명은 공서화가 뜻한 바에 의존하는 것이다. 평화와 경제적 풍족과 문명 등이 없다면 증석은 소요할 수 없다. 증석의 대답은 원래 그저 아무 생각 없이 한번 해본 것이지만, 공자는 그것을 듣고는 다른 생각을 했다. 그는 네 사람의 뜻을 상호 보충적인 것이라고 여겼다. 그는 증석의 뜻을 가장 마음에 들어 했다. 주된 이유는 앞의 세 사람이 말한 나라 다스리는 일은 결국 개인의 행복으로 구현되어야 하기 때문이다. 이것은 목표가 되는 것이다. 그가 증석의 뜻을 마음에 들어 하기는 했지만, 자로 등의 뜻을 부정한 것은 결코 아니다. 왜냐하면 과정 역시 매우 중요하기 때문이다. 그는 자로가 겸손하지 못한 것을 비웃었다. 그러나 자로와 공서화에 대해서도 보류한 바가 있었다. 왜냐하면 그들이 아무리 겸손하다고 해도 국가를 다스리고 나라를 편안하게 만드는 것을 자신들의 임무로 생각했는데, 큰 나라도 나라이고 작은 나라 역시 나라며, 대관도 관리이고 소관도 관리이며, 지나치게 겸손한 것이나 겸손하지 않은 것 모두 사실을 바꾸지 못하기 때문이다.

증석은 왜 공자에게 물었을까? 그는 공자가 왜 자기를 칭찬했는지 전혀 알지 못했기 때문이다. 사실 그들 모든 사람은 그저 문제의 일면만 붙들고 있었고, 모두 맞기도 하고 모두 틀리기도 하다. 이전에는, 주희가 이 장은 증석을 칭찬하고 자로와 염유와 공서화를 폄하한 것이라고 생각했고, 따라서 증석이 말한 것을 몹시 신비스러운 것이라고 생각했다. 그러나 만년에 그는 크게 후회하면서 "후학에게 화근을 안겨주었다"[44]고 말했다.[45] 그러나 청대의 장리양張履樣은 네 사람의 뜻은 치도의 선후를 말한 것이다(『비망록備忘錄』)라고 말했는데, 눈여겨볼 만한 가치가 있다.[46] 리쩌허우는 그의 생각은 "매우 견강부회하지만 재미있다"고 말했다.[47] 나는 장리양의 주장이 재미있을 뿐만 아니라 매우 타당성이 있고, 한 걸음 더 진전시킨 면이 있다고 생각한다.

각자 자기 뜻을 말하다

주註

1 『논어』외에 내가 베이징대학에서 개설한 경전강독 과목은 『손자병법』『주역』『노자』등
  이 있다. 이 네 가지 책은 모두 출토된 죽간본과 백서본이 있다. 『손자병법』과목은 학
  부생을 위해 개설된 대강좌로 20년을 강의했다. 2006년 중화서국中華書局에서 출판한
  『병이사립兵以詐立』은 바로 이 과목에 대한 강의이다. 2005년 하반기와 2006년 상반
  기에 나는 소수의 대학원생을 위해 『주역』강독을 개설했는데, 그때 장정랑張政烺 선
  생이 정리한 『마왕퇴백서馬王堆帛書』『주역』에 관한 유고遺稿를 강독 교재로 사용했다.
  현재는 『노자』를 강의하고 있다. 이것이 내가 읽기를 제창한 '4대 경전'이다.
2 떠돌이 개에 대한 나의 첫 번째 인상은 타이베이臺北에서 온 것이다.
3 공자에 대한 칭호는 성聖, 왕王 외에 또 공公, 후侯 등이 있는데, 모두 나중에 추인한
  것이다. 역대의 통치자들은 다른 칭호에 대해서는 비교적 대담했지만, 오직 '왕'자에
  대해서는 비교적 인색했기 때문에 자주 그것을 없애려고 했다. 즉 권력의 이원화가 초
  래되지나 않을까 두려워했던 것이다. '왕'자를 제거한 성인은 사실 '위대한 지도자'('지
  성선사至聖先師'의 '사師', '천지군친사天地君親師'의 '사師')이고 정신적인 영도자로서 어
  느 정도 준종교적인 색깔을 띠었다.
4 「술이」7.34.
5 「자한」9.6.
6 『사기』「공자세가」, 『백호통』「수명」, 『논형』「골상」, 『공자가어』「곤서困誓」등을 참조했
  다. 『한시외전』권9의 제18장에서도 이와 같은 이야기가 있지만, 크게 같지는 않다.
7 사이드Edward Wadie Said는 현대 지식인을 정의定義하는 여러 의견에 대해 논의했다.

그가 정의한 지식인의 주된 특징은 고향을 등지고 떠나 있고, 주류에서 소외되어 있고, 주변화되어 있으며, 본업 이외의 일을 가지고 있고 주변인의 신분이다. 에드워드 W. 사이드, 『지식인론知識分子論』, 단더싱單德興 역, 루젠더陸建德 교감, 三聯書店, 2002 참조.

8   이 고독한 기사가 만약 오늘날 나타난다면 역시 끝없는 화제를 뿌릴 것이다. 쉬싸索颯, 「돈키호테의 갑옷 그 이후在堂吉詞德的甲冑之後」 상·하, 『독서』, 2005년 5기, 1–12쪽, 2005년 6기, 153–165쪽 참조.

9   장제스蔣介石 부부는 공자와 예수를 함께 버무려 '사유四維' '팔덕八德'을 제창하여 젖 먹던 힘까지 쏟아가며 아무데나 가래를 뱉어냈고, 70여 년이 지난 지금도 아직 뱉어내고 있다.

10   그러나 나는 「신유가선언」과 량수밍梁漱溟의 책을 읽은 적이 있다. 앞의 것은 2001년 프랑스에서 유가의 도에 열정을 가진 어떤 친구가 특별히 나에게 읽어보라고 보내준 것이다. 나는 그것을 읽고 난 뒤에 공허함과 함께 우스꽝스럽다는 느낌을 받았다.

11   옮긴이 : 공씨네 상점이라는 뜻으로 공자와 유교 사상을 폄하하는 말이며, 5·4 시대에 처음 제창되었다.

12   난화이진南懷瑾, 『논어별재論語別裁』 상책, 復旦大學出版社, 1990, 6–7쪽.

13   나는 탕샤오펑唐曉峰 선생과 잡담을 하다가 하나의 공통된 인식을 갖게 되었다. 즉 나쁜 일을 하면 나쁜 결과를 얻는 경우가 비교적 많지만, 좋은 일을 해서 좋은 결과를 얻는 경우는 대단히 적다는 것이다.

14   이 말은 맞지 않다. 고고학의 성취는 대부분 조상의 덕을 본 것으로서 중국 대륙의 고고학은 이론과 방법에서 보면 결코 다른 학문에 비해 특별히 뛰어나다고 할 수 없다.

15   내가 아직 기억하고 있는 한 가지 이야기가 있다. 이전에 미국에서 타이완 신문을 본 적이 있는데, 어떤 사람이 쓴 글에 다음과 같은 말이 있었다. '대륙의 엉터리 같은 글자는 읽을 수가 없다. 공산당 간부가 인쇄공에게 총을 겨누고 그들에게 식자植字하도록 한 것임에 틀림없다.' 이것은 사실을 거꾸로 말한 것이다. 1950년대 이후에 번체자를 식자하려고 해본다면 억지로 한번 밀어붙여봐도 간체자를 익힌 실력으로는 오히려 절대 불가능하다는 것을 상상할 수 있을 것이다. 나이 때문에 나는 막 번체자를 배우고 나서 곧 다시 간체자를 배웠고, 막 주음부호를 배우고 나서 곧 한어병음을 배웠다. 몇십 년 동안 두 종류의 문자는 다투지 않았다. 그리고 특히 고대에도 간체자가 있었고, 일본에도 간체자가 있는데, 그들은 왜 욕을 하지 않을까?

16   옮긴이 : 타이완 중앙연구원 역사언어연구소歷史語言研究所를 가리킨다.

17   「학이」 1.6.

18   옮긴이 : 문혁 때는 입시를 통해서가 아니라 추천을 통해서 대학에 들어갔는데, 그들은 주로 공장 노동자, 농부, 군인 등의 신분에서 추천을 받아 대학과 전문대학에 입학했기 때문에 그들을 "공농병학원"이라 불렀다.

19   지식인은 대부분 지식인의 손에 죽었다. 그것은 바로 군인들이 대부분 군인의 손에 죽는 것과 같다. 그러나 간부들은 대부분 군중의 손에 죽었고, 선생들은 대부분 학생

들의 손에 죽어 이들과는 크게 달랐다. 운동의 과정에서 많은 사람은 다른 사람을 괴롭히고 나면 자기도 곧 괴로움을 당했다. 만약 자기의 고통을 몽땅 밖으로 쏟아버린다면 개개인이 모두 백발의 여인白毛女(1958년에 초연된 중국 현대 경극의 이름이면서 동시에 그 주인공 이름─옮긴이)일 것이다.

20 아래의 서술은 대부분 쉬취안싱許全興의 『마오쩌둥과 공부자毛澤東與孔夫子』(인민출판사, 2003)에 의거한 것이다.

21 "적이 반대하는 모든 것을 우리는 옹호해야 하고, 적이 옹호하는 모든 것을 우리는 반대해야 한다." 이것은 투쟁의 철학이다. 격렬한 정치투쟁에는 당연히 그 법칙이 있다. 그러나 적이 밥을 먹는다고 우리가 똥을 먹을 수는 없다. 이처럼 그 말은 무한히 적용할 수 없다.

22 Guy Salvatore Alitto 취재, 량수밍 구술, 一耿學堂 정리, 『이 세계는 좋아질 것인가? 這個世界會好嗎』, 東方出版中心, 2006, 120쪽.

23 저자는 이 책에서 마청위안馬承源 주편, 『상하이박물관 소장 전국 초죽서上海博物館藏戰國楚竹書』를 줄여서 『상박초간上博楚簡』이라고 부르고 있다.

24 "Sell it! Sell it!", Recent Translations of Lunyu, *Chinese Literature; Essays, Reviews*, no 23(2001), pp.115-139.

25 『맹자』「진심하」: "盡信書, 則不如無書. 吾於武成, 取二三策而已矣."

제1부 『논어』 읽기

제1편 학이

1 옮긴이 : 저자가 각 장 끝의 팔호 속에 메모 형식으로 요약해놓은 것 가운데 해당 장 전문을 반복하고 있는 경우가 있다. 이런 경우와 혹은 너무 길면 적절하게 줄였다.

2 『역주譯注』, 1쪽.

3 쑨친산孫欽善, 『논어주역論語注譯』, 巴蜀書社, 1990, 1쪽.

4 「옹야」 6.20.

5 사실 「출신론」은 직접적으로 그의 목숨을 앗아간 것이 아니었다. 그것은 이 글이 베이징중학 3파의 논쟁을 불러일으켰고, 중앙문혁의 주목을 이끌었기 때문에 뜻밖에도 그가 또 야오원위안姚文元의 「해서파관을 평함」이라는 글에 반대하는 글을 쓴 것이 발견된 데 있었다. 형벌을 받은 것은 이 글보다 훨씬 앞에 쓴 글 때문이었다.

6 옮긴이 : 오경재吳敬梓(1701-1754)는 청대의 유명한 소설가로 중국 역사상 가장 유명한 장편 풍자소설 『유림외사儒林外史』를 썼다.

7 죽은 자로 분장한 산 사람을 가리키는데, 대체로 직계자손이 그 일을 맡는다.

8 『역주譯注』, 3쪽.

9 「안연」12.22.

10 완원阮元, 「논어의 인론을 논함論語論仁論」 『연경실집揅經室集』

11 인仁은 인人자 위에 두 개의 짧은 횡선을 그은 것이다. 허신許愼은 이 글자는 인人과 이二로 이루어졌다고 말했다.(『설문』「인부人部」) 이전 사람 중에는 그것이 사람과 사람이 짝을 이루는 것, 혹은 사람과 사람이 가깝게 지내는 것을 의미한다고 생각하는 사람이 많았다. 전국 시대에 진나라 계통의 문자에서 인仁자는 그렇게 썼고, 초나라 계통의 문자에서 인仁자는 심心과 신身으로 이루어졌다. 이 글자에 있는 두 개의 횡선은 분명히 인人자와 구별하기 위한 것으로 이체자와 같다. 공자가 "사람을 사랑하는 것이다"라고 설명한 것은 인仁자를 동사로 여긴 것인데, 그것은 아래 문장의 "현현賢賢"(1.7)과 같이 사람(명사)을 사람으로 여긴다(동사)는 의미이다.

12 『노자』 제5장에서는 "천지는 어질지 않기 때문에 만물을 허수아비 개로 여기고, 성인은 어질지 않기 때문에 백성을 허수아비 개로 여긴다天地不仁, 以萬物爲芻狗. 聖人不仁, 以百姓爲芻狗"고 말했다. 만약 천지와 성인이 모두 어질지 않다면 우리 주변 사람들도 모두 어질지 않을 것이다. 그래도 우리는 여전히 자기를 사람으로 여기고 또 다른 사람을 사람으로 여길 수 있을까? 왕쉬王朔의 "나를 사람으로 여기지 말라"는 명언이 있다. 그가 볼 때 다른 사람이 아프든 말든, 사랑하든 말든 중요하지 않다. 중요한 것은 자기를 지나치게 대단한 존재로 생각하지 않는 것이다. 자기가 자기를 대단하게 생각하지 않으면 거꾸로 불패의 땅에 설 수 있을 것이다. 그의 다른 말을 빌려 표현하자면 바로 "무식한 사람은 두려움이 없다無知者無畏"는 것이다. 스스로를 비웃는 것 역시 생존 전략이다.

13 본래는 "방가邦家"라 불렀는데, 방을 국으로 바꾼 것은 한 고조高祖를 피휘한 것이다.

14 후대 사람은 오직 군주를 섬기는 것만 충인 줄 알고 충과 효가 동시에 성립되지 못하는 상황에서는 효를 버려야 한다는 깃을 일지 못했나. 공자는 그렇게 말하지 않았다. 『곽점초간』「어총語叢」 제3권 참조.

15 「자로」13.27.

16 옮긴이 : "높고 크고 완전함高大全"은 문화대혁명 기간에 사인방이 문예 작품에서 주인공의 품격으로 요구한 것이다.

17 쭝푸방宗福邦 등 주편, 『고훈휘찬故訓彙纂』, 商務印書館, 2003, 773~774쪽.

18 쭝푸방 등 주편, 『고훈휘찬』, 124~126쪽.

19 오늘날의 믿을 신信자는 진秦나라 계통의 글자에 뿌리를 둔 것이다. 허신은 신信자를 "인人부와 언言부에 속하고 회의자會意字이다從人從言, 會意"라고 했으나 맞지 않다. 이 글자는 회의자가 아니라 형성자形聲字이다. 전국 시대의 문자 가운데 진나라 계통의 문자인 신信자는 언言부에 속하고 인人의 음을 가지고 있었다. 혹은 언言부에 속하고 인仁의 음을 가지고 있었다. 그것은 인人자와 서로 바꿔 쓸 수 있는 관계에 있었다. 예를 들어 『수호지진간睡虎地秦簡』 『진율십팔종秦律十八種』 간簡184의 "성인誠仁"은 바로 "성신誠信"의 의미로 쓰였으며, 이른바 "충인忠仁" 역시 "충신忠信"으로 읽을 수 있다. 삼진三晉과 그 밖의 계통에 속하는 문자에서는 신信자를 쓰는 방법이 달랐는데, 흔히

언言부에 속하고 신身의 음을 가지고 있었고, 또 진眞부에 속하는 형성자이기도 했다.

20 어떤 사람은 유럽이나 미국인은 자신들이 받아들이고 싶지 않은 일에 대해서는 일반적으로 똑부러지게 말하고, 일본인은 미안해하면서 한참을 머뭇거릴 것이며, 오직 중국인만 대답도 명쾌하고 또 잊어버리는 것도 매우 빠른데, 그러나 정말로 잊어버리는 게 아니라 고의로 상대방을 놀리는 것이라고 말한다. 당연히 외국인도 철판덩어리가 아니다. 예를 들어 시간을 지키고 믿음을 지킨다. 많은 사람이 독일인과 일본인은 시간과 약속을 비교적 잘 지키고, 프랑스인과 이탈리아인은 잘 지키지 않는다는 인상을 가지고 있다.

21 『노자』 제38장 : "夫禮者, 忠信之薄也, 而亂之首也." 이 책에서 인용한 『노자』는 모두 『마왕퇴백서』에 근거한 것이다. 아래도 같다.

22 옮긴이 : "나는 하루에 세 번 내 자신을 반성한다"는 문장은 『논어』의 원문 "오일삼성오신吾日三省吾身"을 번역한 것이다. 이 구절은 보통 "나는 하루에 세 가지로 내 자신을 반성한다"로 해석한다. 이는 뒤에 이어지는 세 가지 항목을 염두에 둔 것인데, 아무래도 어색하다는 느낌을 떨칠 수 없다. "삼성三省"은 자주 반성한다는 것을 나타내고 뒤에 나오는 세 가지 항목은 그와는 별개로 반성의 구체적인 내용을 말한 것으로 이해하는 것이 자연스럽다. 저자는 이점에 대해 별다른 언급이 없다. 따라서 내가 이해하는 방식으로 번역한다.

23 『역주』, 4쪽. 『신탐新探』 상부上部, 「인과 민에 대한 해석釋人民」, 1~26쪽.

24 고대의 소학은 글자를 알고 셈을 할 줄 아는 것을 위주로 했지만, 대학은 예악을 배웠다. 즉 최종적인 것은 예악을 배우는 것이다. 문文은 문자가 아니라 문화이며, 사군자士君子의 문화적 소양을 배양하는 것이다.

25 「자한」 9.18, 「위영공」 15.13.

26 루쉰魯迅, 「잡다한 회상雜憶」 : "공자 어르신은 이렇게 말씀하셨다. '자기만 못한 사람을 친구로 삼지 말아라.' 이렇게 권력이나 재력에 빌붙는 인간이 오늘날 세상에는 너무나 많다." 『루쉰전집魯迅全集』 제1권, 人民文學出版社, 1956, 321쪽 『무덤墳』에 수록되어 있다.

27 난화이진南懷瑾, 『논어별재論語別裁』 상책上冊, 34쪽; 리쩌허우李澤厚, 『논어금독論語今讀』, 삼련서점, 2004, 36쪽.

28 『여씨춘추』 「관세觀世」 : "故周公旦曰, 不如吾者, 吾不與處, 累我者也. 與我齊者, 吾不與處, 無益我者也. 惟賢者必與賢於己者處. 賢者之可得與處也, 禮之也."

29 『중론中論』 「귀험貴驗」 : "故君子不友不如己者, 非羞彼而大我也. 不如己者, 須己而植也. 然則扶人不暇, 將誰相我哉. 吾之傭也, 亦無日矣." 『群書治要』 제56권에서는 "須己而植也"作"須己慎者也"라고 인용하고 있다.

30 『한시외전』 권7 : "假子曰, 夫高比所以廣德也, 下比所以狹行也. 比於善者, 自進之階. 比於惡者, 自退之原也, 且詩不雲乎."

31 『정의』 상책, 22~23쪽. 『집석』 제1책, 34~35쪽.

32 『설원』 「잡언雜言」 : "丘死之後, 商也日益, 賜也日損. 商也好與賢己者處, 賜也好說不如己者."

644

33 「이인」 4.17.

34 『논어역주』, 중화서국, 1958.

35 리링, 「큰 소리는 소리가 없고, 좋은 말은 따지지 않는다大音希聲, 善言不辯」, 『꽃 속에 술 한 주전자花間一壺酒』, 同心出版社, 2005, 208-217쪽.

36 중화서국, 1958년 6월, 제1판.

37 『집석』 제1책, 35쪽.

38 「위정」 2.5.

39 「팔일」 3.15.

40 옮긴이 : 갑골문의 '문聞'은 사람이 무릎을 꿇고 손으로 얼굴을 가려서 귀를 기울여 외부의 소리를 듣는 모습을 형상화한 것이다. 눈을 어둡게 하여瞽 귀를 기울인다耳는 의미이다.

41 『설문』 「구부口部」에 문聞자가 있는데 전국 시대의 도장과 진秦나라 죽간의 문聞자는 사람의 이름으로 쓴 글자였다.

42 옮긴이 : 저자가 원문에 붙인 여러 가지 문장부호들 가운데 쉼표와 마침표를 제외하고는 모두 삭제했다. 한문 원문의 표기에서 그와 같은 방식이 아직 어색하게 생각되기 때문이다. 참고로 이 대목의 원서 표기는 다음과 같다. "有子曰, 禮之用, 和爲貴; 先王之道, 斯爲美. 小大由之. 有所不行: 知和而和, 不以禮節之, 亦不可行也."

43 『예기』 「예운」

44 「자로」 13.23.

45 「자로」 13.20.

46 「위영공」 15.37.

47 옮긴이 : 이와 관련된 고사가 『장자』 「도척」 편에 나온다. "미생이 어떤 여자와 다리 아래에서 만나기로 약속을 했다. 그가 다리 아래에서 기다리는데, 여자는 나타나지 않고 물이 차올랐다. 미생은 여자와의 약속을 지키기 위해 그곳을 떠나지 않고 다리 기둥을 붙들고 있다가 결국 죽고 말았다."

48 『맹자』 「이루하」 : "大人者, 言不必信, 行不必果, 唯義所在."

49 「술이」 7.16.

50 『사기』 「화식열전」 : "七十子之徒, 賜最饒益."

51 부유한 자는 그 재산을 지키기가 매우 어렵다. 자공은 매우 부유했지만, 옛사람은 그의 아들 단목숙端沐叔이 집안을 크게 몰락시켰다고 한다.(『열자』 「양주」)

52 예를 좋아한다는 것이 어떤 것인지는 알지 못하겠지만, 자선가는 아닐 것이다.

53 「학이」 1.1.

54 「이인」 4.14.

55 「헌문」 14.30.

56 「위영공」 15.19.

57 「이인」 4.5.

58 「위영공」 15.20.

59 「헌문」 14.35.

60 「헌문」 14.39.

제2편 위정

1   『집석』 제1책, 61~63쪽.

2   『구현령求賢令』「거현물구품행령擧賢勿拘品行令」: "負汙辱之名, 見笑之行, 或不仁不孝而有治國用兵之術."

3   『시경』「노송魯頌」: "駉駉牡馬, 在坰之野.…思無疆, 思馬斯臧, 駉駉牡馬, 在坰之野.…思無期, 思馬斯才. 駉駉牡馬, 在坰之野.…思無斁, 思馬斯作. 駉駉牡馬, 在坰之野.…思無邪, 思馬斯徂."

4   샤우네시夏含夷, Edward Shaughnessy, 「주원복사의 유由자에 대한 시론 및 주대 정복貞卜의 성질에 대하여 논합試論周原卜辭由字, 兼論周代貞卜之性質」『고문자연구古文字研究』제17집, 중화서국, 1989, 304~323쪽.

5   Li ling, "The formulaic structure of Chu divinatory bamboo slips" translated by William G. Boltz, *Early China*, no.15, pp.71~86.

6   리쉐친李學勤·왕위신王宇信, 「주원복사 선석周原卜辭選釋」, 『고문자연구』 제4집, 중화서국, 1980. 245~257쪽.

7   『박명녀薄命女』: "春日宴, 綠酒一杯歌一遍, 再拜陳三願. 一願郎君千歲, 二願妾身常健, 三願如同梁上燕, 歲歲長相見."

8   청대의 정호鄭浩는 『논어집주소요論語集注疏要』에서 이미 이 "무사"의 "사"는 사악하다는 의미의 사는 아니라고 지적했다. 그러나 그는 그것을 느슨하다는 의미로 해석했는데, 역시 꼭 정확한 해석이라고 할 수 없다. 『집석』 제1책, 66~67쪽 참조. "무사" 역시 "무여無餘(남김 없음)" "무제無除(없어짐이 없음)" 등으로 읽을 수 있을 것이다.

9   「안연」 12.1.

10 『집석』 제1책, 79쪽.

11 『집석』 제1책, 78쪽.

12 『집석』 제1책, 72쪽.

13 「요왈」 20.3.

14 『집석』 제1책, 72쪽.

15 「요왈」 20.3.

16 『사기』「공자세가」: "孔子晩而喜易, 序彖系象說卦文言. 讀易, 韋編三絶. 曰, 假我數年, 若是, 我於易則彬彬矣." 『마왕퇴백서』「요要」 편에도 "공자는 늙어서 『역』을 좋아했다孔子老而好易"는 말이 있는데, 이것은 『사기』보다 더 이른 기록이다.

17 「술이」 7.17.

18 옛날 사람 가운데 성과를 이룬 사람 대부분은 50세 전후까지 살았다. 왕궈웨이의 절

명사絶命辭에서도 "50의 나이에서 부족한 것은 죽음뿐이다"라고 말했는데, 그들은 50세라면 대략 끝까지 살았기 때문에 판을 접는 것을 고려해보아야 한다고 느꼈을 것이다. 그 때문에 삶이 더욱 짜임새 있고, 50세에 이룬 것이 매우 많았다.

19 『사기』「공자세가」

20 쿵더밍孔德明 인즈훙印芝紅 주편, 『인생의 거울이 되는 번역 총서人借鑒譯叢』: 『자립의 30세三十而立』, 徐莉 옮김; 『흔들림 없는 40세四十不惑』, 張晶·馬彌麗 옮김; 『천명을 아는 50세五十知天命』, 徐央央 옮김; 『귀가 순해지는 60세六十耳順』, 徐央央 옮김; 『법도를 넘지 않는 70세七十從心所欲』, 蔣美 옮김, 중화서국, 2005. 원 저작은 독일어로 되어 있으며, 저자는 독일의 Gerhard Prause이다.

21 백백은 적장자嫡長子이고 맹孟은 서자 중의 장자이다. 아래의 중仲과 숙叔과 계季를 어떻게 배열했는가에 대해서는 그리 분명하지 않다. 노나라의 삼환은 맹손씨 또는 중손씨라 불렀다. 그러나 공자의 형은 맹피孟皮라 불렸고, 공자는 중니仲尼라 불렸던 것을 보면 맹과 중에도 구별이 있었다. 아마도 서자 중에서 적장자보다 나이가 많은 사람을 특별히 표시하기 위한 것이 맹孟인 것 같다. 나이가 어리면 순서에 따라 중仲이 된다.

22 『사기』「공자세가」

23 『좌전』소공 7년: "師事仲尼."

24 공문의 귀족이라고 인정할 수 있는데, 귀족으로는 또 송나라의 사마경司馬耕(자는 우牛)이 있으며, 그에 관해서는 「안연」12.3-5에 보인다.

25 『회남자淮南子』「설림說林」: "憂父母之疾者子, 治之者醫"

26 「양화」17.25.

27 이 장의 『집주』에서 인용했다.

28 「옹야」6.21의 『집주』에서 인용했다.

29 『사기』「주본기」: "聞西伯善養老, 盍往歸之."

30 『사기』「흉노열전」: "貴壯健, 賤老弱."

31 『대대례기』「문왕관인」: "考其所爲, 觀其所由, 察其所安."

32 『집석』제1책, 93쪽.

33 『예기』「학기學記」: "記問之學, 不足以爲人師."

34 『시』「소아·절남산節南山」: "弗問弗仕, 勿罔君子. 式夷式已, 無小人殆."

35 『역주』, 18쪽.

36 『집석』제1책, 103쪽.

37 『집석』제1책, 106쪽.

38 『집석』제1책, 108쪽.

39 「팔일」3.11 참조.

40 『상서대전』「은전」

41 왕궈웨이는 룽경容庚의 『금문편金文編』을 위해 1925년판의 「서언序言」을 써주었다.(중화서국, 1985, 「序言」, 7-9쪽)

42 룽겅容庚 『진한금문록秦漢金文錄』 「서序」, 1931. 그러나 청대 이후의 변위학辨僞學은 오히려 송학을 계승했고, 그 목적은 책을 읽지 않고 내버리는 데 있었기 때문에 오히려 '의심스럽고 다른 것은 보류하는闕疑存異' 정신이 결핍되어 있었다.

43 『관자』 「내업」: "思之思之, 又重思之, 思而不通, 鬼神將通之."

44 궈모뤄郭沫若, 「저초문고석詛楚文考釋」, 『모뤄문집沫若文集』 제16권, 人民文學出版社, 1962, 386쪽. 생각思과 배움學은 모두 분명함과 흐리멍덩함의 구분이 있기 때문에 신과 교통할 수 있고 귀신과도 교통할 수 있을 것이다.

45 『상서』 「군진」: "惟孝友於兄弟, 克施有政."

46 역사에서 기술이 변하고 제도가 변해도 사람의 본성은 변하지 않거나 혹은 변화가 크지 않다. 이것은 아마도 공자가 사용한 손익법이라는 생각의 바탕일 것이다. 그가 보다 관심을 가졌던 것은 변하지 않는 것이다.

47 왕궈웨이의 「은주제도론殷周制度論」 『왕궈웨이 유서王國維遺書』, 上海古籍書店, 1983, 제1책, 『관당집림觀堂集林』 권10, 1쪽 앞에서 15쪽 뒤까지. 천멍자陳夢家, 『은허복사의 종합설명殷墟卜辭綜述』, 科學出版社, 1956, 629-644쪽.

48 소동파蘇東坡, 「전적벽부前赤壁賦」: "自其變者而觀之, 則天地曾不能以一瞬. 自其不變者而觀之, 則物與我皆無盡也."

49 대략적인 세월은 하상주 연대확정 프로젝트 전문가팀夏商周斷代工程專家組, 『하상주 연대확정 프로젝트 1996-2000년 현재의 성과 보고』(간본簡本), 世界圖書出版公司, 2000, 86-88쪽 참조.

50 『좌전』 희공 10년: "神不歆非類, 民不祀非族."

51 『좌전』 희공 31년: "鬼神非其族類, 不歆其祀."

52 『좌전』 은공 8년 참조.

53 『집석』 제1책, 132-133.

54 『좌전』 문공 2년: "『주지周志』에 이런 말이 있다. 용맹으로 인해 윗사람을 해치면 죽어서 명당(사당)에 오를 수 없다. 죽어서 의롭지 못한 것은 용맹이 아니다周志有之, 勇則害上, 不登於明堂. 死而不義, 非勇也." 이 말은 『일주서逸周書』 「대광大匡」의 "용맹으로 윗사람을 해친다면 명당에 오를 수 없다. 명당은 도리를 밝히는 곳이고, 오직 법도로써 도리를 밝힌다勇如害上, 則不登於明堂. 明堂所以明道, 明道惟法"에서 나온 것이다.

제3편 팔일

1 『춘추좌씨전』 소공 25년: "平子怒, 拘臧氏老, 將禘於襄公, 萬者二人, 其衆萬於季氏."

2 천솽신陳雙新, 「편종 두사 문제 신탐編鍾堵肆問題新探」, 『중국학술中國學術』, 2001년 제1집, 135-147쪽.

3 정현한묘죽간정리팀定縣漢墓竹簡整理組, 「유가자언 해석문儒家者言釋文」, 『문물文物』, 1981년 8기, 13-19쪽.

4　『예기』「단궁상」: "吾聞諸夫子. 喪禮, 與其哀不足而禮有餘也, 不若禮不足而哀有餘也."

5　루쉰, 『고독한 자孤獨者』, 『루쉰전집』 제2권, 인민문학출판사, 1956, 87쪽.

6　『집석』 제1책, 148-150쪽.

7　『논어신해論語新解』, 삼련서점, 2002, 56-57쪽.

8　『위서』「탕창강전宕昌羌傳」: "宕昌王雖爲邊方之主, 乃不如中國一吏."

9　송대의 장계유莊季裕(이름은 작綽인데 자로 통용됨)의 『계륵편雞肋編』 중권에서 다음과 같이 말하고 있다. "옛날부터 전쟁이 나면 군읍이 불에 타 훼손되는 경우가 있었다. 비록 잔폭한 도적이라 해도 반드시 건물에 의탁하여 살았기 때문에 반드시 보존해두는 것이 있었다. 정강靖康 이후로 금나라 오랑캐들이 중국을 침략했는데, 노지에서 자는 이민족의 풍속 때문에 지나가는 곳마다 모두 불살라 태워버렸다. 예를 들어 취푸에 있는 선성의 구택은 노나라 공왕共王 이후로 그저 지붕만 수리했고, 왕망王莽, 동탁董卓, 황소黃巢, 주온朱溫 등의 무리는 거짓으로나마 숭배하는 척하여 감히 침범한 적이 없었다. 그런데 금나라라는 도적에 이르러 결국 불에 타 재가 되었는데, 그들은 공자상을 가리키면서 이렇게 욕했다. '네가 바로 이민족에게 군왕이 있다고 말한 놈이로구나!' 중원의 재앙은 문자가 발명된 이후로 전례가 없던 것이었다.(『雞肋編』 卷中: "自古兵亂, 郡色被焚毀者有之. 雖盜賊殘暴, 必賴室廬以處, 故須有存者. 靖康之後, 金虜侵陵中國, 露居異俗, 凡所經過, 盡皆焚爇. 如曲阜先聖舊宅, 自魯共王之後, 但有增葺, 莽卓巢溫之徒, 猶假崇憑, 未嘗敢犯. 至金寇, 遂爲煙塵, 指其像而詬曰, 爾是言夷狄之有君者, 中原之禍, 自書契以來, 未之有也.") 위의 글이 『사고전서』에 수록될 때 다음과 같이 일부 내용이 바뀌었다. "금나라라는 도적에 이르러 결국 불에 타 재가 되었는데, 그들은 공자상을 가리키면서 이렇게 욕했다. '네가 바로 이민족에게 군왕이 있다고 말한 놈이로구나!'"라는 이 문단이 삭제되었다.(루쉰의 「격렬함에 대하여談激烈」, 『루쉰전집』 제3권, 인민문학출판사, 1956, 360-364쪽 참조.) 또 송대의 문유긴文惟簡의 『노정사실虜庭事實』에도 비슷한 이야기가 실려 있다. 그 글은 다음과 같다. "석전釋奠(문묘에서 공자를 제사지내는 의식). 연산燕山으로부터 동북쪽으로 1000리 떨어져 있는데, 중경대정부中京大定府라고 부르며, 본래 해습奚習의 옛 땅이다. 그 건물 속에도 역시 선성묘宣聖廟가 있어 봄과 가을의 두 중월仲月에 석전의 예를 거행한다. 거란의 고가상공固哥相公이라는 자가 이때문에 사당 안에서 연회를 열자고 말했다. 그러자 오랑캐 부인 여러 명이 은으로 장식을 하고 짙게 화장을 한 다음 전당 위로 올라가 이리저리 배회하면서 두리번거렸다. 그중 한 사람이 '이 수염 난 사람은 무슨 신이지?'라고 물었고, 다른 한 사람이 '이 자가 우리 이민족에게 군주가 있음을 욕한 놈이야'라고 대답했다. 그 말을 듣고서는 다들 깔깔깔 웃음을 터뜨리면서 그곳을 떠나갔다.(『虜庭事實』: "釋奠. 距燕山東北千裏, 曰中京大定府, 本奚蕾舊地. 其府中亦有宣聖廟, 春秋二仲月, 行釋奠之禮. 契丹固哥相公者, 因此日就廟中張宴. 有胡婦數人, 麗銀靚裝, 登於殿上, 徘徊瞻顧. 中有一人, 曰, 此胡者, 是何神道. 答曰, 者便罵我夷狄之有君者. 衆皆發笑而去矣.")

10　『대의각미록大義覺迷錄』

11　옮긴이 : 관녕(158-241)은 삼국 시기 북해北海 주허朱虛(오늘날의 산둥성 린취臨朐 동

남쪽 지역) 사람으로서 자는 유안幼安이다. 동한 말에 혼란한 세상을 피하여 요동에서 30년 동안 살았다. 위魏 문제가 그를 초빙하여 태중대부太中大夫로 삼으려고 불렀고, 명제明帝가 또 그를 광록훈光祿勛으로 삼으려고 불렀으나 모두 고사하고 나아가지 않았다. 저서로는 『씨성론氏姓論』이 있었다고 하지만 지금은 전하지 않는다.

12 사조제謝肇淛, 『오잡조五雜組』 권4 : "夷狄之不及中國者, 惟禮樂文物稍樸陋耳. 至於賦役之簡, 形法之寬, 虛文之省, 禮意之眞, 俗淳而不詐, 官要而不繁, 民質而不偸, 事少而易辦, 仕宦者無朋黨煩囂之風, 無訐害擠陷之巧, 農商者無追呼科派之擾, 無征榷詐騙之困. 蓋當中國之盛時, 其繁文多而實意少, 己自不及其寧靜, 而況衰亂戰爭之日, 暴君虐政之朝乎. 故老聃之入流沙, 管寧之居遼東, 皆其時勢使然. 夫子所謂"夷狄之有君, 不如諸夏之無者, 其浮海居夷, 非浪言也." 『집석』 제1책, 150쪽에서 재인용. 청수더는 송대 소박邵博이 『문견후록聞見後錄』에서 이미 다음과 같이 지적한 것을 인용했다. 춘추의 견융犬戎, 당대의 회흘回紇, 송대의 요금遼金 등은 모두 민풍이 순박하여 중국보다 뛰어났지만, 화하華夏의 특기는 오직 썩어빠진 데 있었다. 고염무顧炎武는 또 『일지록日知錄』에서 다음과 같이 말했다. "구주九州(중국 전체)의 풍속을 낱낱이 점검해보고, 전대前代의 역사서를 살펴보면 중국이 외국보다 못한 부분이 있었다."

13 황간皇侃, 『논어집해의소論語集解義疏』, 회덕당본懷德堂本, 1923 : "此章重中國, 賤蠻夷也. 諸夏, 中國也. 亡, 無也. 言夷狄雖有君長, 而不及中國無君也. 故孫綽云, 諸夏有時無君, 道不都喪, 夷狄強者爲師, 理同禽獸也. 釋惠琳曰, 有君無禮, 不如有禮無君也. 刺時季氏有君無禮也."

14 양씨는 『공양전』에 근거한 것이다. 위에서 인용한 『대의각미록』에서도 한유韓愈에 나왔다고 언급했다.

15 『소증疏證』, 67쪽.

16 『집석』 제1책, 153–157쪽.

17 마오쩌둥毛澤東, 「한 합작사를 소개함介紹一個合作社」, 『건국 이후 마오쩌둥 문고建國以來毛澤東文稿』, 中央文獻出版社, 1992, 177–182쪽.

18 앞의 「위정」 2.23 참조.

19 『예기』 「중용」 : "明乎郊社之禮禘嘗之義, 治國其如示諸掌乎."

20 『집석』 제1책, 178–181쪽.

21 『주례』 「고공기」 참조.

22 『집석』 제1책, 185–186 참조.

23 마오쩌둥, 「교조주의에 반대한다反對本本主義」, 『마오쩌둥 선집』 제1권, 人民出版社, 1991, 110쪽.

24 「자한」 9.18, 「위영공」 15.13.

25 『집석』 제1책, 205쪽.

26 『집석』 제1책, 201쪽.

27 『집석』 제1책, 207–212쪽.

28 「술이」 7.14.

29 『대대례大戴禮』「증자입사曾子立事」: "臨事而不敬, 居喪而不哀, 祭祀而不畏, 朝廷而不恭, 則吾無由知之矣."

제4편 이인

1   쑨친산孫欽善, 『논어주역論語注譯』, 巴蜀書社, 1990, 49쪽.
2   옮긴이: 중국어 문장에서 병렬관계를 나타낼 때 쓰는 문장 부호로 " 、"을 가리킨다.
3   옮긴이: 이 말은 『소삼기해蘇三起解』라는 경극에 나오는 가사의 일부로서 원문은 "洪洞縣里無好人"이다.
4   옮긴이: 왕자오원王朝聞(1909-2004)은 중국 현대의 조각가이고 문예이론가이며 미학자이다. 원래의 이름은 발음은 같고 글자만 다른 왕자오원王昭文이었는데, 나중에 『논어』「이인」의 이 구절에서에서 조문朝聞이라는 두 글자를 가져다가 바꿨다고 알려져 있다.
5   「위영공」 15.2.
6   『집석』 제1책, 249쪽.
7   「미자」 18.8.
8   옮긴이: 이 구절에 대한 원문은 "帝力於我何有哉"이고 보통 "제왕의 권력이 나와 무슨 상관있는가?"라고 해석한다. 그러나 필자는 원문의 "何有"를 무슨 어려움이 있는가라고 보고 있기 때문에 일반적인 경우와는 다르게 번역했다.
9   예를 들어 『좌전』 소공 6년의 공영달의 소疏 참조.
10 『초사楚辭』「이소離騷」에 대한 왕일王逸의 주석: "以心揆心爲恕."
11 『중설中說』「왕도王道」의 완일阮逸의 주서: "以己心爲人心口恕."
12 리링李零, 「곽점초간교두기郭店楚簡校讀記」, 155쪽.
13 『예기』「단궁」: "事親有隱無犯, 事君有犯無隱."
14 「자로」 13.27.

제5편 공야장

1   「공야장」 5.2.
2   「공야장」 5.3.
3   「공야장」 5.9.
4   「공야장」 5.16.
5   「공야장」 5.6.
6   「술이」 7.31.
7   「선진」 7.34, 11.22, 11.26, 11.34.

8 「안연」12.3, 12.4, 12.5.

9 루쉰은 노라가 나간 뒤 어땠을까? "오직 두 가지 길밖에 없다. 타락하거나 아니면 돌아오는 것이다." 「노라는 집을 나간 뒤 어떻게 했을까」, 『루쉰전집』제1권, 인민문학출판사, 1956년, 268−274쪽. 사실은 하나의 길이 더 있다. 그것은 바로 학교이다.

10 「태백」8.20.

11 『예기』「명당위明堂位」: "有虞氏之兩敦, 夏後氏之四連, 殷之六瑚, 周之八簋." 이에 대한 포함의 주 : "黍稷之器, 夏日瑚, 商日璉, 周日簠簋"

12 「위정」2.12.

13 「자로」13.27.

14 『묵자』「비유하非儒下」

15 「선진」11.26.

16 「선진」11.26.

17 「선진」11.26.

18 「옹야」6.4.

19 「선진」11.24.

20 옮긴이 : 중국 중앙TV(CCTV)의 프로그램 제목. 1996년부터 시작된 이 프로그램의 사회자 이름이 바로 추이융위안崔永元이다.

21 『집석』제1책, 312쪽.

22 『상박초간』「조말지진曹沫之陳」: "不晝寢, 不飮酒, 不聽樂, 居不設席, 食不二味."

23 마청위안馬承源 주편, 『상하이박물관 소장 전국 초죽서上海博物館藏戰國楚竹書』제4책, 249−250쪽.

24 한대 문헌 가운데 『사기』에서 인용한 것 외에 『한서』『설원』『논형』『공자가어』등의 책에도 보인다. 이 말은 전국 시대의 문헌에도 있다. 예를 들어 『한비자』「현학」에서는 "얼굴을 보고 사람을 뽑으면 자우를 잃고, 말을 듣고서 사람을 뽑으면 재여를 잃는다以容取人乎, 失之子羽, 以言取人乎, 失之宰子"고 했다. 그러나 이 말은 원래의 글이 아닌 것 같다. 자우에 대해서는 자字를 불렀고, 재여에 대해서는 이름을 불렀는데, 이는 압운을 맞추기 위한 것으로 보아야 한다. 『대대례』「오제덕五帝德」에서는 "공자가 말했다. 나는 안색을 보고 사람을 뽑으려 했으나 담대멸명澹臺滅明(자는 자우子羽)의 오류 때문에 바꾸었고, 나는 말하는 것을 듣고서는 사람을 뽑으려 했으나 재여의 오류 때문에 바꾸었으며, 나는 용모를 보고서는 사람을 뽑으려 했으나 전손사顓孫師의 오류 때문에 바꾸었다孔子日, 吾欲以顏色取人, 於滅明邪改之, 吾欲以語言取人, 於子邪改之, 吾欲以容貌取人, 於師邪改之"라고 기록하고 있다. 이것이 아마도 보다 더 원 자료에 가까울 것이다. 그러나 이 문장에서는 외모를 보고 사람을 뽑는 것을 전손사의 일로 쓰고 있다. 담대멸명과 전손사 가운데 도대체 누가 더 못생겼을까 하는 것이 문제이다.

25 「자로」13.27.

26 「위영공」15.24.

27 「위영공」15.24.

28 「이인」 4.15.

29 「태백」 8.5.

30 마오쩌둥, 「중앙사, 소탕보, 신민보 등 세 신문사 기자와의 담화」, 『마오쩌둥선집』(1권본), 인민출판사, 1966, 577-582쪽.

31 「양화」 17.2.

32 「이인」 4.24.

33 『일주서逸周書』「시법諡法」: "學勤好問曰文."

34 옮긴이 : 文자와 敏자는 우리 발음으로 볼 때 모두 첫 소리가 ㅁ으로 난다는 것을 금방 알 수 있지만, 현대 중국 발음으로는 각각 원wén과 민mǐn이기 때문에 서로 공통의 발음이 없다. 그러므로 옛날 발음을 분석하여 두 글자 모두 "명明"이라는 공동의 성모聲母, 즉 첫소리가 ㅁ이라는 점을 밝힘으로써 두 글자가 서로 호용될 수 있음을 설명한 것이다.

35 「팔일」 3.19.

36 『손자』「구변九變」: "是故智者之慮, 必雜於利害. 雜於利而務可信也, 雜於害而患可解也."

37 『사기』「공자세가」

38 「술이」 7.15, 「계씨」 16.12, 「미자」 18.8.

39 첸무錢穆, 『논어신해論語新解』, 삼련서점, 2002, 133쪽.

40 옮긴이 : "酢"라는 글자에는 "초"와 "작" 등 두 가지 발음이 있고, 수작酬酢은 수작酬酌으로도 쓰이며, 원래는 술잔을 주고받는 것 혹은 교제한다는 뜻이다. "醋"자 역시 "초"와 "작" 등 두 가지 발음이 있는데, 원래는 "수작"의 의미로 쓰이다가 요즘에는 식초라는 의미 외에 질투하다는 말로도 사용되기 때문에 예전의 용법과 상반된다고 설명한 것이다.

41 양부쥔楊伯峻, 『논어역주論語譯注』, 중화서국, 1958, 53쪽.

42 「헌문」 14.42.

제6편 옹야

1 『집석』 제2책, 362-363쪽.

2 옮긴이 : 저자가 원문에서 인용하고 있는 "상호桑戶·맹지반孟之反·금장琴張"은 『장자』「대종사」 편에서는 실제로 "자상호子桑戶·맹자반孟子反·자금장子琴張"으로 표기하고 있어 저자의 인용과 약간 차이가 있다. 또 함께 인용하고 있는 "우友"는 일반적으로 "어語", 즉 '말하다'는 의미로 해석하는데, 여기서는 문맥의 흐름과는 아무런 상관이 없기 때문에 저자가 인용한 대로 따르기로 한다.

3 옮긴이 : 원문은 이야易野인데, 유향은 이 말에 대하여 "질은 있지만 문이 없는 것有質而無文"이라고 정의하여 질박하고 전혀 문명의 영향을 받지 않은 원시적인 상태를 가리키는 개념으로 사용했다.

4   「선진」11.17.

5   『사기』「공자세가」.

6   쉬강徐剛, 「출판문헌을 통한 논어 해석의 예以出土文獻釋論語舉例」(출판을 기다리고 있는 원고).

7   미셸 푸코米歇爾·福柯, 『정신병과 문명瘋與文明』, 류베이청劉北成·양위안잉楊遠嬰 옮김, 삼련서점, 1999, 1-35쪽.

8   『집석』제2책, 384쪽.

9   옮긴이 : 홍紅은 남녀의 결혼을 상징하는데 이를 희사喜事라 불렀고, 백白은 천수를 다하여 죽은 자에 대한 장례를 상징하는데 이를 희상喜喪이라 불렀으며, 이 두 가지를 통틀어 홍백희사라 불렀다.

10 리치첸李啓謙, 『공문제자연구孔門弟子硏究』, 99쪽, 142-143쪽.

11 『노자』제53장 : "大道甚夷, 民甚好徑."

12 『주례』「추관」: "掌凡道禁."

13 『주례』「추관」: "禁野之橫行徑踰者."

14 『신탐新探』하부下部, 369-370쪽.

15 후자, 즉 송조는 『한서』「고금인표」에서 9등급에 속한다.

16 『의례儀禮』「빙례聘禮」: "辭多則史, 少則不達."

17 예를 들어 마오쩌둥의 「후난 농민운동 고찰 보고湖南農民運動考察報告」에서는 다음과 같이 말했다. "혁명은 사람을 식사에 초대하는 것이 아니고, 글을 쓰는 것이 아니고, 그림을 그리거나 수를 놓는 것이 아니다. 그렇게 우아할 수 없고, 다급할 것 없이 여유로운 것이 아니다. '문과 질이 잘 조화를 이루고 있어야 한다文質彬彬'는 말과 같이 온화溫和·선량善良·공경恭敬·절검節儉·겸양謙讓이 조화를 이루어야 한다." 『마오쩌둥선집』(1권본), 人民出版社, 1966, 18쪽. 그는 쑹빈빈宋彬彬에게 "빈빈彬彬"을 "야오우要武"로 개명할 것을 권했는데, 이는 마오쩌둥 역시 문文과 무武를 상대되는 것으로 이해하고 있었음을 보여주는 것이다.

18 「양화」17.3.

19 『순자』「천론」: "卜筮然後決大事, 非以爲得求也, 以文之也. 故君子以爲文, 而百姓以爲神, 以爲文則吉, 以爲神則凶也."

20 「이인」4.2.

21 옮긴이 : 우리나라의 대부분의 번역서에서는 보통 주자의 견해를 따른다. 즉 원문에 네 번 나오는 고觚자 중에서 불고不觚의 고觚자만 '모가 나다'의 뜻으로 보고, 나머지 세 개의 고觚자는 모두 모가 난 술잔 이름으로 풀이하여 이 문장을 "고라는 술잔이 모가 나 있지 않다면, 그것이 고이겠는가, 그것이 고이겠는가"라고 번역한다. 이 문장은 상고의 술잔은 모가 났는데, 공자 당시에는 모나지 않게 제작하여 본래의 고가 가진 의미를 잃어버린 것을 말한 것이며, 이는 공자 당시의 군주나 신하 등이 실질을 상실하고 명분만 남아 있다는 비판적 생각을 은유적으로 표현한 문장으로 이해하는 것이 보통이다.

22 『역주譯注』, 63쪽.

23 『노자』 제25장 : "大曰逝, 逝曰遠, 遠曰返."

24 서서逝는 성모가 선禪이고 운모가 월月인 글자이고 척踖은 석石에 속하며, 석石은 성모
    가 선禪이고 운모가 탁鐸으로 서로 빌려 쓸 수 있다. 옮긴이 : 성모와 운모에 대해서는
    『위영공』 15.37의 설명 부분을 참조할 것.

25 『역주譯注』, 63쪽.

26 「옹야」 6.16 참조

27 『사기』 「공자세가」

28 『루쉰전집』 제7권, 인민문학출판사, 1958, 550−570쪽.

29 중푸방 등 주편, 『고훈휘찬故訓彙纂』, 상무인서관, 2003, 54쪽.

제7편 술이

1   『대대례』 「우대덕虞戴德」 : "昔商老彭及仲虺."

2   왕부지王夫之의 『사서패소四書稗疏』에서 팽조는 "음란하고 사악한 방사"라고 말했는데,
    이는 당연히 팽조가 방중술을 전수해주었다(『집석』 제2책, 431쪽)는 것을 가리킨다.
    그는 『한서』 「예문지」에 「팽조어녀술彭祖御女術」이 있다고 말했으나 맞지 않다. 「한지」에
    는 『탕반경음도湯盤庚陰道』라는 책이 한 권 있을 뿐이다. 이 책이 팽조와 관련이 있겠
    지만, 책 이름은 다르다. 팽조의 이름을 빌린 방중술서를 후세에서는 『팽조경』이라고
    부르는데, 주로 동한과 위진 시대에 유행한 것으로 "방중칠경房中七經"에 속한다.

3   리링, 『중국방술정고中國方術正考』, 중화서국, 2006, 302−307쪽, 402−404쪽, 『중국방
    술속고中國方術續考』, 중화서국, 2006, 271−272쪽.

4   옮긴이 : 조술祖述은 이전 사람의 사상과 행위를 본받는 것, 혹은 또 그것을 설명하는
    것을 뜻한다.

5   리링, 『방호귀산放虎歸山』, 遼寧敎育出版社, 1996, 145쪽.

6   Eric Hobsbawm and Terence Rangered., *The Invention of Tradition ; Cambridge* :
    Cambridge University Press, 1992.

7   옮긴이 : 「이인」 4.13 참조.

8   공자는 유명하고, 그의 꿈까지도 유명하다. 예를 들어 둔황본 『주공해몽서周公解夢書』
    는 바로 그의 이름에 가탁한 것이다.

9   「팔일」 3.26.

10 『시경』 「소아·소민小旻」 : "不敢暴虎, 不敢馮河."

11 추시구이裘錫圭, 「붉은 깃을 한 현의에 대하여 그리고 갑골문의 포犧자에 대한 해석說
    玄衣朱襮袶─兼釋甲骨文犧字」, 『고문자론집古文字論集』, 중화서국, 1992, 350−352쪽.

12 「안연」 12.5.

13 옮긴이 : 중국사회과학원中國社會科學院 고고학연구소考古研究所를 가리킨다.

14 옮긴이 : 고대의 종법제도의 규정에 따르면 종묘에서 신주를 배열하는 순서는 시조가 중앙에 있고, 그 아래의 조祖와 부父는 번갈아서 소昭와 목穆이 되는데, 소에 해당되는 신주는 왼쪽에 배치하고 목에 해당되는 신주는 오른쪽에 배치한다.

15 옮긴이 : 황량은 좁쌀로 지은 밥이다. 황량의 일장춘몽이란, 당나라 노생이라는 사람이 잠깐의 꿈에서 온갖 부귀영화를 다 누리고 잠을 깼는데, 주인이 짓던 좁쌀 밥이 아직 채 익지도 않았다는 이야기이다.

16 옮긴이 : 양보쥔楊伯峻은 『주례』를 근거로 "집편지사執鞭之士"에 해당되는 직업이 두 가지라고 했다. 즉 한 가지는 천자나 제후가 출입할 때 가죽 채찍을 들고 길을 비키도록 하는 하급관리이고, 다른 한 가지는 가죽 채찍을 들고 시장의 질서를 유지하는 책임을 지고 있는 시장 문지기로서 역시 하급관리에 속한다. 그런데 『논어』의 이 구절은 재산과 관련된 것을 설명하고 있고, 시장은 재화가 모이는 곳이라는 점을 들어 후자, 즉 시장 문지기라는 것이 양보쥔의 설명이다.(양보쥔, 『논어역주』, 중화서국, 1982, 69쪽 참조) 이 책의 저자 리링은 그저 지위가 매우 낮은 말단 관리라는 것 외에 구체적인 설명이 없으므로 양보쥔의 해석에 따라 "시장 문지기"로 번역한다.

17 『팔일』 3.25.

18 『사기』 「공자세가」 : "聞韶音, 學之, 三月不知肉味."

19 『집석集釋』 제2책, 456-457쪽.

20 공자진, 「영사詠史」 : "避席畏聞文字獄, 著書都爲稻粱謀."

21 옮긴이 : 중국 산시성山西省 시양현昔陽縣 다자이인민공사大寨人民公社의 생산대대가 자력갱생自力更生의 정신으로 자연환경의 악조건을 극복하고 생산성을 현저하게 높였는데, 1965년 가을부터 이러한 정신을 배우자고 전국의 농촌에서 펼쳐진 운동이 바로 다자이 배우기 운동學大寨運動이었다. 현縣과 사社 혹은 생산대生産隊 중심으로 펼쳐진 이 운동에서는 1묘에서 생산된 양식이 400근을 넘을 경우 "강요를 달성했다達綱要"라 불렸고, 600근을 넘을 경우 "황허를 건넜다躍黃河"라 불렸으며, 800근을 넘을 경우에는 "창장을 뛰어넘었다跨長江"라는 호기에 찬 구호를 내걸었다.

22 옮긴이 : 민요 형식의 하나로 즉흥적인 문구에 가락을 붙여 부른 노래인데, 길이는 일정하지 않고 순수하게 구어만 사용한 것이 특징이다.

23 옮긴이 : 1959에서 1961년까지 3년 동안 자연 재해로 말미암아 경제적으로 극심한 곤란을 겪던 시기를 가리킨다.

24 옮긴이 : 옥수수 가루나 수수 가루로 움집窩 혹은 고깔 모양으로 빚어 찐 음식이며 주로 서민이 먹었다.

25 『위정』 2.4.

26 『사기』 「공자세가」 참조. 『마왕퇴백서』 「요要」에도 다음과 같은 기록이 보인다. "선생님께서 늙어서 『역』을 좋아하셨다夫子老而好易"는 말이 보이는데, 여기서 한대에 유행한 주장이라는 것을 알 수 있다.

27 「공자세가」의 원문은 다음과 같다. "공자는 만년에 『역』을 연구하는 것을 좋아하여 「단사彖辭」「계사系辭」「상사象辭」「설괘說卦」「문언文言」 등을 편찬했다. 공자는 『역』을 읽는

동안 책을 묶은 가죽끈이 세 번이나 끊어졌다. 그는, '나에게 몇십 년이 더 주어져 지금처럼 한다면 나는 『역』에 대하여 두루두루 훤하게 통달할 수 있을 것이다'라고 말했다孔子晚而喜易, 序象系象設卦文言, 讀易, 韋編三絕. 日假我數年, 若是, 我於易則彬彬矣." 여기서 "오십五十"이라는 글자가 잘못이라는 데 의심의 여지가 없다는 것을 알 수 있다.

28 이 부분에 대한 원문은 "五十以學, 亦可以無大過矣"이다.

29 『집석』 제2책, 473쪽.

30 옮긴이 : 훌륭한 재능과 많은 공을 세우고도 결국 그에 걸맞은 대우를 받지 못한 것을 예로 든 것이다. 당대 왕발王勃의 명문 「등왕각서滕王閣序」(정식 명칭은 「추일홍부등와각전별서秋日登洪府滕王閣餞別序」)의 한 구절인데, 이것의 원문은 다음과 같다. "馮唐易老, 李廣難封."

31 옮긴이 : 남송 유극장劉克莊의 『심원춘沁園春』 「몽부약梦孚若」에 나오는 구절이다. 이 구절에서 말하는 이장군은 앞의 인용문에서 말한 이광이다. 무제武帝는 그가 만약 고조 유방 시절에 태어났더라면 만호후萬戶侯의 제후를 제수받았을 것이라고 아쉬워한 것을 풍자했다. 인용 원문은 다음과 같다. "使李將軍, 遇高皇帝."

32 두보, 「단청시, 조패 장군에게 드림丹青引贈曹將軍霸」: "丹青不知老將至, 富貴於我如浮雲."

33 옮긴이 : 집 잃은 개라는 의미의 "상가구喪家狗"와 떠돌이 개라는 의미의 "유랑구流浪狗"에 나오는 두 개의 구狗자를 가리킨다.

34 옮긴이 : 총총은 옛날부터 전해오는 명검의 이름이다. 『순자』 「성악」의 다음 구절을 참조할 것. "환공의 총총, 태공의 궐闕, 문왕의 녹錄, 장공의 물智, 합려의 간장干將·막야莫邪·거궐鉅闕·벽려辟閭, 이것들은 모두 옛날의 훌륭한 검들이다桓公之蔥, 太公之闕, 文王之錄, 莊公之智, 闔閭之干將莫邪鉅闕辟閭, 此皆古之良劍也."

35 「자한」 9.5 참조.

36 『한서』 「왕망전」

37 이것은 실화를 토대로 한 풍몽룡馮夢龍의 소설 『옥당춘락난봉부玉堂春落難逢夫』에 나오는 주인공 소삼蘇三(원명은 정려춘鄭麗春 혹은 주옥결周玉潔)의 이야기를 빗대어 한 말이다. 기구한 운명을 타고나 기녀로 팔려간 소삼이 억울한 누명을 쓰고 홍동현洪洞縣의 감옥에 갇혔는데, 기녀 시절 백년가약을 맺은 왕경륭王景隆이 과거에 급제한 뒤 산시순안山西巡按이 되어 그녀의 누명을 풀어주고 함께 살았다는 내용을 줄거리로 하고 있다. 풍몽룡의 소설이 나온 뒤 「소삼기해蘇三起解」 혹은 「옥당춘玉堂春」이라는 이름의 경극으로 각지에서 무수히 공연되었다.

38 「술이」 7.2.

39 「우위장남 생신 축사吳玉章壽辰祝詞」, 『마오쩌둥문집』 제2책, 인민출판사, 1999, 261-262쪽 (원래 『新中華報』, 1940년 1월 20일자에 게재된 것임).

40 『집석集釋』 제2책, 493쪽.

41 「옹야」 6.30.

42 「옹야」 6.30, 「헌문」 14.42.

43 「헌문」 14.42.

44 「술이」 7.26.

45 「술이」 7.20.

46 「자한」 9.6.

47 「술이」 7.20, 「계씨」 16.9.

48 『맹자』「공손추상」: "昔者子貢問於孔子曰, 夫子聖矣乎. 孔子曰, 聖則吾不能. 我學不厭而教不
    倦也. 子貢曰, 學不厭, 智也. 教不倦, 仁也. 仁且智, 夫子旣聖矣."

49 『정의』 하책, 283쪽.

제8편 태백

1 『집석』 제2책, 510-511쪽.

2 『사기』「오태백세가吳太伯世家」

3 유보남劉寶楠, 『논어정의論語正義』 상책, 중화서국, 1990, 291-292쪽.

4 『대대례기』「증자대효曾子大孝」: "天之所生, 地之所養, 人爲大矣. 父母全而生之, 子全而歸之, 可謂
    孝矣. 不虧其體, 可謂全矣."

5 『효경』: "身體髮膚, 受之父母, 不敢毁傷."

6 『사기』「이사열전」

7 『세설신어』「우회尤悔」

8 옮긴이 : 앞의 「옹야」 6.13의 옮긴이를 참조할 것.

9 「공야장」 5.15.

10 『사마법司馬法』「인본仁本」: "雖遇壯者, 不校勿敵."

11 『역주』, 81쪽.

12 『곽점초간』「존덕의尊德義」: "民可使道之, 而不可使知之."

13 중국 고대에는 노인을 존경하고 어린이를 사랑했다. 노인은 비록 어리석음을 피할 수
    없지만 원래는 총명했을 것이라고 생각했으며, 어린아이는 비록 철이 없지만 앞길이
    구만 리 같아서 그저 남자이기만 해도 우월성을 확보할 수 있었다. 여성은 빼어난 미
    모의 소유자가 아니라면 사람들의 입에 거의 오르내리지 않았다.

14 「양화」 17.4.

15 『맹자』「진심하」: "終身由之而不知其道者, 衆也."

16 『상군서』「갱법更法」: "民不可與慮始, 而可與樂成."

17 『손자』「구지九地」: "如登高而去梯,…驅而往, 驅而來, 莫知所之."

18 루쉰, 「춘말한담春末閑談」, 『루쉰전집』 제1권, 人民文學出版社, 1956, 304-308쪽.

19 위장韋莊, 「사제향思帝鄕」: "妾擬將身嫁與, 一生休, 縱被無情棄, 不能羞."

20 『서경』「요전」: "乃命羲和, 欽若昊天, 曆象日月星辰, 敬授人時."

21 리링, 「꽃 속의 술 한 주전자花間一壺酒」, 271-272쪽.

22 리링, 「삼대의 고고학적 역사에 대한 단상三代考古的歷史斷想」, 『중국학술』, 2003년

2기, 188–213쪽.

제9편 자한

1 『후한서』「방술열전方術列傳」: "不語怪神, 罕言性命."
2 첸무錢穆, 『선진제자계년先秦諸子系年』, 상무인서관, 1985, 상책, 53–54쪽.
3 샹추項楚, 『둔황변문선주敦煌變文選注』(증정본), 중화서국, 2006, 상책, 473–487쪽.
4 『한서』「예문지」
5 유월俞樾, 『군경평의群經平議』: "犯法獄死謂之畏."
6 『집석集釋』 제2책, 577쪽.
7 『논형』「지실知實」
8 『회남자』「인간」, 『설원』「선설善說」 참조.
9 『집석集釋』 제2책, 581쪽.
10 『열자』「중니仲尼」에서는 공자와 상商 태재太宰의 대화를 가상으로 설정하여 자기와 삼
    왕三王과 오제五帝와 삼황三皇이 모두 성인이 아니고, 오직 "서쪽 지역 사람 가운데 성
    인이 있을 뿐이다"라고 말했다. 이것은 공자의 사상이 아니다. 공자는 자기는 성인이
    아니라는 점에 대해서는 인정했지만, 오제와 삼황이 성인이라는 것을 전혀 부정하지
    않았다. 삼황에 대한 이야기는 공자 이후에 나온 것이다.
11 『당태종이위공문대권상唐太宗李衛公問對卷上』: "陛下天縱聖武, 非學而能."
12 『당태종이위공문대권상』: "聖慮天縱, 聞一知十."
13 『석문釋文』에서는 『정주鄭注』를 인용하여 어떤 책에는 "공공悾悾"으로 쓰고 있다고 말
    했다. 그러나 당사본 『정주』에는 대부분 "공공空空"으로 쓰고 있다.
14 「술이」 7.8.
15 『역주譯注』, 89쪽.
16 「양화」 17.3.
17 양보쥔 선생이 이런 비유를 들었다. 『역주譯注』 91쪽에 보인다. 고대에 장례 일을 치르
    던 "신하"는 장례위원회의 일만 부담했던 것이 아니라, 관곽棺槨과 의금衣衾을 안치하
    고 망자를 위하여 머리를 자르고 수염을 깎는 등 장의사가 해야 할 몇 가지 일을 그들
    이 처리했던 것 같다.
18 리링, 「소주국동기의 명문銘文을 읽고讀小邾國銅器的銘文」, 정협 자오장시 산팅구 위
    원회政協棗莊市山亭區委員會 편, 『소주국문화小邾國文化』, 中國文史出版社, 2006년 3월,
    173–189쪽. 이 글은 2004년에 썼는데, 최근에 같은 견해를 제기한 사람이 있다. 청원
    陳耘, 「산문협三門峽 괵부인묘에서 출토된 청동항아리三門峽虢季夫人墓出土靑銅罐」, 『전
    장典藏』, 2006년 2기, 84–88쪽 참조.
19 『전국책』의「진삼秦三」과「위일魏一」
20 「태백」 8.8.

21 『사기』「공자세가」

22 『서』「여오旅獒」: "爲山九仞, 功虧一簣."

23 왕희지王羲之, 「난정시서蘭亭詩序」: "後之視今, 亦猶今之視昔."

24 『손자』「군쟁軍爭」: "三軍可奪氣, 將軍可奪心."

25 옮긴이 : 신화에 따르면 염제炎帝의 딸인 여와女娲가 잘못하여 동해에서 빠져 죽었다. 그 뒤 여와의 혼은 정위精衛라는 새가 되어 다시는 사람이 빠져 죽지 않도록 서산西山 의 돌을 물어다 동해東海를 메울 결심을 했다는 데서 나온 말로 흔히 정위전해精衛填 海라는 사자성어 형식으로 많이 쓰인다.

26 리링, 「헛수고의 비장함徒勞之悲壯」(『방호귀산放虎歸山』, 遼寧敎靑出版社, 1996, 51- 60쪽.

27 『집석』제2책, 621쪽.

28 추시구이裘錫圭, 「설자소기說字小記」, 『고문자논집古文字論集』, 중화서국, 1992, 638- 651쪽.

29 고대 중원에서는 원래 면화가 생산되지 않았다. 면화는 동남아시아, 남아시아, 중앙 아시아, 윈난雲南 등지에서 들어온 것이다. 과거에는 모두 면화가 중국에 들어온 것은 겨우 몇백 년밖에 안 되었다고 생각했으나 맞지 않다. 사실은 매우 이른 시기에도 있 었다. 선진先秦과 양한兩漢에도 있었고, 삼국 이후에는 심지어 내륙 지역에서까지 심 었는데, 다만 당시에는 아직 그리 많지 않았다.

30 「향당」10.17.

31 첸무의 책, 244쪽.

제10편 향당

1 『고문사성운古文四聲韻』권3, 24쪽 배면背面에서 『주운籀韻』을 인용한 글자, 『옥편玉篇』 에서 『고문상서』를 인용한 글자 등이 여기에 속한다.

2 『한간汗簡』, 42쪽 정면正面에서 『임한집철림罕集綴』을 인용한 글자, 『고문사성운』권3, 24쪽 배면背面에서 『왕서자비王庶子碑』를 인용한 글자 등이 여기에 속한다.

3 『사기』「이장군열전」: "余睹李將軍, 悛悛如鄙人, 口不能道辭."

4 허신許慎, 『설문說文』「언부言部」: "和說而諍也."

5 『초사』「구가」: "裳襜襦而含風兮."

6 『설문』「주부走部」: "行聲也, 一曰不行兒, 從走異聲, 讀若敕."

7 허개許鍇, 『계전系傳』: "今論語作翼字, 假借也."

8 주희, 『집주』: "張拱端好, 如鳥舒翼."

9 『설문』「사부糸部」에서는 "감紺은 짙은 청색에 적색이 드러나는 비단이다." "추緅"는 새 롭게 추가한 글자에 보이며, "청적색의 비단이다"라고 했는데, 이것들은 모두 "청적색" 에 속한다. 이것은 자색에 대한 허신의 해석("청적색의 비단")과 같다.

10 『집석集釋』 제2책, 675쪽.

11 『집석』 제2책, 680-681쪽.

12 『집석』 제2책, 680-681쪽.

13 『집석』 제2책, 681-683쪽.

14 『집석』 제2책, 685쪽.

15 『구장산술九章算術』「속미粟米」, 『설문』「미부米部」, 『수호지진간』「진율십팔종秦律十八種」「창률倉律」 등 참조.

16 샤오야오蕭瑤, 『중국고대의 생식육류 음식─생회中國古代的生食肉類肴饌─膾生』, 『중앙연구원 역사 언어 연구소 집간中央研究院歷史語言研究所集刊』 제71본, 제2분(2006년 6월), 247-365쪽.

17 『집석』 제2책, 698쪽.

18 『집석』 제2책, 697쪽.

19 『예기』「교특생郊特性」: "鄕人禓, 孔子朝服立於阼, 存室神也."

20 『집석』 제2책, 713-714쪽.

21 『집석』 제2책, 714-715쪽.

22 『집석』 제2책, 712쪽, 715쪽.

23 공자의 대화 상대에 대해 무억은 앞에서 『가어家語』『잡기雜記』 등의 책에서 모두 공자가 살던 "동네 사람鄕人"이라고 말한 것을 인용했다.

24 『집석』 제2책, 715쪽.

25 『예기』「옥조玉藻」: "君子居恒當戶, 寢恒東首."

26 『집석』 제2책, 726쪽.

27 주희의 『사서집주』

28 명대 진우모陳禹謨가 『담경원譚經苑』에서 『강록講錄』을 인용하여 이렇게 말했다.

29 『집석』 제2책, 730쪽, 732쪽.

30 『황본皇本』에서는 "공供"으로 쓰고 있다.

31 『예문유취藝文類聚』『태평어람太平御覽』 등에서는 "공拱"으로 인용하고 있다.

32 『집석』 제2책, 731쪽.

33 『여씨춘추』「심기審己」: "故子路揜雉而復釋之."

제11편 선진

1 『황소皇疏』

2 『형소邢疏』

3 청대 강영江永의 『군경보의群經補議』, 요내姚鼐의 『석포헌경설惜抱軒經說』

4 청대 환무용宦懋庸의 『논어계論語稽』

5 『집석』 제3책, 735-736쪽.

6　리쩌허우, 『논어금독論語今讀』, 삼련서점, 2004, 291-292쪽

7　『정의』 하책, 437-439쪽.

8　『역주譯注』, 109쪽.

9　『집석集釋』 제3책, 739쪽.

10　『한비자』 「오두五蠹」 : "儒以文亂法, 俠以武犯禁."

11　『맹자』 「진심하」 : "君子之厄於陳蔡之間者, 無上下之交也."

12　리쩌허우, 『논어금독』, 삼련서점, 2004, 하책, 440쪽.

13　『한서』 「경단전景丹傳」

14　『구당서』 「예의지 4禮儀志四」

15　리치첸李啟謙, 『공문제자 연구孔門弟子研究』, 254-256쪽.

16　『집석』 제3책, 742쪽.

17　한유韓愈와 이고李翶가 『논어필해論語筆解』에서 누군가說者의 말을 인용하면서 그렇게
　　주장했다. 이상은 『집석』 제3책, 744쪽 참조.

18　「신동시神童詩」 : "萬般皆下品, 唯有讀書高."

19　청대의 염약거閻若璩가 『사서석지四書釋地』에서 『담원미정고湛園未定稿』 및 조우趙佑의
　　『사서온고록四書溫故錄』을 인용하여 이렇게 주장했다.

20　『집석』 제3책, 749-750쪽.

21　『한시외전』 등 참조.

22　「헌문」 14.5.

23　『시』 「대아·억抑」 : "白圭之玷, 尚可磨也. 斯言之玷, 不可爲也."

24　『공양전』 애공 14년 : "顏淵死, 子曰, 噫. 天喪予. 子路死, 子曰, 噫. 天祝予." 옮긴이 : "축
　　여축予"의 축祝에 대하여 하휴何休는 "끊어버리는 것斷也"이라고 주석했다. 이 책에서
　　는 하휴의 주석에 따라 번역한다.

25　이상은李商隱, 「가의賈誼」 : "宜室求賢訪逐臣, 賈生才調更無倫. 可憐夜半虛前席, 不問蒼生
　　問鬼神."

26　『집석』 제3책, 767-769쪽.

27　『노자』 제42장 : "故强梁者, 不得其死."

28　『예기』 「단궁상檀弓上」 참조.

29　『역주譯注』, 53쪽.

30　청대 적호翟灝의 『사서고이四書考異』, 능명개淩鳴喈의 『論語解義』 등 참조.

31　청대 유월俞樾의 『호루필담湖樓筆談』 참조.

32　청대 유보남劉寶楠의 『논어정의論語正義』 참조.

33　『공자가어孔子家語』 「변악해辨樂解」, 『설원說苑』 「수문修文」 등 참조.

34　『집석』 제3책, 779쪽.

35　공주孔注와 하안何晏의 『집해集解』에서 이렇게 해석한다.

36　청대 공광삼孔廣森)의 『경학치언經學卮言』과 진풍陳澧의 『동숙독서기東塾讀書記』에서
　　이렇게 해석한다.

37 『집석』 제3책, 785–786쪽.

38 『역주譯注』, 116쪽.

39 『역주譯注』, 53쪽.

40 『맹자』「진심하」

41 『정의』 하책, 799쪽.

42 『문자文子』「자연」: "軍旅之後, 必有凶年."

43 『관자』「목민牧民」: "倉廩實則知禮節, 衣食足則知榮辱."

44 명대 양신楊愼의 『단연록丹鉛錄』

45 『집석』 제3책, 812쪽.

46 『집석』 제3책, 816쪽.

47 리쩌허우, 『논어금독』, 삼련서점, 2004, 315쪽.

집 잃은 개 1

1판 1쇄	2012년 7월 16일
1판 6쇄	2019년 7월 12일
지은이	리링
옮긴이	김갑수
펴낸이	강성민
편집장	이은혜
기획	노승현
마케팅	정민호 정현민 김도윤
홍보	김희숙 김상만 이천희 오혜림
펴낸곳	(주)글항아리	출판등록 2009년 1월 19일 제406-2009-000002호
주소	10881 경기도 파주시 회동길 210
전자우편	bookpot@hanmail.net
전화번호	031-955-8891(마케팅) 031-955-2670(편집부)
팩스	031-955-2557
ISBN	978-89-6735-000-0 04100
	978-89-6735-002-4 (세트)

글항아리는 (주)문학동네의 계열사입니다.

이 도서의 국립중앙도서관 출판시도서목록(CIP)은 e-CIP홈페이지(http://www.nl.go.kr/ecip)와
국가자료공동목록시스템(http://www.nl.go.kr/kolisnet)에서 이용하실 수 있습니다.
(CIP제어번호 : CIP2012002935)